吉野作造選集

4

大戦後の国内政治

岩波書店

編集
松尾尊兊
三谷太一郎
飯田泰三

凡　例

一　本巻には、一九二二年から一九三三年に至る第一次世界大戦後の国内政治に関する論説を収録した。排列は発表年代順とし、初出の雑誌を底本とした。

二　底本を可能な限り尊重したが、次の諸点については整理をおこなった。

1　漢字は原則として新字体を用い、異体字等はおおむね通行の字体に改めた。

2　合字は通行の字体に改めた。

3　句読点、中黒などについては基本的に底本のあり方を尊重したが、特に必要と認められる箇所に限り補正した。行間に付された傍点等については極端に多用されているものは省いた。

4　底本の明らかな誤字・誤植は正した。

5　振りがなについては、原文(原ルビ)を尊重しながら、編者によって新かなで付した。

6　底本にある引用符は慣用に従って整理したが(引用文や論文名などは「　」、書名・雑誌名などは『　』)、引用符が原文にない場合はそのままとした。

三　編者による注記は次の原則によりおこなった。

誤記・伏字等によって文意が通じ難い箇所には、行間に〔　〕を用いて注記を加えた。また、脱字及び特に注記が必要な場合は、本文中に〔　〕を付して補った。無題の論文には〔　〕で仮の標題を付した。

目次

大戦後の国内政治

思想家と実際家との協戮《きょうりく》を提唱す

或る人現代の思想界を評して曰《い》ふ、有らゆる進歩思想と之を背景とする運動とに面を背けて因習と伝統とに執着するのも固《もと》より大に咎《とが》むべきだが、歴史を無視し一挙に理想を実現せんとして現状の破壊を是れ事とするも亦甚だ危険だと。此説一見不徹底を極むるが如くにして実は頗《すこぶ》る真理に富むものがあると思ふ。

旧文明の行き詰りが茲《ここ》に新に局面の転換を要求して熄《や》まないことは云ふまでもない。理想世界への憧憬が昨今特に年若き者の血を躍らして居ることは当然のことだ。斯う云ふ時代に於て各方面の社会が、其の実際問題の解決に関してすら、政治家などを差し措《お》いて直接思想家の許《もと》に趁《はし》りて教を聴かんとするのは怪むに足らない。見よ、最近流行の諸雑誌は期せずして皆政界先輩の政論などに紙面を割かうとしないではないか。今日は実に思想家全盛の時代である。

而して社会は只慢然として与《あずか》り聴くだけではない。如何にかして之を実現せんとするの熱情に燃えて居ることは著しい今日の特徴だ。即ち社会改造の実際問題として思想家に其解決を求めて居るのである。思想家は此要求に応じて各種各様の答案を与へて居るが、其間にまた二つの違つた種類を分つことが出来る。一つは理想の実現は実際の社会の上に進化的にのみ可能だとする者で、他は旧社会を根本的に破壊すると云ふ革命的方法によらずんば新社会の建設は望まれないと観る者と即ち是れである。此の二つの立場に対し、今日多数者の常識は前者に与《くみ》すること疑ないが、其当否の論はこゝで吟味することを略しておく。

翻《ひるがえ》つて之を歴史に徴するに、所謂《いわゆる》先覚者が一歩時勢に先つて為に往々身を殺すものあるは、要するに余りに理想の追求に熱中して実際を無視せるの結果であらう。国民に其の求むべき所を明示して呉れた先覚者として彼は無限の尊敬に値する。而かも社会の発達は段階的にのみ進むものとすれば、彼の説を文字通りに実行するは往々にして角を矯《た》めんとして却つて牛を殺すと同一の過《あやまち》に陥らぬとも限らない。是れ理想家のとかく実際家から危険視せらるゝ所以《ゆえん》である。

社会は多くの場合に於て其恩人を殺すが、其犠牲者の恩人たることに付ては一点の疑を容れない。蓋《けだ》し社会は先覚者を殺しつゝ、畢竟《ひつきよう》其蹤《あと》を追うて進むものなのである。併し斯の如きは客観的に観ての話で、斯う云ふ次第だから社会は先覚者を危険視してドン〳〵始末してもいゝと許す訳には往かない。先覚者が百歩進んで居つたればこそ、社会は四十歩五十歩と段階的に進歩を続けて行けたのである。始めから百歩進める者を危険視し百方其活動を阻止するやうでは社会は遂《つい》に一歩も進み得ぬ運命に陥らう。

加之《しかのみならず》とかく社会は保守退嬰《たいえい》に安《やすん》じたがるものだ。特に実際家に於て然りとする。故に社会改造論の進化主義の如きも動《やや》もすれば保守的政治家の急進的改革論に対抗するの武器に利用せらるゝ嫌《きらい》がないでない。それ丈《だけ》また理想家は益〻突飛な議論で猛進すると云ふことになる。此意味に於て、実際政治家の余りに保守的な態度は却つて実に理想家の急進的な議論を誘発するものだとも云へる。

我国の今日に於て実際政治家の態度の保守退嬰に過ぐるは云ふまでもないが、更に驚くべきは彼等の大多数が現今の時勢に些《いささか》の理解なく新人の理想と要求とに対して極端に無智であることである。是に於て社会は彼等と現代の問題を語るは木に縁《よ》りて魚を求むるよりも難しと視るに至つた。是れ期せずして思想家の門を叩くに至つた所以である。併し乍《なが》ら多くの場合に於て思想家は実際を知らない。知らないと云ふよりも実際に接して居ないと云つた方がいゝ。臨床に経験なき病理学者の様なものだ。斯う云ふ人がどん〳〵病名を断定し薬餌を盛るとすれば其処に一種の危険を伴うと観るも亦已むを得ないと思ふ。

吾々は斯うした不安の時代をもはや二三年も忍んで来た。今やそろ〳〵本当の途《みち》に立ち還つても然るべき時だと思ふ。思想家も反省せよ。実際家も覚醒せよ。日本といふ大船は今や正に彼等の協力によりて舵を取られんことを待つて居る。

〔『中央公論』一九二二年二月「巻頭言」〕

議会政治の刷新

議会昨今の不仕鱈《ふしだら》は本当に困つたものだ。併し之を以て直に一般国民の風紀頽廃の象徴と観るのは早計であらう。況《ま》して之を理由として議会政治そのものを呪詛《じゆそ》するが如きは大なる間違である。之を人体にたとへるなら、這《こ》の不仕鱈は云はゞチフスかコレラの様な特種の病菌の結果であつて、一般健康の増進と云ふ事だけで急速に根治し得る底のものではない。

無論健康が完全でないから病菌にも冒される。国民の道義観念の薄弱といふことにも一種の責任がないではないが、平素温厚篤実を以て知られてゐる人でさへ一度政争の渦中に投ずると忽《たちま》ち思慮弁別を失ふといふ実例を観ても、此処には何等か特別の病源が流れて居ることを想はねばならぬ。

然らば議会政治に特有なる病根とは何か。予輩は之を求めて「政争の非道義的解決」といふ事実を発見した。現今の政争に於て、勝負の決が道義的に定らず、依然戦国乱世の当時の如く強いもの勝になつて居ることが、実に人々をして中正公平ならしめ得ないのだと信ずる。

見よ。今日我国の政界に於て何処《どこ》に正しい事が通つて居るか。正しい事を主張するもの必しも多数党となるのではない。多数党の主張は何時《いつ》でも通る。但だ其の内面的価値の如何は主要の問題とならない。而して多数党が多数党たる所以《ゆえん》は、専ら其の偶々《たまたま》権要の地位を占めたるに乗じ、其地位の利用に依て獲たる金と力とを巧に散じて益々多数の味方を作つた点に在り、国民の真の信頼の有無は殆んど問ふ所でない。其事其物の本質的に要求さる、条件の充足は、斯くして政争の勝負と何等の関係がないとすれば、所謂顕要の地位は必しも当然之に値する人に開かれずして、而かも猫にも杓子にも其の取るに委《まか》せらる丶ことになる。只腕力あるものが其の取るに委さる丶のである。而して一旦之を取れば、所謂一夫《いっぷ》関を擁して万夫も之を抜く可らざるの勢を占むるから、反対派としては理が非でも之を覆すに手段を択ばざるに至るは亦自然の成行ではないか。

道理が勝負の最終決定者たらざる処只腕力の支配あるのみなるは、古今を通じて渝《かわ》らない。今日我国の議会が喧々擾々《けんけんじょうじょう》争の為の争ひに浮身をやつし、宛《えん》として源平相闘ふの乱世を想はしむるは毫も怪むに足らぬのである。政友会の幹部が無頼漢の行為にも比すべき味方をかばつたり、加藤憲政会総裁までが所謂勇敢なる闘士の元気を賞讃するを見て呆れてはならない。各種徒党の狂演乱舞場ときめて仕舞へば、今日の議会は之を対岸の火災視して見物するに誠に絶好の観物だ、国民が毎朝の新聞を待ち兼ねるのも恐らく斯うした心理からであらう。夫れかあらぬか一国の選良の中にすら昨今の此軽薄なる風潮に迎合して只管《ひたすら》大向《おおむこう》の喝采を博せんと心掛くる者もあるやうだ。斯くして我国の議会は今や正に国利民福を籌劃《ちゅうかく》する場処ではなくなつてしまつた。

併し此の政治的疾患は考へて見れば我国特有のものではない。何処の国も大抵一度は通つた。然らば如何して之を脱し得たかゞ我々心ある者に取つて大切な研究問題になる。而して歴史の教ふる所に依ると、不思議にも先進諸国は、此禍を脱せんとする意識的努力からは其目的を達し得ずして、皆期せずして他の動機よりする一種の改革に依て偶然にも此病より恢復し得た。そは何かといふに、普通選挙の実施 則《すなわち》 是である。

詳しい説明は他の機会に譲る。簡短に要点だけを列挙するならば、普通選挙の実施は第一に現在各政党の地盤関係を根本的に顚覆する。為に彼等は新制度の許《もと》に於て従来の勢力を維持せんとせば全く新に努力奮闘する所なければならない。而してこの新運動に於て従来慣用の醜穢《しゅうわい》なる手段の為すなきは言ふまでもない。斯くして第二に政争に勝負を決する標準は段々国民の良心の信頼といふ道義的基礎に落ち付いて来ることになる。

さうすると、総選挙後数年の間は各政党間の勢力関係は一時固定するが如きも、政府党は常に多数党たる今日の様に、そは国民の信任を離れて固定するのではない。而して国民は絶へず判断する。其の与ふる信任も従つて絶えず動揺する。斯くて政党は始めて正しい事善い事を競ふことに依つて結局の勝負を争ふことになる。議会の言論の如き亦、目前の勝負に利するよりも寧《むし》ろ国民の判断に訴ふる意味に於て真面目に為さるゝ様になる。

尤《もつと》も普通選挙制の樹立に由て政界刷新の目的を達せんには、之に伴つて改善すべき猶ほ幾多の綱目あることを忘れてはならぬ。けれども、チフス患者に対しては先づ以て其病菌の撲滅を謀つてやらなければならぬ。之をやり遂げるまでは外の手当に及び兼ねることもある。此意味に於て予輩は普通選挙制の一日も速に確立せんことを冀《こいねが》ふものである。只普通選挙の問題は、其の政治的根拠からばかりでなく、社会文化的立場からも、就中《なかんずく》一般道義的基調からも、大に究明せらるゝの必要あるは言を待たない。

〔『中央公論』一九二二年三月「巻頭言」〕

高橋内閣瓦解のあと

昨今の政界は、高橋内閣を近い中に壊れるものと観て居る様だ。この議会が済んですぐ倒れるか、臨時議会後まで持ち堪へるかは、唯時の問題だとされて居る。するとそのあとは如何なるか、少くとも憲政の常道からいへば如何なるべきであるかの問題が起る。

*

併し今日の政界を憲政の常道を以て律するは、瀕死の病人に常人の養生法を勧むるよりも無理な話だと思ふ。経済学の講義が株式界の波瀾に処するに差当り何の役にも立たぬ如く、今日の政界の判断に憲政論を説くは、僕の厚顔を以てしても猶甚だきまりが悪い。

*

見よ。今日の政界の波瀾は、一体其の当《まさ》に起るべき所より起つて居るのかどうかを。今日の政府に幾多の失政あるは蔽《おお》ひ難い。道義上此のうへ永く其地位に留り難き程のボロを出して居ることも明白だ。併し政府は直接に此点を責められてもがきあがいて居るのではないではないか。綱紀粛正といへば名は甚だ立派だが下層無頼の徒が俺の顔をどうすると詰め寄するのと、著しく其の質を異にするものではない。人を試験するに、其実力によるに非ず、御辞儀の仕様がどうの、物の言ひ振りがどうので、及落を決められるのだから堪らない。事柄の発端既に斯の如し。何を以て爾後の発展を憲政の常道を以て判断することが出来やう。

憲政常道の理論上の観察は別として、事実この先き政界の成行はどうなるものか。斯う云ふ観測を誤りなく読者に告ぐるの資格は、遺憾ながら全然僕に欠如して居る。政界暗中の有《う》象《ぞう》無《む》象《ぞう》の活躍は、大変面白さうだが、今のところ僕の生活に頓《とん》と何の関係もないのである。

併し友達などからちよい〳〵聞くことはある。試みに最近さる友人の勿態《もつたい》らしく告ぐる所を其儘書き列ねて見やうか。

＊

貴族院は、もと民間勢力の代表たる衆議院に対する防波堤として政府の傀儡《かいらい》たらしむべく作つたものであるけれども、政界の進運が、自《おのずか》ら下院に多数の根拠を有するものに非《あらざ》る限り政府の要路に立つこと能《あた》はざるの形勢を馴致《じゆんち》し来るに及び、一転して政党的政府に対する旧官僚系の有力なる牙城となつた。其処で政府に取つて貴族院操縦といふことが新に重要な仕事の一となる。而して目今貴族院に於て政府の這般《しやはん》の御用を勤むるものゝ研究会であることは言ふを待たない。政府が研究会をして恒《つね》に後援を続けしめ得るの縁因が実に有形無形の利権並にその希望であることも、疑ない事実である。

斯くして研究会は政府の御用を勤むることゝなつたとして、そんなら政府は自由に上院を操縦することが出来るかといふに必しもさうは往かない。多数の勢でヒタ押しに押せぬ所に、上院の下院に異る特色がある。然らば其理由は何処に在るかと云ふに、(一)上院には政党的色彩を入《いれ》る可からずとの伝統に制せられ、研究会も露骨に政府に盲従し得ぬこと、(二)上院に在ては沿革上の理由其他により、少数派議員の意見も相当に重きを為すこと、(三)従つて政府に於て重大なる失態を暴露するが如きことあらん乎《か》、研究会も不本意ながら政府反対派議員と或る点まで行動を共にせざる可からざる羽目に陥ることあること、(四)政府の失政余り甚しきに至るときは、研究会と雖《いえど》も体面上一時政府反対の旗幟《きし》を翻さゞるを得ぬ事情あること(勿論その態度は強いものでなく、時としてまた容易に元に引き戻るの危険あるのだが)等を挙ぐることが出来る。

斯う云ふ事情であるから、政府の上院操縦は、訳はない様で六《む》づかしい。政界の小姑《こじゅうと》といふ言葉は、いろ〳〵の意味で当つて居ると思ふ。政府のすきに乗じて無暗《むやみ》と威力を示したがる悪い癖などは、その最も著しいものであらう。

*

であるから、政府が結局下院に堅実な多数を作り、其の堅実性を民衆多数の道徳的後援の根拠に据へて、勇敢に上院の批判に対抗するといふ男らしき態度に出でざる限り、詰らぬボロを見せさへせねば、一ト通り操縦はつく筈である。原前首相は此点に於て遺算なきを期し、可なり巧妙な関係を研究会との間に結んで居た様である。然るに玆に端なくも、中橋文相の昇格問題で政府は飛んでもない大失態を演じて仕舞つた。政府反対派は得たり賢しと此のすきを突つ付き、前議会に於ては、研究会の幹部までが一種内閣糺弾の声を発せねばならなかつたことは、人々の知る所である。

貴族院に内閣を取つて代らんとするの意志なきは、去年も今年も同じであると観てい、——政変あれかしと冀《こいねが》ふ人のあるは無論だが。大体としては、たゞ政府に威力を示せば満足する。故に前議会に於て、原前首相の為に謀るに、一番安全な途は、中橋文相を更迭《こうてつ》せしむることであつたと思ふ。斯くして上院の鋭鋒を外《そ》らし、一時其威力に屈したるの態度を示せば、少くとも政治的難関としての昇格問題は消滅したであらうと察せらるゝ。けれども政友会の事情は之を許さなかつたのである。

政友会は、人も知る如く、利害で集つた烏合の衆である。精神的に堅い団体であるなら、文相一人の処分は何等動揺の理由とならない筈だが、清濁併せ呑む昔の僧院の如く、我が許《もと》に投じ来る者は理を非に枉《ま》げても保護するといふので集つて居るのだから、失態があればある程之を極力保護するといふのでないと、党員が安心しない。斯くして党の結束上、原前首相は中橋文相を斬ることが出来なかつたのだ。そは中橋文相に遠慮したといふよりは、天下の党員の思惑を憚《はばか》つたのである。其道に依らずして勢力を獲た者は、とかく斯んな馬鹿な所に任俠振《ぶ》りを見せねばならぬものだ。原氏の為には聊《いささか》其情を諒とするが、之が今日に禍を貽《のこ》すの種となつたことは致方《いたしかた》が無い。

斯う考へて見ると、今度の波瀾は謂《い》はゞ前年の問題の持ち越しである。高橋首相は大に之に悩んで居るが、原前首相だつて生きて居たら之をどう始末したか分つたものではない。

*

貴族院に於ける昇格問題の難関は、原前首相の承認した政友会内閣の債務である。而かも家子郎党《いえのこ》は這《こ》の債務の正直な弁済を面目として承知出来ないと云ふ。原氏はどうかかうか一時をごまかしたが、高橋氏に至つて弥縫《びほう》し切れなくなつたのは、必しも両氏のタクチツクの巧拙の問題ばかりではないと思ふ。今日までの経過に依れば、高橋首相は一旦債務を弁済して仕舞《しまお》うとしたらしい。果して家子郎党は一大事出来《しゆつたい》と盲目的に騒ぎ出した。中年に迎へられた養子だけに遂に首相は見事この牽制に屈したので今度は上院が承知しない。こゝに今次の大波瀾が起る。元来高橋氏としては、綺麗に旧債を弁済して新規に自分の思ふ通りの内閣を作るべきであつた。一蓮托生も連帯責任も、自分の思ふ通りに内閣を改造してからの話だ。それを現内閣は前内閣の継続だの、原氏以来の結束を機械的に墨守するのが政党内閣本来の主義だのと云ふ俗説に累せられて当初の決心を翻したのは、返すゞゞも残念である。政党内閣——連帯責任——一蓮托生——之等は内閣の首班としての総理の腹が十分据つてからの上の話だ。他人の作つた内閣の頭に据へられて其儘で押し通せといふのは、丁度代りに出た野球の選手に前任者の服装道具その儘でやれといふに同じく、能《よ》く考へて見ると本人の為では無論なく、又政党の為にも国家の為にも決して得策ではないのだ。此点に於て政友会の愚妄や実に及ぶ可らざるものあるが、高橋氏亦大に去就を誤つたと思ふ。

*

政界の波瀾は貴族院から起つた。併し貴族院に内閣を取つて代らんとするの意思もなく又其の実力もないことは明白だ。仮りに貴族院中の官僚系が内閣を組織したとしても、政友会が下院に一敵国を作る以上は、之が為に新内閣の悩まさる丶程度は現内閣の貴族院に苦めらる丶の比ではない。故に官僚系にして本当にも一度天下を取りたいと云ふ野心があらば、もつと政友会に対して生温《なまぬ》るい態度を取る筈だ。殊に今頃官僚内閣の出現するは白昼の幽霊同様戸惑ひの甚しきものなるだけ、政友会の可なり立ち入つた後援を確実に恃《たの》めぬ以上は、誰も物数奇《ものずき》に之を作るものはあるまい。

　さうすると貴族院の連中は憲政会辺と結托して後継内閣を作る様なことはあるまいかと云ふに、之はどうも考へられないと思ふ。現在の上院多数派は、不幸にして憲政会と縁が遠い。否《いな》容易に接近し難い歴史的関係にも在る。加之《しかのみならず》万一憲政会が天下を取ると云ふ事になれば、政友会は極力其出現を妨止するだらう。日本の様な変態的政界に於ては、天下を取りさへすれば容易に多数を作れるのだから、敵に内閣を明け渡すことは政党に取つて実に致命傷だからである。

　そこで、政友会は早晩崩れるとして其の後を嗣《つ》ぐものは憲政会だらうと観ずるのは、所謂憲政常道論の御目出《おめで》度《た》い信者のみであつて、我々には殆んど其実現を想像することすら出来ぬ。而かも政変は近き将来に於て到底避く可からずとせば、考へ得べき今後の発展は、(一)政友会内閣が一部改造の結果上院より一二の閣僚を抜くことに依つて収まるか、又は(二)普選をやらぬとか其他の条件を容れて政友会と妥協し、他日また之に天下を譲るの黙契を以て官僚内閣を復活するかでなければならぬ。而してこの二つの孰《いず》れに落ち付くかは、議会後に於ける政府の跡始末の手《て》際《ぎわ》如何による。政府の隠れたる圧力は今でも上院に於て中々重い。政友会それ自身さへ陰忍して一時多少の移動に甘ずれば、まだ〳〵天下は持てると思ふけれども、驕児往々時勢を味識せず、猪突却つて自ら事を誤るの恐なきかゞ危ぶまれる。

いづれにしても、斯んな風に政界の発展して行くのは、憲政の常道に外《はず》るゝは勿論、吾人の理想より見て寧ろ概嘆すべき状勢であると謂はねばならぬ。上下両院を通じ議員諸氏にも少し真摯に時勢を観る人はないものか知ら。

*

以上友人の概然として説く所を憶ひ出すまゝ書き列ねて与へられたる問題の答とする。

〔『中央公論』一九二二年四月〕

〔後藤東京市長提案の否決〕

先き頃の新聞に、後藤東京市長の提案が折角《せつかく》の苦心にも拘《かかわ》らず市会でにべもなく排斥されたと云ふ様な記事があつたと記憶する。男爵の提案が何れ丈《だ》け良いものか、市会が何の見る所あつて之を拒んだか、細いことは知らない。又此噂に多少の誤伝なしとも限らない。が、之等の点はどうでもいゝとして、僕は此噂から図らずも次の様な事を連想した。

＊

東京の市会議員が由来滅茶苦茶に市長を窘《くるし》めるとは兼ねて噂に聞いて居た所だ。歴代の市長みな之が為に苦んだといふ。そこで少しでも落ち付いて経綸を行はんとせば心ならずも有象無象の御機嫌を取らねばならぬことになる。其結果は重立つた者の我儘増長を寛過し、果ては其間から幾多の腐敗事件をも起すことになる。之ではならぬと革新の斧鉞《ふえつ》を取らんとすると、忽ち議員の包囲攻撃を受くる。斯くては到底帝国の首都として恥しからぬ経営の出来やう筈はないとて、特別市制を布《し》かうとか都制にするとかの議論もあるのだが、之も已むを得ない話だとはいへ考へて見れば本邦自治制の汚辱といふべきではなからうか。

併し市制を今の儘にして全然改革の途はないのかと云ふにさうではない。僕等から云はせれば訳もない事なのだ。夫だのに従来此途を取らなかつたのは如何《どう》いふ訳かと云ふに面倒だからであつたと思ふ。どうせ政治といふものは面倒な仕事だ。日本の政治家は由来面倒であるべき仕事を楽にやりたがる癖がある。之れが諸々の弊害を生ずる基だ。そんなら其の面倒な方法といふはどんな事かといふに、市民に訴ふる事に外ならぬ。即ち市長が其提案に自信あり市会議員の反対に理由なしと認めなば、之を堂々と市民に訴へて、市民をして議員を牽制せしめればいゝのだ。之を外にして自治制の許に於ける協動の目的を完全に到達する途はない。事は面倒だが成功は確実疑がない。故に僕は訳もない話だといふたのである。

後藤男は市長就任以来頻《しき》りに市民に接触することを力《つと》めて居るやうだ。蓋《けだ》し声を大にして市民に訴ふるは、啻《ただ》に議員牽制の効あるのみならず、又市民其ものを教育する所以《ゆえん》でもある。後藤男の最近の努力は主として後者の目的に出づるものであらうが、も少し露骨に具体的の実際問題に就ても市民の前に意見を公表されてはどうか。俄《にわか》にやり出したら一寸物議を醸すかも知れぬが、兎に角、公然市民に訴へ、市民を覚醒して議員を牽制せしむる外に窮通の道はなからうと思ふ。

〔『中央公論』一九二二年四月「小題小言四則」のうち〕

政界革新論

*

議院政治の不評判に刺戟されてか、昨今政界革新の要求がチラホラと聞へる。議会堕落の叫びは近年珍らしいことではないが、其醜態暴状の著しき、今次の議会の如きはない。政友会が多数を擁して飽くまで無理を通さうとする横暴、憲政会が少数為す無きに自暴自棄して強て反対の為に反対せんとするの狂態、誰か之に顰蹙《ひんしゅく》せざるを得る者ぞ。革新論の唱へらるゝも怪むに足らない。

併し深く意をとめて観て居ると、革新論にもいろ〳〵の種類がある。最も虫のいゝのは、憲政会あたりから起つたかと推《すい》せらるる政局転換論であらう。つまり政友会内閣を覆せといふに外ならぬ。易々《やすやす》と取つて代れるものなら早く政友会を黜《しりぞ》けたいと希望するものは、官僚畑の野心家の間にもあらうが、前記の一派は、所謂《いわゆる》憲政常道論を真向に振翳《ふりかざ》して、後継内閣の当然に憲政会に落ち来るべきを説くのである。政友会内閣が倒れたとして、さ□〔て〕実際の形勢は如何なる後継内閣を現出し来るべきやは、容易に逆睹《ぎゃくと》し難い問題だが、其が一部の人々の希望するが如く、憲政会に帰着したとて、果して政界革新の目的が之に由て達せられるだらうか。そは甚だ覚束ない話だと思ふ。成る程天下の人心は今や明白に政友会内閣を去つた。吾々とてもこの内閣の為す幾多の罪悪に最早《もはや》堪へられない。従つて一日も早く其の更迭を望むものである。が、しかし、憲政会が代つて内閣に立つた場合、彼が這般《しゃはん》の同じ過誤を繰り返さぬとは、果して誰が能《よ》く之を保証し得やうぞ。吾々は今更事々しく大隈内閣時代の失政を挙げまい。唯彼等の徳義と見識と手腕とに今なほ特別の信頼を置き得ざることだけは、敢て断言するに憚《はばか》らざる所である。要するに政友会を前門の虎とせば憲政会は正に後門の狼にして、彼を退け此を迎ふる事に由り、政局の転換は出来やうが政界の革新は断じて出来るものではないと思ふ。

第二の種類の革新論は、政友憲政二大党以外の政客から唱へらるる。前記二大党は政界腐敗の渦中に蠢動《しゅんどう》する当事者だから革新を語つても効がない。若《し》かず、之に属せざる者を糾合して正論を唱へ、更に天下に呼号して輿論の同情を集め、漸を以て抜く可らざるの勢力を政界に樹立するを期せんにはと。斯う云ふ思想の具体化したものが夫《か》の革新倶楽部であらう。が、吾々は不幸にして之にも革新の幾分の実現をも期待することは出来ぬ。人に依ては、同倶楽部を目して在野党大合同の目論見の出来損ひだと誣《し》ゐる。現に下院に多数を擁する政友会を無理に押し退けんとの魂胆より、玉石同架有らゆる非政友代議士を網羅せんとの策士の当て込みが見事に外れて、結局姑息無力な革新倶楽部が生れたのだといふ者もあるが、其真相は吾々には分らない。果して然《そ》うなら、之に全然革新の望を繋《か》くる能《あた》はざるは云ふまでもないが、吾々は暫《しばら》く善意に之を解して、革新の熱情に燃ゆる少数政客の真面目な企てだとして置かう。夫《そ》れにしても、彼等は只之れ丈《だ》けで革新の実を挙ぐるを得べしと主張するなら、そは余りに政界今日の弊根を等閑視して居ると謂はなければならぬ。今日の政界があの様に堕落して居るに付ては、実は深い且複雑な原因がある。此事は別に説く所あるべしとして、兎に角這般の原因に手を附けずしては他の如何な方法を執つたとて容易に革新の実は挙るものではない。故に少数の心ある者が、少数ながら堅い結束をなして一致の行動を取るといふことは、国民に対する教育的効果の少《すくな》からざるものあるは之を認めるが、夫れだけで直に革新の途に踏み進んだものとは謂ふことは出来ぬ。殺伐な国際競争の激甚な時代に於ける弱小国の正義公道論と同様に、無力者の悲鳴として僅に道学者流の憐愍《れんびん》を買ふに止り、夫れ以上目覚しい何等の具体的影響を実際政界に及し得ぬと云ふのが、彼等の不幸な運命なのである。

もう一つの変つた革新論を、今日吾々は政党の内部から起つて居るのを見る。政友憲政の両党を通じて、幹部組織の改革を要求するの声は昨今可なり盛な様だ。一部分は既に容れられても居る。之も多少政界の弊竇《へいとう》に触れぬことは無いが、要するに今日の不完全な政治組織を其儘にしておいて只々党勢伸張を図るといふのが彼等の主眼であつて、政界の革新そのものを直接の眼目とするものではない。彼等の企図する所は、或は政党革新とは云へやう。政界革新といふは聊《いささか》僭越《せんえつ》の嫌なきを得ないやうだ。

若《も》し夫れ政客以外よりする革新論に至つては種々雑多なものがある。孰《いず》れにしても、政界の現状に満足せず、何とか之を改めずには置けないと云ふ点は総ての一致する所である。不満足の極、遂に政治否認論にはしるものもあるが、其処まで到らざるものでも、現在の政客に烈しい不信の鋒先を向けるといふ点は、多数国民の略《ほぼ》一致する所と観てよからう。とにかく斯う云つた様な感じの一般に行き渡つて居ることは、どうしても看逃すことは出来ぬ。政界の栄達は従来人々の多く望む所であつたのに、政客の国民侮蔑の的となる今日の如く烈しきに至れるは、甚だ奇妙な現象と謂はねばならぬ。

＊

この論文は最初可なり長く書く積りであつたが、締切期も迫り僕自身にも稿を続けることの出来ぬ事情が起つたから、大要の筋道だけを個条書にして結論としておくに止める。

㈠　前にも述べた僕の所謂政界の根本的病弊とは、各政党間の多数少数の関係が今日固定するといふ形勢に在ることである。本来政党の多数少数は——即ち政争は——国民の投票に由てきまり、国民の投票は、取も直さず其の良心の自由の判断を表するものである。而してその自由の判断の基礎となるものは、第一次には各政党の施設なり政綱なり又其の公共的貢献なりであるが、第二次には選挙時に於ける対国民の宣伝である。この宣伝は同時に教育を意味する。斯くして国民は教育され開発されて、正直に何れの党派に投票すべきやを決せしめらるる。其の結果として勝負はきまるのだ。故に政党にして勝て天下に経綸を行はんと欲せば、善い事を競うて善良なる国民の歓心を買はねばならぬ。善い事を競ふといふが、政争に於ける唯一の武器であるとすれば、政争は即ち堂々たる君子の争であり、政界は堕落する筈はない。然るに我が日本に於ては夫れが逆になつて居るから困るのだ。

夫はどう云ふ事かといふに、政党は何等かの方法で一旦天下を取る。天下を取ると其地位を利用して所謂地盤なるものを作る。之を作るに利用さるるものは、暴力と賄賂とだ。之を以て国民を欺き、其の良心を欺瞞《ぎまん》し、どんな悪い事をしても斥けらるる気遣はない。只怖るるは敵の陰謀によりて倒さるる事と、少しでも敵党の勢力の伸びることである。従つて政争は陰謀黠詐《かつさ》に依て行はるることになる。そうなるとどんなに善い事をしたつて必ず天下を取るとは限らない。従つて政界には道徳地を掃《はら》ふるに至るのである。斯くして政党の多数少数の関係は、各政党の道義的努力と全然無関係に、いはば先天的に固定する形になる。茲に政界の病根は伏するのだ。互に相対立するものが社会的に固定階級を為すとき、其間の争の極端に険悪になるのは、今日の労働問題でも明な事ではないか。

(二) 元来政界にはかうした固定的階級があつてはならぬのだ。英国に於ける愛蘭《アイルランド》の如き、元の独逸《ドイツ》帝国に於ける波蘭《ポーランド》の如き、人種を異にし利害を異にし又歴史的に反目せるものを機械的に一所にしたものに在つては、階級的に固定しても致方がない。従つてこの関係が議会に反映してかの国などは随分苦んだものだ。斯うした関係のない限り、政党といふものは本来主義政見の差に基く君子の争である外、無意義の争に無駄骨を折るべきものでない。日本の議会の様に各政党が犬猿も啻《ただ》ならざる争に没頭する国は、外に決して其例がないと思ふ。

(三) 然らば日本の政界に斯かる不都合な現象を起らしめて居る原因は何か。之を考へるには、丁度経済界に貧富の二階級を固定的に対立せしむるに至つた原因は何かを研究するときと同じ心持になつて見るを要する。つまり制度の罪なのだ。否、最後は「心」の問題だけれども、制度を此儘にして置いては、どうしても釈《と》けぬ性質の問題なのだと思ふ。

(四) 然らば何処に制度上の欠陥があるか。政党の地盤政策を可能ならしむる所、即是である。如何して之を改むるかの詳細なる研究は、他日に譲るとして、玆には差当り何よりも手短な途は普通選挙制の断行であることを一言しておく。

(五) 普通選挙は此論点からのみ主張さるるものでは無論ない。併し今日の可なり鞏固《きようこ》な政党の地盤を確実に破り得る何者かがありとすれば、そは普選の断行の外にはないと思ふ。此点に於て、普選の断行は政界に於て革命的効果を有するものである。但し普選の断行は、政界発展の順当なる進行を妨ぐる障碍物を除去する丈のものであつて、其上果して正しき進みを実現するや否《いなや》はまた別個の問題である。

(六) 要するに、政界の革新が果してうまく出来るか否かは日本人に課せられたる一大試験問題だが、之を論ずる前提として、普選の実行は最先の急務なることは忘れてはならぬ。之を実現するまでの間、各種の革新論は畢竟《ひつきよう》砂上の楼閣に過ぎぬものである。

〔『中央公論』一九二二年五月〕

現代政局内面観

或る老政治家から、政友会の——否《いな》故原敬氏の隠れたる大効績なるものを説き聞かされた。要点を略記すれば斯うである。

＊

政界の枢機を握つて天下に経綸を行はんとせば、どの道尠《すくな》からぬ金が要る。而して最近数年前までは、要り用な金の大部分は実に軍閥の供給に仰いだ。茲に軍閥跋扈《ばつこ》の禍根が潜むのだが、この弊根を絶たんとしたのが原敬氏だ。尤《もつと》も彼は他の方面に之に代るべき金を作らんとて幾多の過誤を重ねたが、併し軍閥を幾分抑へたと云ふ効績をおもへば、そは亦大に恕《ゆる》すべき点もある。

政局の疏通と金との関係を少しく遡《さかのぼ》つて歴史的に考へて観る。憲法創設の当初、政府側は民選代議士の無責任な反対に依て大に政務の進行の妨げらるべきを憂へた。議会を開いて見ると、果して反政府熱が恐しく高い。如何にしてこの困難を切り抜けんかに頭を悩ました結果、最初に取つた方策は腕力を以てする干渉であつた。明治二十五年の騒動が即ち其の一例である。併し之は見事な失敗に了《おわ》つた。腕力干渉の到底成功す可からざる事を十二分に見せつけられた。然らば之に代るに何の方策に出づべきやに思ひなやんだが、図らずもその際そは買収策に限ると献策したのは故陸奥宗光伯であつたと記憶する。之よりいよ〳〵政界の腐敗が始るのであるが、民主政治には多数が最後の力だと云ふ信念の下に目的の達成の為には手段を択ばなかつた一代の怪傑星亨氏が、偶々《たまたま》民間に在つて政府のこの誘に甘んじて応じたが為に、金と政治とは瞬く間に予期以上に深甚の関係を結ぶことになつたのである。

斯くして政治には莫大な金が要ることになつてしまつた。買収策を採る前でも、例へば夫《か》の選挙干渉の跡始末の如き、財政的の大穴が明いて金の必要が新に痛感さるゝことになつては居た。此の必要を如何にして充さうか。差し詰め何百万といふ大穴をどうして塞がうか。先輩政治家が挙《こぞ》つて之をもてあぐんだ時に、兎も角も之を弥縫《びほう》しおふせたものは故伊藤公であつた。明治天皇の御信任の格別に厚かつた故公には、其間に思ひ切つた策を講ずることが出来て兎に角這般《しやはん》の難関を切り抜け得たのであつた。

伊藤公の時代はやがて去る。公に代つて出て来た人々には、残念なことには故公のやうな芸当は出来ぬ。山県公にした所が同じ事だ。桂公が伊藤公と似た様な事をやらうとして渡辺千秋男と危くボロを出し掛けたことも、一部の人には公知の事実である。斯くて結局外《ほか》の何処かに財源を見出さなければならぬこととなる。而してこの要求に応じて新に現れたのは軍閥の宝庫である。

軍閥が金を出したからとて、之を官金を不当に使つたものと速断してはいけない。道徳上から云へば立派な不正支出になると信ずるが、法律上では少しも私曲がない様になつて居るさうである。例へば支那に武器を売る。之を官が直接売つてもいゝのだけれども、一旦之れを泰平組合に払ひ下げる。安い値段であることは勿論である。之を高い値段で支那に売る。政府が其の間色々便宜を謀るは言ふまでもない。斯くて泰平組合は大に儲ける。而して其の利益の若干は政府の或種の運動費に寄附さるゝといふのである。尤も斯うした特別の財源は、軍閥以外でも最近大に作られたさうだ。塩。砂糖。米。数へ立てれば際限もないと玄人筋《くろうとすじ》は云ふ。併し矢張り何と云つても一番大きいのは軍閥方面にある。だから、日露戦争後十数年の日本の政界は、軍閥の御蔭で運用がついて来たと謂《い》はる丶のも無理はない。

世人はよく軍閥の外交干渉を難ずる。之も否認はしない。併し軍閥の圧迫の感ぜらる丶のは啻《ただ》に外交ばかりではないのだ。外交はまた特殊の理由に依て軍閥の圧迫を蒙つては居るが、外交以外の一般内政も亦実に軍閥に頭が上らないのである。何となれば軍閥は実に今日の日本といふ政治会社の謂はゞ大株主だからである。重役の代ることに依て多少営業方針の変る事はあつても、軍国主義を基調とする根本方針に異変ある能《あた》はざりしは畢竟《ひつきよう》之が為ではないか。

原敬氏は実にこの状勢に革命的動揺を与へんとしたのである。一つには彼の努力の下に築き上げた政党の実力に自信の出来た為でもあらう。其の実力も実は議院操縦の為に提供された軍閥の財源に依つて養はれたものかも知れぬが、兎に角実力は出来た。他人の御陰で大きくなつた子供でも、何処となく其の養ひ人に遠慮しつ丶、而かも何時《いつ》までも盲従しては居りたくないと云ふ様な気になる。況《いわ》んや其養ひ人がまた可なり無遠慮に横暴なるに於てをや。この機運に乗じた原氏は、また実にこの方面に於て異常卓抜の手腕家であつた。彼が無用の波瀾を軍閥との間に起すまいと用心しつ丶、着々として其の圧迫を押し退《の》けた手際は実に鮮なるものだ。但し其の為には今まで軍閥から得た丈《だけ》のものを別の源から作らなければならぬ。彼の辣手《らつしゆ》を以てして猶ほ無い袖は振れぬから。是れ彼が満鉄なり、阿片《アヘン》なり、瓦斯《ガス》なり、砂利なり、手当り次第に手をつけた所以《ゆえん》である。彼の部下が十分彼の慎重に倣《なら》ふこと能はずしてボロを出したのは、自業自得の沙汰ではあるが、とにかく彼が之に依て軍閥跋扈の勢を大に制したことだけは認めてやらねばなるまい。

彼の軍閥抑制の手際は中々巧妙なものであつた。彼は自ら決して矢面に立たない。彼の内閣で公然軍閥に楯ついたものは高橋蔵相と内田外相とである。此の二人の功労には大に認むべきものがあるのだが、案外世間からは評判がわるい。軍閥に取つて一番厄介なだけ其の方面からの無能の宣伝に累されても居るが、又政府としては、露骨に軍閥を抑へてゐるなどと弁解し得ぬ事情もあつたのだ。孰《いず》れにしても、原内閣になつてから軍閥の専恣は大に抑制されたのは明白の事実である。公然と言はなかつたとて之を無視してはならぬ。若し軍閥の跋扈が日本政界の一大弊根であると云ふなら、原内閣が之を抑へるの端を開いた事は、何と云つてもその一大効績と云はねばならぬ。

毒を制するに毒を以てせるの譏《そしり》は免れないが、事実は事実として有りの儘に承認せねばなるまい。

＊

以上の話はどれ丈け真相に触れて居るものか僕には分らない。仮りに本当の話だとしても、軍閥抑制と云ふ事だけを離して考へてい〻ものなら、成程見事な効績だと云ひ得べけんも併し之が為に他に著しく国民の良心を傷けたといふ事実を思ひ合はす時、僕達は果して之に感謝してい〻ものかどうか分らなくなる。昔の物語本などに、年頃になつた大家の独り息子の憂鬱性を癒さんとて、出入りの者が遊女買の手引をして両親を安心させたといふ噺《はなし》があるが、原氏の効績なるものは、果して老政客の説くが如きものとせば、夫の出入りの者の浅墓《あさはか》な差出口《さしでぐち》程度のものに過ぎないのではあるまいか。

併しそんな事は別個の詮索に任かすとして、右の話でも明白なるが如く、今日我国の政界に金の毒が驚くべき程広く且深く浸み込んで居ることは争ひ難い。姑《しばら》く上下両院を例に取つて見る。多年金がこの両院を毒した結果、議員が如何に自由の判断に迷つて居るかは読者の既に明白に知る所であらう。議員の多くはある特定の問題に対しては常に必ず或る特定の態度を執るべく余儀なくされて居る。そは斯くすることが実に彼等の私的生活と密着〔ママ〕に関係して居るからである。もつと露骨に云へば、彼等の或る特定の態度を政府が金で買つて呉れるといふ所に、彼等は生存の道を見出して居るのである故に、若《も》し政界に少しでもの動揺を見るの恐れあらん乎《か》、こは彼等に取つて生存上の一大脅威である。表《おも》てにはどんなに侃々諤々《かんかんがくがく》の論陣を張つても、結局に於て彼等の多数は、現状の紛更を好まない。我が国の政界は実に斯んな所に覚束ない一時の安定を得て居るのである。

僕の知人に貴族院議員某といふがある。歳費だけでは喰つて行けぬ程の贅沢な生活をしてゐる。他の財源を何処に得て居るかと云ふに、一つは某々調査委員とやらの嘱托手当である。も一つは某大官の口添にて某大会社の顧問となつて巨額の報酬を得て居るのである。仕事は勿論何もあるのではない。政府が変れば之がどうなるか分らない。現状の紛更を恐るゝ所以である。

相識のも一人の議員は、もと清廉の人であつたが、娘の嫁入りの時金策に窮した余り同僚の好意を求めたのが縁となり、其後年の暮などに一二度また融通を与へられた。金持でもないのに何処から持つて来たらうと或る時尋ねて見て、始めて其の金が某大官から出た事を知つたといふ。流石《さすが》に某大官は金のことをおくびにも出さないが、夫《そ》れ以来彼は議院で猛烈に反対し得なくなつたと自ら述懐して居つた。

下院に籍を置く知人某の話に、或る代議士金に窮し、是亦某大官の紹介によりさる銀行より手形の割引に依つて若干の融通を得た。書き換を重ねて其儘借りて居るが、政府でも変ると屹度《きつと》払込を強要さるゝに違ひないとて、政変説の起る度毎にビク〱してゐるとの事であつた。

斯んな話を数へ立てれば際限はない。上下両院を通じ、議員の大半はこの種の腰弱の連中だといふのは酷評であらうが、何れにしても、議論では強いことを云つても一種言ふ可らざる感情として政府の者に頭が上らず、且つ現状の動揺紛更に極度の危惧を抱く者の多いことは、見逃す可らざる事実であらう。

ア、現状の固執！　日本の政界の大なる弊害の源は一つはこゝにある。萎靡《いび》停頓頽廃を極むる一つの原因は慥《たしか》にこゝに在ると思ふ。

*

政府よりする買収の手は、自《おのず》ら政党に供するに多数を結束するの便宜を以てするの結果となつた。斯くして結束した政党の力は案外に強いものだといふに気づいて、遂《つい》には政府を逆に引き廻さうといふことになる。否、今日では自ら進んで政府の実権を握ることにさへなつた。之といふも詰りは多数の力である。而して其の多数は要するに金で出来たものだから、更に盛に金を使つて、多数をかため、又之を拡張せんと図る。政府に立てば金を作るに便宜だといふ事も、此の勢を大に助けたことは言ふまでもない。夫からいろ〳〵の政治的罪悪は生れる。

善良なる国民は、併し乍《なが》ら、此の状態を何時までも黙過する筈はない。今日偶々政権の衝に当つて居る政友会が、殊に世上の悪評を蒙つてゐるのも畢竟之が為である。かくて世人は挙《こぞ》つて彼等の悪辣を憎む。が只何と謂つても彼等が権力を握つて居るので如何ともし難い。丁度昔の暴虐な大名の様なもので、憎い〳〵と思ひ乍ら、長いものには巻かれろと諦めて居るのが今日の状態である。而して其の根本はといへば、彼等が多数の力を極度に大事がる所から来るのである。

云ふまでもなく現在彼等に与へられてゐる地位は、彼等の内面的な道義的な努力でかち得たのではない。金で拵《こしら》へた多数の御蔭に過ぎぬ。内在の力で得たものは、一時之を喪《うしな》つても、また之を恢復するの希望があるから、左《さ》まで悔いないが、外面的の力で獲たものは、一度失ふと容易に二度と得られないと云ふので、無理にも之に取り縋《すが》らうとする。是れ彼等が政権の維持に手段を択ばざる所以である。尤も彼等の間にも、一つには世間の不評を苦慮し、又一つには多少良心に疚《やま》しい所もあると見へ、進んで積弊を一新せんなど、心掛くるものはある。政府の改造だの、綱領の立て直しだの、将《は》たまた幹部組織の改革だのと騒ぎ廻るのも、つまりは此の為めだが、併独り政友会ばかりではない、殊に貴族院辺には沢山あるといふのだから話が六《む》つかしい。之をやるに躊躇《ちゅうちょ》するものは、徹底的の改革は出来るものではない。今の政治家に果して之れがやれるだらうか。之に頼らないといふことになれば、現状は一時飛んでもないものと変つて仕舞ふかも知れぬ。政友会が一転して二三十名の小党派になつても構はないといふ位まで腹をきめてかゝらねば、の基は外部の力や金に恃《たの》む所に在る。之に頼らないといふことになれば、現状は一時飛んでもないものと変つて仕舞ふかも知れぬ。政友会が一転して二三十名の小党派になつても構はないといふ位まで腹をきめてかゝらねば、し結局に於て、現状の打破を恐れて居つては、何の改革もいゝ加減のところで止つて仕舞ふに極つて居る。腐敗

＊

憲政会の様な少数党が、先度の議会に見るが如き反対の為の反対に浮身をやつすのも、我々にはよく理解が出来る。内面の力に関係なく勝敗の数がきまり、而かも一旦勝者の地位を占めた者は其の地位を利用して益々強くなるばかりだとなれば、反対党としては勝ち誇れる者を覆すに陰険な極端手段を用ふるに至るのも無理はない。昔なら暗殺とか襲撃とかをやるところだが——支那の政界に見る様な——二十世紀の今日とて夫れもならぬ。やがて自暴《やけ》になつて徒《いたず》らに妨碍をこれ事とするに至るは是亦毫も怪むに足らぬのである。

かうした政情の下から、一体国利民福の増進といふことが望まれるものだらうか。道義的生命の伸長と云ふ様な事は期し得らるゝものだらうか。退いて、議員の一人〳〵に就て之を詰《なじ》ると、彼等は異口同音に答へていふ。誠に困つたことだ、何とかせねばならぬと。冷静に復《かえ》れば彼等も斯くある可らざることを万々承知なのだが、さて一旦議場の人となり、政界擾乱の渦中に投ずると、困つた〳〵と慨歎した其人が実に困つた事を自ら敢てするのだから困る。併し政界の斯くの如くなれる所以を退いて静に考ふると、我々は更に一歩を進めて、もつと根本な所に革新の斧鉞《ふえつ》を振ふの必要を認むるものである。

＊

枝葉の改革は駄目だ。一番根本な一番有力な手段に手を染めるに限る。然らばそは何かといふに政党の地盤を覆すことだと思ふ。政党の地盤政策の弊害については、色々の機会に於て屡々《しばしば》述べたから茲に再び贅《ぜい》せぬが、兎に角各政党殊に政府党が、各種の利権を餌として地方民を釣り、以て鞏固《きようこ》なる地盤を諸方面に作つて居るのが百弊の基だ。利権を以て地方民を釣り、百姓町人を駆りて政党に入らしめ、依つて以て鞏固なる地盤を作り、而して其の選出する代議士をば宛《あた》かも奴隷の如く意のまゝに、頤使《いし》せんとする。之が為には金が欲しい。金を作る為には味方が要る。味方が出来ればまた金も出来る。斯う云ふ政情の下に於ては、多数則ち罪悪の淵叢たるは当然だ。故に曰《い》ふ。地盤を覆すのは何よりの急務だと。

百姓町人は元来政党などに籍を置くべきものではない。政党は政治家の仕事だ。百姓町人は政争に超然として公平なる審判者を以て任じなければならぬのだ。何れの党派でも構はぬ、良い方に投票するといふので、政党の争に道徳的意義が出て来る。理が非でも自分も党員だから味方に投票するときまつて居つては、其処に何等の道徳的批判も加らない。公平の地位にあるべき百姓町人が我から政党員たることを誇るのは片腹痛き次第であるが、併し斯かる形勢を作つた党界策士の瞞着手段は甚だ憎むべきものである。故に所謂地盤政策は、理に於て排すべきものであると共に、実際弊害を流すこと頗《すこぶ》る大なるものとして又大に之を斥けなければならぬものである。

地盤政策を破る最良の手段は、現に入党して居る百姓町人にすゝめて速に脱党せしむることである。併し之は一時に出来ることではない。不徹底ではあるが、実際的方策としては、普選の実行などが捷径《しようけい》だと思ふ。十人の基礎の上に地盤を作つてゐたのが、選挙民を増して三十人四十人とすれば、従来の地盤は全く用を為さぬに至るからである。普選は之を主張するに他にも幾多の根拠があるのだが、実際問題としては、我国などでは、此見地からも大に之を主張するの必要があると思ふ。政党者流が内心私《ひそか》に之を喜ばざるは、亦恐らく専ら這《こ》の理由からだらう。

併し普選になつたからとて、すぐに政界の積弊が消えるものと思ふなら、そは余りに早計である。普選の実行は地盤政策を著しく困難にする。或は一旦之に依りて従来の地盤が崩れるかも知れぬが、其上に果して麗しい美果を新に結ぶに至るやは、更に其後の別な努力に待たなければならない。

＊

斯う考へて来ると、日本の政界は、普選の実施を見るまでは到底碌《ろく》な進歩を見まいと云ふことになる。普選になつたとて良くなるとは限らないが、良くしやうとの我々のあらゆる努力も、普選にならぬ以上は、殆んど何等の効を奏しないと云ふことだけは確実だ。夫れ迄は手を拱《こまね》いて傍観するより外に道はないのである。差当りの問題としては、高橋内閣をこの儘継続せしむべきか、又は改造を迫るべきか、人心に離れた現内閣を去らしめて中間内閣を作らしむべきか、又は憲政会内閣の出現を迎ふべきか等が論議の題目となつて居る様だが、夫《それ》がどつちになつたつて国利民福に大した変りはない。権兵衛の代りに田五作を出すことに識者の興味の乗らないのは固より怪むに足らないのである。

＊

夫れでも茲に一つ、斯んな風にでもなつたならと思ふことがある。そは今の内閣をやめて憲政会をして代り立たしむることである。但し之には条件がある。曰く直に議会に解散を命ずることである。曰く次の総選挙には政府進んで不当無用の金を使はず、且つ相手方の金銭的運動を最も厳重に取締ることである(憲政会なら之れが出来さうだ。ナゼならば金がないといふから)。曰く其為には成敗を全然眼中に置かぬことである。

そこまで思ひ切つてやれまいとは思ふけれども、若しやつたとすれば、茲に始めて金なしの本当の力競べが出来、議員が真に国民的基礎の上に立つ端緒が開ける。仮令《たとい》反対党の政友会の方で依然金を使ひ為めに競争で敗かされたとしても、一度でも金を使はなかつたといふ経験が非常な教育的効果を来すべきは疑を容れない。而して一度かく国民を訓練することが、やがて政弊革新の必要にどれ丈け彼を覚醒することになるか分らない。斯う云ふ条件を飽くまで厳守するといふなら、憲政会にやらすのも一策だと思ふ。否な政界革新の清涼剤として可なり大きな意味のあるものだと思ふ。一時敗れることありとも、斯《かく》の如きことこそ真に政党の永遠に活《い》きる途だといふべけれ。今の憲政会に果して斯《こ》の決心ありや否やは遺憾ながら多少の疑なきを得ない。

*

仮りに我国の政界が僕の希望して居る通りに発展するものとする。そして既に普選の実施をも見たとする。金の毒は全然政界から跡を絶つたとする。そうすると日本の政界はどうなるだらう。

金で繋《つな》がつてゐる現在の多数の崩れるのは言ふまでもない。然らば新なる政党の分野が多数の結束に依て従来の様な形に出来るかと云ふに、僕の考では寧ろ却《かえつ》て小党の分立を見るに至るではあるまいかと思ふ。政界の分野は、抽象的の議論としては、二大政党の対立となるが自然だが、実際上劃然二派に分るゝ為には、人格的信認と云ふ高級なる情操の流るゝものがなければならぬ。政見は時によりて変り得る。変らざるは人格だ。此の不変の人格に相互信頼して疑はざるの訓練を積んだものでなければ、恒久の鞏固なる結束は出来難い。不幸にして我国の政界はまだこの程度に達して居ないから、私共は独仏の様に小党分立の勢に甘んずるの外はないと考へて居る。之れが又我国に相応な分際だかも知れない。強て大政党を作らうとすれば、今日の政友会の様に、外部的な力で人為的に結ばねば出来ぬのだから、却て小党分立の儘に放任する方が政界の健全を保つ所以であらう。

我国の様な処で小党分立で居る事の一つの利益は、その大小に拘《かかわ》らず、凡《すべ》ての党派が議会に相当の勢力を張るを得ることである。そこで大政党に頼らざるも政界に驥足《きそく》を伸ばし得る途は開けるから自然人材の政界に輩出するを促すに至るだらうと思ふ。蓋《けだ》し独仏の形勢と合せ見ば思ひ半ばに過ぐるものがあらう。小党分立は、官僚軍閥の跋扈する処では動《やや》もすれば之に乗ぜらるゝの危険なきに非るも、今日は——少くとも今後は、之等のものとて左まで恐るべき程の事もなからう。又かうした形勢を馴致《じゅんち》する事に依て、官僚の徒をしてまた公然政党的行動を執らしめ得る様にもならう。かくすれば却つて政界革正の実を挙げることが容易になつて来るかとも思はれる。

斯んな事を念頭におきつゝ政界昨今の動揺を見て居ると、興味中々尽きざるものがある。説いて尽さゞるものがあるが、又他日を期して再論することにしやう。

〔『中央公論』一九二二年六月〕

加藤内閣存立の根拠

加藤内閣の出現を以て政界の常態に非ずと為し、頻《しき》りに之を難ずる者がある。新総理加藤男爵は声望手腕に於て既に自他之を許すもの多く、閣僚の顔触れまた従来の内閣に比して左まで遜色はない。然るにも拘《かかわ》らず其の出現を難じ其の存立を呪ふは何の故ぞ。

曰《いわ》く超然内閣なるが故に非也と。又曰く中間内閣なるが故に非也と。併し吾人の観る所を以てすれば、単に這《しゃ》般《はん》の論拠のみを以ては未だ新内閣存立の基礎を動かすには足らぬ。吾人は必しも新内閣を弁護せんとする者ではない。又固より之を理想的内閣なりと讃する者でもない。只之を難ずる世上の俗説の中に許す可らざる謬想の潜むを見て、敢て一言の弁妄を禁じ得ざる者である。

立憲政治の帰趨が政党内閣に在る事は之を争はない。従て一政党失脚の後を他政党承《う》けて之を嗣《つ》ぐは憲政の常道である。政党に根拠なきもの、台閣に立つが如きは力《つと》めて之を避くべきである。果して然らば加藤新内閣が所謂《いわゆる》憲政常道論の形式的要求に合せざるは極めて明白と謂はねばならぬ。

然れども一歩退いて考ふるに、所謂憲政常道論は何に依て現代政界の通義となつて居るのか。そはいふまでもなくデモクラシーの徹底のためではないか。政党は民衆の意思の代表である。多数は欺く可らず、現時開明の世に在ては多数の正直に是《ぜ》とする所に真理は存在すると観る。之を予定して政党政治を最良の政治形式とするのだ。茲に憲政常道論の依て以て立つ所の道徳的根拠がある。この道徳的根拠に立脚する限りに於て而してその限りに於てのみ、憲政常道論は現代政界の不動の通義たり得るのである。

撃剣は最良の運動方法だとする。併し之は人の普通の健康を予定しての話だ。予定の根拠と離して、漫然第二義的の原則に拘泥すると、瀕死の病人にも撃剣を強いねばならぬことになる。我国には、兎角《とかく》西洋に行はれた原則を翻訳し、其の道徳的根拠と引き離して、漫然之を概念的に持て囃《はや》す弊がある。憲政常道論を以て今日の政界を支配せんとするが如きも、また稍《やや》其の嫌なきを得るだらうか。

政党は民意を表現すべきものであると云ふに何人《なんぴと》も異論はない。が、現今の政党は事実民意に根拠して居ると真面目顔に説く者あらば、誰か其の欺瞞に噴飯せざる者があらう。民意の開拓を謀らず、其の自由判断を恃《たの》まず、寧《むし》ろ民意を侮ることの方法に依て不正の投票を集めたるの点は、朝野両党を挙げて其の罪を一にするではないか。真に民衆の良心に連絡するものなきが故に、政党内閣の形式的通義を固執することは、実質的には必しも社会の文化に何等道徳的の関係はない。故に思ふ。憲政常道論の主張は、よし之に依て更に政界の弊を深くするの憂《うれい》なしとするも、政界の真の進歩を促すべき何等積極的の力あるものではないことは言ふを待たないと。

実質的観察に依れば、真個民衆的良心と連絡なきの点に於て、今日の政党は貴族院の諸分派と其の性質を異にするものではない。名を政党と称するに眩惑して、之を特殊のものと見誤つてはならない。故に若《も》し政友会の失脚後、政界の一勢力として相当の分野を占むるものに内閣組織の社会的権利ありとせば、此点に於て憲政会は貴族院諸派と同列に在るものだ。憲政会独り後継内閣組織に独特の権利を有するが如く呼号するは、滑稽なる僭称と謂はねばならぬ。初めから民意に根柢する政団なき以上、議院に相当の分野を占むる勢力をして、内閣の組織に当らしむるに甘んぜざる可らざるが故に、所謂政友会内閣が超然内閣でなかつたと同じ意味に於て、今度の内閣とても必しも超然内閣とは云へない。只政友会に次ぐの大政党たる憲政会を差し措《お》いて他に持ち廻つたのが穏当の処置かどうかに、大に議論の余地はあるが、加藤新内閣の如きが、我国現時の政情の下に於ては其存立を認む可らざる底のものでないことだけは、明白に之を承知して置かねばならぬ。

吾人が斯かる異説を主張する所以《ゆえん》は、加藤新内閣を特に弁護せんが為ではない。寧ろ斯かる内閣をも非認し能はざる我が国現時の政情に世上の反省を促さんと欲するが為である。内閣が変態なのではない。政情そのものが変態なのだ。而して其の主たる原因が実に今日の所謂政党其者に在るの事実は、深く吾人の戒心に値するものである。此点に於て在野党たりし憲政会の如き従来余りに放慢軽躁に過ぎなかつたか、若し夫れ政友会が天下を敵党の蹂躙《じゅうりん》に委《まか》して旧悪の暴露せらるゝを怖れ、所謂中間内閣の出現に狂奔せしの醜態に至ては、恥を千載に貽《のこ》すもの、識者の唾棄《だき》にも値せざるものである。

終りに新内閣に一言する。吾人は現今の政情の下に於て新内閣存立の合理的根拠を拒まない。が、また形式上最良の内閣とも思はない。従て其の前途には幾多の困難もあらう。が、望む所は、最良の政策を以て実質的に国運の進歩に貢献せられんことを。就中《なかんずく》吾人の希望に堪へざるは、変態的政情の粛正に対しては最も意をとゞめられん事である。自家政権の永続に恋々として、変態的政情の粛正を怠るが如きあらば、是れこそ国家に背くの罪軽からざるものである。

〔『中央公論』一九二二年七月「巻頭言」〕

最近政変批判

*

本誌前号に掲げた僕の時論（本巻所収「現代政局内面観」）を読まれた読者に取つて、加藤内閣の出現は決して意外の出来事ではなかつた筈だと思ふ。加藤大将の内閣組織をば事前に予期しなかつたとしても、さていよ〳〵出来て見れば、成程斯うでもならなければ落ち付かなかつたのだらうと首肯《うなず》かれるのである。現今の様な政情の下に於て、高橋内閣に嗣《つ》ぐに加藤内閣を以てせるは、極めて自然の成行《なりゆき》なのである。

併し自然の成行だと云ふことは、必しも之を是認する理由とはならない。万事を事勿《なか》れ主義で押し通さうと云ふ連中は、ヤレ〳〵と胸撫《な》でおろして十二分の満足を感じたであらうが、少しでも社会国家の向上進歩を念とせる者に取つては、復《また》かと呆れて政界の前途猶ほ遼遠たりの哀感を抱いたであらう。尤も加藤内閣の出現に接して失望せる者の随一に憲政会があるが、吾人は彼等と失望哀愁の動機を同うする者でないことは呉々《くれぐれ》も断つて置く。

何故加藤内閣の出現に対して爾《しか》く悲観するか。僕等は必しも加藤内閣そのものを悪いとは思はない。此点に於て全然憲政会と立場を異にする。悲観の要点は、加藤内閣の出現を促した政界の空気そのものにある。僕は加藤内閣の出現は自然の成行だと云つたが、自然の成行だといふ事が即ち悲観の原因なのだ。それは最近政界の腐敗萎《い》靡《び》は万人周知の事実であり、誰しも局面の一大転回を希望し、此希望に促されて高橋内閣の瓦解を見たのに内閣の更迭といふ所謂局面の転回は在来の空気に其儘乗つて何等清新の気分を入れないからである。

在来の政界の安定は、其の裏に必ず腐敗汚辱の種子を包蔵して居つた。此事は前号の本欄に可なり詳しく説いた。若《も》し政界が少しでも国民の声に聴き又自ら其弊を継続するに堪へずと考ふるなら、此処に粛正の斧鉞《ふえつ》を加へて一時政界の安定を失ふも決して辞すべきではない。而かも当今の政客は、一面天下の清議に応ずるが如き顔をしながら、政界安定の攪乱を恐るゝこと豺狼《さいろう》も啻《ただ》ならない。故に直接の責任者たる高橋内閣の瓦解は之を救はざりしも、後継内閣の詮議に対しては、現在政情の攪乱を促すが如き解決を避くべしとの主義で、終始一貫の大運動を試みたではないか。当今の政客の大半は斯う云ふ動機で動いて居り、斯うした気分に安心を与へるものとして加藤内閣が迎へられたとすれば、同内閣の出現は、誠に自然の成行であると同時に、僕等は当今の政界の未だ真に覚醒せざるを想ふて、こゝに深甚の失望を感ぜざるを得ないのである。

但し加藤内閣が当今政客多数の俗望に応じて依然政界の積弊を坐視するか、又は独自の見識に立つて漸次革正の斧鉞を振ふかは、別問題である。故に前にも断つた通り、吾人は加藤内閣の出現を促した政界の空気は大に之を遺憾とするも、加藤内閣そのものに対してはまた別個の着眼点から批判すべきものと考へて居る。

*

加藤内閣の出現が自然の成行だといふ事は、政機運用の根本方針が内閣更迭に依て毫も変更されないといふを意味する。而して根本方針の不変は、政機運用に伴ふ腐敗的慣用手段の承認を意味するが故に、政界に対する国民良心の不平不満は、這《こ》の折角《せつかく》の政変に依て少しも癒されない。斯くして民衆の良心が政治から段々と遠退《とおの》いて行くのは、真に憂ふべきことである。

併し考へて見ると吾々が政治を商売にして居る人に依て政界の革命的変動を期待したのは一体大きな間違であつた。軍人に軍備縮少の実行を托し、資本家に共産主義の実現を托するのと同じく、全然出来ぬことはないとしても、こは非常に困難な仕事だ。何故なれば、彼等は僕達の廃《や》めやうとして居る事そのものに倚《よ》つて自分の生活を営んで居るものだからである。国家の為にはどんな犠牲をも辞せないなど、は云ふもの、、衣食の道を奪はる、段になると、誰しも口実を色々に考へて極力反対するものだ。是れ実際問題として社会問題解決の困難なる所以《ゆえん》、又軍縮問題の解決の困難なる所以である。況《いわ》んや政界革正の問題になると、当の相手は政権を擁するを常とし、従つて之と抗争するは更に一段の困難を加ふるものあるに於てをや。

夫れでも政界の悪気流は之を革正しなければならぬ。而して実際問題として此の革正を実現せしめ得べき力は民衆の公議輿論の外にはない。是れ職業的政客に対する民衆的監督の必要なる所以で、近代立憲政治の道徳的根柢も亦畢竟《ひっきょう》はこゝにある。然るに不幸にして我国ではこの民衆的監督の実がちつとも挙つて居ない。憲政逆転なる言葉が示す通り、民衆が政客を監督するに非ず、政客が民衆を左右すると言ふ変態に在るのだから、所謂民衆の参政権はほんの形式に止まり、政界の実権は例に依つて例の如く、上下両院に各若干の分野を占むる政客と所謂元老官僚軍閥の一団との間に潜在して居る。されば内閣組織の如きも、之等の政客の多数の容認を得さへすれば成立するので、民間の輿望の如きは頭から問ふ所でない。果して然らば、今日の政界に向つて政界其者の革正を期待するは、資本家に向つて社会問題の根本的解決を乞ふと斉《ひと》しく、殆んど木に縁《よ》て魚を求むるの類ではあるまいか。

夫れでも猶ほ政界の悪気流は何とか之を始末せねばならぬのだ。真に之を始末し得べき筈の民衆の力が未だ政界の最高権威たるべく組織立てられて居ないとすれば、そこで已むを得ず一時の権宜として所謂以毒制毒の手段に出づるの外はないことになる。此意味に於て僕等は当時ひそかに憲政会をして後継内閣組織の任に当らせたいと希望したのであつた。そは憲政会に積極的の善事を望む可らずとするも、之に依て少くとも政友会の在来のやり方を停止し、其積弊に世人を反省せしむる丈の消極的の効能はあつたらうと考へたからである。

而して吾人が此際憲政会にやらしたいと冀《こいねが》ひし点が恰度《ちょうど》多数政客の憲政会を起用すべからずとする理由なのである。憲政会を挙用する事に依て政局転回の端緒たらしめんと喜ぶ点が、即ち政界安定を冀ふ者の極度に忌嫌する所なのである。所謂政界自然の成行を吾人が大に遺憾とする点は実にこゝに在るのである。

なほ重ねて断つて置くが、僕が憲政会にやらしたかつたといふのは、憲政会の組織すべき内閣は必ず加藤現内閣よりも優れて居るといふを意味するのではない。両方を比較して孰《いず》れが良いかは別の問題だ。只政界の空気を一新するといふ根本的急務から観て、憲政会を挙用したかつたと云ふまでゞある。

*

憲政会を立つべきだといふ主張の中に、憲政常道論といふがある。同じく憲政会挙用論でも、此の立場と僕の立場とは全く相異ることを注意して置きたい。

憲政の要義は、民衆を基礎として政治すべしと云ふに在る。民衆の意思の政治的方面を代表するものは政党だ、従て憲政は政党政治でなければならぬ。故に一政党が失脚したとすれば他政党が之に代るのが憲政の常道である。この議論は形式上正しい。故に表面の観察に従へば、政友会内閣に嗣ぐものは憲政会たるべきに疑がない筈だ。加藤新内閣の如きを出現せしめたのは、正に憲政の逆転と謂《い》はなければならぬ道理である。

併しこの立場を僕は取らぬのである。僕が憲政会を起たしめたかつたと云ふのは単に彼が前内閣の政敵であるからである。毒を以て毒を制するといふ意味で、暫《しばら》く積弊一掃の前駆をなさしめんといふに過ぎず、彼に内閣組織の道徳的な又積極的な地位を承認するからでは決してない。僕は平素所謂憲政常道論を鬼面人を欺くの甚しきものと考へて居る。

牛乳は健康にいゝからとて、牛乳のレツテルを貼つた白い液体はすべて飲んで宜いとは限らない。世の中には奸商が多い。責任を以て人にすゝめ世に強ゐるといふには、十分に内容を吟味してかゝらねばならぬ。今日の政界には所謂奸商の類は余りに多いのだ。民衆の無智に乗じて不正の投票を集め、民衆の良心と其の自由の判断とに何等の実質的連絡なき代議士輩を集めて之に政党のレツテルを貼つて居る。抑《そもそ》も政党内閣の憲政の通義たるを得る所以の道徳的根底は、其が民衆の良心の自由無碍《むげ》の発露たるに在る。形の上で民衆の代表だといふ丈では、白色の液体を人に飲めとすゝめ難きと同じく、憚《はばか》る所なく之を政界に推奨する訳には行かぬ。僕は元来憲政常道論の熱心な信者であるが、之を実際に適用すべく今日の日本には未だ実質的関係が出来て居ないと考へる。憲政常道論を大事に思ふだけ其の贋物の押売りには絶対に反対しなければならぬと思ふのである。

政党は民衆の良心を反映すべきものである。民衆の良心を反映する政客の集団を政党と謂ふので、政党と称するものは必ず民衆の良心を反映して居るものと速断してはならない。この厳格な意味に於て、我国には今日のところ本当に政党と認むべきものは一つもないと思ふ。自ら政党と僭称するものはある。併し実質に於て彼等は民衆の良心に超絶して居るのである。故に若し加藤現内閣を民衆と実質的交渉なきの故を以て超然内閣と云ふなら、先きの政友会内閣だつて同じく超然内閣だ。民衆の良心が実質的に政界の権威たらしめられて居ない我国に於て、前述の意味に於ける超然内閣の否定は問題にならぬと思ふのである。

或人は曰ふ。加藤内閣の出現を憲政の常道の為めに悲しむと。併し今日政界の実状は憲政の常道が踏みにじられて居るのではなくして、憲政の常道がてんで出来て居ないのだ。悲しむべきは寧ろ憲政常道の開拓を妨げて居る政界悪気流の跋扈《ばつこ》でなければならぬ。此点に於ては政友憲政両《ふた》つながら責任を免るゝことは出来ない筈と考へる。

以上述ぶる所でも、民衆の良心を政界現実の権威たらしめ、所謂憲政の常道を憚る所なく適用せしめ得る様な空気を作ることが当今第一の急務である趣旨は、明白であらう。吾人は従来此の立場に於て政界の批判を試みて来た。今後もまたこの立場を以て一貫するであらう。此点は重ねて読者の了解を得て置きたい。

＊

併し一歩退いて現在の様な政情を既定の事実と許して、さて其の基礎の上に如何なる方法が内閣組織に際して省慮せられねばならぬかを考ふるに、矢張り上下両院の各種政団に専ら意を注ぐべきだと謂はねばならぬ。之等各般の勢力にも何等の連絡交渉なき絶対的超然内閣は、如何なる理由の下に於ても避くべきであらう。若し現在の政界に於て超然内閣を否認するの説を相当理由ありと云ふ者あらば、そは右の意味に之を解さなければならぬ。民衆の意思に対する超然の意味ならば、今日のところ所謂政党内閣だとて矢張り超然内閣の実質を具ふるからである。而して又若し超然内閣を僕の用ふる意義に解すれば、加藤新内閣は決して超然内閣ではない。形の上では上院政団の多数に根柢を有し、実に於ては研究会政友会の聯立だとさへ謂はれて居る。故に加藤内閣は、現今の政情の下に於ては矢張り其の存立の合理的根拠を有するものと謂ふことが出来る。

加藤内閣は此際我々国民の有《も》ち得べき最良の内閣なりや否やは問題である。が、之に憲政常道論を楯に根本的否認の鋒先を向けるは当らない。殊に超然内閣たるの理由を以て之を拒むは丸で見当違ひだ。去ればと云つて、僕は超然内閣論を賛成したり、憲政常道論を罵倒したりする積りはない。只之等の論点に依て加藤内閣を難じ得ない様な我国現時の変態的政情を太《はなは》だ遺憾に思ふのである。人は曰ふ。加藤内閣は変態内閣だと。焉《いずく》んぞ知らん。変態なのは内閣に非ずして政界そのものたることを。我々は読者諸君と共に深くこの点に思を廻らすことを必要と考へる。

〔『中央公論』一九二二年七月〕

国家思想に関する近時の論調について

＊

近頃僕は、友人某君が労働者の読み物として書いた小さなパンフレットを繙《ひもと》き、其中に、オッペンハイマーの国家論をひき、国家の起源を「弱者に対する強者の労働搾取」に在りと説いてあるのを読んだ。国家の起源を掠奪に在りとする説明は近頃決して珍らしい議論ではない。西洋には無論のこと、昨今我国の流行思想家の中にも、此種の考を発表して居るものは非常に多い。

今日の国家が余りに資本家本位に傾いて居ることは疑ない。従つて今日の国家の起源を論理的に尋ねて見る段になると、右の掠奪説に多分の道理あることも争ひ難い。併し国家の起源の歴史的説明として之が正しいかどうかは問題であらう。

掠奪観の国家起源論は、現今の資本主義を呪ふ者に取つて有力なる一武器である。従つて之に文句を附けることは、この有力なる武器を奪う結果となるので、動《やや》もすると一部の社会改造論者から嫌はるゝ様だが、併し真理は如何なる目的の為にも枉《ま》げられない。斯くして掠奪観の国家論は、純粋なる学問上の見地からは随分怪しいものとして批判さるゝを免れないと思ふ。

暫《しばら》く一歩を譲つて、国家の起源に関する前記の説明は歴史的に正しいものとしても、史的起源の説明は、決して直に事物の本質を決定するものでないことを知らなければならぬ。仮令《たとい》国家が掠奪に起源したとしても、其の国家を永く継続存立せしめ来りし所に、該組織が何等か人類の本質的要求に適合するものがあるのではなからうか。親の命令で嫌々ながら結婚した男女の二人が、遂に識《し》らず〳〵円満なる家庭を作るに至ることある様に、現在出来上つた状態の本質は、その史的起源とは全く別の根拠から発達するといふことも世間には沢山例のある事だ。

僕の考では、人類の団体生活には統制が要る。統制は一面には教育に依て、他面には強迫に依て附けられる。人類は生れ乍《なが》らにして完全なものでなく、進歩向上の段階を踏み登るべきものである限り、此の二つの方法に依る統制は、其団体生活を完《まつと》うする上に絶対に必要だ。左すれば広義の教育と共に「強制」は人性の自然に基く本質的要求と謂ふべきである。茲《ここ》に国家といふ組織の合理的根拠があると思ふ。所謂無政府主義は無限の将来に期せらるべき状態を今日現に存するが如く妄想する点に誤りがある。従つて現在の生活関係の規準としては全然無意義である。

現在の国家が、国家組織を必要とする人類自然の本質的要求を充して居るかどうかは自《おのずか》ら別問題だ。現在の国家の不正を糺弾し、又この点に世人の着眼を促す為に、今日世上に見るが如き種々の説明を生んだといふ事実には、深く鑑戒すべき点があるとは思ふ。此意味に於て、掠奪的国家観にも相当の敬意を表するが、併しその科学的根拠の頗《すこぶ》る薄弱なことは、十分に心得て居るの必要があると思ふ。

＊

今日の国家組織の正しくないといふ点を反省せしむる為に、無政府主義的傾向の諸学説が或る意味の貢献を為して居ることは、言ふを待たない。併し、吾々は今日如何に開発に赴いたからとて、一切権力組織を必要としないとまで言ひ切ることは出来ないだらう。故に今日若《も》し無政府主義的傾向の諸学説が、多少の共鳴を世上に得て居るとすれば、そは純粋の無政府論が聴かれて居るのではなくして、今日の中央集権的な国家組織を打破しやうといふ点に共鳴を得て居るのであらうと思ふ。権力だの、強制だのと云ふ文字を使ひたがらないのだけれども、要するに、今日までの中央集権的な組織には倦きた、次期の権力組織は何等か変つたものにしたいといふ内心の要求に支配されて居るのであらう。集産主義の外に分産主義の説かるゝも、同じ動機から来るのだと思ふ。ソヴイエツト主義が歓ばるゝのも恐らく之に外ならない。治者被治者の区別を撤し、他の言葉を以てすれば職業的政治家といふ階級を消滅せしめ、従来の被治者が自らまた同時に治者たらんとする意味を徹底するには、ソヴイエツトは理想的の制度だ。真の自治主義が従来の自治制で実現されず、ソヴイエツトで始めて実現されたと云はれるのも此点にある。而して之は明白に中央集権的組織の破却ではあるが、本質上決して権力組織そのものの否認ではない。正確に云へば、権力組織の改造と謂ふべきであらう。此点に於て無政府主義は、政治否認論と共に、言葉の謬用である。否認し排斥すべきは権力組織そのもの政治そのものではない。在来行はれ来りし特種の型式の国家なり政治なりである。国家と政治とは人類の本質的要求に基き永遠に存続すべきものなのである。

＊

近頃盛にもてはやさるゝギルド社会主義の主張の如きは、また中央集権否認の傾向の一つを代表するものである。中央集権打破といへば、之と相対して権力の地方的分散を考うるを常として居つたが、一つ又方面を変へて、職業的分散を考へたのが即ちギルド社会主義だ。人類の生活を最も大切な衣食の方面から観ると生産者と消費者とに分れる。従来の代表組織は、どんなに細かに分けても、要するに、消費者の立場を表はすに過ぎぬ。之からは今まで全く無視して居つた生産者の立場を考ふることが必要だといふのである。而して生産といふ方面から観ると、人はいろ〳〵の職業に分れる。この職業的団体がまた実に分散されたる権力の分配に与《あずか》るべき当然の権利があるのだと観るのである。

この説——否此種の説に多分の真理を含むことは言ふを待たない。従来無視された生産者としての立場を大に重んずべしといふに何人も異議はあるまい。併し生産者としての立場に対立するものを、単に消費者としての経済的立場とのみ観るは、果して正しい見解であらうか。

人間は生産者に非れば必ず消費者といふ風に物質的にのみ観ねばならぬものだらうか。生産者としての各々の専門的立場を超越した所謂市民的立場といふものを許されぬものだらうか。此処に政治に関する根本観念の相違が起るのである。

世間には人類の経済的生活に対立して政治的生活を説くものがある。人類の生活々動の方向に政治的なるあり経済的なるありと云ふのならい丶。人類の生活に政治的経済的等の実質的畛域《しんいき》が分れて居ると云ふのなら、之れ程間違つた考はない。所謂政治的活動は、人類の生活の凡ての方面に亙《わた》つて洩らす所なきものである。何となれば政治的といふのは、人類生活分野の或方面を指称するのではなくて、生活全体の強制的規律を必要とする方面に係はるものであるからである。

ギルド社会主義が、従来の国家を批評して人類の生産者としての立場を顧みなかつたと説くのは正しい。けれども之より一歩を進めて、国家其ものは本質的に人類の生活の全部を包括し得ないと云ふなら大なる誤りである。人はよく謂ふ。国家は本質的に人類生活の円満なる発現を期するものとしては不完全だと。之は国家は強制に依て人類生活の統制を指示するものなるが故に其れ自身完全でないと云ふ意味ならい丶が、人類生活の全班に亘《わた》らないからと云ふ意味で不完全だといふのなら、飛んでもない謬見だ。現在の国家の運用が正しいかどうかは別問題だが、要するに、今日ギルド社会主義を説く人の国家論には、随分ひどい謬見が散見するやうだ。

国家の本質を僕の説の如くに観ると、所謂政治的活動は人類の生活の凡ての方面に拘《かか》はるものである。従つて経済的活動に於けるが如く、生産者としての立場だの、消費者としての立場だのと、区別することが出来ないものである。一部の論者が、国家を以て消費者としての立場を代表するに過ぎずと説くのは誤りである。現在の国家がどうなつて居るかは別問題だ。本質的に観て国家は、生産者だの消費者だのといふ専門的立場を超越して、全班的活動に係るものと謂ふべきである。従つて人類生活の政治的の立場は、所謂職業を超越した市民的立場でなければならぬと思ふ。階級的国家はこの意味に於て国家の本質に合はない。

*

この点に於て比例代表といふ観念は政治の本質に合しないものと謂はなければならぬ。ミラボーの言つたといふ「議会は社会の縮図たるべし」といふは誤りだ、「代議士は如何なる階級から選まれても、一旦撰まれたる以上はその階級的利益を代表するものと思ふ可らず」といふものが正しい。比例代表論は市民的立場で取扱ふべき政治を職業的立場で争はせやうといふのだから乱暴だ。

尤も比例代表は、元の墺匈《オーストリア・ハンガリー》国のやうな先天的に融合しない多数民族の機械的集合に成れる国家には必要であつた。欧洲諸国には民族宗教等の関係に依て社会的に固定した各種階級が有機的に融合せずして雑居して居るのが多い。其間にも何とか融和調合せしむる原理を発見し又は創造することが必要であるが、之が作られ見出さるゝまでは、已むなく各種の階級に其の力相当の代表を有《も》たしむることが必要だ。比例代表論存在の理由は一にこの点にある。我国の如きに之を説くは極めて浅薄の見だ。之も政治の本質を誤解せる所から来る一例と見べきであらう。

*

人は専門の職業的立場を離れて、超越的な抽象的な所謂市民的立場なるものを取り得るものだらうか。所謂生活事実に即して人生を如実に観る人は否と答ふるであらう。之等の人の立場と僕達の立場との相違は、結局人生観の相違に帰着するであらう。之等の点はまた他日を期して詳論することゝし、今はたゞ最近二三の論文を読んで感じたるまゝを誌しておくに止める。

〔『中央公論』一九二二年七月〕

主観的真理の強説か客観的真理の尊重か

＊

独逸《ドイツ》で、外相ラテナウの暗殺に刺撃されて共和制擁護法とやらを作ると、南の方巴威《バイエルン》政府では、所謂《いわゆる》聯邦法律の拘束に依て自家自主権の傷けらるゝを肯《よし》とせず其の形式的遵奉を拒んだと云ふ。中央と地方との権限範囲に関する憲法論上の問題として、係争両者の孰《いず》れの立場が正しいかは之を別個の研究に譲る。僕は戦争前より持ち越しの分離的傾向(Partikularismus)が彼国に於て今日猶強く主張さるゝのを観て、転《うた》た、長い歴史を背景とする伝来的思想の容易に抜き難きものあるの事実に驚かざるを得ないのである。

戦前に於て、独逸は強烈な国家観念に依て統一された珍らしい程牢《かた》い結束を有する民族だと一部の人々から讃美されて居つた。併し乍《なが》ら、普露西《プロシア》の武力に由つて無理に統一を早められた独逸帝国には、其実統制阻害の色々の因子が内部の素質として潜んで居つたのであつた。歴史家は前記の分離的傾向《パルティキュラリスムス》の外、天主教(Klerikalismus)、社会党(Sozialismus)、被圧迫諸民族(Regionalismus)を算《かぞ》ふるが、之等の一々の説明は茲に略する。只こゝには、過去に於て分離的傾向の最も有力なる支持者たりし巴威が、今日なほ動《やや》もすれば事毎にこの同じ態度を中央に対して繰り返したがるの事実に、読者の注意を促したい。而して僕が特に此の点に読者の注意を促さんと欲する所以《ゆえん》は、或る民族の一度取つた態度は、其の必要が消滅しても容易に之を改め難いものだ、と云ふ事をよく納得して貰ひたいからである。

巴威が何故に分離的傾向を執つたかの歴史的説明や、今日之を執るの必要は果して消滅したか否かの判断も、他日の考究に譲る。兎に角明白疑なき一事は、普露西の下風に立つを肯とせずして一度分離的傾向を取つた巴威は、やがて乗ずべき間隙ある限り中央政府に楯つくことを伝統的政策とするに至り、而して此の政策は遂《つい》に当初の必要乃至《ないし》理由とは独立して特殊の地位を政界に占め、以て今日に至つた事である。独り巴威に限らず、政界に於ける所謂伝統的政策なるものには斯うした種類のものは何処の国にも可なりに多い。

＊

眼を転じて各列強の所謂伝統的政策を見よ。米のモンロー主義は如何。英の自由貿易主義は如何。孰れか夫《そ》れ若干の程度に於て所謂告朔《こくさく》の餼羊《きよう》たらざるものがあるか。而して此種のもの、能《よ》く考へて見ると、我国に於て亦頗《すこぶ》る多いやうだ。

否、之ればかりではない。我国の政界につき各政治団体の所謂伝統的政策なるものを観ると、更に質《たち》の悪いのが尠くないのに驚く。告朔の餼羊でも、其の起源に於て何等かの合理的根拠あるものはまだ恕すべしだが、始めから醜悪な少くとも公正ならざる動機に基くものあるに至ては沙汰の限りである。例へば夫《か》の政友会の普選反対の党議の如き、憲政会が一時固執して譲らなかつた独立生計論の如き是である。

＊

何れにしても、政界に在ては、善意にしろ悪意にしろ、一旦言ひ出した事は容易に改めにくいもののやうだ。吾々は先づ此明白なる事実を看過してはいけない。其処からして政界には、普通の人間交際に於けるとは違つた一つの特別原則の行はるゝ必要が生ずる。何ぞや。曰く、主観的真理の強説よりも客観的真理の尊重を第一とせよと。云ふ言葉は固より生硬の譏《そしり》を免れぬが、伝へんとするこゝろは簡単だ。即ち次の通りである。

普通の人間の交際に於ては、自説の謬《あやまり》なるを覚れば何時でも之を悛《あらた》めて他の新しい立場に遷《うつ》ることが出来る(夫れでも世間には飽くまで横車を押さんとする頑拗の人も多いが)。其間に本質的の障害といふものはない筈だ。所が政治上の問題になるとさうは往かぬ。一人の意思で左右し得ないといふ心理的理由の外に、一つの立場から他の立場に移るといふは、前の立場に基いて固定した外界の事情を破壊せずには出来ぬといふ社会的理由もあつて、一度宣明された立場は、之が宣明を促した内面的理由と離れてやがて独立の支持を受くる政治的運命に置かるゝものだ。故に之を個人の生活に対比して云ふなら、正確な言ひ方ではないが、政治上の意見といふものは過を識《し》つても容易に悛め難いものだと謂《い》つても可《い》い。其処から自《おのずか》ら斯ういふ原則が生れざるを得ぬ。曰く、政界に於て所信を貫くといふは必しも推奨すべき事ではないと。

尤《もっと》も斯く云ふは、政治家は水上の浮草の様に風のまに〳〵動揺していゝと謂ふ意味ではない。政治家たる個人の道徳意識として又その責任感念〔ママ〕として、彼は飽くまで所信に忠実でなければならぬ。所信の貫徹に極度の勇気を伴はしめなければならぬは言ふまでもないことだ。此点に僕は一点の異議もない。只一の制度として、特定の政治家階級に供するに、所信貫徹の無条件的便宜を以てする様な仕組みは、政治的目的の達成の上に決して喜ぶべきではないと云ふのである。

政治家はドン〳〵確信を断行していゝ。けれども前述の如く政治家の所信には謬りに陥り易い素因がある。そこで或る一方の意見に其実行の便宜を極度に提供するは大なる危険だといふ事になる。客観的の制度としては、一つの意見に対する反対的立場をも極度に跳梁せしめて其牽制作用を最も自由ならしむべきであらう。斯く各種の立場を自由に競争せしむることが、実に結局に於て本当の正しい意見を行はれしむる所以になる。故に客観的の制度としては、正しい意見を行はれしむるのが良いのではなくして最も正しかるべき意見が結局に於て行はれる様に仕組まるゝのが良いのである。主観的真理の強説よりも客観的真理の尊重と云つたは、つまり此の意味を現さんが為に使つたのである。而して此の意味に於て専制政治——所謂善政主義といふ形に於けるものでも——の排斥せられざる可らざるは亦明白であらう。

*

個人の道徳生活に於ても、一方には飽くまで所信に忠実なれとの保守的要求あると共に、他方には戦々兢々《きょうきょう》自ら反省し又他の批判に聴き常にヨリ正しからんと努めよとの進歩的要求があるが如く、政界に於ても、所信に猪突すべしとする対政治家の要求あると共に、各種の意見に生存競争を恣《ほしいまま》にせしむべしとする制度上の要求がある。而してこの制度上の要求が円満に行はるゝ為には、吾人は実際政治家に対して一方所信に忠実なると共に他方反対意見にも相当の敬意と雅量とを示すべきを求めなければならない。然らざれば各種意見の生存競争が公明正大に行はれないからである。

斯んな理窟は僕の諄々《くどくど》しく説くまでもなく疾《と》うの昔に分つて居る筈だ。然るにも拘《かかわ》らず今更之を絮説《じょせつ》する所以は、昨今社会の一部に一種の専制思想が装を変へて盛に頭を擡《もた》げ掛けて居るからである。政治上の専制思想はとうの昔に摧《くじ》かれた。之を摧くべしとする主たる理由は、蓋《けだ》し固定した定型的意見の社会に強行せらるゝを避けたいからである。思想の進歩を信ずる者は、強い確信の裏に謙虚なる反省に敏《さと》くなければならぬ。而して這《こ》の謙抑の徳を欠き、反対意見に些《いささか》の雅量なく、従て真理に対する本当の情熱を示さゞるもの、特に世の為人の為に献身奉仕すると称する者の間に頗る多いのはどう云ふ訳だらう。正義が正義の名によつて傷《そこな》はるゝは誠に痛ましき限りである。

〔『中央公論』一九二二年九月〕

新政党に対する吾人の態度

＊

国民党の解党や後藤男の外交調査会委員の辞任などの目立つた事件の頻発に依て、昨今の政界はこの暑さにも拘《かかわ》らず若干動揺を感じて居る様だ。新に組織さるべく期待さるゝ新政党に、噂の如く伊東平田後藤等の諸氏が果して関係するや否やは今の所不明だが、斯の如きは我国政界の近状に照して全く有り得べからざる事ではないと思ふ。仮りに之が実現したとして之が国民の慶福に幾何《いくばく》の交渉ありやは然し乍《なが》ら全然未知数である。

所謂民主々義《デモクラシー》の緩慢なる発達——曲りなりではあるが——はともかくも我国に於ても純粋なる超然内閣を維持し難きものたらしめ、徐々に政党なるものゝ発展を促した。が、之とて独力を以ては政権を確実に掌握し難く、其結果暫《しばら》くは官僚と政党との慣れ合《あい》を以て政局の一時的収拾を見ると云ふ変態的現象を呈したのが、最近までの我国の状態である。併し乍ら、官僚と政党とは本来政界の分野に在て互に両立せざる敵味方であるから、彼等の慣れ合は畢竟《ひつきよう》一時の便宜に基く休戦であつて、固より内面的に連結さるゝ諧調ではない。従つてあわよくば他方を出し抜いて独自の地位を堅めんと互に陰険なる策略を廻らし合ふのは怪むに足りない。寺内々閣と原内閣とは此点に於て最も適切なる好例を示す者だが、さて昨今の形勢は如何と云ふに、政友会は多数党たるの事実に変りがなくて而かも失脚を余儀なくされ、官僚の一味はまた山県公の逝去——とも一つには時勢の圧迫——に由て其の有力な拠り所を喪《うしな》ひ、詰り政界の中心点が大に動揺した形になる。こゝに野心に燃ゆる政治家の暗中飛躍を見るのは何等怪むべき事はないではないか。

尤も昨今の政界を中心点が動揺したと観るのは誤りで、実は落ち着くべき処に安定しつゝあるのだ、と謂《い》つた方が正当の見解かも知れない。政友会は、下院に於ける多数を以て民意の最高代表者を以て居り、玆《ここ》に政権掌握の道徳的権利を繫《か》けて居つた。併し彼の多数は、民衆信頼の結果として獲たものでなくて、有らゆる不正手段を弄して劫取《ごうしゅ》したものである。故に夫《か》の政権掌握の権利の主張の如きは要するに鬼面人を欺くものに外ならない。従つて、事実に於て其の多数の力を押し及ぼし能《あた》はざる貴族院に向つては、密《ひそか》に研究会辺の表裏両面の援助を乞はざるを得なかつた。是れ少しく政界の実状に通ずるものには疑のない事実である。次に官僚の一味が拠て以て政党者流と抗争し得るとせる地盤は上院であつた。上院は斯くして其の始め官僚――又は元老――の走狗に過ぎなかつたのだが、一寸の虫にも五分の魂とやら、思ひの外に有力なる自家の地位に目覚めた彼は、何時までも官僚の傀儡《かいらい》たるに甘んぜざる様になる。斯くして彼は漸く独立の勢力たらんとして来るのであるが、此趨勢は所謂元老の凋落と共に更に益々甚しくなる。官僚の走狗たりし研究会が却つて官僚を牽制し監督する様になつたのは、蓋《けだ》し亦当然の順序である。

斯くして最近は、何人《なんぴと》にあれ上下両院に事実上多数の味方を有するものでなければ政権を掌握し得ぬ事になつた。但斯くても猶《なお》、民衆多数の信頼を以て政権掌握を要求する道徳的根拠たりとするの仮説が、民間に於て若干の神秘的威力を有して居つたので、何とはなしに上院の多数よりも下院の多数の方が重いと云ふ様な考が潜在して居つた。固より今日の我国に於て民衆の良心と現実の連絡ある政団があるかといへば無い。民衆と実質的の連絡を欠く点に於ては、政友会も憲政会も、上院の研究会や公正会と何等択《えら》む所がないのだが、併し俗間の感情としては、上院の夫れよりも下院の政団の方がヨリ多く民衆的なるが如く考へて居る。そこで、実際問題として政権を掌握するには、上下両院に於ける多数を合縦《がっしょう》せねばならぬのであるが、上院に於ける多数を主として下院の多数を味方にするは、下院の多数が主となりて上院の多数を味方とするよりも遥に困難なのである。現加藤内閣の如きは、政友会の醜態暴露に依て不思議に出来上つた僥倖《ぎょうこう》内閣であつて、二度と出現を期待せらるべき現象ではない。従つて又彼は、現に頗る険呑《けんのん》な基礎の上に立つて居ると謂はなければならぬ。現内閣の基礎斯の如く弱く、政友会の信望恢復亦容易に待つ可らずとせば、上下両院の策士が、相連繋して一新政団を組織し、以て近く来るべき次期の慶運を待たんとするは、怪むを須《もち》ゐぬではないか。

故に曰く、我が国則今の状勢の下に於て新政党の組織は極めて自然であると。況《いわ》んや其渦中にたゞよふ顔触を見るに於てをや。

而してこの新政団は、国民の利福発達の上に何をもたらすかは、彼が在来の政党者流と其遺り口を全く別にするか否かに是れ繋《かか》る。是れ僕の先きに此点を未知数と称せる所以。若《も》し思ふ所を忌憚なく云はしむれば、僕は之に由て政界に何等の新生面をも期待し得ない様に考へてゐる。

新政党の成立を予期して、或る新聞には、この政党は従来党界に籍を置かなかつた有力なる人士を網羅するにつとめ、殊に学界の政論家には辞を低うして入党を請ふ積りである、と云ふ様な事が出て居つた。中には白羽の矢を立てられた学界の人のうち現に僕の名も出て居つたといふので、之に関する僕の態度を質問さるゝ友が少くない。依て僕はこの機会を利用して、新政党に対する僕の態度を明にすると共に、併せて一般世人の政党に対して執るべき態度をも論じて見たいと思ふ。

僕自身の問題として、僕は自ら現在の職を抛《なげう》つて政治家に鞍替《くらがえ》せざる限り、絶対に新政党に参加しない、又参加すべきものでないと考へて居る。之は例へば新政党の成立や又は主義政策やが気に喰はぬからといふのではない。凡そ政党は元来政治家の集団であつて、市民は単純な一市民としてある限り、絶対に之に加入すべきものでないと信ずるからである。此の道理は、僕をして啻《ただ》に新政党に加入するを許さざるばかりでなく、他の有らゆる政党に加入するを許さない。加之《しかのみならず》僕のみが独り斯の態度を執つて動くまいとするのみならず、他のすべての市民に対《むか》つてもこの同じ立場を執ることを要求して熄《や》まざらしむる。凡そ市民は、単純なる市民としてある限り、其本来の義務として、有らゆる政党に対して絶対に超然的態度を維持すべき義務がある。夫の有象無象が自ら政友会員たり憲政会員たるを誇るが如きは、言語道断の沙汰だと思ふ。況んや之に依つて無用の争に耽《ふけ》るが如きをや。斯《こ》は正に道徳的罪悪として責むるに値するものである。若し夫れ政党の幹部が都鄙の良民を駆りて自党に入らしむるが如きは、群羊を欺いて豺狼《さいろう》の餌《えじき》たらしむるに等しく、自ら侮り人を謬《あやま》る之より甚しきはない。況んや之を欺き導くに各種の利権を以てするに於てをや。此点に於て僕は今日の政党に向つて骨髄に徹する底の怨恨を懐くものである。

政治と云ふ仕事を職業的政治家に托するの可なりや否やは、大に考ふべき重大問題だ。専門家排斥の思想は、昨今政界にも浸潤し来り、露のソヴイエット制に於て我々は大に反省させられて居るのであるが、之等の議論は他の機会に譲ることにする。今の所、政界に所謂職業的政治家の跋扈《ばつこ》は甚だ根強いことは事実として認めない訳には行かない。尤も段々本当の市民出の代議士も出て来ては居るが、大体に於て政治は、例へば昔の伊藤とか山県とか、近くは西園寺桂原加藤といつた様な、外に定職のない専門的政治家に委《まか》されて居るのである。而して之等の人々は其協同の目的を達する為めに各々集つて特種の団体を作る。之が即ち政党なのである。

さて斯う云ふ組織の下に政治が行はれるといふ事を前提とすると、茲に疑のない点は、政治と云ふ仕事は全然之等の専門階級に一任し放しでは不可《いけ》ぬと云ふことである。専制政治や藩閥政治の排斥せらるゝ所以は実にこゝにある。於是《ここにおいて》国民多数の監督と云ふ問題が起る。是れ実に一つには政治の腐敗を避くる所以であり、又一には本当の方針を誤る事なからしむる為である。所謂立憲政治なる方式の起つたのは之が為めだ。即ち今日吾人には政治運用の方式として立憲制が与へられて居るのである。果して然らば、吾人市民は、自ら進んで専門的政治家たらんとせざる限り、飽くまで彼等の監督者としての地位を固守せなければならぬ。監督するとは、外でもない、公平なる第三者として、何等の因縁を何れの一派にも結ばず、常に国家的見地より観てより善き立場を取る者に味方することである。只少しでも善き方に与《く》みする外、絶対に自由なる超然的態度を持することである。斯くする事に由てのみ、吾人は市民的義務を十分に完了することが出来る。吾人が斯かる態度を固守する時に始めて政党は良善を競うて以て国家に貢献することが出来るのである。

翻《ひるがえ》つて今日の我国政党の遣口《やりくち》を見よ。政党は利権の提供に依り地方の良民を駆つて続々自党に加入せしめて居るではないか。之を称して彼等が我党の地盤と云ふ。地盤とは即ち、地方良民に対する政党の横暴なる奴隷的駆使の別名に外ならぬではないか。地盤なるが故に、中央幹部の意の儘に動く。所謂公認候補の制に依て、選挙投票の自由は地方民より奪はるゝ。政党の誇る所謂「多数」は斯くして人為的に作らるゝ。果して然らば何処に民意の自由なる発動があるか。何処に民衆の道義的判断の発動はあるか。私《ひそか》に聞く、悪辣なる御用商人はよく役所の会計吏を買収し、粗末な不正品を高価に売りつけて暴利を貪るとか。河川改修・学校の新設等公共の仮面を被《かぶ》れる国帑《こくど》の濫費は、謂はゞ贈賄である。政党幹部の指定する公認候補は、取りも直さず、粗末な不正品の提供である。之に貴重なる一票を投じて怪まざるは、賄賂に眼のくらめる官吏が不正品に高価を払うて悔ゐざると同じである。識《し》らずして之を為すのであるとはいへ、今日我国の市民が各種の政党に加入して平然たるは、御用商人と結托して悪銭に身をあやまるを怪まざると同一ではないか。考へて見れば怖しい事の限りである。

斯くて僕は、此の数年来機会ある毎に政党の地盤政策を攻撃し、地方の市民に向つては、政党員たる事は取りも直さず国家の公器を弄《もてあそ》ぶ重大なる罪悪たる所以に反省を迫り、一日も早く脱党して身を公平なる第三者の地位に置かんことを警告して居る。是れ政党を傷くるが如くにして、実は真に政党を活かす途でもある。之等の点は他の機会に於て詳しく述べた事もあるから余り諄々《くどくど》しく繰り返さぬが、要するに、吾々は単純なる市民としては飽くまで政党の上に超然たるべきである。而して何方にても善い方へ加担するといふ自由なる立場を守るべきである。斯くして始めて政党をして真に国家の利福に実質的貢献を為さしめ得るのである。此必要は、日本今日の政党の如く、寧《むし》ろ悪い事を互に競争してやつて居る様な処に特に最も痛切に感ぜらるゝ。然らずとするも、吾々が超然的態度を固守するは、政党をして動《やや》もすれば陥り易き過誤より安全ならしむる途であるといふ点に積極的意義があるのだ。且又どの点から云つても、吾人が進んで政党に参加するは、政治の運用の上に必要とせらるる毫末の理由もない。

斯う云ふ理由で、僕は断じて新政党に参加しないのみならず、凡ての市民に対つても之に参加せざる事が却つて諸君の重要な義務であることを切に警告したい。但し参加せざるの理由が必しもこの新政党を非とするが為めでないことは言ふまでもない。具体的の事実問題として、例へば総選挙のやうな場合に、与へられた一票を孰れの党派に投ずべきやは、全然別個の問題である。

〔『中央公論』一九二二年九月〕

憲政常道論と山本内閣の使命

一

政変毎《ごと》に世人はよく憲政の常道を云々する。憲政の常道が毎《つね》に妨げられずに行はれん事は予輩のもとより冀《こいねが》ふところであるが、世間の所謂《いわゆる》憲政常道論には随分誤解もあるやうだ。此度の政変、――特に山本内閣の出現を予輩の憲政常道論からはどう観るかを少しく考へて見たい。

二

加藤内閣崩壊前に、来るべき新内閣如何の推測に関し既に二つの説があつた。一は現内閣員中の一員を首相の位に昇任せしめてそのまゝ内閣を継続すべしといふ説で、他は総辞職説であつた。而して前説が遂に行はれずして総辞職を見るに至つたについては、此所《ここ》に一つ見逃すべからざる我憲政運用上の一大鉄則の潜勢力を認めずには居られない。そは内閣はもと首相一人に対する　陛下の御信任に基き存立するものにして、首相の推薦にかゝる閣員は首相に対する御信任の反射として僅《わず》かにその任に居るものであるから、首相の死は即ち　陛下の御信任の直接の対象物の消滅であつて、内閣は当然辞職せねばならぬ道理だといふのである。憲法の法理論としては兎も角、政治運用の実際原則としてかくの如き専制時代の旧思想の横行を見るのは驚くべき事実といはなければならない。単純平明な理論からいへば、一旦国政を托せられたる内閣てふ合議体は、その一員――仮令《たとい》如何に主要なる地位にあるものとしても――の死亡に因つて遽《にわか》にその責任の解除せらるゝものと見るべきではない。無論臨機応変の例外はあり得る。けれども原則としては、一人を昇任せしめてそのまゝ内閣を継続するといふのが、紛《まご》ふかたなき憲政の常道といはなければならない。然るに斯くの如き議論は、加藤内閣の内部と加藤内閣の存続を利とする政友会内の一部とから、恐る〳〵説かれたのみで、殆んど真面目の問題とならなかつたのはどうしたものか。総辞職説の中には一旦辞職した後別に同じ臭味のものに大命の下るやう運動して、そして其儘《そのまま》従来の内閣を実質上継続せしめやうと試みた横着者もあつたさうだ、が主としてはその後釜《あとがま》に据はらんと躍起となつた憲政会側から唱へられたに至つては沙汰の限りである。憲政会はこの点に於て全然憲政の常道を失して居るの譏《そし》りを免れない。

併し乍《なが》ら概して之をいふに、世間の人気も総辞職説を迎へて怪まず、昇任継続説に殆ど一顧も与へなかつたについては、こゝに又我々は我政界の一変態たる所以《ゆえん》を顧みねばならぬ。民間の輿論が斯くの如くなる所以は、総辞職を正しいと信じて居るからではなく、寧《むし》ろ首相を失つた内閣の勢力に信頼し得ないが為めであらう。我国の内閣は常に主として首相の個人的勢力をその根柢とする。国民の実質的後援の上に不動の基礎を置かない内閣は何時もこの同じ運命に陥る。こゝに我国政界の変態たる所以がある。この変態を何とか始末せぬ限りは、憲政の常道論も実は常に空文に終るのである。

三

所謂憲政常道論の一番喧《かまびす》しく論ぜられたのは、加藤首相薨去《こうきょ》の当時であつた。此時の常道論はいふ迄もなく政党者流の主張であつて次の内閣は政党をして組織せしむるが常道だといふのであつた。尤もその間には憲政会が立つのが常道に合するとか政友会が立つのが当然だとか、我田引水の論が互に交換されたやうだが、それは何方《どっち》でもいゝ。予輩の見地からすれば政党が立つべきだといふ議論が土台成立たないと信ずるからである。斯くいへば人或は予輩を目して超然内閣の謳歌者に逆転したと誤解する者があるかも知れないが、決してさうではない。多年主張し来れるが如く、理想としては今尚《いまなお》政党内閣論者であるが、現今の政党にはこの常道に由る権力の附托を受くるの資格がないと信ずるからである。

抑《そもそ》も現代に於て超然内閣を当然の事理と認む可らざるは最早論ずるまでもない。併し乍ら其反対に政党内閣たらざる可らずとする本来の根拠は何所《どこ》にあるか。其根拠を究めずして只漫然政党内閣々々々々と騒ぐは、例へば田夫野人の流行に附和雷同して淫祠邪神に走ると択《えら》ぶ所がない。改つて講釈するまでもなく、政党内閣を執る根拠は民意の忠実なる代表たる所にある。多数の民衆は結局に於てあざむくべからず、民意に根拠するの主義を徹底せしむる限り、政治の運用は始めて道徳的要求に合致する。要は政権の運用の道徳的に行はれることが根本の大事なのだ。この根本要求が略々《ほぼ》満足に疏通せられ、政党も兎も角この道徳的要求と伴つて行くといふ条件の上に、始めて政党内閣論は成立ち得るのである。如何に有効な営養物でも病人には時として害になる。普通の健康といふことを先決の条件として始めて云々《しかじか》の営養物を摂《と》つていゝか悪いかゞ決まる。我国の政界はこの意味に於て果して健康状態に在りといひ得るかどうか。

一部の人はまだ普通選挙にもなつてゐないから民意は完全に代表されないといふ。選挙権者の数に限りありといふことは、政界腐敗の一重要原因ではある。併し仮令普通選挙が行はれてゐないとしても、その限内に於ける選挙が公正に行はるゝなら、政党内閣で行《ゆ》くに妨げない。予輩の最も今日の政界に遺憾とする所は、選挙権者の数に限りあるよりも、寧ろ選挙が常に公正に行はれず、政党の勢力が断じて民意の表現にあらず、却つて不正の手段により民意を蹂躙《じゅうりん》することによつて強てもぎとつた勢力たる点にある。故に曰《い》ふ、我国に於て今日直に政党内閣論の文字通りの実行は好ましくない。憲政常道論の根本基礎が政治と道徳の諧調にありといふを許すなら、我国に於て今の所政党内閣を否認するのが常道だ。若《も》し政党内閣を常道だとする月並《つきなみ》の説を暫《しば》らく執るなら、この意味の常道は現に我国の変態政界に暫らく適用を許さないと云ふことも出来る。何れにしても憲政の常道だから政党に内閣を作らせなくてはならぬといふ説は浅薄皮相の妄断だ。

四

現下我国の政界に最も必要なものは何か。政党を内閣に立てて苦が〳〵しき経験を再び繰返すことではない。政界を廓清して所謂常道の滞りなく行はれるやうな健康状態の回復が何よりの急務だ。政界の廓清を政党者流に求めるは、木に拠《よ》つて魚を求めるよりも難い。かういふ変態的症状を前提とする時、予輩は此所に中間的超然内閣存在の余地を遺憾ながら認めない訳には行かない。といつて予輩は毫末も山本新内閣を弁護する積りはない。只之を非立憲と斥けて盲目的に政党内閣を主張する常道論者にその根拠なきを反省して貰ひたいと冀ふのみである。

五

斯く論じて来るとその当然の帰結として予輩は此所に山本内閣の使命を一言しない訳には行かない。繰返していふた様に、超然内閣は本来当節の舞台に上場すべき代物《しろもの》ではない。而もしばらくその出場を促された所以は、特別の使命を国民から期待されたからだ。そは何かといへば、いふまでもなく常道復旧の完成に外ならぬ。つまり政界が常態に復するまでを限度として大掃除に雇はれたやうなものである。只山本内閣が果してこの任務を完全になし了《お》うするや否やは問題だ。この点に於て国民の期待に裏切らんか、彼は寺内内閣と何の択ぶ所がない。場合によつたら加藤前内閣より悪いものかも知れない。併しこれ等の判断は、一に今後の効績に徴すべきであつて、今直ちに之を排斥するの理由はない。

山本内閣に対する細目の注文はいろ〳〵ある、が之等は他の機会に論ずることとして、此所に一つ前段の論議に関聯して希望する所は、

一、来年の総選挙には絶対的公平の態度を執り、極度の厳正辛辣を以て臨み、一毫の不正と雖《いえど》も仮借する所なく、畢竟《ひつきよう》選挙の結果をして完全に民意の忠実なる表現たらしむること、而してその結果につき、多数を得たるもの若しくはその聯合に内閣を開け渡すこと。

二、若し総選挙を以て自家存立の終期と諦めず、引続き経綸を天下に行はんとするの冀望《きぼう》あらば、自ら新たに政党を作り他党と争ふこと。選挙の結果につき改めて進退去就を定むべきは勿論である。

〔『中央公論』一九二三年一〇月〕

自警団暴行の心理

震火災に伴ふ非常の大混乱に際し、民衆が夫れ〴〵其の居る処に拠《よ》つて自発的に自ら護り又他に奉仕するに努めたのは、何と云つても今回の惨事に於ける一大美事に相違ない。而して之を一大美事と認むるに躊躇《ちゅうちょ》せざるだけ、夫れだけ吾人は其後諸方に頻発せる自警団の暴行なるものを耳にして甚だ之を遺憾とせざるを得ない。無用の誰何《すいか》、交通の妨碍《ぼうがい》、良民に対する過度の凌辱、果ては強窃盗、殺害等の甚しきに至る。聞くだに身の毛のよだつ様な暴行を数多き自警団が犯したと云ふは、仮令《たとい》全体より見て其数甚だ少なかつたとはいへ、国民的面目の上よりしても到底許す可からざる事態ではないか。

主たる原因は何処に在るか。日が没して蝙蝠《こうもり》の跋扈《ばっこ》するが如く混乱に乗じて兇暴なる煽動者の傍若無人に跳梁したことや、一般民衆の軽佻にして極めて乗ぜられ易きことなどは、先づ第一着に数へ挙げられねばならぬものであらう。之も吾人の省察を要すべき重大な問題であるが、其外茲《ここ》に一つ大に読者諸君と共に考へねばならぬ事がある。そは我が国民一般の通癖たる「力の玩弄」といふことである。詳しく云へば、我国の民衆には法律的に若《も》しくは社会的に何等かの権力《ちから》を与へられると其の本旨に遵《したが》つて運用する代りに動《やや》もすれば無暗に之を振り廻し他の迷惑がるを寧ろ痛快がると云ふ悪癖のあることである。

ある夏の真盛り大道で撒水夫が二人で話をして居るのを聞いた。向ふを派手に着飾つた若い婦人が通る。この車を黙つてその側へひき寄せいきなり水を出して泥しぶきを浴せてやらうぢやないかと一人が云ふ。可愛さうだ、そんな罪作りは止《よ》せ、人も見てるに！、と他が詰《なじ》れば、なアに構ふもんか、東京市の御威光でやるんだもの、と彼は頑張る。公立病院の小使が患者を叱り飛ばしたり、三等郵便局の窓口で人民どもが散々こづき廻されたり、田舎者が議員になつて俄《にわか》に肩で風を切つたりするのは、皆同類の現象と謂《いっ》てい丶。詰《つま》り彼等は俺れには之れ丈《だけ》の権《ちから》があるんだぞと見せびらかしたいのである。俺の意に反しては何事も出来ないぞと威勢を見せたいのである。一言にしていへば自分の背後にある公力を恃《たの》んで自らよろこぶに急なのである。従つて他人の迷惑の如きは更に之を顧みるに遑《いとま》がないのである。自警団の暴行の如き、畢竟《ひっきょう》斯う云ふ通癖のたま〳〵変に乗じて一部民衆の野性を駆り動《うごか》せる類型的現象に過ぎない。従て之を一部民衆の過失なりとして我々と全然無関係の出来事と嘯《うそぶ》くものあらば、そは余りに短見であると思ふ。

然らばさうした通癖の基く所は更に何処に在るか。詳しい論明は別の機会に譲るとして、茲に吾人は一言我国在来の教育が服従道徳の涵養に偏執して創意的奉仕精神の訓練を欠如せるの一事を絶叫して置きたい。上の指示する所に従へとは教へる。自己の創意に基いて人の為にし世に仕うる真の機会は全く与へられない。政事に干《あずか》ることが罪悪なるかの如く教へられた青年が、如何にして校門を出で丶公民としての与へられた権利を正しく使ひ得やう。服従道徳の動もすれば陥り易き著しい弊害は、上の専横と下の不満とである。不満は時として羨望に代る。是れ嫁として苦しみ抜いた者が姑として後にわが嫁を窘《くるし》めるに躊躇せざる所以《ゆえん》。軍隊などでも新兵を虐使する下士は、とかく自分の新兵時代にひどく窘められた者に多いとやら。自己の深刻な経験が思ひ遣りの人情となりて将来の人格美を作る要素たるべき筈だのに、それが却《かえっ》てつねに反対の結果となるのは、畢竟初めに於て創意的奉仕精神の涵養を怠つたからではないか。

肴屋《さかなや》の小僧ふだんは主人番頭にこき使はれる。一旦自警団に加つて竹鎗棍棒を与へられて町内の警備に当ると、少し位人を擲《なぐ》つても誰からも咎められない所から、自《おのずか》ら平素の枉屈《おうくつ》を伸ばすは此時だと云ふ気になる。斯くして面白半分に人の迷惑がる事を敢てする。之が嵩《こう》じて暴行となるのも亦怪むに足らない。而して斯うした心理――大小軽重の差こそあれ――を我国青年の頭に深く植ゑつけたのが、在来の誤つた教育方針ではないか。

我国の今日程青年の創意を抑へる処はない。又我国の今日程青年の創意的活動を危険視する処もない。夫れでも時勢の進運は争はれぬもの、青年の頭は遠慮なく伸びて行く。さればこそ今度の災害に際しても、彼等の奉仕的活躍は所在に現はれて広く社会の感謝を博して居る。にも拘《かかわら》ず他の一面に於て悲しむべき幾多の罪悪を伴つた事に付ては、昨今遅ばせに報ぜらるゝ司直官憲の検挙所罰等に満足することなく、吾人はもつともつと深く考ふる所がなければならぬと思ふ。

〔『中央公論』一九二三年一一月「巻頭言」〕

山本内閣と普選断行

山本内閣は今度の議会に普選案を提出すると云ふ。のみならず来年の総選挙は普選で行く堅い決心だと云ふ。首相代理としての後藤内務大臣の法制審議会に於ける答弁は、キビキビして痛快を極めて居る。多年国民の要望して居つた普通選挙も、愈々《いよいよ》今度実現を見るらしい。併しこれ山本内閣の功と云はんよりは寧ろ時勢の賜《たまもの》と見るべきは論を俟《ま》たない。

世間ではよく普通選挙が政党内閣によつて産れずして超然内閣によつて始めて行はるゝに至れるを、不思議だと云ふ。形の上では成程不思議であるが、我国の政界の実状から云へば不思議でも何でもない。買収請托等によつて辛じて多数を集めてゐる政党が、選挙権の拡張を喜ばざるは明々白々の道理で、普選の実行を我国の政党内閣に期待するの、木に縁《よ》つて魚を求むるの類たる事は、僕の本誌に於て何遍となく説いた所であつた。若《も》し政党にして普選を説くものありとすれば、そは皆現状打破によつて新運命を開かねばならぬ境遇にある少数党に限る。多数党が普通選挙を云ふのは時勢に推され民衆に阿《おもね》るので、真の腹ではない。故に我国に於て普選の実行は、実際問題としては、現状打破を利益とする政府に望むの外はなかつた。而して憲政会や革新倶楽部は単独で天下をとるの力はない。偶々《たまたま》旧式の山本超然内閣が現はれ、之が来るべき政戦に政友会と相対峙せんとするに当り、武器を普選に択んだのは、極めて利巧な戦略だが、又極めて自然な陣立でもある。

僕は普選提案を以て、先づ山本内閣の一戦略と見る。併し元来普通選挙は憲政の根軸をなす貴重な原則で、政争の掛け引きに利用せらるべき筈のものではない。山本内閣が之によつて政争上の如何なる便宜を得やうが得まいが、普通選挙は之に拘《かかわ》らず独立の存在理由を有する。どうせ行はれるものなら、斯う云ふそれ自身の目的に適《かな》ふやうに施行せられん事を冀《こいねが》ふのであるが、戦略として之を採用せる疑ある山本内閣は、果して如何なる待遇をその掲ぐる所の普選に与ふるであらうか。この点に我々は最も細密なる監視を必要とする。普通選挙を制度として実現せしめたからとて、それだけで彼を謳歌するのは早過ぎる。

＊

一説に曰《いわ》く、山本内閣は成立の当初非常時に於ける奮起を理由として各政党の好意的援助を求めた。否寧ろ強要した。他の党派の事は暫《しばら》く置く。流石《さすが》に政友会は体《てい》よく之をはねつけた。併し何と云つても議会に絶対多数を制する政友会を敵に廻しては仕事がやり難《にく》い。そこで政府部内の策士は桂公の古智に学んで一種の因縁をつけやうと試みたが、原敬なき政友会は石にも噛《かじ》り付くの辛棒がなく、オメ〱政府の誘ひに応じないのが大政党の面目だなどと威張る。斯うした態度に対抗すべく発見された武器が普選の断行だ、と。

蓋《けだ》し前にも述べた如く、普選の断行は政友会にとつて一番の苦手だ。政府としては、その断行の上に政友会の地盤を崩すの可能性を認めて居るが、併し之を恐れて政友会が折れて来るなら之又面倒がなくて誠に結構だ。政友会が折れてよし、折れなくてよし、兎に角政府が政友会を向ふに廻して思ふ存分その経綸を続け行ひ得るが為めには、どうしても普選を旗印にせねばならないのである。斯う見れば政府の戦術は誠に巧妙を極めて居り、従つて又政友会が昨今周章狼狽を極めて居る様も理解出来るが、併し乍《なが》ら我々のこゝに大いに憂ふる所は、斯くして普選が、政界の情偽《じょうぎ》の為めに縦横無尽に弄《もてあそ》ばれると云ふ点である。政府の都合がどうあらうが、我々国民は憲政の完美を冀ふ立場からして、一旦纜《ともづな》を切られた普選が、何物からも妨げられずに、その当然の目的地に達する様希望せねばならぬ。

＊

山本内閣が一切の情誼を排し、又あらゆる障害と戦つて、遂《つい》に普選を断行したとする。それで我々は安心し得るかと云ふに必ずしもさうではない。更に我々は断然実施した普選を、彼が来るべき総選挙に如何に利用するかを監視するの必要がある。僕は先きに政友会の地盤を崩すに普選は屈強の武器だと云つた。若し政府が政友会の地盤を崩すに急なるの余り新選挙法を不当に利用するが如きあらばこれ政友会の犯せる従来の過りを、更に大規模に繰返すものに外ならずして、無辜《むこ》の新権利者は道徳的訓練の機会を奪はれ、政界の混濁は益々甚しきを加ふるに至るだらう。斯くては普選を実行しても何にもならない。普選は何の為めに実行するか。単に当然の権利を広く一般民衆に及ぼすと云ふだけではない。従来の選挙権者は余りに深く政党と悪因縁を結んで居るとし、その穢風《わいふう》に染まざる新鮮分子を奮起せしむる事によつて、政界を廓清し、又腐敗手段以外の方法に依ての政治家と民衆との接触交渉を頻繁にし、以て国民の向上発達を促す所にある。この趣意を徹底するでなければ、否この趣意を蹂躪《じゆうりん》するが如き事あらば、仮令《たとい》普選の実現に尽力したとしても、彼は遂に普選の敵たるを免れない。

＊

斯くして我々は、普選断行と云ふ歴史的名誉を荷ふべき山本内閣に向つて、更にその有終の美を済《な》すべく、来る総選挙に之を最も忠実に利用せられん事を希望せざるを得ない。新聞の報道する所によれば、政府では納税資格の撤廃に伴つて、選挙区制や罰則等に就いても周到なる改革を加へんとするものの如くである。此所に若干普選に対する誠意の認められぬではないが、併し愈々実際に之を適用する段になれば、どうなるか分らない。手心によつて左右さるゝ余地は大いにある。一つには政府に警告し、又一つには国民と共に監視を怠らざらんとする所以《ゆえん》である。

〔『中央公論』一九二三年一一月〕

甘粕事件の論点

甘粕大尉の減刑運動及び之に応じた調印を犯罪行為だと僕が云つたと或る新聞に出たとて、いろ〳〵の人から詰問を受けて閉口してゐる。此の機会を利用してこの点を簡単に弁明さして貰ひたい。

第一に減刑歎願書の調印は勿論罪とはならない。減刑運動そのものも単純なものは法の禁ずる所ではない。之等が一概に不法の所為であるかの如くに伝へたのは全く誤りだ。が、減刑運動も若《も》し公衆を会して甘粕大尉を称揚する形で行なはるるなら、そは明白に治安警察法に触れる。その第九条第二項には、「集会ニ於テハ……犯罪人若《もし》ハ刑事被告人ヲ賞恤《しようじゆつ》若ハ救護シ……コトヲ得ズ」とあり、続いて第二十四条には「第九条ニ違背シ……タルモノハ三月以下ノ軽禁錮又ハ十円以上五十円以下ノ罰金ニ処ス」とあるからである。

して見れば甘粕大尉は尊敬すべき国士だ、此の人の為めに減刑を願ふ書面に調印しないのが間違だなどといつて、公園あたりで通行人を要撃するが如きは、明白に治安警察法の適用を受くべき行為である。之を為すもの、誠意の有無は固より、甘粕大尉が果して尊敬すべき国士なりや否やも問ふ所ではない。然し僕が斯く説明するは斯《かく》して減刑運動者の処罰を官憲に促すの意とするものあらば、是れ亦僕の真意ではない。

元来治安警察法は全体として随分批難の多い法律だ。前記第九条の如きも我々の仲間の定論としては、之れを不必要とするに一致して居るから、仮令《たとい》一部の減刑運動が法規に触れるとしても、あまり矢釜《やかま》しく云はないことを希望するのである。従つて当局が之等の減刑運動を看過したと云ふことに対して、吾々は毫もその怠慢を責めんとする考はない。それにも拘《かかわ》らず、此の点に関する当局の態度を吾々が全然不問に附することの出来ないのは、之に関聯して私《ひそ》かに当局の誠意を疑はねばならぬものがあるからである。

元来治安警察法第九条の規定の如きは、之が常に誠実に行なはる丶ものとすれば、有つても妨げのない規定である。有るは無きに優るとも云へぬこともない。然るに之れが識者の間に廃止を叫ばれる所以《ゆえん》のものは、そが動《やや》もすれば濫用さるる虞《おそ》れがあり、又現にしば／＼濫用されても居たからである。即ち当局者の好悪に依つて適用を二三にさる丶のである。現に此の規定で労働運動者は頗《すこぶ》る厳重にやられた。判決文などを見ると如何なる種類の運動にしろ此の法規に触る丶ものは一歩も仮借しないといふ様な風が見えてゐる。而して此度の事件に対しては丸で相関知せざるものの如くである。この点その他いろ／＼の事情とを綜合して我々は法の適用に偏頗なきやを当局に警告せんとするのである。之れ労働運動などの将来の発達を念とするからで、差し当りの減刑運動等に特殊の罰を与へんと望む考ではない。

減刑運動を不問に附したといふ事を責むるのは、法の適用を二三にするといふ当局の不誠意を推定するからであつて、不問に附したといふ事それ自身を咎むる意でないことは、前述の通りである。然し乍《なが》ら僕の此の態度から軽卒な推論を下して、減刑運動の趣意を承認するものなるかの如くに見る者あらば、そは亦僕の甚だ迷惑とする所である。今迄の処《ところ》僕は、減刑運動の趣意には不幸にして未だ一点の承認すべき理由を見出さない。他の言葉を以つて言へば、甘粕大尉の人物なり行動なりの上に減刑を乞ふに価する多くの事情を発見しないのである。それが若し上官の命令であつたのだといふのなら別だ。大尉が自己一人の責任でやつたとする以上、彼は何処までも平凡な一殺人犯人に過ぎない。然も情状の可成り重い犯人と云はなければならない。

翻つて復《また》当局の態度を問題にする。減刑運動を不問に附したといふことが、僕の推定の如く法の適用を二三にしたものだとすれば、即ち同じく刑事被告人の賞恤でも社会運動家なら問題にする、然らざるものは放任するといふのでは、これ取りも直さず当局自から右傾的立場を採つて左傾的思想行動に挑戦するものではないか。当局がかく自ら近代の特徴たる社会的争議の渦中に投ずるといふことは実に重大な問題である。

吾々の理想をいへば、当局としては何処迄も至公至平の超然的態度を執つて貰ひたかつたのだ。当局者が一個人として左右両方の立場の何れかに同情するやは問はないが、国権の執行者としては何処迄も偏執の私念を去らなければならない。不幸にして我国の官憲は、独り警察といはず、おしなべて此の点に就いては甚だ聡明を欠いて居る。現に見よ、社会運動家又は之に類する立場にあるものが、震災直後の混乱裡に如何に無意義の圧迫を受けたかを。

之等の点に関しては枚挙に遑《いとま》あらざる程の実例もあるが、今一々之を述べない。只疑なきは、平素でも社会運動に対して挑戦的態度に出で勝《が》ちの官界が、変に乗じて一層その態度を鋭くしたと云ふことである。その結果更に一層嫌悪の風潮を将来に助長すべきは疑をいれない。之れ心あるもの丶等しく深く憂ふる所である。

単にこれ許《ばか》りではない。斯うした挑戦的態度は、官界のそれに激せられて民間にも亦頗る著しくなつた様だ。単に社会主義者たるの故のみを以つて自警団や青年団の襲ふ所となつたものも、都鄙を通して少なくない。而かも官憲は多くの場合充分之れを取締り得なかつたといふに観れば、社会運動に対する民間の圧迫も亦頗る猛烈であつたといはなければならない。之れ亦社会の将来の為めに深く考えねばならぬ所である。

官民を通じて挑戦的態度の猛烈になつたといふことは、甘粕大尉の擁護論の中に、大杉の様な悪る者を殺したつてかまはぬではないかといふ様な考が強く現はれて居ることにも分かる。社会主義は悪い、就中《なかんずく》大杉は国家を蠹毒《とどく》する大逆人だ。之を殺したのだから甘粕は豪《えら》い、少なくとも甘粕に不都合なことをしたと責むる理由はないといふのだ。大杉が兇悪な人間であつたかどうかは知らない。只世間には、甘粕の行為を赦《ゆる》すべからずとする者の間にさへ、大杉の殺されたことに一種の痛快を感ずるものもあるとか。これ或は大杉の徳の至らざるの結果かも知れないが、然し兇悪な人間だから勝手に殺しても可《い》いと云ふ理窟はない。その上、大杉の兇悪なる所以を左傾派の一方の闘将たる所以に帰し、社会主義だから悪い、無政府主義だから悪い、その悪る者を勝手に殺したつて何故悪いかといふに到つては、これ正に左傾派に対する私刑の社会的公認で、社会の秩序を壊《やぶ》り、階級的反感を激成する、之より甚だしきはない。要之《ようするに》、悪人だから殺していゝと云ふ理窟はない。況《いゎ》んや左傾的傾向にある総てのものを悉《ことごと》く兇悪と断ずるに於ておや。

世上の甘粕弁護論の中には、その理由を甘粕の人物又はその心事に置くものもある。これならまだ好い。然し多くの弁護論は専ら重きを彼が大杉を殺したといふ点に置く。大杉を殺したといふ事に国民的感謝に価する大きな意味があるといふ者さへある。斯くてはその考への赴く所遂《つい》に社会運動に対する直接行動の推賞とならざるを得ないではないか。

直接行動は、如何なる場合にも、之を是認すべき道徳的根拠はない。否、直接行動はそれ自身道徳に対する反逆なのである。之でも、例へば彼の無産階級者の場合の如く、強敵に対して戦ふべき何等の武器を持たないものが止むを得ずして直接行動に出づるは尚ほ恕すべしとするも、凡ゆる権力と凡ゆる方便とを有する官憲が、弱者に臨むに這《こ》の態度を以つてするは、必要以上の暴虐にして、その弊亦頗る怖るべきものがある。斯く社会的影響の重大なるを思ふ時、甘粕事件は決して軽々に附すべき問題ではない。

直接行動論に関聯して今一つ念頭に置かねばならぬことは、軍隊主義の横行といふことである。軍隊は元来非常の変に所〔処〕すべく準備さるるものだ。故に敏活な統一的行動を必要とする所から、上下階級の命令服従関係は極めて厳しい。腕力の対抗に万一のソツがあつてはならないから、危険なもの、その疑ひあるものは、深く究めずして之れを芟除《せんじょ》することが必要だ。此の流儀でいけば事も早く運び万一を怖るゝ懸念もない。其処で軍人なぞは、平時の仕事にまで、之れでいけば訳はないと考ふる様になる。国家的生活を或る狭い特殊の目的に限り、国民の教育向上といふ様なことを丸で抜きにして考へれば、軍隊の流儀は常に之れを適用するも妨げないかも知れない。然し人間は生き物だ。生活の範囲は無限である。一時非常の変に処する軍隊主義を、吾々の生活の一切に適用されては困る。軍隊主義の軽捷截切に随喜する者は軍人以外にも案外に多いが、斯ういふ考へ方からも、甘粕大尉の行為に一種の同情を表せしむるものゝ様に見える。吾々から見れば之も軍隊主義横行の一弊と見ていゝ。

僕の論鋒は遂に飛んで軍隊共通の考へ方にまで向つた。此処に凡ゆる問題の起因があると考へるからである。現に甘粕事件についても、吾々の常識が承認する主たる被告は、甘粕大尉でなくして実は、軍界一般だ。精々狭く限つて憲兵隊全部が責任を脱《のが》るゝことは出来ないと考へる。大杉殺害の犯罪を実行する為に、憲兵隊の名も憲兵隊の有する幾多の公の機関も利用され、司令部内の一室で行なはれた犯罪が三日も放任された揚句《あげく》外部から促されてやつと渋り乍ら事実の一部宛《ずつ》を曖昧《あいまい》に発表するなどは、決して公明正大なやり方ではない。詳しいことは略する。とにかく仮令法律上その責を免れ得るとしても、本事件の徳義上の責任は、殆んど全部憲兵隊にありといつてい丶。

責任問題といふことに関聯して、政界の一隅に行はる丶愚論を序《つい》で乍《なが》ら弁駁しておく。それは斯くの如き不始末を出した以上は憲兵司令官や戒厳司令官の更迭《こうてつ》位でおさまるべきものではない、部下に斯かるものを出したといふ責任問題の帰着は、総理大臣以下の自決に待たなければならぬといふのである。政権に憧憬《あこが》る丶政党者流の云ひさうなことであるが、国民は決して此の妄説に迷つてはいけない。

尤も本件に関して政治的責任問題の起る余地が全くないとは云はない。政治上の問題としては、内閣の威力を充分に発揮して問題の真相を明かにし、法規の正確なる適用によつて処分の確実を期せなければならない。之れだけで沢山だ。部下に不都合のものを出したからとて、その度毎に辞職せねばならぬとあつては大変だ。若し此の問題に関して総理大臣などの辞職を必要とする時ありとせば、そは軍閥が部下を曲庇《きよくひ》するに急にして事件を曖昧に葬らんとし、内閣はそれを非として大に抗争せるも結局力及ばずして軍閥の意向が通つた場合に限る。之れを外にして、内閣に辞職を以て其の政治的責任を完《まつと》ふするといふ様な場合はあり得ないと思ふ。

然し我国に於て軍人の犯罪事件が極めて正確に処理さる丶といふ見込は遺憾ながら甚だ薄い。此の点に関し最も大きな禍を為すものは軍法会議の制度である。之れも数年前改められて余程よくなつたのであるが、それでも現に甘粕事件に見るが如く、裁判長は軍人で、その下の裁判官も法律専門家は只一人、外は皆素人の軍人ではないか。陪審制度に対してすらなか〳〵激しい反対論の唱えらるゝ我国に於て、判官そのものが殆んど全部素人にて組織さるゝを許すとは、驚く可きことである。歩哨勤務を怠つたとか、上官の命令に背いたとか、純然たる軍事上の犯罪ならまだ好いとしよう。殺人窃盗といふ様な普通の犯罪につき、単に犯人が軍人たるの故を以て特別の法廷を設ける必要が何処にあるか。軍法会議の管轄事項は、余りに広すぎる。而して又為めに曲庇隠蔽の弊なしとせぬ。要するに軍法会議の制度は更に大に改正を加ふるの必要を見る。

甘粕問題に関して僕の言はんとする論点は大抵尽した様だが、最後に之れに関して気付いた二つの点に触れて筆を擱《お》くことにする。

一つは此の事件に関して吾々は新聞雑誌に対する掲載禁止の理由がわからなくなつたことである。外交上に関することとか、犯罪捜査の邪魔になることゝかの理由で一時掲載を禁止さるゝことはわかるが、甘粕事件が久しく掲載を禁止せられたのはお上《かみ》のボロを人民に見せたくないといふことの外何物があつたかを怪しむものである。今一つは、大杉と共に殺された少年宗一の国籍に関する問題である。彼は亜米利加《アメリカ》で生れて米国に籍があるといふので、外国人を殺したといふ問題と見るものあるが之れは少しく見当が違ふ。成程彼は亜米利加に生れて米国の国籍を有する。けれども日本人を親とするが故に、彼れはまた立派な日本臣民でもある。領事館に届出でたか否かは問ふ所でない。従つて彼れは日本に来て居る以上、日本の法律から見れば完全な日本人だ。日本人だから憲兵が殺すに妨げないといふ理窟は勿論ないが、之れに依つて米国の国権を侵害したといふ問題は絶対に起らない。純然たる米国人を殺したとは全然問題が違ふ。米国大使館が抗議を申し込んで来たといふのは、事実の説明を求めて来たといふ事の誤伝だらう。若し夫れ誤つて米国人を殺し之れが国際問題となつて日本官憲の狼狽する所に一種の快味を覚ゆるといふが如き者あるに至つては、僕の聊《いささ》か不快を感ずる所である。

〔『改造』一九二三年一一月〕

山本内閣の倒壊から清浦内閣の出現まで

山本内閣の倒壊から清浦内閣の出現に至るまで約十日ばかりの間に、僕はいろ〳〵面白い現象を見た。中には政治思想の発達といふ見地から等閑に附し得ないものもある。玆にその最も主要なるもの二三点を論評して置かう。

*

*

第一に注意すべきは、後継内閣が実際何人に依て作らるゝかの点である。政党者流は所謂憲政常道論を振り翳《かざ》して下院に於ける多数党(最大多数党又は其の失脚せる場合には次位の多数党)に当然組閣の大命の降るべきを説くも、之は理論上にも実際上にも未だ確乎たる原則となつて居ない。僕一己の意見としては、理論上所謂憲政常道論に賛するも、我国の政党が其の当然の発達を為して居ない所から、今日遽《にわ》かにこの理想論を文字通りに行はねばならぬとするの説を執らざるは、既に屢々《しばしば》述べた。孰《いず》れにしても、今日我国の組閣責務は政党者流に認められず、所謂大権内閣の専制的理論を背景として仍然《じょうぜん》として元老閥族の壟断《ろうだん》する所となつて居る。従つて今度の清浦内閣にした所が、結局に之を産んだものは、上は松方西園寺より下は平田牧野の数輩ではないか。

只此間に僕は内閣組織に対する所謂元老の役目に漸次多少の変更あるを看逃すことは出来ない。数年前ならば輦轂《れんこく》の下に元老会議を開くところだが、今日は彼等の多くは凋落し、僅《わずか》に残るもの亦高年の故を以て帝都に留るに堪へず、而して東京に在る程の後進政客はいまだ先輩と相并《なら》んで元老の名を僭《せん》し得るの威望を有《も》たず、詰り元老なるもの丶影は政界に於て著しく薄くなつた。成る程最後の決定に就ては今なほ矢張り西松二公の制を仰ぐが如きも、二公は最早内閣構成に付ての積極的首動者ではない。事実上の発言者たる役目は内大臣としての平田や宮相としての牧野辺に移つたと謂《い》はねばならぬ。清浦は結局組閣の大命を蒙るべき運命となつたから直接之に与らざるも、若《も》しさうでなかつたら彼をも加へた平田牧野辺が元老に代つて内閣構成と云ふ仕事の事実上の担任者となるといふのが昨今の大勢と観てよからう。尤も之等の人々が西松二公と何等の連絡なくして尚ほ這《こ》の大任を引受くるか又之を世間が許すかは問題だが、所謂元老とても之等の人々の活動と相待つでなければ昔通りの勢力を振へ得ない様になつたことは疑を容れない。

斯く考へて更に西松二公百年の後は一体どうなるだらうかを思ひめぐらして見ると聊《いささか》心細くもなる。西松二公の干入に対してすら世間には既に多少の文句がある。更により威望に乏しき平田牧野辺の人々に組閣の運命が全然左右されるとなると、政界は果して之に安んずるだらうか。但し、之を可とすると否とに拘《かかわ》らず、内大臣宮内大臣等の今後も此等問題に与かるべきは疑あるまい。そこで彼等は従来西松二公に倚《よ》つて附けた箔を何処か他に求めて世論に対抗するといふ態度に出づるのではあるまいか。僕の推測では、之が為に誘はる丶者は枢相の外差当つては上院議長であらう。上院議長を加へても収りが六《むず》かしいとなると下院議長が招かる丶のは自然の順序だが、之はしかし余程問題だと思ふ。元来ならば上下両院議長の如きは、内大臣や宮相以上に(之等少数の人々が専ら組閣の談合をするといふ慣例が差支《さしつかえ》ないと仮定して)相談を受くべき権利がある筈と思ふけれども、辞職して往く前首相にさへ後任奏薦の権利を断じて阻む程の政界今日の情実では、恐らく下院議長にまで組閣談合に於ける発言権は容易に認められぬだらう。併しこの点も勢の推進する所何時までも旧態を続けることは許されまい。

段々世論に圧倒されて下院議長をも加へるといふことに遠からずなると信ずるが、其の時は実は組閣に関する実際の責任が既に下院に移つた時でなければならぬ。僕は今日の状勢に対しては固より全然不満であるけれども、之を永い発展の一階段として観るとき、必しも悲観すべき状態とも思はないのはこの為めである。さればと云つて、正しい将来を出現さすべく常に大なる努力を必要とするは云ふまでもない。

＊

第二に注意すべきは推薦の基礎となる標準如何の点である。換言すれば推薦さるべき人に対して求めらるゝ資格要件である。之を逆に云へば何の点で清浦子爵が時局多難の今日内閣を組織すべき最適任者と認められたかの点である。新聞の報道等を綜合して考へて見ると、之には二つある。一つは来るべき総選挙を公平に行ふを期待し得ることで、他は今期議会を無事切り抜ける見込のあることである。下院に於て政友会は絶対多数を擁するも之に政権を托するわけには往かない、さればとて憲政会に天下を渡してはまた来るべき選挙に紛雑な且つ不正な党争を避け難い。斯くて政党以外に組閣の材能を求めたのであるが、所謂綱紀粛正の叫びの強い今日右の顧慮は至当の要求だと思ふ。併し乍《なが》ら呉々も忘れてならぬことは、此点を貫かうとする以上、議会を無事切り抜けるといふ要件は実は到底充さるゝものでないことである。不正の党弊を矯《た》めるとは一体何の謂《いい》か。具体的に云へば政友会の横恣を抑へることではないか。政友会に対して断乎たる挑戦を決行せずして今日如何にして政界の綱紀をたゞすことが出来ると思ふか。而して議会を無事に切り抜けよと求むる。無事に切り抜けるとは政友会と妥協せよといふことではないか。予《あらかじ》め政友会の要求を聴容するの前提を以てして綱紀粛正の実を挙げんとするは、正に木に縁《よっ》て魚を求むるの類ではあるまいか。

孰れにしても清浦内閣は右の如き相容れざる二つの要求に促されて出来た。こゝに此の内閣の難関がある。事なきを好む側の要求を充せば、忌むべき政弊は依然として絶へず心ある者の顰蹙《ひんしゅく》を避け難かるべく、又政界刷新の方向に一歩でも進めん乎《か》、政友会との戦闘は到底免るべからざるを以てである。併し僕は清浦内閣に前者をすて、後者の態度に出でんことを望んでやまない。斯くして勇敢に政弊と闘ふことに依て清浦内閣はせめてもの存在理由を主張し得べきを思ふからである。

*

第三に注目すべきは清浦内閣の事実上の構成は全然研究会の手に成つたといふ点である。従来の例に依れば、清浦子爵が主動者となつて組閣の仕事を為し遂《と》ぐべきであつた。研究会の如きは多くの場合に於て大命拝受者より顧慮せられ又その顧慮せらるゝ程度も年と共に加はり来るは疑ないが、未だ嘗《かつ》て彼が自ら組閣の首動者となつたことはない。而して清浦子爵は其地位から云つても其経歴から云つても単独に組閣の仕事を為し遂げ得るの力がある筈だのに、わざ〳〵研究会に全権を托して自ら木偶《でく》漢に甘んじたのは一体どう云ふわけか。

伝うる所に依れば、清浦内閣ははじめ有松英義氏を抜いて内相たらしめんとしたとか。若し第一歩をこゝから踏み出したものなら、清浦内閣は確かに名実ともに清浦子爵の内閣であつたらう。さすれば清浦内閣は或る意味に於て山本内閣の延長であり、而して不本意ながら山本内閣を許した世論は同じ立場で清浦内閣をも許したであらうと思ふ。然るに清浦子爵は山本伯だけの勇気がなかつた為めか又は山本内閣が上下両院の大政団の反抗に苦んだ経験に懲りた為めか、初めからこの種大政団と努めて争はざらんとするの用意に没頭し過ぎた。其結果はどうかと云ふに、上院だけは無事に制し得やうが、下院の操縦すらが夫れ程楽に往けるかどうか怪しい。若し夫れ研究会に組閣を一任せるの結果世論の反感を無用に挑発せるの愚に至つては私《ひそ》かに子爵の聡明をさへ疑はずには居れぬ。

研究会に組閣の仕事を一任せるの結果、更にも一つ注目せねばならぬことは陸海軍大臣の選定である。清浦にしても山本にしても、彼れ程の経歴と威望とを以てしたなら、自分を主動的地位において某の大将某の中将を招くに格別の差支がなかつたらう(二三巨頭の了解を得るの例は已むを得ぬとしても)。研究会の青木水野辺の粒の小さい所ではさうは往かないものと見へ、乃《すなわ》ち陸軍なり海軍なりに推挙を頼むといふことになつた。現に今度は陸軍は陸軍、海軍は海軍で非公式的な巨頭会議を開き、其の相談の結果で夫れ〴〵の大臣がきまつたではないか。斯うして出て来た大臣に我々は如何にして内閣大臣としての連帯責任を要求し得やうか。選任の方法に於て陸海軍大臣は全然他の大臣と別世界の人である。而かも閣議に於て彼等はやはり全然同一の発言権を有つのである。憲政運用の機関として実に奇々妙々の話と云はねばならぬではないか。

この外にも論ずべきことは沢山あるが、それは今後政界の進運に連れてまたつぎ〳〵に論じやう。とにかく以上述べた点は清浦内閣そのものを理解するに必要であると共に、之から先きの政界の運命を考ふるにも相当の関係ありと信ずるものである。

〔『中央公論』一九二四年二月〕

新内閣に対する期待

加藤内閣は成立早々馬鹿に人気がいゝ。高橋犬養両老の謙譲に依て三派聯合の陣立が整つたといふことも慥《たしか》に其一因に相違ないが、主としては其の閣僚に有為の人材を集め自《おのずか》ら国民をして久しく停滞せる政界に一道の活路を開くべきを期待せしむるものあるからであらう。兎に角今度の内閣程強い頼み甲斐のある者として迎へられたものはない。

従来の内閣は或は枢密院に気兼し或は貴族院に遠慮し甚しきは軍閥司法閥と称するが如きの鼻息をさへ伺つたものだ。一々其の指図を受けたと云はぬまでも、之等特殊階級の何等かの要求を顧ることなくして組閣の事業を完《まっと》うせるもの曾《かつ》てあるか。此点に於て今度の内閣は如何。以上の特殊階級の勢力たるや固より一朝一夕の事でないから、全然之を無視することは到底出来ぬだらう。従て其間種々複雑微妙の関係を生ずるは必ずや免れまい。只吾人のひそかに想像する所は、今後或は主客顚倒して枢密院や貴族院や将《は》た軍閥やが寧《むし》ろ政府に遠慮し気兼することになりはしないだらうか。又事実斯うならなくては折角の護憲内閣出現の意義もゼロだ。

*

加藤内閣の強みの根拠は何処に在るか。人は三派の協戮《きょうりょく》をいふ。又は有為の人材を集め得た点を見よと云ふ者もある。併し之れが強みの本当の源だと信ずるならば飛でもない誤である。人材を集めたといふ点だけを取るなら、震災後の山本内閣だつて大した遜色はない。而も政界策士の陰謀に一と溜りもなく没落を余儀なくせられたではないか。原内閣が下院に於ける絶対多数を擁し乍《なが》ら、枢府上院等の機嫌気づまを取て辛うじて政権を掌有するを得しに思ひ到らば、三派協調の如き果して何為《なにす》るものぞといひたくなる。於是《ここにおいて》吾人はどうしても加藤内閣の強みの根拠を他の新しい何物かに求めなければならぬ。

然らば求むる所の新しい根拠は何だ。是れいふまでもなく民衆的信頼である。詳しくいへば政府側の陰陽両面よりする干渉圧迫ありしに拘《かかわ》らず、民衆の独立の判断が能《よ》く護憲三派を表面に出したといふ点にある。従来の多数は謂はゞ金で作つた多数に過ぎなかつた。金で作つたものはまた同じく金で崩し得る。是れ従来の多数が常に策士の陰謀に脅された所以《ゆえん》たると共に、多数党が敢然として群議を排し自家の素解〔懐〕宿論を提げて驀進する能《あた》はざりし所以でもある。然るに今度の多数は少しく之とは模様が違ふ。不十分ではあるが選挙に対する民衆良心の積極的活躍のあつた所に特色の著しきものがある。一度眼をひらき始めた以上、斯うした正しい傾向は今後は益々発展するあるのみだ。議会の多数に対する不動の基礎斯くして作られんとするを観るとき枢府上院軍閥の人々が遂に之を軽視し得ざるに至るも当然ではないか。

併し議員と選挙民との真の人格的関係はまだ〳〵十分でない。それでも其が議会を重からしむること如斯《かくのごとし》とせば其の関係の今後益々緊密濃厚を加ふることの結果や蓋《けだ》し想像するに余りある。政界に重きを為すの皮相に倣《なら》つて専恣横暴に陥ることなく、其の重きを為す所以の真因に思を潜めて切に政客の自重を望まざるを得ない。

*

国民として吾人は新内閣に何を希望すべきか。普選の断行か、之もいゝ。貴族院の改革か、之もわるくはない。綱紀の粛正財政の緊縮皆誠に結構だ。が、吾人は夫よりもモツト〳〵大きな使命を彼等に期待することを忘れてはならない。何ぞや。政界勢力の統一是である。一言にしていへば、枢府上院軍閥等に気兼し一々彼等の不当なる要求に耳傾け、少くとも彼等の掣肘《せいちゅう》を受け、結局時代の要求に応ずる何等新施設を為し得ざるに終る様では困る、之等の散漫したる諸勢力の姑息的妥協が政界の実勢を支配することが従来百弊の根元であつたのだから、之を打破するを最大の使命とするのでなくては新内閣の華々しく出現した意義はないと云ふことである。

枢府軍閥上下両院の多数派は従来いはゞ相聯絡して政権を独占壟断《ろうだん》した特殊部落であつた。この部落に因縁なきものは断じて政権に有り附けなかつた。其処から色々の弊害は生れる。遂に醜状暴露拾収す可らざるに至り民衆の後援は期せずして圏外の護憲三派を送り出したのではないか。故に加藤内閣は其成立の由来から云つても民衆的新勢力に拠《よ》つて壟断的旧勢力と戦はねばならぬ立場にある。之等の点に関しての新内閣に対する希望は別の機会に譲るとして、吾人はこの使命を達せしむる為に一日も長く加藤内閣を廟堂に立たしめて置きたいと思ふ。掲ぐる所の政策の実行に何れ丈《だけ》の成績を示すやは第二の問題としていゝ。旧勢力に阿附妥協する惰容を示さゞる限り、吾人は極度の忍耐を以て加藤内閣の存続を許さうではないか。只恐る、加藤内閣果してこの吾人の期待に背くことなきや否やを。

〔『中央公論』一九二四年七月「巻頭言」〕

貴族院改正問題

昨今世上の論議に上つて居る貴族院改正問題の諸説を通覧するに、改正の要求せらるゝ方面は主として次の二点に在る様に思ふ。曰く権限の縮少。曰く組織の変更。

＊

権限の縮少を論ずる者は、漠然と上院は本来下院と対等の権力を有すべきものではないと云ふ。殊に下院にも普選の実施せられんとする今日、上院が法律上同等の地位に在るを利用して動《やや》もすれば下院を掣肘《せいちゅう》するのは民主政治の本旨に反すると云ふのである。権限縮少の可否は姑《しばら》く別論として、其論拠として執る所の右の説明は大変な間違だ。

下院の組織に普選も行はれず選挙が常に官僚と政党幹部とから勝手に左右されて実質上そこに何等国民良心のはたらきの認められざる以上、上院が下院の思ふ通りに動かぬからとて文句を容るゝの資格なきは言ふまでもない。下院が近き将来に普選を採用するとして、且官民共に従来の弊竇《へいとう》に懲り之からは公明正大に選挙に臨むの決心やゝ信ずべきものありとして、其処より生るゝ下院の行動に一段と道徳的権威を増すべき見込は略《ほ》ぼ確実だと云ひ得んも、併しそは上下両院の対立関係に於て一方の道義的権威が若干増すといふ丈の話で、従て原則として上院は下院の決定を格別に尊重すべしといふ政治的慣例を発生せしむるはいゝが、法律上の制度として上院を永久に下院に屈従せしむるは決して上院設置の本来の精神ではない。寧ろ一歩進めて上院を無用とするのなら理義頗《すこぶ》る徹底する。苟《いやし》くも之を存置する以上は、万一の場合に下院に対抗して国民に反省を促すの機会を与へ以て国家の針路を万一の邪路より救ひ出さしめんといふ趣旨に基き、制度上はどうしても下院と絶対に同等なものとして置かなければならない。謂はゞ巡査の帯剣の様なもので、之を濫《みだ》りに抜かれては困るがさりとて之を取り上げて了《しま》つてはイザといふ時国民保護の職責が勤らない。之れあるをいゝ事にして抜きたがる奴があつて困る、何とか方法を講じなくてはなるまいと云ふのはいゝが、面倒だから取り上げて仕舞へといふに至ては、角をためんとして却て牛を殺すの嫌《きらい》がある。無論之は上院を存置するとしての話だ。別の論拠から之が廃止を主張するのなら私にまた自《おのずか》ら別の意見がある。

上院の存置を前提として論ずれば、私は権限の縮少は必要でない否正当でないと考へる。勿論此点に関しても現制度の上に多少の整理修正をする余地はあらう。併して大体上下両院は対等たるべしとの原則は動かしてはならぬと信ずるものである。そんなら上院は従来通り我儘を働いてもいゝのかといふに決してさうではない。上院は原則として下院の決定に譲るべきであるが、之は制度上の規定としてゞなく、政治運用上の慣行として止《とど》めて置きたいと思ふのである。尤も下院さへしツかりして居れば、斯んな原則は矢釜《やかま》しく云はずとも自ら立つものなのである。上院の組織に此種の運行を妨ぐる底《てい》の欠陥あることは後にも説くが、兎に角、今まで当然の原則が立つべくして立たなかつたのは、一つは下院政治家の発奮が足らなかつた結果でもある。

私の結論に対して英国の例は如何と抗弁する人があるかも知れない。成る程英国は一九一一年の議会法で制度上上院の権限を著しく縮少した。が、之にはまた相当の理由がある。英国の上院は先づ全然貴族を以て成り、時々新貴族の加はるありて(我国の勅選議員に類すと観てもいゝ)清新の空気を注入する余地はある様だが、実際之は極めて少数で、大勢からいへば年々歳々其人に変りなく、殆んど新陳代謝を容れざる固定的集団と謂ていゝ。

だから政府乃至《ないし》下院に取つては膠柱《こうちゆう》如何ともし難きものなので、そこで制度上から権限を縮少でもしないと、疏通の方途がないのである。我が国の上院は半ば英国の上院に倣《なら》つたのだが、併し勅選議員も沢山あつて英国の如く固定して居ないから、必しも英国の如き変例を採用する必要がないのである。但し現制の様に有爵議員が過半数を占め、それが又政党的結束をなして昨今の様に跋扈《ばつこ》するとなると、固定的形態を為す点、一寸《ちよつと》英国の上院に類するものある所から、実は権限縮少なんどいふ問題も起つたのであらう。若し上院の組織にして到底然るべき変革を加へ難き事情ありとせば、権限縮少も已むを得まい。併し最近の世論の通り、有爵議員の数を半数以下とし且其の互選規則も変へやうといふ事になれば、権限縮少は実は左までに必要でない。約言すれば、英国に在て権限縮少で達した同じ目的を、我国に在ては組織変更で達しやうといふ次第なのである。従て吾人は、若し組織変更に蹉跌《さてつ》を見ることあらん乎《か》、自然の順序は遂に遠からずして権限縮少の要求に進むべきを覚悟せなくてはならぬ。而して「権限縮少」はどこまでも危道だ。政界開展の大筋は「組織変更」を規道として進むべきものである。

*

上院組織の問題に付ては各種各様の改革意見が行はれて居るが、大別すると次の二種類になる。

第一は消極的に上院の固定的状態を打開せんことを目指すものである。今日の上院は国内最高の智識を集め其良能を自由に活躍せしめ以て下院の決定に十二分の批判を加へしめんとの主意から全く離れて居る。或る特定の勢力が大勢を左右し、下らぬ見識が横暴を極めて居るのだ。之を打開しなくては下院のみが困るのではない国民全体が迷惑する。斯う云ふ根本目標から唱へらるゝ改革要求の第一位に来るものに(一)数の減少といふことがある。即ち有爵議員をして勅選議員より多からしむべからずといふのが之れだ。尤も之は勅選議員そのものが固定しない様に更に幾多の改正を加へられねばならぬが、孰《いず》れにしても極めて至当の要求といふべきである。猶この趣旨を一層徹底せしむる為に(一)公侯爵世襲の廃止と(二)互選規則の改正の問題がある。前者は有爵議員数を少くするといふ目的にも添うが、公侯爵だけに多大の特権を認むべからずとの純理論の方からも強く主張される。後者に至ては各爵別々か又は一所に選ましむるかの問題もあるが、実際上重大の関係あるは従来の連記々名制を存するか否かの点であらう。華族の名誉より云へば記名式で差支ないが実際論としては無記名式を可とするに一点の異議ある筈なく、又純粋なる単記がいゝか将《は》た単記委譲若《も》くは制限連記がいゝかは尚攻究の余地ありとして、連記主義の現制の不可なることだけは、利己的偏執者に非る限り是亦何人《なんぴと》も異議のない所であらう。

第二は積極的に上院に清新の空気を入れんことを目的とするものである。新陳代謝は何事にも必要だ。上院ひとり此理屈に洩るゝ道理はない。さて此趣旨から唱へらるゝ要求に、(一)勅選議員制度の改正がある。現在の儘では有爵議員と同様に固定するの恐れあるのみならず、近来其任命が随分乱暴になつた所から斯んな要求も起るのだ。固定に陥るを防ぐが為に、任期を附せよとか停年を設けよとかの説がある。色々理屈を捏《こ》ねるものはあるが、何とか改めねばならぬことだけは疑を容れぬ。濫任の弊に対しては詮衡委員を設けよとの論があるが、之は実効が挙るまい。之で実効が挙る位なら、之れなくも差支ない筈だ。要は国民も政治家も此点の情弊に自覚して自ら慎戒するの風が起らなくては駄目だ。全然政治道徳の問題にして制度の問題ではないと思ふ。道徳意識を喚起する意味に於て此種の議論の唱へらるゝを喜ぶには喜ぶが、制度論としては賛成もせねば反対もしない。あつてもなくても結果に大した変りはないと思ふからである。次に(二)民選分子を入れよとの要求がある。従来の多額納税議員が毫も民選たるの実質を具へざるは言ふまでもない、之が廃止はどの点から観ても異議のない所として、さて之に代るべき新たに何物を採用すべきかが問題である。理想論として農工商を通じ夫々雇主側と被傭者側とから代表者を挙げるとか、教育、宗教、船員、殖民地等を代表する者を採るとか、下院が地域代表主義なるに対して上院に職能代表主義を加味せしむるなどは、頗る合理的の改革だと思ふ、況《いわ》んや上院の半数は既に華族といふ特殊団体の代表たるに於てをや。之に異議を唱ふる者は、目の先ばかりを見る所謂《いわゆる》実務家か、為にする所ある者か、否《しか》らずんば精密なる思索を厭ふ一知半解の横着者かであつて、今日我国でも識者間には此点の論は自ら定つて居ると思ふ。併し何時《いつ》の世にも理想論の実現を見るは相当の年数が掛るもので、急激な変更を兎角好まぬ我国目下の状況としては、矢張り過渡的の改革として各府県を一選挙区とし人口に応じて上院議員を推薦せしむるといふ位の所に落ち着くのではあるまいか。之に直接選挙にするか間接選挙にするかの又は選挙の資格要件は如何等の問題があるが、其の土台がもと〳〵理屈に合はぬのだから、細目などはどうでもいゝと考へる。下院と同じ様な地域代表主義で行くのなら、寧ろ下院をして推薦せしめた方が簡便かも知れない。併し孰れにしても民選分子を入れたいと云ふ要求は結構だ。只質に於て上院に重きを為す底《てい》の人才が挙げらるゝ様仕組まれぬでは駄目だ。従来の多額議員の様な沐猴《もつこう》にして冠するものは此際真平《まつぴら》御免である。

*

上院改革の問題は実は以上に尽くるのではない。其外上院議員も下院同様に政府と関係ある特殊会社、銀行等に就職するを禁ずべしとの説の如き、当然明白寧ろ今まで之を放任して置いたのが変だといふべき程のものである。又華族にも下院議員被選挙権を認むべしとの説の如きも理の当然であらう。憲法制定当時の如く、民間勢力に不当の畏怖を感じ之に対する防波堤として貴族院を設けし時代に在ては、会社の監査役が取締役を兼ぬ可らざると同様に、華族は人民と截然別天地を劃するの必要ありしならんも、今は然らず、上下両院は最早相牽制するを事とすべきでなく相協力すべき性質のものとなつたから、華族と雖《いえど》も衆望の押す所あらば下院の議席に就くに何の不都合もない筈である。実際問題としては斯く改めても左したる実益はなからうが、併し理論上は与へるのが本当だ。某貴族院議員曰く、貴族にも下院の被選挙権を認めて自由に政界活躍の途を作てやれば、強て互選規則を改めて少数代表の策を講ずる必要はあるまいと。之は勤労に対して相当の報酬を与へ以て楽に食へる様にしてやれば、己れが借りた金は彼に返済する必要はないといふ議論である。貴族と軍閥程虫のいゝ論をするものはない。

其外細い点をあぐればまだ沢山ある。併し主たる論点は何といつても権限と組織の問題だ。此点が整理されれば主たる要求は皆触れられたことになる。依て私も専ら此二点に詳論を集中したのである。

*

理論上の改正論は姑く別として、更に貴族院改革論が一体どういふ縁因で起つたかを考へて見る。世人はよく下院も普選に改まるのだから上院もいつまで旧態依然たる訳には行くまいと云ふ。之も一理はある。併し上院の改革を要求する声は単に玆処からばかり起つたのではない。下院に普選が行はれ従て其面目が一新して来たとしたら、或は却て上院はどうでもいゝといふ事になりはしないかとさへ考へらる。何となれば下院の威重加れば上院は自ら其の当然の畛域《しんいき》に引き退るべきを以てゞある。故に貴院改革論の起つたのは下院のだらしなきに乗じて不当に横暴を逞《たくまし》うしたといふ所に存すると謂はなければならぬ。従て実際政界の問題としては、改革論の順序乃至筋書は実は此点から書き上げらるゝものと見なければならぬ。宛《あた》かも病弱の子供の健康恢復には理論上胃腸を強くするが必要だときまつても差し当り喉を悪くした所から医者に診て貰ふ様になつたとすれば、順序としては喉から先きに手当をせねばならぬのと同様である。斯う云ふ見地から貴族院を見ると、昨今の情弊は主として(一)政党的結束に依て一部の集団が大勢を支配すること、(二)其の勢力を利用して下院を不当に掣肘することに帰する。そこで一挙その権限に手を触れよとの議論も出るのであるが、之が理論上正当に非ずとすれば、貴族院の改革は次の順序に依て一歩々々堅実に其の実蹟を挙げて行くのが一番適当ではないかと考へる。

(一)　有爵議員互選規則の改正に依て上院に於ける最大勢力の弛解を図ること。此論点の理論上の地位に拘泥して末節と做《な》し、以て非難の主力を他に外らさんとするものもあるが、世人はこの狡策に乗てはならぬ。此の一点だけでも近く改められん乎、そは日本の政界に取て実に一大福音たるを失はない。

(二)　有爵議員数を減ずること。(一)が改まればこの点は実際上左して苦にならぬ。併し或は再び繰り返さるることあるべき(一)の情弊を結局不可能ならしむる為に、(二)も亦絶対に必要であると考へる。

(三)　民選分子を入るること。理に於て(三)が一番大事で(二)之に次ぎ(一)は所謂末節に相違ないが、実際の活用からいへば其の順序は丸で顛倒していゝ。否顛倒しなくてはウソだ。此点に深く国民の注目せられんことを希望する。

猶ほ貴院改正には制度上二つの大なる制限あることを知らねばならぬ。一は摂政在任中憲法改正は許されず、従て憲法の改正を要する底の改正案は将来に期せねばならぬことで、他に貴族院令の改正に亙《わた》るものは貴族院其ものの議決を経ざれば出来ぬことである。貴族院令の改正増補は同院の議決を経ねばならぬといふを推拡して、総て貴族院に関する事は其の同意を要するの趣意だと一概にいふのは何等根拠なき妄論である。但し貴族院令の改正を法律の形式を以て下院から提案し得るや否やは学問上問題であらう。之は勅令事項と法律事項との範囲に関する学説の異同に依て解釈の岐《わか》るゝ所だが、従来の慣例に依れば立法事項たらしめず必ず勅令として発布するを要し、而も政府の専擅を許さず必ず貴族院の同意を要するものと認めねばならぬ。従て上院自ら発議することを得べきものでもない。

貴族院令に基いて発せられたる規則例へば伯子男爵議員の互選規則の類が、貴族院の議決なくして普通の勅令同様に改正し得るや否やに就ては、有力なる憲法学者の間に消極説を主張する者あるを見るも、併し例外的規定は出来る丈厳格に解釈すべきは本則で、貴族院の同意を要するは貴族院令その者のみと限るのが正論だと信ずる。政治上の得失からいへば無論だが、法理上の説明としても、互選規則の改正に至るまで、貴族院の同意を得べきものとする筋合ではない。

*

以上論ずる所を以て明なるが如く、現下の政治問題として観ると、貴院改革の要求は謂はゞ貴院の大半を左右する大勢力の専横に対する国民の挑戦である。加之《しかのみならず》順序として先づ互選規則の改正に力を注ぐとすると、そはまた自ら第二第三の勢力に対しても挑戦することになる。そは例へば研究会の専横に対抗せんとて公正会が生れたとする。公正会は研究会に抵抗すべき勢力を作る為に実は彼と全く同じい方法に出で、所謂選挙母体の結束に浮身をやつした。選挙母体の結束をつくる為に如何に悪辣なる手段が弄され又如何に怨恨憎悪の因子を諸方に蒔《ま》いたかは世人の既に熟知する所であらう。夫をも押し切つて進んだのは畢竟《ひつきよう》幹部の連中に今に見ろと云ふ腹があるからではないか。而して今に見ろと高を括《くく》り得る所以《ゆえん》は、一にも二にも連記制の御蔭に外ならない。然るに若し連記が単記にでも改まらうものなら、釣橋の上で刃物を振りかざして天下を睥睨《へいげい》してゐたお山の大将が、綱を切られて河の中に真逆態《まつさかさま》に落さるる様なものだ。故に今まで威張り散らして得〔居〕た連中に取つては、実に容易ならぬ面目上の大問題なのである。是れ本問題に就ては流石《さすが》の研公二会も遂に相連繫して猛烈に反対する所以である。彼気の弱いものが、せめて来年の選挙だけは旧規則で行きたいと一時の栄華に恋々たる所以も亦実に茲にある。彼等が何と言ひくるめやうとも、国家全般の幸福の為にはどうしても此点に一大英断を施さなくてはならぬ。而して是亦実は華族社会の本当の開発にもなるのである。

*

世間にはまた政府幷に聯合三派に貴院改革の具体案がないとて責める声も聞える。具体案が本当にないのなら大に責むるの値あるが、併し此問題たる元決してそんな六《むず》かしい事柄ではないのである、俄《にわか》に考へたとて相当の案がないわけはない。事実の推定として私は政府にも三派にも具体案がないとはどうしても信じられない。

尤も具体案の有無そのものと、之を有ると発表するか否かの問題とは全く別だ。私共は有るものはあると明言して公示し、民意を後援として之でヒタ押しに押す様の男性的政治を冀《き》望《ぼう》するのだけれども、日本の政界は不幸にしてまだ斯んな処まで進んで居ない。昨今は民間の後援も中々力強い。併し伝統的勢力の惰性的威圧もまだ馬鹿には出来ぬ。迂《う》ツかりすると之から先き何んな所で揚足を取らるゝか分らない。加之之等の対手《あいて》は元来何を考へて居るのか分らない、理窟で押せぬ我儘者が多いのだから、民間政客も之を相手に旨《うま》く世間を渡らうといふには、予《あらかじ》め明確の政綱を掲げて置かぬ方が便利だ。是れ従来の政党が極めて漠然たる政綱をかゝぐる一方に於て、根本的決定は一に総裁専制に一任し、以て臨機応変の妙に処するを得しめて居る所以である。単にそれ斗《ばか》りではない。貴院改革の論議も少しく慎重の態度を弛《ゆる》めると、朝憲を紊乱《びんらん》するなど、妙な所で陥穴に追ひ込まるゝ恐なしとせぬ。現に研究会の某氏の如きは、貴院の徹底的改革は国家組織の根本と相交渉するなど、威《おど》かして、改革の鋭鋒を挫《くじ》かんと苦心してゐるのもある。之等の点を顧慮すると、政府幷に与党が具体案の公示を避けるのは、当今の政情の下に於ては已むを得ないと見てやらねばなるまい。敢て頼まれもせぬ弁護の労を取る積りはないが、其の能《よ》くせざるを責むるに急いで出来る仕事を徒《いたず》らに困難にするは控へたいと思ふ。若し夫れ彼等が所謂「善処」の二字に隠れて迎合を是れ事とし、順を追うて徹底的革正を遂ぐるの勇気を欠かん乎、そは固より永く吾人の寛容を恃《たの》み得るものではない。

〔『中央公論』一九二四年九月〕

昨今の世相

選挙法の改正につき政府与党間に略《ほ》ぼ纏《まとま》つた成案が出来たらしい。政府案にしても三派案にしても大体のところは同一であつたから、吾々に取つては何れに落ち付いても大差はないのだが、実際問題としては各方面の行掛りだの面目だのといふことがあつて事実上の協定がついたと聞くまでは安心が出来ない。昨今協定成立の報を耳にして実は始めて愈《いよいよ》近き将来に於ける改正の実現を期待し得ること、なつたのである。

選挙法改正の眼目は三つある。一は権利の拡張である。選挙権のみならず被選挙権まで拡げられたことは至当の処置である。只官吏被選挙権に就ては、之に関する根本の論点が選挙競争并に議員兼任が官吏としての職務と両立するや否やに在るを忘れて、或は絶対に之を許さずとか或は当選の上辞職すればいゝではないかとか、ぎこちなき決定を見んとするのは聊《いささ》か物足らぬ感がする。二は選挙区及之に関連する比例代表採否の問題である。比例代表はもう少し研究して見るといふことになつたらしく、選挙区は所謂中選挙区に改めるといふに略ぼ一致したやうだ。之等は理論上の判断に倚《よ》るよりも寧ろ実際上の便否を大に斟酌《しんしゃく》すべき問題で、従ていろいろの方法を実験して見る必要がある。此意味に於て右の決定は蓋《けだ》し機宜を得たるものと謂《いっ》てよからう。三は方法に関する諸問題である。期日短縮の要求、之もいゝ。従来のは余り長かつた。官庁側の準備とか民間に於ける候補者の物色決定とかに必要な日数以上に間隔を置くは寧ろ弊害の因を為す。戸別訪問の禁はいゝが保証金は高きに失すると思ふ。選挙費用の最高限の高過ぎることも論はないが其の細目の公表を強制せざるに至ては竜を画いて睛を点ぜざるの嫌がある。要するに之等の条項の目指す所は、選挙競争をして黄金や情実やの跋扈《ばっこ》する所たらしめず、一に才徳の活躍する所たらしめんとするに在る。隣りの人が風引いて襟巻をしたからとて自分も熱さを怺《こら》えて襟巻をする必要はない。英国辺でうるはしい効果をさめた規則に倣《なら》ふは結構だが、只之と共に其の根本の趣旨をも併せ取るを忘れざらんことを望まざるを得ない。

＊

満鉄総裁の機密費が創立以来三十万円であつたのを川村前社長が急に之を八十万円に増加したことが問題となつて居る。八月半ばの新聞に依ると、満洲視察に往つた政友会所属代議士坂井大輔氏は、之を「選挙の費用に使つたといふは動かし難い事実だ」と云つて居るし、前関東庁の警務局長であつた中山佐之助氏も、「機密費を何に使用しようとそれは川村社長の勝手で法律的に責任を問はれることはない。選挙費用に使つたとしてもそれは徳義上の問題で、そのために川村社長は辞任をしたのだから少しも問題ぢやない」と云ひ、暗に選挙の為に支出したことを肯定して居る。機密費の増額に付てはそれ〴〵法規上の手続を経て居るから之には問題がないとしても、之を何に使つたとて構はないといふは驚くべき暴論だ。法律上第三者から責めることは出来ぬとしても、其事実の一端が暴露した以上、之は慥《たしか》に政治道徳上の一醜聞たるに間違はない。之に依て私達は、従来の多数党が政権を濫用して腹心の者を特殊会社の首脳部に据ゑ、選挙の際などあんな風にして不正を働いたのだらうとの一つの活きた実例を見せ付けられる。其後の報道に依れば朝鮮の方にも同じ様な醜怪な事実があるとやら。浜田拓殖局長官の樺太《カラフト》視察談も之と併せて考ふるの必要がある様に思ふ。斯かる例が現内閣の下にボツ〳〵あばかる、なら、夫れだけでも現内閣に存在の理由はある。若し夫れ中山前警務局長とやらが、法規上の無責任と併せて川村社長の辞任と共に徳義上の責任も亦完全に解除されたと説けるに至ては、法規の禁令にさへ牴触《ていしょく》せずば何をしても構はないとする最も低劣軽薄な明治官僚型の好代表の言として、永く之を記録に留むるの価値がある。

*

此春頃堺利彦君を捉へて「あなたもい丶年をして社会運動でもあるまい、風月を楽んで余生を送られては！」と忠告して物笑の種を蒔《ま》いた検事があつたといふ。此のことは当時新聞か雑誌かで読んだ記憶がある。堺君に思ひ止《とどま》らせることは成程六《むず》かしからうが、併し同じ様な忠告を冷水《ひやみず》連中に向ける国家的必要は大にあるといふので、昨今官界の一部に新に風月運動なるものが起つて居ると云ふ投書が来た。発企人の前掲検事かどうかは残念ながら不明だが、運動の鋒先を向けらるる老人の中に、元老の西園寺公、重臣として伊東巳代治・江木千之、在野政客として大石正巳、軍人として上原元帥、降つて山脇玄なんどが並べられてある所は些《いささ》か痛快である。但し之等の人々をして風月を楽ましむるは実は、堺君を引退せしむるより猶ほ難い。成功の見込はないが、しかし本当に真剣にやるのなら、其の意気だけでも大に買てやるの値がある。

〔『中央公論』一九二四年一〇月「巻頭言」〕

第二次加藤内閣の出現

政友会の脱退に依つて、再び加藤高明子を首班とする憲政会の単独内閣が出来た。輿論の大勢は頗《すこぶ》る之を歓迎するかに見える。成程加藤首相の地味な而も堂々たる態度、若槻浜口諸氏の誠実と聡明、之等はたしかに国民の信頼に値する。其の施設の内面的価値から云ても、其の運用の実際的手腕から云ても、はた第一次内閣の成績から云ても、これ以上の内閣は当分誰人《たれひと》に頼ても作られさうにない。慾をいへば限りもないが、吾々は加藤内閣を有《も》つことを先づ国民の為に幸福と云てい丶。

憲政会が一段と男振りをあげたに対し、最近の政変に於て余りに見苦しき失態を演じたものは政友会である。総裁の更代にも一抹の陰翳の認められぬでないが、岡崎小川両氏の脱退振りの醜さと、政本提携の俄《にわか》騒ぎとは、如何に彼等が政権に飢え切つて居るかを雄弁に語るものでなくて何であらう。之に就て論ずべきこと多々あるが、世論も例外なく政友会を醜陋《しゅうろう》と断ずるに一致して居るやうだから、此上あらたまつて論ずるまでもなからう。た丶世人のあまり気付かぬ点で是非読者の一顧を促したいことが一つある。それは外でもない。土俵際で見ん事憲政会をうッちやッた政友会の小手先の器用をば、見物も行司も共に之を認めんと欲せずして結局団扇《うちわ》を加藤子にあげたこと是である。吾人がいろ〳〵の機会に於て常に力説を怠らぬ如く、政界進歩の徴証は専ら政争の道義化に在る。政争勝負の決が少しでも陰険悪辣な手段に因るを許すは、結果の如何にか丶はらず、政界蠹毒《とどく》のバチルスとして極力之を排斥せねばならぬと考ふる。此の意味に於て今回政友会に加へられた鉄鎚は、策士一時の小過失などと軽視することなく、之を重要な憲政運用上の一先例として深く国民常識裡に印し置きたいと思ふ。

政友会の失態のため一層の光彩を添へた憲政会は、其後政務官の配置に研究会を誘つたことに依て思はず世間の非難を買はねばならぬ羽目に陥つた。政友会と手を切り単独内閣となつた点に多大の期待をかけた国民が、札付きの研究会との握手に依て裏切られたと感ずるのは無理もない。併し――敢て憲政会の為に弁護の労を取るのではないが――一概に之に由て憲政会を常道無視の公敵と断じ去るのは亦あまりに早計の様でもある。

我国の政論界には自《おのずか》ら二派の傾向がある。一は純粋な理想的標準から現状を勝手に評論するもので、固より其説の実際に行はるべきや否やを意としない。二は与へられたる政界の実勢を基とし之を如何に運転すべきやを説くもので、従て時に因循姑息な微温的論議の観を呈することもある。政治はもと白紙に字を書くやうなものではない。かの超越的政論は乞食に向つて完全な栄養を勧説するやうなものだ。実際的政論としては何処までも与へられた材料に拘泥するの外はないのである。斯んなことを念頭に置いて加藤内閣の貴族院操縦を観たならば蓋《けだ》しまた思半ばに過ぐるものがあらう。

如何に其の不合理を証明されても、また誰が何と云はうと、元老も貴族院も共に政界に於ける儼然《げんぜん》たる一大勢力に相違ない。だから西園寺詣《もうで》も必要であれば貴院の操縦も打《う》ツ棄《ちやつ》てはおけぬ。斯んな者共を相手にするのが悪いといふは、始めから政権に手を染めるなといふの勝れるに若《し》かず。苟《いやし》くも台閣に起つ以上、何等かの方法に於て這般《しやはん》の対策を講ずるは当然である。故に貴院操縦その事を以て加藤内閣を難ずるは間違つて居ると思ふ。是非の判断の鍵は寧ろ彼此《ひし》握手の結果として現る丶今後の成績にある。

尤も握手の結果研究会及公正会の誰彼が政務官の椅子に就いたといふことには多少の不平がないでない。けれども此点に於て特に責めらるべきは実は与へたものよりも与へられたものである。併し之等は些細の問題だからどうでもいゝとする。只注視すべきは今後この両者は如何に影響し合うかの一事である。加藤内閣が貴院に蟠《わだか》まる固陋の見に制せられて必要な新施設の鋒先を鈍らさるゝことなきや否や。又はあべこべに内閣に擢用した人材を通じて其政見を十分貴院に諒解せしむるに成功するや否や。之等を今後の発展に徴して吾々は始めて此点に関する正しい判断を新内閣に加へ得るのである。（八・九、千虎俚人）

〔『中央公論』一九二五年九月「巻頭言」〕

普選と政治教育

政治教育を標榜する団体の簇出　新聞の報ずる所によると、水野錬太郎氏を総裁とする「政治教育協会」なるものが去る七月十五日を以て発会式を挙げたとやら。普選は則ち政治的国民総動員であり、従て政治智識を普及向上せしめるのが先覚者たる吾々の任務だといふ辺に、設立の目的があるらしい。之より先き、同じ目的の「大成会」といふが有松英義氏を会長として生れたといふ報道もあつた。普選の実施に依て俄《にわか》に一千万の新有権者ができる、之を従来のまゝに放擲《ほうてき》すべからずとして色々の団体の発生を見るは蓋《けだ》し怪むに足らない。斯うした団体は今後も色々の人により色々の動機から設けらることであらう。

併し乍《なが》ら之等の団体が純粋忠実に政治教育を目的とするや否やはまた別に考量する必要がある。前記の報道を載せた同じ新聞は同一項目の末段にまた斯んなことを伝へて居る。「勅選一部の有力者間には前記の如き諸運動以外に今少しく政治的色彩を濃厚にし既成政党の圏外に真に民意を基礎とせる新政党を樹立しようといふ計画もある」と。之から推すと、既成政党の埒《らち》外に振り落された政界策士の中には、新有権者を踏台にして自家将来の地歩を作らうとたくらんで居る者のあることも想像される。普選実施後の政界の傾向が小党分立の勢を馴致《じゅんち》すべく、斯かる新形勢の下に在ては数十名の同士を集めたゞけでも相当の勢力を振ひ得べきを思ふとき、今更既成政党に頭を下げるを肯《よし》とせざる大小の政客が、政治教育などゝいふ勿態《もったい》らしい看板の下に新有権者の瞞着を試みんとするは、成程ありさうなことゝ察せられるのである。

新有権者に対する三様の態度　普選の実施と共に激増する一千万の新有権者は色々の意味に於て放任しては置けぬ、之を何とかしやうとしていろ〳〵対策を講ずるものある訣《わけ》だが、夫等の人は一体どんな考で出掛けるのかといふに、其間凡《およ》そ三つの異つた態度がある様に思ふ。一は純然たる啓発的態度で、何等裏面の野心を蔵せず、新に得たる選挙権を如何に行使すべきかにつき親切に民衆の相談相手たらんとするものである。水野有松両氏の運動が純粋に斯の趣旨に出づるや否は、両氏従来の経歴に徴して疑はれるのは已むを得ないが、仮令《たとい》他に積極的の政治目的を有せずとするも、少くとも無産政党運動等に対抗して新有権者の邪路(?)に誘はるるを保護せんとする位の動機に出づるは間違ひないらしい。果して然らば之等の団体は寧ろ次の第二類に入るべきものであらう。純粋に此の第一の態度を執る団体はまだ多く起らないやうだが、個々の運動としては本誌最近の態度の如きは之であり、又学者先輩の個人的運動のうちにも此部類に入ると観るべきもの全くないではない。之等の個々の運動が将来何かの機会に於て組織的に統一さるゝこともあらば洵《まこと》に結構なことと考へる。

第二は民衆の教育乃至訓練を表面に標榜はするものゝ実は自家の主張に民衆を引込まんとする態度である。水野・有松両氏の運動が精々善意に解釈してもこの第二種のものに外ならぬは前述の通である。水野・有松両氏と正反対の目的を有すと観らるべき「政治研究会」の運動の如き亦この部類に属するは言を待たない。この態度を以てする運動は、既に各種の団体に依て始められて居り、今後更に益々盛になると思ふが、我々国民は之等の運動に対しては、其の掲ぐる所の旗幟《きし》の何であれ、それは決して民衆の為の運動ではなくして直接には彼等自身の為の運動なることを忘れてはならない。其人の世俗的経歴や其のならべ立てる美辞麗句に眩惑し、直に我々の為に謀て呉れるものと盲目的渇仰を捧ぐるのは大変な間違だ。さればと云て彼等の所説を我田引水の嘘八百の御託《ごたく》とのみ蔑《なみ》し去るのも正しくない。どうせ商人は売らんことを欲して我が品物を只管《ひたすら》に吹聴する。我々はまた必要あつて物を買はうといふ以上、諸商人の言ひ分を比較研究して慎重に進退を決せねばならぬ。故にこの第二種の運動に対しては、之を停車場前の宿引位に見做《みな》し、我々はどこまでも其間独立の批評的態度を失つてはならぬ。

第三は新有権者を露骨に政治的に利用せんとする態度である。此態度をとる者の主として政党であるべきは言をまたぬが、我国に在ては、近き将来に結成を見るべき無産政党の準備的母体たる各種の団体に依て既に盛に此種の運動が始められて居る。之に比較すると、本来誰人よりも此事に熱心であるべき筈の既成政党が今なほ案外に鎮まり返て居るのは一寸《ちよつと》不思議である。が、是れ併し乍ら、既成政党の地盤たる従来の有権者が主として有産階級であり、新有権者たる無産階級に改めて媚《こび》を呈するは有産階級の反感を挑発する虞《おそれ》ありとする為ではあるまいか。果して然らば余りに短見な臆病な話だと思ふ。夫かあらぬか、既成政党は挙《こぞ》つて新有権者に対し積極的態度に出づるを慎み、一方僅《わずか》に有産階級の意嚮を傷《そこな》はざる程度の軽い社会政策的新綱領を餌に遠巻に無産階級の意を迎へつゝ、他方別働隊を組織してかの労資協調的精神の下に民衆を指導訓練せんとの冥想的運動を試みんとして居る。斯うした下らない運動が、水野・有松両氏の試みに継いで今後可なり盛に一起一伏すべきはまた略《ほぼ》想像するに難くない。此間に処して、夫《か》の無産政党主義者の運動は頗《すこぶ》る意義あるものであり又大に刮目《かつもく》に値するものであるが、今のところ其運動に統一が欠け、確乎たる方針も定らず、兼ねて着実重厚の風に乏しいのは、我々の太《はなは》だ遺憾とする所である。

猶ほ無産政党運動に関しては我々に特殊の意見があるが、それは他日項を改めて大方の教を乞はうと思ふ。

普選に伴て必要とせらるゝ「政治教育」の意義　前述の如く、政治教育を標榜する運動には種々隠れたる不純の目的を包蔵するものが多いから油断が出来ぬ。そんなら純粋に「政治教育」を大事な目的と掲ぐるものは皆安心していゝかといふに、さうも可《い》かぬ。それは「政治教育」の意味を取り違へて飛んでもない迷惑を我々に与へるものも尠くないからである。若し夫れ「政治教育」の意味を取り違へた結果、無用の所に全力を注ぎ肝腎の弊竇をば却てそのまゝ放任するという様なものに至てはザラに在る。そんなら選挙権の普及に伴ひ憲政の美を済すに必要とさるゝ「政治教育」とは一体どんなものであるべきか。そは外でもない。団体公共の事務を托する為には、常に真に優良な人を挙げ、其選に当つた人は多数隣人の期待に背かず誠実に其任務をつくすといふ、共同生活に於ける極めて平凡なる習性を政治関係にも活用する様民衆を訓練すること是である。

この事を明にする為に吾人は先づ次の三点に読者の注意を促したい。

(一) 従来政界の弊竇は、選ぶ者も選るゝ者も共に真面目でなかつたといふことに原因がある。立憲制度に関して一ト通りの知識があつたとか無かつたとかいふことにはあまり関係しない。否、知識の相当に高い者の側に却て悪い者が多い事実もある。

(二) 政治知識は全く無用だといふのではない、少くとも代議士たらんとする者には必要だ。一般公民の素養としても之を知つて居るに越したことはない。が、併し之を知らなければ絶対に選挙権の行使が出来ぬといふ訣のものではない。

(三) 政治のことは能《よ》く分らぬが兎に角大事の事だから信用のおける立派な人に投票しやうとの平凡な誠意さへあれば、其人は立派に立憲国民としての任務を尽し得るのである。

そこで今日我国の政界に何が一番必要であるかゞ明であらう。政弊救済の為に所謂《いわゆる》「政治知識」の普及向上が必要だといふなら、中学卒業以上の国民は総べて政弊の埒外に超然たるべき道理だ。然らば概して高等の教育をうけたと観るべき代議士間の腐敗の事実を何によりて説明するか。故に予輩は断言する。我国の今日に欠けてゐるのは知識ではない、誠実なる習性である。時弊救匡《きゆうきよう》の目的で唱へらるる「政治教育」は、先づ第一にこの点に着眼すべきであるまいか。

然るに世上の所謂政治教育論者は、どうしたものか此点を重視しない。口を開けば政治知識の普及向上をいふ。こゝが予輩の彼等に慊《あきた》らない所である。

所謂政治教育論者と吾人の立場との相違　有権者の激増に伴て俄に政治教育の必要なるを騒ぎ出す人々の立場を分析すると、凡そ次の様なものになると思ふ。

一、従来の制限選挙制の下に在ても選挙民の無識は政弊の大原因であつた。普選の実施に伴てこの原因は一層強く活《はた》らくであらう。

二、之を防ぐには何よりも先づ選挙民を教育せねばならぬ。即ち立憲政治といふもの、本来の意味を能く了解する様教へ込まなければならぬ(公民教育の普及)。

三、恒産なき多数の下層階級者の間には、軽卒に過激危険な宣伝に乗る者なしと限らぬ。之等の弊を防ぐ為にも我国独特の政治組織を理解せしむることは此際頗る必要だ。

右の中の第三点を論ずることは、自ら一箇の思想問題の討論となるから茲には略する。第一点に就ては吾人の服し得ざるもの二つある。一つは選挙民の無識を政弊の主因とすることで、二つは従来見るが如き政弊(例へば選挙界の腐敗の如き)は選挙権者の数に正比例して増大すべしとの見解である。

手短に云へば、我国憲政の腐敗をもたらせる主たる原因は実は政客彼自身に在て決して選挙民にはない。仮令今日選挙民は概して腐敗してゐるといふが事実だとしても、之は政治家に教へられ又は誘惑されて識《し》らず〳〵斯うなつたので、始めから悪い事をしやうという了見であつたのではない。加之《しかのみならず》今日腐敗して居る程度から謂《い》つても、一般民衆の方は遥に政治家自体よりも浅い。故に若し今日の政弊を矯《た》めるといふ目的で政治教育を云々するなら、それは第一着に先づ政治家に向けられなければならぬ。と云つて予輩は民衆の政治教育を全然無用といふのではないが、今日の政治教育論が、教育せらるべき対象が独り民衆であると云ふ風にのみ説かれると、予輩は、更に恐るべき弊根たる政客者流の腐敗が看過されて了《しま》ふ恐あることを憂へずには居れない。予輩は、今日政治家の腐敗たるや所謂疾膏肓《やまいこうこう》に入るものにして到底一朝に癒し難きを知るが故に、逆に民衆の教養を高め之に由て政界の醜状を制せんと考へることはあるが、本来政治家さへ誠実に復《かえ》れば民衆は自ら正路に落ち着く筈のものと信じて疑はない。何となれば民衆の腐敗はもと政客に誘はれた結果だからである。この見解はまた吾人をして普選になれば今日の政弊は一層増大するといふ断定にも反対せしめる。選挙権の極度の拡張は政客慣用の民衆誘惑手段をして頗る活躍に不便ならしめ、為に政界廓正〔清〕の運動に意外の功果を奏せしむる機縁となることは、従来多くの国に於て実験せられた所だからである。斯う云ふ点からして、吾人は普選の実施と聞いて俄に「政治教育」の必要を痛感するといふ一派の人々の態度には、其儘賛同することは出来ぬのである。此等の人々のいふ様な「政治教育」は、普選の実施如何に拘らず常に同一の程度に於て必要であるべき道理ではないか。

併し吾人は之とは少しく別様の意味で、普選の実施に伴ふ「政治教育」を矢張り必要と感じては居る。従来の選挙権者の大部分はもはや中々正路に引き戻し難い。然らば新に有権者となつた無垢の民衆を味方とすることに由て今後の大勢を正しく指導する外はないからである。之が実に吾々の政治教育を説く立場である。結果は同じことになるが、動機が根本的に違ふ。従て実際の運動に伴随する志向に於ても色々相違する所がある。

第二点の政治教育の内容に関しては、前にも述べた如く吾人の見解は全く論者の立場と相反する。どういふものか我国の識者間には、民衆間に於ける多少の政治知識の普及が政界現行の弊害を防ぎ得べしと考ふる者が多い。

普選を実施するに先ち国民教育年限を延長する必要なきやとは、屢《しばしば》貴族院で繰り返された質問だ。普選の実施に応ずる教育的施設として公民教育の課目がどうの中等教育に於ける法政経済の過程がどうのと、是亦再三文部当局から説明された様である。当局の施設だけでは足りまいとて、更にまた民間に諸々の団体の起るを見るのであるが、之等の総てを通じ、政治組織に関する知識の青年間に於ける普及が実に今日の急務だとする見解には皆一致して居る。之等の知識は無論無用ではない。併し其の機械的記憶はどれ丈《だ》け憲政の正しい運用に資するだらうか。衛生学をそらんずる者必しもからだが丈夫でない如く、足の弱い者に旅行記を与へたからとてすぐに達者になるとは決まらない。況《いわ》んや今日の政弊の主因は決して知識の欠乏に在らざるをや。

吾人は平素、政治知識の普及向上など云ふことは決して今日の所謂「政治教育」の重要な内容をなすものでないと考へて居る。尤も工業教育とは工業上の知識を授くることであり美術教育とは美術を教へることだといふと同じ形式に政治教育を云々するのなら、それは正しく政治知識を授くることに外ならない。併しさういふ意味の政治教育なら、工業教育や美術教育と同様高等専門の教科に属し、普選の実施に伴て特に必要を痛感せらるべき事柄ではない。そも〳〵当面の問題は、従来とても憲政の運用はうまく往かなかつたが普選の実施を見ば此点一層気遣はるゝ、之には国民の側に何等か欠陥のあるのであらう、之を一つ矯正したいと云ふ所から起る。そこから昨今「政治教育」といふことが叫ばれるのであつて見れば、文字に拘泥して之を単純な知識普及の問題なりと早呑込みすべからざるは亦明白であらう。

如何にして政治教育の効果を挙ぐべきか　そんならどうすれば政治教育の真の効果を挙ぐることが出来るかと云ふに、第一の先決条件は敢て其の任に当らんとする者に考へ直して貰ふことである。従来のやうな考では前項にも述べた通り結局効果もあがらねば時としては悪い結果を伴ふことすらある。第二には彼等に自分達が必しも其の最適任者でないことを反省して貰ふことである。政治教育の要諦は智識の伝達ではない、特殊なる習性の訓練であるとすれば、タマに顔を見せて一場の講演をした位で出来る仕事ではあるまい。最適任者の誰であるかを見定め専ら其の人々の活動を促し、我々は謙遜して之等の人々を助成するといふ態度に出なくては、本当の効果はあがるまいと思ふ。

そんなら誰がこの仕事に於ける一番の適任者か。理想的に云へばそは母親である。所謂三ツ児の魂は百までとやら、一生涯に亙《わた》る習性の多くが幼年時代の訓練に基くとすれば、母親の感化を第一に問題とするは決して奇矯の言ではない。況んや他日公生活に於て見るが如き選挙代表の事実は、頑是なき幼童の間にも行はるゝものなるに於てをや。例へば兄弟数名集つて御母さんに菓子をねだる相談をする。すると其中の誰かゞ総代に選まるゝに相違ない。其場合談判に成功した総代が途中でコッソリ盗み喰ひしたり又は特別に余分の分け前を取らうとしたりなどせば、彼は決して他の子供達の心服を得ることが出来ぬ。此際もし母親が、総代を選むにはどんな心持で為すべきか、選れた者はまた如何なる心懸であるべきかを、夫れとなく親切に教え込まんか、其の心持がやがて成人して公民としての必要なる心持となるのである。公民教育だなんて特殊の内容を有するものと思てはいけない。子供同志の遊び事にでも必要とさるる心持の自然の延長で沢山なのである。此意味に於て予輩は政治教育の最適任者は極端に云へば母親だといふのである。

併し今日の母親に此の大任をまかして安心出来ぬことは亦いふまでもない。母親其人に対する心得としては幾度之を繰り返し力説しても無駄ではないが、急速に効果を挙ぐるを要する当面の問題としては、母親以外に別な最適任者を求めなければならぬ。斯う考へて来て私は、茲にどうしても小学校教員に着眼せずには居れぬのである。何となれば彼等は幼年期の習性訓練を専門の仕事とする特別の階級であるからである。

所が小学校教師と政治教育との関係に就ては、由来我国に飛んでもない誤解がある。政治教育は中等以上の学校教師の考ふべき事で、小学校教師は全然之に関知しなくてもい丶と云ふ見解の如きは、政治教育の意味を智識の伝達と誤解した結果に外ならずして固より取るに足らぬが、小学校教師は国民教育の神聖を保持する為に断じて政治に関渉しては成らぬなどとの見解に至ては、一面に於て相当の理由もあるが、又一面に於て政治教育の効果を挙ぐるの唯一の根源とも云ふべき彼等の活動を故《ことさ》らに封じ込むといふ悲むべき弊害もある。小学校教師が政争の渦中に投ずべからざるは云ふ迄もない。校長が地方有志家の指嗾《しそう》に乗て選挙運動に浮身をやつすは能くある例だが、私共は之を苦々しき事の限りと思つて居る。政治に関する相当の見識なくして慢然政界の渦中に投ずるは、却て悪感化を児童の頭脳に印するの虞なしとせぬ。此点大に警戒を要するが、さればと云つて小学校教師に全然政治と没交渉たれといふのは、羹《あつもの》に懲りて膾《なます》を吹くの陋《ろう》たるにとゞまらない。私共はこの点を読者と共に大に考へて見たいと思ふのである。

我々の共同生活に於ては、どの道、代表者を挙げて或る事業の遂行を托するといふ必要は再々起る。此場合我々はどんな人物を挙ぐべきか又選に当つた者はどんな心持で受託事項を処理すべきか。之等の事は実は小学校生徒の間にでも屢《しばしば》起る事柄だ。或は級長の選挙或は運動会の委員若くは学友会の幹事の選定など、特に其の機会を拵《こしら》えないでも幾らでも出て来る。之等を我々は決して子供のやる遊び事だなどと軽視してはならぬ。若し学校長や教師やが、之が他日公民としての必要なる資格を作る根基となるのだといふに着眼して、不真面目な選び方をするの不利、選ぶ者選る丶者相結んで私利を図るの不徳等につき、十二分に教え込まん乎《か》、所謂習ひ性となり、他日公民となつた場合、如何にして彼等は不義の誘惑などに陥ることがあらう。悪い事をしたくとも出来ぬといふ習性は、是非とも小学校時代から作るのでなければ本当のものではない。

私は更に斯うまで考へて居る。総選挙などのある場合、小学校でも学校長教師の真面目な監督の下に生徒をして亦試みに投票さして見たらどうかと。之が本当にまじめに行はるゝなら、之こそ一層適切の具体的政治教育になると思ふ。尤も之には学校当局者の政治に対する一層の聡明と地方有志家の短見偏僻なる苦情に屈せざる独特の見識とを前提要件とする。生活の方便を町村に依て左右されてゐる現今の教員に之を期待し難きは言を待たぬが、本来の理想からいへば、英米諸国に屢見るが如く、小学校がモツト実際政治の興味に児童を引ツ込む様にして欲しいものと思ふ。

去年東北の某県で、総選挙直後、ある小学校で級長の選挙をやつたら一票幾銭とかで買収したものがあつたといふ。教師は公民教育の意味で生徒の自由にまかしたのだといふが、之などは公民教育の意味を理解せぬに基く監督疎漏の一好例である。次は小学校の問題ではないが、高級の学校でよく擬国会をやることがある。本来の主意は矢張り政治教育といふ事にあるのだらうが、予輩は未だ嘗《かつ》て一度も、この擬国会が国家の選良たるものはどういふ気持で国事を議すべきかの真面目な例を示したといふ話をきかぬ。概していふに現実の議会に於ける最も不仕鱈《ふしだら》な点のみを最も誇張して笑ひさゞめくといふのが擬国会の面目と謂ていゝ。故に擬国会は訓練の機会でなくして宛《えん》として一場の余興に過ぎぬものとなつた。そしてこの擬国会のチヤンピオンが他日選れて本当の議員となる。昨今の議会が此種の青年議員に由て更に大に不真面目にされて居るは読者の既に気付かれた所であらう。

そこで私の結論は斯うだ。政治教育の最適任者は小学教育当局者である。不幸にして彼等は今日此事に余りに無理解だが、之は彼等の責任といふよりも寧ろ彼等を不当に政治から遠ざからしめた社会の罪である。故に政治教育を憂とする識者は、この点の蒙を啓発するに大に努力する所なくてはならぬ。彼等自身の力で政治教育の効果を挙げ得ると考ふるは誤りである。斯う態度をきめれば、更に進んで如何なる具体的方策に出づべきやは自ら

明白であらうと思ふ。（十四・七・三〇）

〔『中央公論』一九二五年九月〕

貴族院政党化の可否

貴族院政党化は免れず　貴族院がいつまでも枢密院のやうでありたい又あらせたいと云ふのは無理だ。何百人かの人が集つて国事を議するとなれば其が自《おのずか》ら政党化するのは已むを得ない。但し貴族院の政党化といふことには二つの意味がある。一つは従来政党政派に非ずと誇り来れる院内諸団体の行動が其の実質に於て何等政党と異ることなきに至れることで、他の一つは貴院議員が一団として又は個人として下院の諸政党と直接に連繫するに至れることとである。貴院最近の状勢はこの両方面を共に著しくして居るが、私共の観る所では之は当然の勢で少しも怪むべき所がなく且今更之を昔に引戻すことの出来ぬものであると思ふ。

貴族院政党化を忌む伝統的迷信　貴族院の政党化といふと、世人は何となく貴院面目の汚瀆《おとく》を連想し又貴院本来の使命の好ましからぬ転換を考へたりする。尤も貴院諸団体の行動が下院政党の云為《うんい》に似るといふことの中には、研究会がよくやると非難さるゝやうに、腐敗手段で多数を羅致するに浮身をやつすといふ類のことが問題になり、又下院の政党と直接の連絡が開けるといふ現象の中には、今度の多額納税議員選挙に現に沢山の実例を見たやうに、選挙応援と交換条件に入党したといふ類の醜態もある。即ち貴院の政党化を促した目前の事実が何等かの腐敗行為を伴ふ所から、識者はどうしても好感を以て之を迎ふるを難《かた》んずるといふわけである。此点に於ては我輩も固《もと》より世上多数の識者と其感を同じうする。

けれども之は貴族院政党化の実際の順序に醜怪なものがあつたといふだけの話で、之に依て直に政党化其事を是否するのは早計であらう。貴族院の政党化といふことは動《やや》もすると隠れたる腐敗を伴ふものだから大に警戒せよといふのはいゝ。併し腐敗手段に由らなくとも政党化といふことは起り得る。故に政党化そのもの、可否はまた別の見地から攻究せられなければならぬのである。斯う云ふ立場から私は、今日の政党化を導き来つた過程には大なる不満を有するに拘《かかわ》らず、一片の理論としては政党化を以て当然の帰結となし寧ろ之を歓迎するに躊躇《ちゅうちょ》せざるものである。

然るに我国には単純な理論としても貴院政党化を否認せんとする議論がある。而も多くの人に信奉せられて居るだけそは中々有力な議論となつて居る。其説に曰く、貴族院は下院の牽制機関として憲法上特殊の使命を有するものである。民間の輿論は時として軽佻に陥り易い。之を反映する下院亦従て時に過誤に陥らぬと限らぬ。之を一方に控制して国家の針路を誤らしめざらんが為に二院制度があるのだ。故に貴族院は其の本来の職掌上、下院政党の分野に入つてはならないのだと。成程此議論は其の前提を正しいと許せば筋は通つて居る。が、一体その前提は正しいものかどうか。貴族院を牽制機関だといふやうな説は今日でも臆面もなく唱ふる者が多いが、それは実は五十年も前の陳腐の説だ。民間輿論の軽佻など、云ふことは、現に時代に遅れた守旧家から唱へられることあり、又特権階級の人々より為にする所ありて叫ばれることもある。之等は固より取るに足らぬ。民智の低く制度も不備であつた昔の時代には一時さうした事実のあつたこともあるが、今日の社会は最早全然昔日の観を改めて居る。而して今日の定説では、最高の政治的文化価値は之を貴族にたづぬ可らず又富豪にたづぬ可らず、主《もっぱ》ら多数民衆の信頼する所に求むべしとなつて居り、価値の創造に与るものは少数の識者に違ないが、併し呈示された価値のどれが最高最上のものかは断じて多数の意向にきめよといふのが近代デモクラシーの公理である。従て民間の輿論に最後の信頼を置く能はずとして特権階級の監視牽制を必要とするなどの論に今頃傾聴するものはない筈だ。固より事実の発展は理論の如くうまくは行かぬ。実際の事実に即しての議論なら別に幾らも云ふことはあるが、単純な理論としては今日最早民間の輿論は第三者の牽制を必要としない。今日は却て民意の暢達《ちょうたつ》といふことが必要と叫ばれる時代である。民意の暢達といふを実際政治に適用すると、一つは民意が如実に下院に現はるゝを防ぐる諸原因を取除くことであり、又一つは下院の意思が其儘法律となるに対する有らゆる障礙《しょうがい》を排除することである。貴族院改革運動などもつまりは此の要求から起つたのではないか。斯ういふ時代に貴族院は牽制機関だからなどいふ議論の存在を許すのは自家撞着の甚しきものである。

貴院政党化は差支なし　貴族院議員は顧問官ではない。その政治家たる点に於て下院議員と何等異る所はない。政治家である以上孤立しては仕事は出来ぬ。政党を作るのは当然である。然るに我国の貴族院の人々が長い間政党の名を忌んだのはどういふわけか。是れ憲政創設の当初我が先輩政治家が政党を以て国家の敵なるかに云ひ触らしたからではないか。今日はもはやこの誣言《ふげん》に遠慮する必要はあるまい。我々は寧ろ進んで彼等が政党を作り大胆に政治家としての十分の活動を遂げて貰ひたいとさへ考へてゐる。若《も》し夫れ上院の政党が下院の政党に対して如何の関係にあるべきやに至ては、今は詳しく説かないが、両者互に密接の連絡を取るのが当然で又望ましい事なる旨を一言しておくに止める。

貴族院議員の特殊の使命　さうすると貴族院議員は何等下院議員と異る所なく、折角の二院制度も無意味になるといふ人があらう。二院制度の可否についての根本論にも私に一説あるが、之は姑《しばら》く別論として、今日の二院制度を基礎として考ふるに、そが上院議員に対して特別の期待を置くといふことは我輩と雖《いえど》も之を認めるものである。そは何かといふに、任期が長く解散がないといふ点にある。貴族院が貴族院として下院を牽制するといふのは間違つてゐるけれども、同じ政党員でも籍を上院におくものは、右の理由により、下院のそれよりも自ら別個の観点から事物を評価する地位に在りといふのが即ち特殊の期待を置かるゝ点である。彼等も亦こゝから貴族院議員としての特殊の使命を政界につくし得るのである。故に貴族院が政党化しても二院制度は決して無意義とはならない。二院制度を無意義ならしめざらんが為に政党化を非とするは、聊《いささか》見当違ひの論たるを免れぬ。（九・十二）

〔『中央公論』一九二五年一〇月〕

枢密院に対する期待と希望

枢密院議長に穂積陳重男を持て来たことは馬鹿に評判がいゝ。是れ穂積男の人格と経歴とに十分の信頼の置ける為と又学界の長老として政派的臭味なき為とに因ること勿論であるが、単に之ばかりではあるまい。世間はモ少し同男に期待する所がないだらうか。

世間が異口同音に穂積男を歓迎する所以《ゆえん》は、一には確に前任者故浜尾子爵の議長振りの記憶にあると思ふ。故浜尾子が議長となつた時は、子が政界の長老ならざる点に於て又顧問官としての経歴が比較的長からざりし点に於て、いさゝか貫禄の足らざるかに観られた。然るに実際の議長振りは海千山千の幾多の先輩を前にしてどん〳〵所信に邁往《まいおう》し成績頗《すこぶ》る敬服すべきものがあつた。浜尾議長以前の枢密院は時として過当の拘束を政府に加へ甚しきは群小政客の暗中飛躍に動されて政変の到来を策せしことさへあると云はれて居る。夫れかあらぬか枢府改革を叫ぶものも実は決して尠《すくな》くなかつた。此時に当り浜尾子の如き恪勤《かくごん》忠誠の君子を議長に迎へたのは、誠に枢府の不評を雪《そそ》ぎ又政界全般の平安を資《たす》くるものであつた。而して世人は是れ実に浜尾子が学界の出身なるが為となせしも、必しもさうでない。寧ろ子の小策に動されざる鈍重と其の所信に邁往する勇気とに帰すべきであるまいか。学界の出身なることも、政界の情偽に超越し冷静公平理義に終始するの一因となすべきも、世人が浜尾子の後に穂積男を迎へて大によろこぶ所以のものは、寧ろ男も亦子の如く愚直と云はるゝまでに所信を執《と》て屈せず部内の統轄に於て其の宜しきを失はざるべきを期待するからであるまいか。吾人は切に穂積男の健在を祈るものである。

世間にはまた穂積男の人と為り謙抑温厚なるに観て、男の起用は枢府権限の事実上の縮少を意味すと説くものがある。穂積男に無用の波瀾を政界に捲き起すの妄勇なきは断じて信ずるを得んも、特に政府の主張に対して弱かるべきを想像するは誤りであらう。吾人は穂積男の起用に於て毫も枢府権限の事実上の縮少を推定すべき理由を知らぬ。一体枢密院に限らず凡《およ》そ憲法上の機関は許されたる範囲に於てそれが十二分に権限を行使するのが制度本来の要求である。特に枢密院の場合に於て之を改むるの必要を見ない。斯く云ふと吾人を以て最近頻《しき》りに唱導さるゝ枢密院改革論に目を掩ふものなるかに観る人もあらんが、最近の改革論は実は枢府の過当なる権限行使に激せられて起つたもので、若《も》し最高諮詢機関たるの使命を忘れず其の地位を利用して政界の波瀾を誘起する様のことがなかつたら恐らく改革論などは叫ばれなかつたらうと思ふ。改革論とはいふも洗錬すれば枢府と内閣の間に一新例を作れといふ問題にはなる、権限を縮少せよといふ問題にはならぬ。巡査は職権を濫用して無暗に人の頭を擲《なぐ》つてはいけない。けれども二三度この過誤を犯したからとて其職務執行上に制限を加へられても困る。濫用さへしなければ十分に職務に勉強して貰ひたいのである。枢密院に就ても同様だ。政府の秕政《ひせい》を糺《ただ》すに於ては従来にもまして強くあつて欲しい。同時にまた枢府を政治的陰謀の具たらしめんとする運動に対しても思ひ切て強くあつて欲しい。吾人は茲に世上流布の俗説を排し、心ある者が決して枢府権限の縮少を念とするに非ず、其の濫用を憎むものなるを一言して置く。

議長問題には関係ないが、吾人が平素枢密院に就て慊《あきた》らず思ふ点が一つある。それは枢密院は君主の最高顧問府たること固より云ふまでもないが、君主の諮詢に奉答すべき最高学徳の団体としては、同時にまた国民のものでなければならぬことである。国民のものといふ意味は、国民のあらゆる方面より顧問官を奏薦すべく、之を一局部に限る可らざることである。固より任免は大権の行動である、けれども何人を奏薦するかは別に任に其人がある。吾人はその奏薦の任に当る人の猛省を乞はんとするのである。従来は顧問官は官吏に限り而も親任官たりしものに限られたのであつた。官吏と云つても大臣か大公使を勤めたものに限る有様であつた。最近貴族院から抜擢せらる、例あるも概《おおむ》ね皆前大臣といふ連中である。尤もこの数年政党内閣が屢《しばしば》出現した所から、大臣たりし人でも政党員は無論然らざるも政党と密接の関係ある人は其の選に入らぬことになつて居る。其の結果一方には学者間より公平無私の君子の挙げらる、あると同時に、他方には思ひ切て政党と深く結び得ぬ中腰政治家の其地位を僥倖《ぎようこう》する者もある。が、孰《いず》れにしても選択の範囲は官吏たりしもの以外に及ばない。曾て武富時敏氏が問題となつた時も、官歴がないといふが唯一の理由で議題にすら上らなかつたとやら。真偽は兎も角として、枢密院が真に君主の最高顧問府として国民中の最良の学徳を網羅すべきものならば、差当り法政の見識に富む者の中にも例へば渋沢子爵の如きがあり三宅雪嶺翁の如きがあるではないか。其外方面を異にして遺賢はなほ少らずあらう。必しも公選などとは云はぬ。モ少し選択の範囲を拡めないでは遂《つい》に其存在の理由を維持することすらがむづかしくならうと思ふのである。

〔『中央公論』一九二五年一一月「巻頭言」〕

地方長官公選論

公選論主張の理由　最近政界の一角に知事公選論が唱へられて居るといふ。その利害得失は慎重なる攻究に値することと勿論だが、当の主張者のあぐる所の理由に至ては甚だ浅薄を極めて居る、曰《いわ》く民意尊重の今日の時代最も人民に接近せる府県知事の公選は当然だと。民意の尊重すべき所以《ゆえん》には一毫の疑もない。併し之と地方長官の公選とは何の拘《かか》はりもない。公選でなくツたツて民意尊重の趣旨は貫き得る。

公選反対論の愚蒙　公選論に対して去る官界大官の反対説なるものも新聞に報道された。公選の主張は官吏任免に関する君主の大権を犯すものだと。例に依て旧式固陋の憲法論である。此説の愚昧は今更之を詳説するまでもあるまい。只こゝには選挙に依て任命せらるゝ官吏の現に外にもあることを一言して置くにとゞめる。

公選是非の判断の標準　元来公選論の是非は全然実際の結果に依て判断せらるべきものである。実際の結果如何に拘らず初めより公選を可とすといふ様な理窟は絶対にない。此点に関しては世上に相当誤解が多いやうだ。一言之を弁明するも無駄ではあるまい。

誤解の根本は民衆自ら直接政治に与るのが民主々義の本領だと考ふる点にある。民衆自ら政治に与るべきだから現実の執行者を仲間中から公選する、即ち府県知事の如き最も公選たらざる可らずといふのだ。併し之は十八世紀から十九世紀にかけての民主々義に外ならぬ。当時は前代の貴族主義に抗し一切の権力を自家の掌裡に収めんことに急ぎ、一応万事は自分で出来ると考へた。けれども実際の経験を積むに従て、善良なる政治は矢張り特別の専門家に托するに依てのみ可能だといふことが明になつた。更に歩を進めて彼等は遂《つい》に斯う云ふ結論にまで到達した。政治に特別の専門家を要するのは今も昔も変りはない。昔は一部特権階級と専門家と結托して作れる組織のうちより善良なる政治は行はれ得ると考へたが、今は民衆と専門家との協同に成る組織より最良の政治の行はれることを知るに至つた。何れにしても民衆の要求や利害やを離れて善良なる政治は絶対にあり得ない。が、また民衆自身は如何にしてその要求その利害を善良なる政治に具現すべきやを知らない。そこで政治は何処までも特別の専門家に托するを要するのだ。たゞその専門家は全然民衆を離れてしまつてはいけない。彼は常に民衆的組織の中に生育するのでなければならぬ。何となれば彼は斯くして民衆の要求利害をよく善良なる政治に具現することが出来るから。斯う云ふ組織がうまく行はれるのを我々は民主々義の政治といふのである。即ち民衆自ら政治に与るのではない、民衆の要求利害が十分に政治に現はれるといふのが眼目なのだ。斯く論ずれば、府県会なども設けられある今日、知事の公選まで行かなければ民主々義が通らぬとする理窟のないことは明であらう。

斯くいへばとて公選はわるいときまつた訣《わけ》ではない。公選であらうが公選でなからうが、それは要するに民意尊重の近代的大勢には毫も関係はないのである。然らば公選の是非得失は如上の根本論から判断せらるべきものではなくして、全然実際的見地より解決せらるべき問題であるといふことになる。

公選の実際の結果　然らば公選にしたら実際の結果はどうだらう。此点になると私は一言以て直截なる答弁を与ふるに苦まない。曰く極めてわるいと。其理由は頗《すこぶ》る簡単だ。第一は地方行政に就いて民衆は、国政に於けると同じく、施政監督の実を握て居ぬ。彼等は依然府県会議員等の操縦に甘んじて居る。故に所謂《いわゆる》府県知事の公選は、民意を重からしむる結果とはならずして其実〔府〕県会議員の専恣横暴を甚しからしむるに止まるだらう。第二に今日でも府県知事は議員の我儘に苦しめられて居る。従つて府県知事としての仕事の大部分は今や民衆の福利の増進よりも議員との空疎煩瑣な折衝の方に費されて居る。若し公選となつたら此弊更に一層甚しくなるだらう。斯くて今日の状況を基礎として論ずるに、公選論は百害ありて一利なしと私は信ずるものである。

公選論に伴ふ地方行政組織の改正　前述の如く私は知事公選論には反対だ。併し仮りに若し強て公選を実行するとなら、地方行政組織の上に次の様な改正を加へて貰ひたいと思ふ。此希望は現に公選長官を戴くの組織になつて居る市町制に対する吾人の改革意見とも観られ得る。地方制度攻究に志ある諸君の特別なる考量を煩したい。

第一は地方行政機関をして国家の委任事務より大に解放せしむることである。公選任官の方法は特殊の才能の要求せらるゝ場所には不適当だ。府県庁は地方自治機関たると共に又中央政府の出張所見たやうなものであるから、それ丈け其長官の公選を不適当とする理由に富むが、町村役場の如き基礎的自治機関に向て今日の制度は余りに中央よりの委任事務が多過ぎる。だから役場は村の寄合相談所ではなくなつて、矢張り厳めしい公けの役所といつた様なものになつてしまつた。是れ自治制の根本をみだるのみならず、首長を公選に採る制度とは絶対に両立せぬものである。

第二に人を公選に採る以上その権限は極度に拡張せらるべきである。官選の長官なら議員をして常時監督せしむるに相当の理由もあるが、公選である以上は、一定の任期が即ち唯一の監督であつて、任期中は其の施設に絶対の自由を有せしむること亜米利加《アメリカ》の如くすべきである。亜米利加は民衆的監督と専門智識とを最も巧に調和せる組織に富む国であるが、最近は市政を挙げて一定の期間之を一人の Manager に托した処さへあると聞く。こゝまで行かなくとも、責任ある首長に相当自由手腕を振ふ余地を与へなくては業蹟の挙るものではない。公選論の実行に依て議員の専恣横行の甚しかるべきを憂ふる我国に於て此点最も参考として聴くの必要はあらう。

〔『中央公論』一九二五年一二月〕

所謂地方分権論に就て

地方尊重論の擡頭　地方長官公選論の如き、一制度論としては固より愚劣取るに足らぬが、地租委譲論その他と共に、最近勃興せる地方尊重論の一面の代表と観るとき、其処に我々は大なる意義を認めることは出来る。今日の日本の制度文物は何も彼も東京中心だ。中心ばかり太つて地方の肢体は疲弊し切て居る。日本将来の健全なる発達の為にはこの傾向に一大斧鉞《ふえつ》を加ふるの必要があるとて、最近広く地方にも文化の恩沢をわかつべしとの議論が起つて居る。之等を汎称して操觚《そうこ》界は地方分権論と云つて居るが正確な用語でないことは申すまでもないが、其の指示する標目は決して之を察知するに難くない。

中央集権の由来　日本は昔から所謂中央集権制であつたのではない。徳川時代に於ても江戸は日本の中心として第一の繁昌を示しては居つたが、文化の中心は併し乍《なが》ら各藩の城下に散在して居つたのだ。所が今日では富も人才も目ぼしいものは悉《ことごと》く東京に集り、何事も東京へ出なくては仕事が出来ぬといふ様になつた。最近貿易関係に於て関西が異常の発達を示して居るが、之を外にして何一つ東京以外で用の弁ずることはあるか。而して是れ実は維新以来の新しい現象なのである。且つ斯くなるには当時の政治家を非常に苦心せしめたといふ歴史もあることなのである。

維新の当時明治新政府の基礎は甚だ鞏固《きようこ》でなかつた。中央統一の力至て微弱で謂《い》はゞ尾大《びだい》振はずの概があつた。加ふるに諸大名は幕末江戸在住を免ぜられてより各々其郷国に蟠居《ばんきよ》し、徳川幕府倒れても封建割拠の形勢は依然として存続して居つた。是れ新政府当路者の非常に危惧せし所。此儘に放任しては統一国家の実遂《つい》にあがる可らずとして、彼等は一方に廃藩置県を断行し、他面に厳命を発して諸大名に東京在住を迫つたのである。当時諸大名は人質にでもなるやうの心持で嫌々ながら東京に移住したのであつたが、斯くして兎も角も当時に於ける最大の富と最高の才能とはみな東京に集ることになつたのである。外にも細かい理由は沢山あらうが、之がまづ一番重要な原因を為すものと謂つてい丶。

斯く考へれば、今日の中央集権の勢はつまり維新当時の要路者の政策の成功に外ならない。由て来る所一朝一夕に非るが故に、今其弊を矯《た》めて、俄《にわ》かに形勢の転回を期するも亦なか〳〵に困難なわけだ。それだけ吾人は識者の此方面に於ける慎密深刻なる研究の今後大に進められんことを希望してやまない。

大名の郷国帰住の提唱　右の如き重大なる問題が僅《わずか》に地方長官公選論や地租委譲論などの皮相論に依て代表されて居るのを私は甚だ心細く思ふ。此事に就てはもつと色々の施設があつて然るべきものと思ふ。既に実行せられて居るものの中に就きては、僅に高等教育設備の各地方に立てられつ丶あるを喜ぶべき現象と数ふることが出来る。其外に於て差当り最も卑近にして且最も実際的効果の多きものとして私は旧大名の郷国帰住を提唱したい。今日もはや彼等の地方蟠居を憂ふる理由なきは言ふまでもなく、東京に居つては畢竟《ひつきよう》彼等は無用の長物である。彼等の為にはかつても未だ全く消滅に帰せざる旧領地に対する威望を利用し、帰つて其地の文化開導につくす外、社会に奉仕する使命として今日彼等に残されたるものは無いやうである。強て東京に居ればこそ無用の金も使へば余計な政治道楽などにも手を出す。斯くして彼等が昨今漸く心ある一部民衆の怨府となつて居ることにも多少は気付いて居らう。彼等をして身を全うせしむる為にも又彼等を社会の有用に奉仕せしむる為にも、其の郷国帰住は必要である。地方の疲弊を憂ふる者に取り此事一実際策として強《あなが》ち空想視すべきではあるまい。

〔『中央公論』一九二五年一二月〕

近衛公の貴族院論を読む

わが貴族院の採るべき態度　なる一篇を近衛文麿君は去冬数日に亙《わた》りて東京日日新聞に寄せられた。それ自身有益なる論策だが、同君の現に上院に占むる地位と照して観るとき、時節柄また格別の注目に値するものと思ふ。私の推測にして誤らずんば、この論文は或る意味に於て同君が加藤内閣に示して居る好意的態度の弁明であると観られ、同時にまた研究会内の大木伯一味の策動に対する抗議とも観られるやうだ。斯ういふ意図が若干織り込まれて居るとしても、そが貴族院の政治的任務に関する確信の宣明としての価値をば毫末も傷くるものではない。純粋なる学理的批判の見地より多少の異論を挿む余地はないではないが、立論の大綱は概して肯綮《こうけい》にあたり加ふるに其の真摯なる態度は十分に識者を納得せしむるものがあると思ふ。

両院対立の当然の結果　は両院の衝突だといふのが近衛公の立論の出発点であるが、之に付ては少しく私の考を述べておきたい。近衛公の云はるゝ趣旨はよく了解出来る、従て敢て反対するのではないが、私はたゞ一学究として斯うした政治家の用語に学問上の注釈を施しておきたいと思ふのである。

政治学理の問題として、両院対立の当然の結果は決して両者の衝突ではない。このことは上下両院が如何なる組織に成る場合でも同様である。然らば国法は何を求めて故《ことさ》らに両院を争はせるのか。換言すれば法律上対等の権限を有する上下両院をたてそれをして両々相譲らず独立の見地を主張せしむる。之に依りて一体国法は何ものを期待するのか。答へて、曰く、一層よき立場を発見せしめんことを期する即ち是のみと。

凡て争ひといふものには目的を異にする二つの種類がある。一つは最終の目標を同一にし協力以て之を達成せんとするに当り其の手段方法につき相討論して最善の見地を発見せんとするもので、他は最終の目標を異にし他を排して専ら自己の立場を貫かんとするものである。而して両者の対立に依て当然衝突の予想さるゝはこの後者の場合に限る。前者に在ては如何に表面の争ひが激しくとも、同一目的に協力するといふ地位の自覚が失はれざる限り、必ず何等かの形に於て協調の途《みち》が開かるべきである。斯う云ふ立場から観れば、若《も》し両院対立の結果事毎にその両者の衝突をのみ見るが如きことあらんか、そは両院構成分子そのものゝ精神的堕落を表明するものと謂《い》はなくてはならぬ。

両院が各々誠意を以て事に当る以上、其の当然の結果は衝突でない筈だから、之を避くるの目的を以て強て妥協に努むるの必要は毛頭ない。寧ろ妥協に急がぬのが両院制度本当の精神なのである。何となれば両院をして少しでも多く反省せしめ出来るだけよりよき立場を発見せしむる為には、飽くまで其の観る所を執て争はしむるを可とするからである。故に誠意に基く争ひは幾ら激しくても差支はない。其処から何の危険も湧く道理がない、争ひが烈しい為に其処に何等かの危険を予想せねばならぬ場合ありとすれば、そは必ずや議員のうち国家奉仕の誠意を麻痺せしめた者の多い時でなければならない。

一体に立憲制度といふものは、独り上下両院ばかりではない、色々な所に独立機関を対峙させて居る仕組なのである。是れこの制度がもと前代の専制政治の後を承《う》けて其の反動として起つたといふ歴史から観ても首肯されることである。従て各機関牽制のぎごちなき運用から種々の不便が起り、時として其の根本改革の叫ばれたことも屢々《しばしば》あるのだが、それにも拘《かかわ》らず今に及んで依然其の仕組の棄てられないのは、要するに事に当る者の誠意に恃《たの》み以て支障なき運用を見得たからである。こゝに政治道徳といふ辞を使ふことを許さるゝなら、立憲制度は本来上から下まで政治道徳の徹底して居る時に完全にその効能を発揮する制度であり、之が十分発達してゐないと、機械の狂つた文明の利器のやうに、到る処に故障を生じ、便利なやうで其実誠に始末に了《お》へぬものなのである。

斯く論じ来れば、読者は両院対立の当然の結果は理論上決して両者の衝突でないことをよく了解さるゝだらう。所が近衛公は両院の対立の当然の結果が其の衝突だと云つて居られる。併し能《よ》く玩味して見ると、之は決して其の本来の道理を誤られたのではなくして、同君が今日の我国の実状を指称されたものたることが明白にわかる。同君は主として貴族院に付て云つて居られるが、上院中には自家の立場の支持に目がくらみ、国家全体の利害を忘れ、徒《いたず》らに下院に楯突かうと狂奔するものが少くないと云ふのだ。斯んな連中が跋扈《ばつこ》する我国の政界に於て、法規上の両院対立論を固執しやうものなら、その当然の結果が謂れなき両院の衝突に了るや言を待たずして明白でないか。之を憂へて近衛公は之に処するの態度を僚友に諮《はか》り又ひろく国民に告げんとしたものであらう。同君の地位は自ら同君をして露骨に此点を言明せしめなかつたかも知れない。が心中一片憂憤の情を懐いて居られることは、言外に甚だ明瞭である。

両院衝突の解決策　西洋諸国に於て両院の関係は大体都合よく運んで居る。併し長い歴史のうちには融和し難き衝突を見て大に政治家を悩ましたことも稀でない。英国に於ける這般《しやはん》の沿革を近衛公は要領よく説き示して居られる。而してこの問題は、私の前段に述べた通り憲政の運用が理想通りに往つて居れば結局面倒はないのだが、常に理想通りに行はるゝと限らず、殊に最近は下層階級の擡頭と共に具体的政治問題に付ても上下の見解の隔りが著くなり、両院衝突の勢が段々容易に疏通し難いものになつて来たので、之は何とか機械的に疏通する方法を講ぜねばなるまいと考へらるゝに至つた。そこで色々の方法が各国に採用されて居るのだが、今近衛公の例示する所を分類すると次の二種になる。第一は憲法改正を待て始めて出来るもので、(甲)上院権限の縮少(英国に行はるゝやうな)と(乙)上院解散制(白耳義《ベルギー》に行はるゝやうな)とが此中に入る。而して同君は此の両方法共に我国に採る可らずとして居るが、私は大体その精神には賛成だが、憲法改正に余りに臆病なる同君の態度には聊《いささ》か解するに苦むものがある。理論としての主張に於て憲法に必要なる改正を加ふるは必ずしも避くるの必要はあるまい。併し之等は別問題だから深くは云はぬ。第二には憲法改正を要せずして行はるゝものを挙げて居るが、此中には(甲)新貴族の製造(英国のやうな)と(乙)貴族院の政党化とを説いて居る。(甲)の方法は我国に於て必しも不可能ではないが実際上問題となるまじきは言ふまでもなく、(乙)に就ては現にこの勢の上院に於ける侵蝕の事実を承認せざるを得ずとして、只之を助長すべきや抑制すべきやに就ては議論紛々たるものがある。近衛公は之に就ては明白に反対の意見を表示されて居る。併し同君の反対論の根拠は、貴族院の政党化は「政府与党の多数を占める衆議院と正面衝突をする可能性を多からしめるから」いけないと云ふに在るやうだ。併し此論は第一に現憲政会内閣の存立を前提とし、第二に貴族院の政党化は即ち研究会と政友本党合同組との連繫を意味すると頭から決めてかゝらないと首肯されぬ説だから、要するに近衛公の反対論は、我国政界の現状に即しての議論ではないかと思はれる。果して然らば同君が抽象的の理論として一体貴族院の政党化をどう観て居られるかはまだ十分明白ではないと謂はなければならぬ。後段貴族院の使命を説く所などより察するに、結局政党化否認論者であらうとは思はるゝが、現在の政党化的傾向に対するもツとはツきりした所見を聞くまでは一の疑として存しておくの外はない。猶ほ此問題に関する私一己の所見は、近く公にすべき拙著『現代政治講話』中に説いてあるから就て参照せられんことを希望する。

両院疏通に関する近衛公の提案　を簡単な形に書き直すと斯うなる(成るたけ同君自身の用語に従ふ)。

(一)　貴族院はいかなる政党の勢力をも利用せずまたこれに利用せられず、常に衆議院に対する批判牽制の位置を保つと同時に、一面民衆の輿論を指導し是正するの機能を有することに甘んずべきである。

(二) 貴族院はその時の多数党及びこれを基礎とする政府をしてその志を遂げしめることを以て常道とし、両院対立の法的関係を不当に強調すべきものでない。

(三) 貴族院が若し時の政府の意見を以て明に国民の輿論に副《そ》はずと認むる時は必ずしも之に譲るの必要はない。否敢然として反対を表明し政府をして衆議院解散の挙に出でしむべきである。

(四) 解散の結果依然政府党多数なるときは、貴族院は直に譲つて政府をして其の所見を実行せしむべきである。

この提案には無条件に賛成する。世間には貴族院の反対の為に、単にそれ丈《だけ》の理由で、衆議院を解散するのが可怪《おか》しいと云ふ人もあらんが、それは一顧の値もなき愚論である。実際問題として解散を断行すべきや否やは固より時に依て斟酌《しんしゃく》する所あるべしとはいへ、理論上右の如き場合に解散に由て更《あらた》めて民意を問ふは決して不当の処置ではない。之と同時に若し政府党が少数に陥つたとき新なる政府は解散を促した上院が作るべきだなどいふのも、上院の職責を弁《わきま》へざる妄論だ。選挙の結果新に多数を得た政党をして政府を作らしむべきは論を待たない。此場合その多数党がまた不幸にして貴族院と所見を同うせなくても致方はない。何れにしても近衛公の提案は、従来の政治家からは突飛な書生論として顰蹙《ひんしゅく》されさうだが、吾々の立場から云へば近代精神の要求に通じた至当の明論であると思はるゝ。

両院対立の法的関係を強調せることに伴ふ危険 として最後に近衛公は一部野心家の陰謀を挙げて居る。曰く、「従来わが国には所謂官僚派と称せらるゝ政治家の一派の存在し……政党を忌み嫌ふこと蛇蝎《だかつ》の如く、延《ひ》いて両院制度の精神を以て政党の抑圧にありとなせるもの、如く、これがために貴族院によつて策動したやうな場合が見受けられる。しかしその策動の結果は両院制度本来の精神を越えて、貴族院をして政党に対抗する政治的陰謀の府たらしめた観がある。今やこの官僚は概《おおむ》ね凋落してしまつたけれども、この官僚の故智に学び、両院制度の尊重の美名の蔭に隠れて、貴族院によつて政府及び多数党に当らうとするものが出て来る虞《おそれ》はなほ明らかに看取される」と。之に由て観ると同君立論の本旨は表面上「よしその存在の理由を幾分薄弱ならしむる所はあつても両院衝突といふ事態は出来るだけこれを避け」たいと切《しき》りに貴族院の陰忍自制を奨めては居るもの、、寧ろ敵は本能寺にありで、少数者の陰謀より貴族院を救ひ、其の本来の使命に自覚せしめんとする所に結局の目標を置くものではなからうか。斯く見ると同君のこの一篇は、自制を説くといふよりも寧ろ自覚を促す為に書いたものと観るべきである。二荒芳徳君が近衛公のこの論に続いて其の批評を寄せて居るが、その中にも自制といふ字は当らない自律といふべきだと云つて居られる。是亦近衛公の立言の中には自制といふが如き消極的の言葉を以ては包み切れぬ大なる積極的気魄の躍動を認められたからであらう。

も一つ私の近衛公に服するのは、同君が明らさまに時の政府に助力すると云ひ切つた点である。今日の研究会対政府の関係を念頭におき、研究会の重要幹部の地位にある一人として斯うした言葉は容易に吐けるものではない。軽々しく吐けば必ず自己弁解と取られる。ひとり近衛公に於て斯の如き感を吾人に抱かしめないのは、同君が為にする所あつて之を云ふに非るを推測し得るからである。従つて私共は他日内閣は代つても同君のこの態度には決して異変あるまじきを確信する。顧るに従来の研究会は時としては藩閥の爪牙《そうが》たり又時としては下院の或る政党と深い腐れ縁を結んで随分政界の腐敗を助長したものであつた。即ち政界特殊の勢力の傀儡《かいらい》となり其の頤《い》使《し》に甘んじて悔ゐなかつたのである。斯くては両院制度を設けた趣旨は何処にあるか。貴族院自身の立場から云つても自らその面目を汚す醜態たるを知らないか。是れ心ある者の決して忍び得る所ではない。近衛公もし玆処《ここ》に見る所あり、下院の政争より貴族院を超越せしめ、政界に対する牽制指導の任務を十分に尽しつゝ、常に時の政府をして其意を成さしむるやう貴族院の空気を一新するに意あるものなら、吾人は大に其の意気を壮とせざるを得ない。但し同君の宣言の如き、一片机上の空論としては言ひ易いが、責任ある人の実行の方針としては今後幾多の難関に遭遇するを覚悟せねばなるまい。早い話が近き将来に内閣が代つたらどうする。研究会を動かして加藤内閣に好意を持たせるにも骨が折れたらうが、次に来る何党の内閣にも同様の好意を持たせる様に之を導くことは、事実決して楽な仕事ではない。併し乍《なが》ら正々堂々と此の態度で押し通し結局之で貴族院を動かせるとすれば、同君の労は決して徒爾《とじ》に了らない。否之に依て貴族院の神聖は確かに保たれる。我国の政界も亦由て以て大に救はれる。何れにしても私は近衛公の言責を恃み其の奮闘を祈る。而して多大の期待を繫《か》けて今後の同君の前途を注視せんと欲するものである。

〔『中央公論』一九二六年一月〕

田中政友会総裁の地方分権論

「国政の方向を地方分権へ」と題し田中政友会総裁は三日にわたる長論文を正月上旬の時事新報に寄せて居る。今日の政情の下に所謂《いわゆる》地方分権論の主張が可なり重大の意味を有《も》つものなることは曾《かつ》て本欄に述べられたこともある。而して実際問題として昨今政友会が頻《しき》りに之を唱導して居ると聞いたので、同会総裁の右の論文に接した時私は多大の期待を以て之を読んだ。読んで期待の裏切られたことは実に不思議もないのだが、論者が論者だけに吾人の注意に値するものも二三ないではない。

最初に総裁は近世日本が中央集権的政治方針を執つた沿革を述べて居る。維新の当初日本が「列国対峙の緊張した場面に突然置かれた」結果中央集権主義に頼つたのは已むを得ないとし、其の為め多少軍国主義の傾きもあつたからとて之を非難するのは当らないと説いて居る。「大体に於て今日まで日本の執り来つた進み来つた道は自衛上何うしても執らねばならない道程であつた」といふ観察には、話を明治時代に限るといふ条件のもとに、私も賛成する。

然らば今日は如何といふに、流石《さすが》に政党の首領たる田中総裁は軍人に珍らしい意見を吐いて居る。欧米でも所謂列国対峙の険悪なる状態は未だ全く終熄せぬが、「武力の圧迫」は昨今しかし余程緩和して来た。そこで国家は他の「武力の圧迫に向つて対抗する力に幾分余裕が出来た訳であるから、其の力を今後必要の方に向けねばならぬ」といふのだ。別の言葉でいへば「団体を尊重する団体主義」と並んで「個人を尊重する個人主義」を加味せよ、新に生じた余力を今後は「国民各個の幸福の上に向けて行く」方針を取れといふのである。「幾分生じたる余力」をなんて微温《なまぬる》いことを云つたり、「国民各個の幸福」など、事新しげに云ふのに、理窟を捏《こ》ねれば不満もあるが、田中総裁のこの宣言には兎に角多少の尊敬を表し同時に十分の同情を以て聞くの値はたしかにあると考へる。

如何にして其の目的を達するか　「実際問題としての方法は種々の事柄があつて一々挙げ切れない」とことわりつゝ、田中政友会総裁は「先づ第一が政治上の主義を多少改めて行かねばならぬ」ことを説いて居る。氏の所謂地方分権論とはつまりこの事を謂ふのである。茲で一つ私の意見を述べて置きたいのは、田中総裁の所謂「国民各個の幸福」をはかるといふことは本来中央集権的社会状態の打破だけでは図り切れぬことであり、且つその一方策たる中央集権的社会状態の打破だけを取つて見ても、政治方針の中に地方分権主義を多量に加味するが如きは、決して其の目的を達する為めの唯一の方策ではないのである。田中総裁にして若《も》し真に国民各個の幸福を旨とする所謂個人主義の必要に目醒めたのなら、何故敢然として例へば「思想の自由」を叫ばないか。何故「労働組合法制定の急務」の類を叫ばないのか。之等の点を氏はその所謂団体主義に遠慮して故《こと》らにこゝ姑《しばら》く手控へるのだとしても、氏の主として着眼する中央集権的社会状態の打破の為にも、も少し汎博なる見識を示してもよさそうのものだと思ふ。此点が同氏の唱導にかなりの同情を持ちつゝ、私のまたひそかに遺憾の情を禁ぜざるところである。

そこで田中総裁の提唱は、広げた風呂敷の大なるに似ずその中味の案外に貧弱なことを遺憾とせねばならぬ。併し盛られた中味が悪いと云ふのではない。唯所謂中央集権的統制の弊に苦んだ我々は、平然として地方分権の提唱をきくと、之に多大の期待をかけ勝になるので、斯うした期待を以て彼の正体を観ると自《おのずか》ら失望を禁じ得ない、と云ふまでの話である。時代の趨向を当てこんで政友会の策士が総裁に斯んな提説をさしたとすれば、勿論羊頭をかゝげて狗肉を売るのそしりを免れぬが、差し当り手のつけ易い所から改革して行かうとの田中総裁の思ひ付きとして観れば、是亦時勢に適切なる一案たるを失はぬものではある。

所謂地方分権論の内容　田中総裁の地方分権論とは一体如何なる内容を有するものであるか。それには二つの事項がある。

第一は地方自治体をして積極消極の両面に於て中央政府との煩しき交渉から解放せしむることだ。今日の地方団体は余りに多く国家の委任事務に悩まされて居る。町村役場などは御役所といつた趣がある。従て国家の干渉も繁く更に自治体としての簡捷な活動が出来ない。此点は先き頃の本欄の地方分権論にも説いた〔本巻所収「所謂地方分権論に就て」〕。又モ一つは右の結果でもあらうが、今日の自治体は何事をするにも上級団体の補助に頼り過ぎて居る。土木にしても産業の事にしても教育の仕事にしても一から十まで市町村は県の補助を、県はまた国の補助を当にして居る。だから地方の力が伸びない。積極的にも消極的にも地方自治体が自分の仕事を十分自力でやつて行く様にならなければ駄目だと云ふのである。之が為にはどうすればいゝか。第一には地方団体をして国家の委任事務から自由にしてやる事が必要である。此点を田中総裁は割合に強く力説されぬ様だけれど、提案の結論が当然こゝに帰せねばならぬのは明白である。第二には地方団体に自力で十分に活動の出来るやう独立の財源を与へてやらねばならぬ。氏は特に重大な主張として此点に別個独立の地位を附して居る。

そこで第二に政友会取ておきの地租委議論が出て来る。地租委議論は財政上の大問題として既に種々議論が交換されて居る。理論としても議論があるが、細目の技術の点になると更に大に議論があるやうだ。之に関して私は一月号の『我観』に見えた畏友関口泰君の「地租委譲と都市財政」を頗《すこぶ》る有益なものと読んだが、何れにしても「地方に独立の財源を与」ふるといふことは、都鄙の負担を公平均等ならしむること、共に当面の急務である。而して政友会の提唱するが儘に之を採納していゝかどうかは更に財政学者の教に待つとして、兎に角地租委譲論が理論上傾聴すべき一改革案たることは疑を容れぬ。

とにかく田中総裁はいゝ事を云つて呉れた。政友会の看板たる地租委譲論の弁護に急ぐのあまり之が理論付《づけ》のお粗末を極むるは遺憾だが、之に依て国民の耳目を這般《しゃはん》の緊急問題に転じて呉れたのは些《いささ》か感謝に値すると云へやう。只願ふ所は、之が主張を党略と結びつけ国民の為の美名の下に国民の利害をふみにじることなき様厳に党員を指導監督せられんことである。

〔『中央公論』一九二六年二月〕

軍縮に因る損失の補償

軍縮の結果見込外れで損害を蒙つた造船所製鋼所などが政府に向つて莫大の補償を要求してゐることは久しい話である。私共は一つには其の背理に驚き、一つには諸会社の厚顔無恥に呆れたのであるが、今度の議会でいよ〳〵之が予算面に計上さるゝといふ。果して然らば、我々は之に対する議員の態度に由て卒直に良心の有無を識別する機会を得たことを喜ぶ。

軍縮を予想しなかつたから、政府は内々で注文を予示し、諸会社は之に応じて材料を取り揃《そろ》へたといふ。併し正式の契約をしたのではない。そこへ軍縮といふことが現はれて材料が無駄になつたから賠償を貰ひたいといふのも虫のいゝ話だが、軍艦軍器の製造の諸設備は政府の御用があればこそ整へたのだ、今となりては外に流用も出来ぬから何とかして呉れでは、厚顔も甚しいと謂《い》はねばならぬ。

見込が外れて困るのは諸会社ばかりではない。外に之に因て馘《くび》きられた軍人軍属がある。少し位の退職賜金では追つ付くものでない。諸会社は過去に於て莫大の利益を占めた。今困つてゐるといふも帳面の上の事だけで、関係者各個人が為に衣食に窮するといふのではあるまい。軍縮の結果で困る者を傍観して居れぬといふのなら、救済の順位に於て諸会社は決して第一位を僭占すべきものではない。

当が外れて困るといふ者を探すなら、先づ戦死者の家族に着眼せよ。次には廃兵に着眼して貰ひたい。之等に対しても相当の方法を講じてゐるといふだらう。併し日に増し生活の困難になり進む当世に於て、彼等の惨状を極むるは我々の耳目にさへ現はれて居る。諸会社にやる金を直に此方に流用することは手続上出来まいが、せめて斯うした目的の為に全部を捧ぐると云ふ条件の下に呉れてやるとでもいふ工夫はないものだらうか。

いづれにしても無条件で名義のない補償を支出するは国民の断じて許さゞる所であらう。殊に富豪の聯合運動なるが故に其の要求が聴かれるといふ点に我々は甚しき不快を感ずるものである。

〔『中央公論』一九二六年二月「小題雑感数則」のうち〕

加藤没後の政界

加藤首相死んで若槻内閣の成立を見るまでの経過は、婦人公論の二月号〔「政友本党の分裂に現れたる最近の政情」〕で評論したから玆には説かぬ。加藤歿後の政界に起れる二三重要の問題に就て聊《いささ》か卑見を述べて見やうと思ふ。

政友会が第一党となつた場合　政友会と同交会は二月上旬を以て合併を決行するさうな。同交会が政友本党から分れたのも政友会と合同するのが目的なのだから、合併の噂を聞いても今更異とするに足らぬが、加藤死後の憲政会が政界に於て有する従来の威力に多少損ずる所あるべきを見越して急に合併の協議を進め、あわよくば第一党の地位を占めんとの魂胆に出たものだとせば、吾人は近き将来に於てまた一問題に打《ぶ》ツ突かるかも知れぬ。それは第一党たることが政権を取て代るの当然の権利を生ずるやといふこと是れである。

一昨年五月の総選挙の結果が何れの一党を以てしても絶対多数を占むるものなきの形勢を示せるとき、大命は第一党たるの故を以て加藤憲政会総裁に降つた。護憲派として共同の歩調を取つた政友会国民党の二派も憲政会を支持して絶対多数を事実の上に纏《まと》めて居た当時だから、加藤の大命を奉ずるに不思議はないやうなもの、、選挙の蓋を開けるまでは政友本党の或は第一党を占めずやの大に懸念され、若《も》し然る時は第一党たる本党に一旦政権の帰するやも計り難きを説くものもあつた事実を回想すれば、第一党に組閣の権利を認むるの思想は今日の政界に相当に根を張て居るものと観なければなるまい。是れ政友会が兎も角此際第一党たる地位を得んものと焦る所以《ゆえん》であらう。

併し政友会が現内閣を確実に倒壊し得る為には、単に第一党たるばかりでなく、例へば政友本党の如きの支持をも得て優に絶対多数を占むるの見込が明白に確立して居なければならぬ。所が政友本党がどうも事実上政友会の味方ではないやうだ。之に反して若し政友本党と憲政会との提携がもつと明白で且恒久的のものであるとすると亦問題はない。とにかく政友本党の態度の曖昧《あいまい》なる所に当今政界の不安動揺の原因がある。而して政友本党には今の所旗幟《きし》鮮明の態度に出で得ざる特殊の理由もあるやうだ。果して然らば今後の政局を判断するに当ても先づ此事を前提とすることが必要であらう。さうすると今後政局に一大変動を来すべき場合は、憲政会が自ら内部の原因に依て潰滅することあるに非る限り、何等か重要問題に就て政本両党の反対を受くる時でなければならぬ。今日までの様に小さい問題で敗れても大きな問題で無難で居れば、仮令《たとい》政友会の数が遥に憲政会を凌駕《りょうが》したとしても、直に之に天下を譲らなければならぬ理窟はない。

若し何かのはづみで重大な問題で憲政会が敗れたとしたらどうなる。解散を以て改めて信を国民に問ふか、いさぎよく引退するか、そは当局の択ぶ所にまかしてい〻。孰《いず》れにしても第一党の地位を政友会に奪はれたといふだけの理由では、政変を促すべき当然の必要は毛頭ない。

憲政会結束力の消長　加藤が死んで抑えが無くなつた、憲政会今後の結束が危まれるといふ世評がある。一時新聞には若槻新総裁に対する浜口系安達系等の反目暗闘を伝ふるものもあつたが、此点は一体どうなるものだらう。之が本当に険悪になるの可能性ありとすれば、之で現内閣が自ら倒れぬとも限らない。

私共の観る所では、加藤前首相の死は固より憲政会の一大損失には相違ない。併し乍《なが》ら国民の現憲政会内閣に期待する所は、必しも一加藤総裁にとくに恃《たの》む所あるが為めではない、寧ろ其の部下に多士済々たるものあるが故であつたと考へる。見よ、現に加藤総裁逝《ゆ》いても国民の多数は若槻新内閣に格別失望して居ないではないか。

加藤総裁の死が国民信頼の動揺を促すといふ方面から憲政会内閣の壊滅に赴くやうなことは先づなからうと思ふ。

然らば憲政会の為に憂ふる所は主として内部の結束如何にある。此点に就て今や世上に色々の論評を見るのであるが、之を吟味するには先づ次の二点に注意する必要があると私は思ふ。第一には従来の党の統制は専ら総裁万能でやつて来た所から、加藤と其の出身の経歴を異にする若槻の下に於ては、所謂統制力の従前の如くなるを得ざるは已むを得ないといふことである。統制の基礎をば党員の自由意思の組織的綜合に置くといふ訓練のない団体に於ては、党首の喪失は即ち扇の要《かなめ》の外づれたやうなものであつて、結束力の弛《ゆる》むのは当然であらう。併し是れは従来の総裁万能制の罪であつて今更如何とも致し方はないのである。第二には従来の総裁万能で養はれた眼から若槻新総裁に応対する一般党員の普通の態度すらを総裁の威厳を損ずるかに観る者あるべきの点である。徳川時代には百姓町人の分際では将軍を見ただけでも眼が潰れるとされたとやら。今日では道路の両側に立ちながら陛下を拝し奉つても不敬とは観られない。新総裁閣下を従来呼び慣れたからとて今後も若槻君と呼び掛けるやうではとても統制はつくまいと心配するが如きは、古《いにしえ》の感情を以て今の慣行を評するものではあるまいか。要するに従来総裁万能でやつて来た余弊として、一つには何でもないことが統制力弛頽《したい》の証と観られることもあり、又一つには実際統制力弛頽の事実もあらうかと考へらるゝのである。

総裁万能制の批判　斯うなると一体統制力の基礎を総裁万能制に置くのがいゝか悪いかを吟味せねばならぬことになる。総裁万能といふが如きは本来デモクラチツクであるべき政党の面目と矛盾するものたるは言ふまでもない。それにも拘《かかわ》らず我国の政党が永く総裁万能制に依らざるを得ざりし所以に就ては従来私も屢々《しばしば》説いた。併し之れが我国政界の発展を順当ならしむる所以でないことは今更論ずるまでもあるまい。其外総裁万能の弊を馴《じゅん》致《ち》したものにモ一つ金といふものがある。今日の政党には莫大の金が要る、ことに選挙の際に最も然りである。

その莫大な金を在来の政党は専ら総裁の調達に期待して居つた。原もさうであつた。高橋もさうであつた。高橋に金の縁が薄くなつたとて田中と取り換へられたのも、後者に金を作るのより大なる能ありと信ぜられたからであらう。加藤亦御多分に洩れない。斯くして何の政党でも、総裁は命の親として崇《あが》められた。完全に党員の死命を制する者として恐れられたのであつた。この事実は先にも述べた我国政界の特異な事情と相待て遂《つい》に永く総裁万能の制を行はれしめたのである。原でも加藤でも党の節制に於て一糸乱れざるの見事な成績を示したのは皆之による。併しよく考へて見ると、之が一体本当に正しいものと云へるかどうか。この点甚だ疑しい。私の結論を端的に云はしむれば、是れ断じて立憲政治の本筋の運用ではない。加之《しかのみならず》斯の如くにして党員は又本当の自治的訓練を積むの機会を奪はる丶。甚しきは為めに其の徳操を堕落せしむるの誘惑にさへ陥るではないか。そこで我々の立場から云へば、こんなものは実に一日も早く廃《や》めて貰ひたいのである。而して今や若槻が加藤に代り、従来の眼から観ての威重が著しく新総裁に欠けて居るとされて居る。是れ実にもつけの倖《さいわい》だ。之を機会《しお》に一つ統制方策の立て直しをやつては如何。且つ密《ひそか》に思ふに斯れ実は独り憲政会のみの問題ではない。憲政会を通じて我国政党界に投ぜられた一試金石と観てもい丶。私は此意味に於て憲政会が如何に処置するかを多大の興味を以て注視せんと欲するものである。

憲政会に対する希望　新総裁若槻君は色々の意味に於て加藤前総裁の衣鉢をつぐのであらう。併し若槻は到底加藤ではない、又急に加藤の如くならしむることも出来まい。加藤の如くならずとして之を罷《や》め、新に加藤に類する者を求むること政友会の如くするは、断じて吾人の与《くみ》せざる所である。於是《ここにおいて》憲政会は、この既定の新事態に応じ、従来の総裁観を一変し、統制の基礎を全然別個の組織に求めなければならぬ必要に迫られて居る。於是私に注文がある。第一に総裁に必要とせる在来の形式的威厳観をすて丶欲しい。若槻君と呼び慣れた人は今後も遠慮なく若槻君と呼んだがよからう。オイ若槻！と呼んでい丶人は何も人前を憚《はばか》りわざ〳〵君づけにして水臭い思ひをするにも当るまい。第二には資金調達の任務を専ら総裁に負はしむる冥妄を去つて欲しい。必要があらば皆で作れ。作れなかつたら作つた丈《だ》けで仕事を進むべきである。斯くては一時の不便に苦むことあらんも、結局そこに国民多数の本当の信頼が集まるのである。総裁万能の夢から醒むるの結果は、場合に依ては収拾し難き混乱であるかも知れないが、又新なる統制組織の発見に由て健実なる発展の前途の開けることになるかも知れぬ。いづれにしても党員は最早総裁に対して去勢された奴隷を以て甘んずるものではなからう。各々自由の見識を以て立つものなる以上、其の相対立する裡《うち》に一つの組織を立て、其処から自然に統制の仕組の生る丶のは、実に党員の才識と品格とに待つて決して六つかしいことではないと思ふ。憲政会はこの試験に対して果して如何の成績を挙ぐるだらうか。

〔『中央公論』一九二六年三月〕

政党運動と政治教育運動

先達《せんだつて》私が労働党の創立に骨折て居るといふ風説が新聞に出たといふので、二三の友人から此際新政党の結成に力を注ぎ以て大に国民の政治教育に尽粋〔瘁〕して貰ひたいと云ふ様な注文を受けた。忠告の趣旨は大体感謝して之を了承するが、一面之等の人々の間には政党運動と政治教育運動との本質の無理解があるのではないかと疑はれる。多少礼を失するの嫌あるかも知れぬが、茲に之を論議するを許されたい。

政治教育の目的は何ぞ。政党の誘引に迂《う》つかり乗らぬやう国民の聡明をひらくことではないか。各種の政党のいひ分を普《あま》ねく聴き公平に判断してその最良なるものに味方する様にと勧告することでないか。この目的を達する為めには各人にすゝめて如何なる政党とも腐れ縁を繋《つな》ぐこと勿《なか》らしむること、換言すれば正義に味方する為に一応はすべての政党に背《そむ》かしむることが必要だ。もつと極端に言へば政党運動の裏を掻き彼等の言ふことなど迂つかり信用するなと警告する必要があるのである。

斯く考ふると、政党運動の直接の目的は政治教育と正に全然相反することは論を待たぬ。何となれば政党運動の方は己れに味方せよと国民に迫るものだからである。政党運動は間接に政治教育に資することはある。我国在来の政党の如く、運動の方法を一に醜悪なる手段に求むるものに在ては、寧ろ教育の目的を蹂躙《じゆうりん》する以外の何物でもないと云はねばならぬが、若《も》しそが誠実に行はるゝものである限り、仮令《たとい》直接の効果を我田引水に期するものであつても、猶ほ大に国民の知見をひらくの手だてにはなる。故に誠実なる政党運動は間接に政治教育に資することはあると云ふのである。従て教育的見地より観ても、誠実なる政党運動は之を歓迎し、醜悪なるそれは極力排斥すべき理由はある。けれども政治教育を直接の目的とする者に取て、同時に政党運動に骨身をくだくといふことは、到底出来ない筈のものであると思ふ。

政党運動は自分の信ずる所を以て人に強ゐんとする実行運動である。之に反して政治教育運動は一時の所信に執せず、常に一層よりよき立場を求めんとする用意を怠らぬ様にと世人を警醒する道徳運動である。範疇《はんちゅう》同じからざるを以て、仮令人格的には自ら相協働する余地はあるとしても、社会的の運動として分業的に発現するとき、其間の本質的差異は十分に之を明白にしておく必要があると思ふ。政治教育に当て居つた人々が時勢の要求に応じて漸次政党運動に入らんとする昨今、私は特に此点に特別の注意を向ける必要を感ずる。

〔『中央公論』一九二六年三月「小題雑感数則」のうち〕

軍事機密費に関する醜聞

該問題に対する世論の一斑　憲政会代議士中野正剛君に依て叫ばれた軍事機密費不当使消の問題に関し、側面から世論の大様を観測するに、㈠訐《あば》かれた事実に対しても訐いた事柄に対しても世間はひとしく之を苦々しく思ふに一致して居るやうであり、㈡関係者の弁解如何に拘《かか》らず斯かる事の全然訛伝《かでん》なるを信ずるものは殆んど一人もなく、㈢殊に糺弾の鋒先の軍閥に向へるをば頗《すこぶ》る痛快に感ずるもの、如く且つ之を機会にその根本的革正を希望するの念に堪へざる様であるが、㈣併し今の議会には到底之を期待し得ぬと諦めて居るものらしい。

一生懸命に騒ぎ立てた所が落ち付く結果は大抵分つて居る。けれども脛《すね》に疵《きず》持つ連中に取ては少しでも事柄の曖昧《あいまい》裡に葬られるのを喜ぶのであらう。そこで別にもつたい振つた理窟をつけては事件の此上の進行を極力妨げんとするものが現れる。斯う云ふ事件は漫《みだ》りに訐くべきものでないと云ふ議論の起る所以《ゆえん》である。併しその論にも二つの種類がある。

一は議院内に唱へらる丶もので、斯かる血で血を洗ふ様なことは流行《はや》らしたくないと云ふのである。議論としては私も之に賛成だ。併し一旦訐かれた以上之を曖昧に葬り臭い物に蓋するの態度に出づるのは、色々の意味に於て宜しくないと思ふ。世間も幸に同様に考へてゐるやうだ。

二は軍閥側から宣伝さる丶もので、さう騒がれては士気に関するといふのである。その為めか宇垣陸相は議会に於て極めて明白に事実無根と云ひ切つた。不幸にして前陸相山梨大将の新聞記者に対して為せる声明がまんまと之を裏切つて居るので、世上の疑団は依然として解けない。そこへ畑軍務局長が士気の頽廃をふせぐ為と称して此上の〔註〕鑿索を手控へる様政友本党の幹部を頼み廻つたなどの風説もあつたので、事実の真相はどうでもいゝ、疑惑の儘に之を葬つてさへ了《しま》へば軍部の士気は維持されると考へて居るのではないかとの疑も起る。併し臭い物に蓋をして事実無根と威張るのでは、破産し掛けた商人が俄《にわか》に贅沢を装うて虚勢を張るやうなものではないか。封建時代の学者は、人民は始めから馬鹿なもの、そして徹頭徹尾政府に頼り切つてゐるものと決めてゐたから、「人の心のおくれざらんやうに仮令《たとい》日本は弱くとも強しといはんこそ本意なるべけれ」(黒沢翁満著『刻異人恐怖伝論』に依る)などと教ふる必要があつたらうが、今日の人民は政府が弱からうが軍隊が腐敗して居やうが失望はしない。失望しないどころか却《かえつ》て改革の実行に当らんとしてさへ居るでないか。少くともいゝ加減の弁解を正直に受取つて引込むやうな馬鹿者ではなくなつた。事実の闡明《せんめい》に依て脅かさるゝのは、実に軍部の士気ではなく、軍部に対する国民の信頼だ。悪い事をして居る自分達に対する国民的不信を、士気の頽廃と一緒にされては困る。本当に士気の振興に忠ならんとせば、潔よく事実を明にして将来に於ける公明正大を確約すべきである。若《も》し夫れ今度のやうな事件を軍隊と国民とを離間せんとする露西亜《ロシア》かぶれの陰謀に出づるなどと言ふものあるに至ては、人を愚にするにも程があるとたゞ〳〵其の厚顔に呆るるのみである。

疑惑一掃の責任者は誰か　この提出された問題の真相に就て国民は皆迷つてゐる。之を此儘放任するのこそ実に社会風教上の大問題だ。是非とも之は明白な始末をつけて疑団を一掃せねばならぬ。然らばその疑惑一掃の責任を誰に求むべきかといふに、此点に対しては世論いまだ明白に其帰趨を示してゐないのは、私のいさゝか不満に思ふ所である。

議会の問題としては右の問題は無論糾弾者にある。議会には査問会といふがある。併し之に多くを期待し得ぬことは明だ。故に査問会の決定だけで世間は決して満足するものではない。従て世間に対する責任としては、依然糺弾者に其の発言の無稽ならざりしを証明する社会的義務が残る。けれども之とても満足なる根本的解決を提示し得るものでないことは、事柄の性質上已むことを得ない。さうすると結局被糺弾者が進んで自己の潔白を挙証するに非《あらざ》るよりは、事件は永久に迷宮に彷徨《さまよ》ふものと謂《い》はねばならぬ。そこから政治道徳上の問題として疑団一掃の処置に出づるの責任が被告の側にあるといふことになる。今度の問題にした所が、現陸相を始め前任者の田中山梨両大将に於て万人の納得する様な説明を進んで為すに非る限り、之等の人に対する国民的疑惑は永久に取り去られないと思ふ。我々国民も亦、査問会の決定がどうであらうと又糺弾者の証拠が如何に不十分であらうと、被糺弾者の側から公明な説明に接するまでは、彼等に対する嫌疑を道徳的に解除してやらねばならぬ義務はないのである。

今までの所、宇垣陸相の態度は、有るものを無いと云ひ切る底の蛮勇を示したに過ぎない。田中山梨両大将に至ては、或は相手方を漫罵し又は無頓着を装ふに止まり、何等積極的態度に出でないのは、私の密《ひそか》に両大将の為めに惜む所である。斯くては両大将に斯種事件の道徳的意義を解してゐるかを怪しみ問ふものがあつても弁解の辞がなからう。物事に動じないのは軍人らしい矜持《きょうじ》かも知れないが、道徳品性に関する問題に付てだけは、何れ丈け神経過敏であつても構はない。軍人らしい魂の据え所は物事に依て必しも一様でない事を忘れられては困る。併しこの目前の紛争も鎮まつたら、事件の真相が一点の疑を容るゝ余地なきまでに両大将から徐《おもむ》ろに明かにされるのだらう。是を私は両大将の名誉にかけて信ぜんと欲する。

本問題に対する諸政党の態度　どうせ議会の詮議で本問題の真相の明にならうとは思はぬが、政党の取扱方の余りに見当外れなるには亦一驚を喫せざるを得ない。一番利口さうで一番馬鹿げてゐるのは政友会の態度だ。表面上から観れば政友会の策戦は実に巧妙を極めて居る。第一に彼は陸相に向つて中野君の発言をどう観るかと問ふた。マサカさうかなアとも云へまい。仕方なしに事実無根と云ひ切ると、今度は首相に詰め寄つた。国務大臣としての陸相の声明に己も責任を負ふと答へると、そんなら首相は更に憲政会総裁として中野君の発言に如何の責任を負ふかと来る。政府としては形式上中野君の発言を荒唐無稽と否認したからである。流石《さすが》の若槻首相も之には困つたらしい。この筋書はもう前日から分つてゐた。首相にゆつくり対策を考ふる暇もあつたらうに、責任を負はぬなどと苦しい答弁を絞り出したのに観ても、首相の困却さ加減がわかる。私なら憲政会総裁としては中野君の発言に責任を負ふと立派に云ひ切りたかつた、之と首相としての責任との間に矛盾あるをば正直に承認し、その矛盾の解決は査問会に譲るといふべきではなかつたか。蓋《けだ》しさう云つた方が事理極めて明白になる。何となれば斯かる矛盾の起因は政府に在らず中野君の発言を議会が採用したことに在るからである。何は兎もあれ、此処まで首相をこまらしたのは政友会の大成功であつた。併し翻《ひるがえつ》て考ふるに、この成功に依て政友会は亦果して如何の印象を我々国民に与へたであらうか。悪智慧に長《た》けたものは、証書の不備を楯に取て借金を踏み倒したりする。没義道《もぎどう》に証書を突けた奴を借主が法律を楯にやりこめるのは痛快だけれど、固より之に依て借主の債務が消滅するのではない。加之《しかのみならず》此方の追窮がもし極端に走ると、却て借金を踏み倒す積りでなかつたかとさへ疑ひたくなる。斯う云ふ見地からすれば、政友会のあの策戦は決して賢明な兵法ではなかつた。我々国民の知らんとする所は全然除けて、徒《いたず》らに空砲の音に世人の耳を聾せんとするかに見えたからである。若し夫れあべこべに中野正剛君自決案などを提出するに至ては、血迷へば斯うも常規を逸するものかとたゞ人をして憫笑せしむるに止るものではなかつたらうか。

憲政会や政友本党は、この点に於ては原告だけに無難な地位に居る。それでも私は彼等が本問題に依て何をつゝき出すべきやを明白に意識して居なかつたらしいのを心中大に遺憾としてゐる。軍事機密費が多過ぎるの、其の使ひ方がをかしいの、又は私腹を肥やしてゐるではないかの、政党攪乱の為めに使はれては居ないかのと騒ぐだけでは何にもならぬ。幾ら騒いだとてどうせ斯んな事は結局想像の範囲を出でず真相の突き留められるものでない。前にも云つた様に、之は政治道徳上の問題として被告の自発的釈明に委《まか》すべき事柄だ。他人から追窮し得るものではない。而して彼等は此方ばかりを突つ付いて居るではないか。無用の事に力を注ぐは愚だ。之を八《や》釜《かま》しく云ふことに依て此際私共のはツきりして置かねばならぬことは実に外にあると思ふ。此点を原告側では頓《とん》と明白に意識して居ない。政界廓清の為に私の甚だ残念に思ふ所である。

問題の要点　然らば要点はどこに在るか。先づ問題の輪廓から云つて見る。軍部にはふだんでも機密費が多い。所謂《いわゆる》軍事機密費に至ては殊に多かつた。而して其のすべてが正当に使はれたとはどうしても思はれぬ。その中の幾分は軍事以外の目的に使ふべく取つて置かれたらしくも見え、又他の一部を以て私腹をこやしたものあるの疑もあるが、少くとも其間政治上の目的に巨額の金が濫費せられた形跡は掩ひ難いやうに思はるゝといふのである。これ以上は流石に公人の名誉に関することとて露骨には云つてない。併し乍《なが》ら斯く云ひ立てることに依りて何事を訐かんと欲するかは言外に極めて明白だと思ふ。試みに之を列挙せん乎《か》、大約《おおよそ》次の如きものであらう。

(一)　田中山梨一派の人々はあの尨大な機密費の少からぬ一部を自己の為に割き取つたのではないか。

(二)　最近或は政党の総裁になつたり又は政党の攪乱を試みたりするのを観ると、可なり巨額の金を擁して居るらしいが、それは機密費から割取した資金ではあるまいか。

斯くして両大将の前途を葬り合せて今後にも起ることあるべき政界攪乱の陰謀を未然に喰ひ止めんとする積りかも知れぬが、その事の結局徒労に属すべきは前にも云つた通りであらう。査問会で両大将の財産が案外多いと調べ上つたとしても、そが機密費の掠取に成るの証拠は挙げ難く、本当に私腹をこやす程の者は容易に他から見破らる、様なヘマはせぬ。従て彼等が山梨大将の財産を調べよなどといひ出したのは、実は折角捕へた鳥を故なく逃したと同じ結果になり了《おわ》つたものであつた。

せめて問題を次の三点に限つたならまだしも騒いだ甲斐があつたらうと思ふ。即ち㈠過去に於ける機密費の使消が放漫に失せなかつたか、㈡最近に於ける政治的行動に伴ふ大金の出所は一体何処に在るか、㈢軍人の身分を以て政治に干与せしの事実を如何弁解するか、是れである。尤も私一個の考としては、㈢の点に付て私は在来の通説とは全く別個の意見を有《も》つて居る。軍人だとて公民の一人だ。公民として政治に与るのは当然の権利で、軍人たるの故を以て特に之を奪はる、理窟はない。但しその本務と相容れぬ場合は、其の限りに於て自由の拘束を受くるは已むを得ない。併しこはとくに軍人に限るのではなく、他の文官に在ても同様である。国家の官吏としての一般的取締を受くる以上に特別の拘束を軍人に加ふるのは、教育家は政治に与る可らずと云ふのと同じく、政治を「已むを得ざる悪事」と観た旧時代の遺物に過ぎぬものである。併し之は私の一家言だ。今日一般に通用する見地からすれば、この㈢の立場からも大に両将軍を糺弾するの余地は存する。次に㈠の点は、機密費の性質上如何様に使消するとも法律上の責任問題とならぬのだが、併し国家の信認に背き其の利益を図るに忠実でなかつたといふ政治道徳上の責任は残る。此点の糺弾も良心の鋭い政治家に取つてはなか〳〵苦痛とする筈だが、我国の政治家に之がそれ程響くかどうかは怪しい。之を糺弾する者の道徳的水準が、糺弾さる、者同様に低いとあつては猶更だ。それでも之等の事実を正直な国民の耳目の前にさらけ出すことは必しも徒爾ではない。終りに㈡の点は、左程有力な抑え所とは云へない。知らぬと蹴《け》られ、ば夫れまでの事だ。併し之は機密費着服の問題と共に、被告の自発的釈明を見るまでは、永く民間に不信の印象を残すであらう。孰《いず》れにしても以上の三点に専ら追窮の鋒先を向けるのであつたなら、少くとも将来を鑑戒する意味で若干の効はあつたと思ふのに、彼等が主力を之に向けなかつたのは我々の甚だ歯痒《はがゆ》く思ふ所である。

機密費制度改革の私案　併し本問題に関して我々国民の最も痛切に関心する所は、過去に於ける正不正の問題ではなく、実は如何にすれば将来に於て機密費の使消を公正有用なものになし得るかに在る。之には制度の改革を要する。今の儘にしておいては今後も必ずや同様の過失が行はれるに相違ない。この事を明にするために過去の糺弾は必要だが、併し主たる目標はどこまでも将来に置かれなければならぬと考へる。斯ういふ点から機密費の廃止又はその事前事後の監督を説くものもあるが、併し之は角を矯《た》めんとして却て牛を殺すの愚にひとしい。機密費の全く廃し得ざるは今更云ふまでもなく、其の支出に付ては軍事参議官の議に附せ(特に軍事機密費に関して最近この提説があつた)の又は後から厳重な会計検査に附せのといふは、事実に於ける其の廃止に均しい。原則としては大体現行の制度を其儘存置するの外はあるまいと私は考へる。只之より生ずることあるべき二大弊害を防ぐ為めには多少の改正を加ふる必要があらう。二大弊害とは何ぞや。一に曰く不正有害に使はれた証跡の歴然たるものまでをも看過せねばならぬこと。二に曰く一主管者の単独の考で国家の高等政策に関する事項に巨額の金が撒《ま》かるゝこと。而してこの二点を取締ることは、一つには国帑《こくど》の濫費を防ぎ風教の頽廃を匡《すく》うことになり、二つには無謀僭《せん》恣《し》の妄動により国家の不測の禍に陥るを予防することになる。最近の歴史が軍部の機密費を此等の点より大に取締るの必要を示せることは、識者のひとしく認むる所であらう。国民が真に革正を見んことを期待するは実にこの点に在る。議会は果して之に関し国民の寄託に添うだらうか。斯ういふ真面目な問題にはさらでも誠意の足らないのに、昨今の様に議場があゝまで乱暴狼藉を極むるのではとても目鼻のつく見込はない。憤慨に堪へぬ次第である。

議会の論議に上る見込はないが、如何改むべきかの私案を読者の参考にまで掲げて見る。

まづ機密費を(甲)主管者単独の責任で支出し得ると(乙)閣議の協議を経た上で支出し得るものとの二種に分つ。而して双方とも会計検査の埒《らち》外におくことは従前の通りとする。すると

(甲)に就ては殆んど在来のものと異る所はない。併し国家の高等政策に関するものは悉《ことごと》く(乙)に組み入れられるから、此方はさう多額を要しないと思ふ。而してこの項目に限り、不正な使用のあつた証跡の歴然たるものある場合之を刑事訴追の目的たらしめ得ることゝしてもよからう。

(乙)は国家の高等政策に関して支出せらるゝものを一切包含する。之はなか〳〵大きい。大戦参加より引続き西伯利《シベリア》出征に関連して二千数百万円を使つたといふのも、主としてこの高等政策に関するものである。常時の機密費に就いても此種のものが大部分を占むることと想像される。現に今度の事件に就て山梨大将が新聞記者の問に答へて「金は使ふには使つたが何に使つたかは軍乃至《ないし》国の機密に属するから口外出来ぬ」と云て居られるのも之れだ。斯う云ふ種類のものは成程うつかり公言は出来まい。が、之等はもと国の高等政策に関するものだから、本来は閣議で決めらるべきものではあるまいか。之を当該大臣単独の裁量に任すのは理に於いて当らないと思ふ。のみならずそれがまさしく従来種々の弊害の源だと疑はれて居るのである。現に例へば夫《か》の西比利出征の事に関し人に依つては軍の機密費が却て日本帝国の利益と名誉とを傷けたといふ者もあるではないか。仮りに之が誣言《ふげん》であるとしても、国家全体の名誉と利益に関する事項をば、他の閣員に無断で一大臣が勝手に取りまかなうといふ法はあるまい。今度の様な不祥な問題の起るのも畢竟《ひつきよう》かう云ふ制度の結果であるから、将来に再び此のあやまちなからしむる為には、どうしても此制度を改めなくてはなるまいと思ふ。さればと云つて機密費を全く無くする訳には行かぬ。さすれば之を閣員協議の連帯責任に帰するの外道はないではないか。而して斯種の支出が閣員

全体の諒解の上に為さるべきは実は理の当然でもある。閣員全体の協議に委さるゝ以上、後より其使途を八釜しく詮議するの必要なかるべきは、また云ふまでもない。

猶この提案に対しては、どうせ閣議できめるのなら総理大臣の機密費として一括して内閣で掌《つかさど》つた方がよくはないかとの説もあり得る。が、斯くては書記官長と閣員との関係の紛更さるゝ恐あるのみならず、それ〴〵の主管大臣を経由せざるの結果、折角の機密費も有効に活《はた》らかぬ懸念もなしとせぬ。矢張り実際の取扱は各省にまかした方がよくはなからうか。併し私は今こんな細かい点を争ふ積りはない。根本の主義に大方の賛同を得さへすればいゝ。之を実際の制度の上に如何に現はすかは別に其道の専門家にまかさうと思ふのである。

最後に更に一言附け加へておきたいのは、機密費は此際一般に大に減額するの必要はないかといふ事である。政治が公明になれば斯うしたものは段々減る筈である。現に私の知つて居る範囲でも、下らぬ仕事が下らぬ人に依てたゞこの機密費のお蔭だけの為に企てられて居るの事実が少くない。無ければ無くて済み、有れば有る程不足を感ずると云ふ点に於て、機密費は蓋し遊蕩費と好一対のものである。之はもつと〳〵減じ得る筈のものと思ふ。

〔『中央公論』一九二六年四月〕

後藤子爵の新運動

後藤子爵の所謂新運動は、たゞ其の声明だけを見ては、政治運動をやるのか教育運動をやるのか能《よ》く分らなかつた。私共は後藤子爵の帝国政界の進歩に貢献し得べき最有効な方法は寧《むし》ろ教育運動に在るを思ふのであるが、最近聞く所に依れば、純然たる政治運動をやるのが本旨だといふ。子爵がその最も好む所又最も長ずる所に途を択《えら》んだものとすれば、是亦致方がないのであらう。

*

後藤子爵が此際政界に打て出るといふは、或る意味に於て頗《すこぶ》る時機の宜しきを得たものと云ふことが出来る。そは㈠小党分立の形勢漸く成らんとして頗る新党樹立の余地に富むからである。㈡既成政党の最近の議会に示せる醜状は、国民をして容易に新規の運動に耳目を寄せしむるに足るを以てゞある。㈢現在各党の首領或は威望に欠くる所あり或は新に国民不信の標的となるあり、近く政変あらん乎《か》、国民は恐らく之等の政客に大権の帰着するを欲せぬであらう、従て後藤子爵の如きが挺身政界に呼号せば、之に多大の希望を繋《つな》げて多数の同志の参加を見るも図る可からざるを以てゞある。

併し乍《なが》ら後藤子爵の声望と力量とを以てするも、其の新に組織さるゝ政党に一時に多数の党員を羅致し得ざるべきは略《ほ》ぼ明瞭である。但し目下の政況は子爵の傘下に集る者の著しく多数たることを必しも必要とはしない。只各方面から甚しく毛嫌《けぎらい》されなければいい。此点に於て子爵が運動開始に先立つて各政党首領を歴訪せるが如きは、頗る賢明なやり方だといへる。うまく行けば現憲政会内閣を嗣《つ》ぐものが二派三派の聯合せる後藤内閣だといふことになるかも知れない。併し斯う云ふ結果を万一に期待しての運動なら、後藤子爵の蹶起《けつき》は断じて政治革新の為のものではない。単純な政治運動だとて決してわるいとは云はぬ。苟《いやし》くも政治の革新を目的とすと叫び国恩に報ずと声言する以上、後藤子爵の運動は自《おのずか》ら田中床次《とこなみ》の諸氏と全く其行き方を異にする所なくてはなるまい。然らざれば子爵の進退は、晴曇に依て白雲の去来すると一般、私共の利害とは何の係はりもない。私共は市井の雑事以上の興味を、その成敗の上に感ずることは出来ないのである。

*

政界革新といふ道徳的目的を標榜しての政治運動なら、後藤子爵は少くとも次の三点に於て、今後の態度を最も鮮明ならしむる必要がある。

(一) 既成政党のすべてに向つて大胆なる宣戦を布告すること。何となれば後藤子爵の標榜さるゝ政界の革新といふことが、元来既成政党の腐敗に促されて起つたものだからである。

(二) 国民の利害を代弁する本当の政党たるを期すること。従来の政党は孰《いず》れが勝つたつて国民の大多数は痛痒《つうよう》を感じない。感ずるものは少数の在郷運動屋だけである。本当の政党なら、国民に向つてその実行せんとする政策を公約し、その実現に向つて突進すべきである。

(三) 断じて陰密醜汚なる手段を取らざること。当今の政界に於て此事を厳守するは、足を遊廓に踏み入れて身の潔白を保持するよりも難い。併し之を忽《ゆるがせ》にしては今日の政党と何の択ぶ所もなくなる。国民の期待は寧ろ其の難きを忍んで飽くまで野暮な潔癖を押し通さんことにある。

斯んな態度で押し出したら、案外人も附いて来まい、他党との聯絡も取りにくいだらう。実際家からは継子《ままこ》扱ひされて当分政権の廻つて来ぬも請け合である。多情を以て知る、後藤子爵の政治慾は、果してこの不景気な立場に甘んずるか、一見疑なきを得ざるも、苟くも政治革新を以て立つ以上、国民の期待は最少限度の要求として前記三項の恪守《かくしゅ》を迫り、此点些《いささか》の妥協譲歩を許さぬのである。而も斯の如きは、当初に於てこそ実際政客の侮蔑を得んも、数年の後遂に必ずや最後の勝利を得て、政界は始めて真に革新され、国民亦心から子爵の忍耐と誠意とに感謝するに至るだらう。子爵年高しと雖《いえど》もなほ数年の活躍に堪ゆ。仮りに自らは十二分の効を見る能はずとするも、最後の勝利は常に正義に帰す、子爵の意思は之を継ぐもの必ず天下其人に乏しからじ。目前の成功を念頭より斥け、専ら子爵の所謂「政治の浄化」の為にその渾身の力を注がれんことを私共は切に禱《いの》る。

〔『中央公論』一九二六年五月〕

軍部大臣文官任用論の根拠

軍事機密費問題に関する鈴木新参謀総長の談なるものを三月末頃の新聞で見た。其中に彼はまた軍部大臣文官任用制の得失をも論じて居る。彼の説を要約すれば斯うなる。㈠軍部大臣を文官任用に改めねばならぬ必要は何処に在るか。㈡軍部の事は文官に分るか。

この説に対しては細密の点に亘《わた》りて議すべき点尠《すくな》くないが、之等はしばらく別論として、只一言私の読者と共に注意して置きたいのは、斯かる議論は畢竟《ひっきょう》

㈠　軍部の事を軍部だけの見地から観るの論(換言すれば国家的立脚地を忘却せる考へ方)であり、且

㈡　軍部大臣も亦国務大臣だ(換言すれば単に用兵の技師ではない)といふことを忘れた論だ

といふことである。思ふに軍部の人々は一般にみなこの同じ謬想を抱いてゐるのではあるまいか。軍部大臣の更迭の際などに所謂巨頭会議を開くが如きはその最も明白な証拠である。仮りに武官任用の現制を維持するとしても、之を一に軍部内部の協議に決するは、軍務亦国家の公事たりとするの趣旨を根本的に蹂躙《じゅうりん》するものである。

*

米国の碩学ロウエルの近著で私は斯んなことを読んだ。

上に公職の名義上の把持者ありて、名誉を享受し又責任を取る。下に技術的智識の供給者ありて、自らは表面に立たず実際に於て長官の行動を指示する。俗人たる長官と専門技術官たる属僚との協同関係は、英国政

治組織の全面にわたる特色である。

俗人たる長官の任務は何ぞ。施政をして社会の通念と一致せしむることである。官憲の濫恣又は因循、之等より来る弊害を鋭敏に感ずるものは彼れだ。彼れは下僚たる専門家の意見を省量して、新に採用せらるべき一般政策をきめる。彼に非んばこの事を能《よ》くしない。

専門家たる下僚の任務は何ぞ。日々起る所の問題につきて正確なる建策をなし長官の聡明をひらいて失錯に陥らしめざることである。長官の決定を見ば次に彼はその実行の任にあたる。

Lowell's Greater European Governments

其外ロウエルの本には、英国の政務官が決して政治上の目的に事務官を利用しないことなどを説いて居る。之は英国の事の説明であるが、国務大臣の性質を説明せるものとして其儘我国にも適用し得ることは言ふまでもない。

この上軍部大臣文官任用制を疑ふものあらば、そは度す可《べか》らざる大馬鹿ものである。


〔『中央公論』一九二六年五月「小題雑感」のうち〕

新自由主義の提唱

『企業と社会』創刊号に載せられた上田貞次郎博士の「新自由主義の必要」なる論文は、近頃頗《すこぶ》る注目に値するものだと思ふ。社会主義的思想の旺盛を極むる今日、所謂自由主義に還るべきの提説に傾聴せよと云つたら、気早の青年諸君は理由《わけ》も聞かずに立腹されるかも知れない。併し日本の社会主義も上田博士の提唱を尤もと思ふ程に周到な省察を自ら加ふる様にならなければ、実際のところまだ生硬の域を脱したものとは謂へない。

上田博士は曰《い》ふ、明治初期の民間政治運動は、新政府に志を得ざりし不平士族と、多年武士に圧迫されて居つた地方農村の不平地主とに依て企てられた。従て其の目的は主義の実現よりも寧ろ政権分散の要求に在つた。故に斯くして出来た政党が、民間の利益希望を代表するものでなくて、単純なる政権争奪の機関に過ぎぬは怪むに足らぬ。是れ今日の政党が仍然《じようぜん》として国利民福と没交渉なる所以《ゆえん》であると。

博士又曰ふ、この状態は併し普選の実施で変るだらう。之に由て既成政党の間に様々の分解作用の起ることが期待され、結局に於て一方の極端に保守党が起り他方の極端に社会党が起るだらうが、併しその中間に出来る新自由主義を標榜する政党が、一番有力なものとなるだらう、又斯くなることは希望すべきことでもあると。

新自由主義を標榜する中間党が大なる勢力を占むべしとする上田博士の観測の当否は別として、斯くなることを博士の希望せらるる趣旨が、実に吾人の傾聴に値する所だと思ふのである。何故に今後の日本は新自由主義の盛行を必要とするか。抑《そもそ》も博士の所謂新自由主義とは何か。

博士新自由主義を解して曰く、原則として自由競争の自然的調節力に依頼せんとするの主義なりと。併し文字の定義はどうでもいゝ。肝要な問題は、何故に今日の日本が之を必要とするかの点である。博士曰ふ、維新開国の当初我々の先輩ははじめて世界を見て彼我文物の差の余りに大なるに驚いた。如何ともして早く彼の如くならんを欲するも、民智未だ高からず一般国民は更に為すべき術を知らない。斯くして已むなく一切の計画立案は専ら政府の之を作《な》すに委《まか》するの外はない。其の結果は如何。即ち国家の力を以て資本的企業の樹立を促し、資本主義の勃興を助長したことではないか。之が為に我国の文物は非常に発達したのではあつたが、また其の傍には濃厚なる保護政策の余毒の遂《つい》に抜き難きものもないではない。斯くして今日は寧ろ此の保護政策の余弊を一掃すべき学説を要求する時代となつたと。

博士は今日なほこの保護政策を支持する学説あることを指摘し、其の妄を弁じて居る。帝国産業の国際的発展の為には国家の保護が必要だといふ説は、屢〻《しばしば》説かれ又実際に於て現に行はれても居るが、博士が、その直接の結果の非社会的なることと、帝国産業の発展といふ観点からしても結局に於てそが不利なることとを指摘されたのは、門外漢たる我々にも首肯《うなずか》れる。こゝまではいゝ。さて保護政策は不可としてその先きをどうするか。この問題に逢着して博士の意見は最近流行の社会主義と衝突する。即ち博士は社会主義者の唱ふる如く一朝の革命によつて資本主義の社会的秩序を一変することは、事実不可能であり且つ得策でもないと主張さるるからである。

私共の観る所では、博士の立説の根拠は次の点にあるらしい。企業の社会化はよろしい。併し資本主義的企業を廃して之を国有又は公営にしたとて、それが直に企業の社会化ではない。そはたゞ社会化の手段だ。畢竟《ひつきよう》外形に過ぎず精神ではない。国有又は公営に依て社会化の目的を本当に達するには、企業経営そのものに就て国民がもつと訓練されてゐなければならぬ。而して能率の高い且正直な経営の仕方を教へるものは自由主義でなくて何であらう。日本は今日まで余りに保護政策に毒せられ、自由主義の訓練を受くる機会を恵まれなかつた。この訓練を受けずに一足飛びに社会主義に赴くのは危険千万である。それは「徒《いたず》らに経営の能率を引下げ且政治上の腐敗を招ぐの結果に終るべき」を以てである。「若《も》し他日社会主義的産業組織が実現せらる丶時ありとすれば、それは新自由主義の洗礼によつて中央及地方の自治機関が充分健全になつた後でなければならぬ」。

斯く解するを誤なしとせば、博士の提説は必しも理論上社会主義的改造論を排斥するものではないらしく、日本当面の問題として、自由主義的訓練の機会を国民に提供すべしとの論と観られぬこともない。孰《いず》れにしても、日本独特の国状を背景として社会主義的改造観がその実際政策の綱目中に先づ以て何を顧慮すべきか、を暗示せる論文として、上田博士のこの説は敵も味方も大に味ふべき必要あるを思ふのである。

〔『中央公論』一九二六年六月「巻頭言」〕

自由主義提唱の弁

私が先達上田貞次郎博士の「新自由主義」の提唱に賛意を表したとき、或る友人から下らぬことに感心するとの罵倒の書信に接した。一々彼の説を引ツ張つて反駁するも面倒だから、玆には只我国の現状に於て所謂《いわゆる》新自由主義の如何に重要なる意義を有するかを一言するにとどめたい。

予《あらかじ》め念を押して置くが、私の議論は我国の現状に即しての立言である。所謂近代国家を抽象し、殊にその産業発達に動されたる方面を概念化し、其の進化発展の跡を公式的にきめての空論ではない。

＊

分り易い為に私の専門の政治論の方面から説を起して見る。政治の方面から観て、我国今日の大通弊の一つは、政権を掌握することに依て政党は始めて党勢を張り得るといふことである。立憲の常道からいへば、党勢が張つた結果として政権を獲得することが出来るといふのでなくてはならぬ。それが逆になつて居るのがいけないといふのだ。政権を握つてからも無論党勢の張ることはあらう。併しそは廟堂に立て善政を布《し》き真に民間の信望を博した結果でなければならない。単に政府を乗取つただけで直に勢力を増し得るといふのではいかぬ。つまり台閣に立つて勢力を加へるのも、又総選挙で見事な勝利を占むるのも、共に基く所は一に民間信望の帰着せる結果だといふのでなければならぬ。民間の信望が或は政権を握らしめ或は之に離れしむるもとだといふのでなければ、立憲政治の有り難味はない。何故なれば、斯くしてこそ始めて各政党は真に民間の要求に聴き、平素亦その信望を博せんと善を為すに努力奮闘すべきを以てである。

之に反し、若《も》し政権を握ることに依つて始めて勢力を張るといふことであると、その勢力を張る所以《ゆえん》の最捷径は、善を為すに努めて民間の信望を博することではなくして、如何なる方法を以てしても先づ政権を獲得するといふことになつて来る。於是《ここにおいて》政党者流は、政権を獲得する為には凡ゆる手段を取て憚《はばか》らない。陰謀もやる、讒《ざん》誣《ぶ》もする、中傷誘拐亦固より辞する所にあらず。是れ既に吾人の見聞する通りではないか。且つ又政権を獲て後勢力の振張があるといふの事実は、一面に於て民間の良心が政党者流を十分に監督し得ないといふ証拠であつて、謂《い》はば選挙民猶未だ事理にくらく、常に代議士等に籠絡さるることを語るものである。而して政党者流が選挙民の良心を左右する為に慣用する所の便宜は、実に政権を獲得することに依て益々豊富となるべきを以て、一旦政権を握つた政党が、将来に之を持続せんが為め凡ゆる不正手段を執つて悔ゐざるべきも、亦想像に余りある。政権を握ることに依て勢力を張るといふ斯の政情は、実に我国政界最大痛弊の現はれで、之が革《あらたま》らぬ限り、政界の腐敗は到底我々の耳目から消えるものではない。

尚其上に、斯うした事態が討議機関の空気を極度に疎漫乱雑にすることも看過してはならぬ。多数少数の別は始めからきまつてゐる。が、多数が多数を恃《たの》んで暴威を振へば此次の選挙に失敗するかも知れず、又少数者はどうせ負けるときまつて居ても、自暴自棄せず正々堂々の陣を張れば陰に民間の信頼を博して次期の選挙に主客顚倒の成功を収めぬと限らぬ。そこで彼等は始めからきまつた勝負と諦めながらも、事を鄭重に審議して無責任な妄動を慎むのである。蓋《けだ》し彼等のねらう所は民間の信望である。さればこそ彼等の争は堂々たる君子の争にもなるのだ。之れが本当の立憲政治に於ける討議機関の当然の姿なのである。然るに事之に反し、所謂民望なるものは当にならず、否勝手に此方から左右が出来る、只勝ちさへすればい、といふのでは、勝て横暴に流れ、負けて自暴自棄に陥るのは、当然でないか。我国の討議機関が、上は国会より下は市町村会にいたるまで、常に多数横暴と反対の為の反対とに悩まされるのは、畢竟《ひっきょう》之が為ではないか。

要するに、我国の立憲政治は常道を辿《たど》つてゐない。正に冠履《かんり》顚倒《てんとう》である。こゝから来る弊害は、ひとり政界其自身を毒してゐるばかりではない。一般社会におのづから及ぼす所の悪影響も決して鮮少ではない。この事はまた何人《なんぴと》にも異議のない所だらうと信ずる。

*

そこで政界廓清の根本策は右の現象を正しきに復《か》へすことの外にないことも明であらう。どうして之を革正するか。それにはその原因を突きとめて之が剿滅《そうめつ》を謀らなければならぬ。この点に就ては更に詳細に亘《わた》つて細叙せねば十分その意をつくすことは出来ぬが、結論だけを簡単に述ぶると、我々の特に注意を要する点が二つある。㈠は政府の直接間接の干渉で、㈡は都市実業家の政府迎合である。

政府が選挙の度毎にその官権的地位を巧に利用して事実上の干渉を試みることは周知の事実である。之に依てどれだけ選挙権者の良心が誘惑さるるか分らない。勿論これなくとも今日の選挙民は、概して十分その良心の自由を保持し得る程、選挙道徳にめざめては居ない。それでも政府が徹頭徹尾公平に彼等の良心を保護する方針で進むなら、曲りなりにも民衆の自由なる判断を選挙の結果に現はし得たであらうと思ふ。所が、政府が先に立つて陰陽両面の巧妙な干渉をやるのだから堪らない。併しこの点は今問題外だから余り立ち入つては論じまい。只こゝには、之は政府の方針を立て直しさへすればどうにでもなる事柄だ、又民衆に対する継続的啓蒙運動に由ても相当の効果を挙げ得るものだといふことを一言しておくにとゞめる。

只困るのは都市実業家の政府迎合である。無論多少の例外はある。又人に依ては政府の積極的勧誘があるからだともいふ。併し之にも拘《かかわ》らず、都市の実業家は、何《ど》の内閣の下に在ても、きまつて政府側の味方だとは、我国政界に於ける久しい間の信念である。嘗《かつ》て或る老政治家から斯う云ふ話を聞いた。何んな内閣でも、政府お味方の中立議員六七十名を作ることは困難でないと。而してその大部分は大都市に於ける実業家だといふ。向ふから勧められもせぬのに、我から必ず進んで政府に忠勤を擢《ぬき》んずるといふは、政界の為に決して喜ぶべき現象ではない。而して斯の如きは一体どういふ所から起るのか。茲に私は所謂新自由主義提唱の徒爾ならざるを認むるものである。

*

大都市実業家の政府に迎合するは、単純なる阿諛《あゆ》からではない。彼等の重大なる利益が死活問題として実は之を促がすのではあるまいか。何に依て斯くいふかといふに、即ち上田博士の説くが如く、我国の産業が徹頭徹尾政府の保護に依て立つて居るからである。我国の産業が政府の保護に依て立つことになつたその沿革に就ては今は説くまい。因習の久しき、実業家は遂に国家の保護を受くるを当然とし、政府も亦自家監視の外に産業の興立するを不便として、我から強て直接間接の保護を与へんとする。固より保護の形式にはいろ〳〵ある。中には巧に保護の形をくらまして〔ゐ〕るのもあらう。要するに今日我国の産業中、僅《わずか》に紡績業を除いては、真に何等の保護を国家に求むることなくして独立経営して行けるものが絶無だといふではないか。之れが果して産業そのものの為にもいゝかどうかは大なる問題であらう。

具体的に個々の事業に就て云へば、無論政府の保護に浴するあり、浴せざるあり、又は先きに甲党と余りに深き関係ありし結果乙党全盛の今日暫《しばら》く逼塞《ひっそく》して居るといふもあらう。併し概していふに、我国の一般産業は、ともかく、政府より厚き保護をうけて始めて成立し且繁昌して居るのである。この結果、我国の実業界が、自《おのずか》ら政治問題について、自主独立の風気を失ひ、所謂事大主義に堕して偏《ひとえ》に無事を冀《こいねが》ふのは、怪むに足らぬのである。西洋の本を読んで資本主義が政界を左右するなどいふは、我国には全く当らない。我国の産業は完全に政権の奴隷たることを見誤つてはいけない。

以上は主として大都会の実業家について謂つたが、特にその弊の著しきを大都市と為し、田舎だとて全然この弊より免れてゐるのではない。要するに、産業に対する直接間接の伝統的保護政策が如何に政界の事大主義を培養して居るかといふことに読者の注意を促したいと思ふのである。

*

政界に於ける事大主義の原因は、無論一つには政府の巧妙なる干渉もある、又官尊民卑の陋習の脱け切らないといふ点もあらう。併し乍《なが》ら何よりも大きな原因を為すものは、産業保護の政策に外ならない。保護政策の利害得失については、主として経済上より論ぜらるべき事柄だけれども、政界の方面から観ても、それの影響としての弊害は頗《すこぶ》る大きいのである。この意味に於て、新自由主義の提唱は、実に一部有産階級の政界に於ける良心の自由を解放せしむるものなのである。真に自由なる判断に立脚せしめ厭ふべき常習的政府党たる陋態より彼等を救ふ点に於て、是亦我国当面の一緊要事項たるを失はぬと信ずるのである。

〔『中央公論』一九二六年八月「小題雑感数則」のうち〕

新設さるべき思想課の使命

新聞の伝ふる所に依れば、司法省では来年度に於て思想課なるものを新設し、専ら次の三項目を取扱はしむべしとのことである。

一、共産主義思想の取締に関する件
二、無政府主義思想の取締に関する件
三、階級思想から発したる一部の社会運動に関する取締に関する件

新に思想課を設くるに至つたのは、従来の儘では十分適切なる取締を為し得ないと認めたからであらう。思想課の新設必ずしもわるくはない。が、併し従来「十分適切なるを得ざりし」とせらるる「取締」の意味の取りやう如何に依つては、その利害得失、俄《にわか》に断じ得ざるものあるが如くにも思はれる。而して「従来の儘では十分適切なる取締を為し得ない」と云ふことの意味に付ては、次の二様の解釈があり得る、又現に這《こ》の二種の見解が存するとも云ひ得る。

(一) 取締るべき思想行動が沢山あるのだけれども、普通裁判所ではなか〳〵手が届かない、従つて許す可からざる多くのものを不問に附するといふことも往々ある。取締を一層適切ならしむる為には之を専門の任務とする特別の一部局を新設するの必要があるとする考。

(二) 真に取締るを要する思想行動の何たるやに就き、普通の裁判官には之を正しく判断すべき十分の素養が

ない、従て往々外形の類似にあやまられて、取締る可らざるものまでを取締ることもある。取締を一層適切ならしむる為には、特に近代の思想問題に精通する者を挙げ、此種の取締は一切その専属的任務とするの必要があるとする考。

更に別の言葉を以て云へば、前者は思想問題に関する従来有来りの俗説を金科玉条とし、之を楯として社会の実状に臨み、その論理的結論をビシ〳〵励行せんとするもので、又之を謬つた一種の規範に随て無理に社会の自然的実状を矯《た》め直さんとするものと謂《いつ》てもいゝ。之に反して後者は、取締の基本となる見解そのものに批判を加へ、その謬を正し、少くとも其態度に於ては、正当なる論拠に基いて玉石を分ち、社会をその当然の途に指導せんとするものである。此二つの考の何れを執るかで其結論は丸で違ふ。吾々は先づ此事を念頭におく必要がある。斯くいへば、新設さるべき思想課の本来の使命の何であるべきやは、多言を待たずして明であらう。

*

私共が始めて法律を学んだ頃の経験を回想すると、当時は所謂分析法律学全盛の時代とて、一にも二にも成文の法規が金科玉条であり、この法規の趣旨を演繹しその論理的結論を求むることが、最も主要な仕事とされて居たようである。それが社会の実状や生活の便宜に合するか否かは固より問ふ所ではない。否、法律学の結論に合する様に無理に社会を導き、又無理に生活を律するのが、道徳的だとさへ考へられたのであつたと思ふ。加之《しかのみならず》、時として我々は云々の条文の当然の帰結が、我々の常識の到底想像だもなし得ぬ様の奇怪な議論に落ちつくを発見すると、其条文の不当を鳴らすよりも、寧ろ一大新発見をなしたかの如く却て得意に之を吹聴するといふ風であつた。従て又時には、論理を悪用して強て偏奇な結論を出し、以て世間を驚かすを喜ぶといふ人もあつた。而して之等の人々に対して我々は、丁度明治の初年我々の祖先が幼稚な理化学の実験に驚嘆の目を見張つたと同じ様な態度で、之を喜び迎へたものであつた。要するに此時代は、与へられたる条文をば犯す可からざる不動の典拠と妄信し、その結論として命ぜらる、所には一も二もなく従ふべきものと一般に考へてゐたのであつた。

然るに近頃は如何。既成の法条に対しては与へられたる社会的規則として固より之に服従はする。併し之が真に我々の生活を正当に指導する善良適切なる規則なりやは別問題だと考ふる様になつて来た。我々は先づその根拠に就て自由の批判を加へる。之に依て根本の見解が定まると、其根本の見解に合する限りに於て、それぞれの法条に我々は始めて心服するといふことになる。心服を捧げ得ないものに付ては、則ち改善の要求をする。少くとも法文の解釈上這般《しやはん》の正しい見解は須《すべか》らく大に参酌せらるべきことを要求する。所謂自由法学の主張の如き一つにはこゝからも起る。孰《いず》れにしても今日に在ては、我々の生活が基本で、法文の如きは之に適合するものでなければならぬとされて居る。故に法文をひねくり、之から意外な結論を導き出すことに依て頭の冴えを誇示した昔流の秀才は、今日となつては最早、井底の蛙同様、偏狭固陋な学界のひねくれ者とされてしまふの外はない。今日の法律学は最早形式論理の遊戯ではない。人生に関する広き理解と厚き同情とを背景とする思想的活動の一部門だ。而して今日の法学教育が法律学に関する這般の見解と正に相応ずるものなりやは、亦大なる疑問である。

＊

以上は単に一つの例に過ぎない。只之に依て現代の法律運用が如何の用意を以て為さるべきものかの一端を示し得れば足りる。而して這般の用意が、ことに思想問題に関する場合に於て、最も深く顧慮せられねばならぬことは、言ふまでもあるまい。

これ丈《だけ》のことを述べて、さて今度の思想課新設の問題を考へて見る。この思想課は一体如何なる使命を有《も》つべきものであるか。形式的にいへば、従来の取締の欠陥に応ずるものでなくてはならぬといへる。然らば従来の欠陥は何かといふ段になつて、前述の二種の異つた見解が現れて来る。最近この種の問題が頻々として起るの実状に鑑《かんが》み、一層厳しく之を取締るの必要あるは、私も之を認める。併し単に罪を犯して刑を免るる者なからしめんとの目的だけなら、実は今の儘でも沢山である。特別専門の部局を設くるまでもなく、現在の機関を振粛すればいい。現に相当洩れなく検挙拘置に努めても居るではないか。そこで新に思想課の新設を見る必要ありとせば、そはどうしても、問題となつた出来事の根本動機に遡《さかのぼ》り、基礎的思想の正邪を判ぜしめ、以て時代に適応する新活動を期するものと解せなければなるまい。換言すれば、思想課の新設は、斯う云ふ目的を有するものとしてのみ、始めてその存在の理由を有するものである。

私は元来斯う云ふ考を有つて居る、一つは現今司法官の教養の概して極めて偏狭なるの事実と、又一つには昨今の世相の変遷窮りなく、而も其の由て来る所一朝一夕の事に非るの道理とに鑑み、所謂思想問題に関する判断は、特別専門家の鑑定を要する事柄だと。犯人の精神に異状ありと見れば、其の鑑定を専門の医者に頼む。理化学上の技術に関する事項の如きに至ては、常に一々専門家を煩して居る。然るに独り思想問題について、裁判官が自ら正邪を判別する能力を有すと考ふるのは、実は大なる錯覚であり又甚しき僭越であるまいか。尤《もつと》も私はすべての裁判官にこの能力なしと云ふのではない。概して之を欠くは事実疑ひなく、又一般の道理から云ても、之が無いのが当然なのである。そこで私は従来屢々《しばしば》色々な機会に於て、思想問題の裁定に当ては、須らく専門家の鑑定に待つべしとの説を主張して来たのであつた。

*

裁判所が従来思想問題をも平気でどん〳〵片付けたに就ては、また由て来る所もあると思ふ。即ち彼等は従来法律学をば形式論理的遊戯として教へられて来たからである。物の判断は与へられた定義に合するか否かの外に出でないとする。共産主義といへば皆わるいときめてかゝる。無政府主義といへば一も二もなく怪しからぬとして一向差支ない。専門家の鑑定も何も入らぬのである。拠《よ》る所は昭々乎として法条に明だ。併し乍《なが》ら今や時勢は段々進んで来た。共産主義といふ中にも色々ある。無政府主義といつても下は昔露西亜《ロシア》にあつた虚無党から、上は所謂堯舜の治まで、其種類一にして足らぬ。例へばかの「階級思想に発源する社会運動」といふても、その内に盛らるべき内容に至ては千種万様である。而して之等を判別することは、近世の歴史に通じ、哲学宗教に関する深邃《しんすい》の思潮を解し、且相当に現実の社会生活上の体験を積む者でなければ、能《よ》くし得ぬ所、而して是豈《あに》よく現時の裁判官に期し得る所であらうか。私が多年此点に関し専門家の鑑定を必要なりと主張するは、実は之が為である。

*

そこで本問題にかへる。新設さるべき思想課は、何を措いても、この「専門家の鑑定を必要とする要求」に応ずるものでなくてはならぬ。この以外にこの新設を是認すべき理由は見出せないのである。私は従来専門家を外部に採るべきを主張したのだけれども、之を内部に養成する方が制度の上では都合がいゝのかも知れぬ。只内部に之を作ると、それが動《やや》もすれば内部通行の変な思想の影響を受くることなしとも限らない。故に内部に作る以上は、つとめて此点を警戒する必要があらう。それには(一)初めより思想課新設の意義如何を明確にしておくの必要がある。是れ思想課の「判断の自由」を保障するに欠くべからざる条件であらう。次には(二)思想課に職を執る人々に、一切先入の見に捉《とら》へられず、常に謙虚なる態度を以て思想問題を研究せられんことを望まざるを得ない。どんなに頭のいゝ人でも、ある種の思想関係問題を担当し、俄にその研究を始めたのでは、肝腎の所で大きな穴が出来るものだ。是れは私が此種の判決文などを読んで毎《つね》に感ずる所である。思想課専属ときまつた以上は、モ少し余裕のある真研究に従ふことも出来やう。之を期待しつゝ、私は特に謙虚なる研究態度を切に彼等に希望するものである。

要するに、思想問題は今後の日本に重大の関係がある。徒《いたず》らに取締を苛察にするは却て弊害を滋《しげ》くするにとどまるだらう。此時に当て思想課の新設をきく。やり様に依ては、一層弊害を増すことにもなれば、又その反対に著しく之を少くすることにもならう。私は思想課の新設に対し、今日の社会が一体何を之に要求して居るかを考へ、予《あらかじ》めこゝに政府当局並に新に其任に当る人々に一片の苦言を呈しておく。

〔『中央公論』一九二六年九月〕

西園寺公の元老無用論

御下問奉答機関に関する西園寺公の意見　八月上旬の某新聞は報じて曰《い》ふ、四月半ばから百日あまり滞京した西園寺公は、其間数回牧野内大臣、一木宮内大臣と会談し、政変時に於ける後継内閣奏薦の問題につき次の様な意見を述べたと。

一、従来元老に御下問を賜はるの例になつて居るが、之は本来は内大臣が御下問を蒙つて奉答すべき筈のものである。

二、従来の慣例を尊重せんと欲する者は、自分の外に山本伯とか清浦子とかを新に准元老に奏薦し、以て御下問奉答の重責に当らしめよと説くが、自分は其の必要を認めない。

三、御下問範囲を拡張し、内大臣、宮内大臣、枢密院議長、貴衆両院議長を加へんとの説もあるが、之もその必要を見ない。

四、たゞ御下問奉答の結果の重大なるに鑑《かんが》み、之を一内大臣の全責任に帰するの穏当ならざるを憂ふる者あらんも、政党の発達も段々健全になり、超然内閣の出現を必要とする理由も薄らいだ今日、内閣組織の推移は今後自《おのずか》ら帰着する所ありて、所謂《いわゆる》御下問の奉答も形式にとゞまり、恐らく其の実質に触ることはなくなるだらう。然らば内大臣の責任として置いても十分であらう。

五、自分は従来右の如く信じて居たから、加藤高明内閣の出来る時も、御下問に対しては平田内大臣に御下問あらせられたいと申上げ、第二次加藤内閣及若槻内閣の成立の場合にも、大体同様の態度を執つた。今日は最早元老が内閣組織の実質に干渉すべき時節ではない。内大臣が自ら理の帰着する所を稽《かんが》へて決定するに面倒はなく、又さうすることに格別の故障もない筈である。

西園寺公の談として新聞に出たものは必しも右様の文字にはなつてゐない。分り易からしめんが為に私の言葉に直したのだが、意味は毫末も違はぬ積りだ。而してこの西園寺公の言明なり態度なりは、我国の政界に取て頗《すこぶ》る重大の意義あるものなるは言ふを待たない。

人或は曰ふ、一人の元老が御下問に奉答するも一人の内大臣が之に代るも同じ事ではないかと。然らず。抑《そもそ》も誰が内閣を作るかといふが如き重大の責任は、到底尋常人の負ひ切れる所ではない。そこで(一)今新に之を内大臣一人の責務にするといへば、その這《こ》の重大な責任を此の一人に負はさうとの意味と観べきではなく、必ずや今後は内閣組織の事をば或特定の慣行又は原則に拠《よ》らしめよう、実質的に或る個人の責任にしないといふ趣意だと解さねばならぬ。詳しく云へば、政界には政党内閣主義といふ原則並に慣行がある。従来之は日本憲法の精神に反すなどと反対されて居つた。それでも大勢は漸次之を認めざる可らざるものたらしめて居る。強て之を排斥せんとするとき則ち政界は紛擾するを常とする。そこで寧ろ之を認むるに若《し》かずと西園寺公は認められたのであらう。之を認むるとすれば、事に面倒はない。形式上内大臣が奉答の任に当るとしても一向差支ない。況《いわ》んや内大臣は制度上掌侍輔弼《ほひつ》の重任に在る者なるに於てをや。之に反して(二)内大臣を差措き元老をして御下問奉答の重責に当らしめた従来慣行の由来をたづぬるに、そは実に政界通行の原則並に慣行に反し、所謂政党内閣主義の確立を阻止せんとの目的に出でたものである。即ち之を日本憲法の精神に悖《もと》ると為し、所謂大権内閣主義を何処までも押し通さうとなら、内大臣の外にもツと権威のある特別の奉答機関は是非とも必要といふことになる。西園寺公一人で威望に足らぬ所あるなら、外にも二三之をこさえて兼ねて又その後継に備へておくも可《い》い。若《も》し夫れ彼れ程の威望ある人物が外にないといふなら、内大臣、宮相、枢相に両院議長を加へた堂々たる一団を作るの外に妙案はないのかも知れない。所が西園寺公は一切之を必要とせぬといふ。山県松方を経て彼に渡されたこの重任を、こゝで此儘消滅さして仕舞はうといふのである。茲に私は重大なる意義を考ふるの必要があると思ふのである。

成る程西園寺公は法律に依て設けられたる何等の官職に居るのではない。併し乍《なが》ら何人が内閣に据《すわ》るかの天下の大事が実に彼の方寸に依て決するのだとすれば、国政に関する彼の素論が如何に重大なる意義を有するかは、問はずして明であらう。而して今や彼は内閣組織の重大問題に関し、多年通用せる原則を一擲《いつてき》し、事実に於て別に新らしい一原則を宣明したのである。それは外でもない、政党内閣主義の推奨即ち是れ。加之《しかのみならず》之に附随の結果として来る元老又は少数貴族政治の凋落といふことも亦見逃すことの出来ぬ現象である。

以上の点を政界門外の士に能く理解して貰ふ為めに、私は次に少しくこの事に関する沿革をも述べておきたいと思ふ。

政変の際に於ける後継内閣の決定　一体政変の結果今までの内閣が総辞職をした時、次の内閣はどんなにして生れて来るものか。例へば若槻内閣が総辞職をする。その場合後継内閣は如何にしてきまるのか。若槻が退けば、憲政会に次ぐ大政党たる政友会の田中総裁が之に代るべきだとか、又は政友会と政友本党とを左右両翼に率ゐて下院の過半数を制し得べき人物が仮りにあつたとすれば、其の人にやらせるも面白いといふのは、皆是れ民間の下馬評に過ぎず、その評判が如何に盛であつても、之れで後継内閣がきまるのではない。下院の形勢に基き、その多数を制し得べき者がお召に預つて、陛下より新内閣組織の大命を賜るといふ慣例は、まだ定まつてゐないからである。尤《もっと》も段々斯ういふ傾向になりつゝあることは明白だ。併し之が一個の政治的慣例と認められるには、今後なほ数回之が繰返されることを必要とするだらう。今日の所はまだ、何人に組織の内命が降るやは、いよいよ其時になつて見なければ分らぬといふ状態である。

陛下が全然御自分の発意に基き何某に組閣の大命を賜るといふ場合は問題がない。併し今日までの例に依ると、斯の場合陛下は必ず何人《なんぴと》かに御下問になるのである、決して独断で御決定をなし給はぬ。そこで何人かに御下問になるといふことだけは、既に不動の慣行になつたと謂《いつ》てい丶。然らば何人に御下問になるか。この点になると、昔と今と慣行が変つて来て居るやうだ。即ち昔は、辞職する所の首相が後任者を奏薦するの例であつたのに、最近は、元老と称する一団の勲臣が相談の上で意見を上《たてまつ》ることになつたのである。尤も昔でも、特別の場合に元勲会議で相談したこともないではない。併し概して前任者が後任者をきめて退くのを常としたが、其後政党内閣が現れる様になつてからは、この例は守られなくなつた。現に大隈内閣辞職の時、首相はその後継者を奏薦したけれども、御聴容を得なかつたと伝へられて居る。斯くして最近は、後継内閣の決定に関しては、前任首相は全然之に与《あずか》らず、御下問を受くるものは徹頭徹尾元老の一団のみといふこと〔に〕なつた。従てまた元老とは、その本来の意味を離れて、今では首相奏薦権を有するものといふことになつたやうでもある。山本伯や清浦子を元老又は准元老にするのしない〔の〕といふは、畢竟《ひつきよう》右の義に解して始めて意味を為す問題である。而して此意味に於て今日元老といへば、実に西園寺公一人となつたことも亦申すまでもない。

元老奏薦権の政治的意義　もと前任者が奏薦したものを何故元老の手に奪ふことにしたか。之が全く政治上の理由に出づるものなるは前述ぶる所でも明であらう。憲法創定の当初から、政党を以て国家の公敵となし、自ら皇室の藩屏《はんぺい》を以て任じた官僚の一団が、大事な内閣組織の実権を、生命に換えても自家の掌中に独占せんとせるは怪しむに足らぬ。故に一の内閣が行詰ると、自派の他の者をして代て内閣を作らしめて来た当初の十数年間は、前任者が奏薦するの例で一向差支がなかつたのである。所が政党の異常な発達は、やがてその政権慾を無下《むげ》に斥《しりぞ》け得ぬ形勢を馴致《じゅんち》する。時にはその内閣組織をも認めてやらぬ訳には行かぬ。そこで一度位は内閣を作らしてやるといふことになるが、併し其の次ぎの内閣を誰にやらせるかをまで、彼等に容喙《ようかい》される様になつては困る。そこから元老といふものが出て来て、段々重大な政治的意義を帯ぶる様になるのである。而して内閣組織に関する元老の実権が、山県公に於て最も花々しき活躍を見たことは、既に読者の知らるる所であらう。

　して見れば、前首相の奏薦が元老の奏薦と変つたのは、実際政界の形勢の変化に伴ふものであつて、之に依て達せんとする根本目的に至ては、前後を通じて異る所あるのではない。即ち政界に於ける最終の発言権を先輩官僚の間に独占し、断じて之を政党者流に許さざらんとするに在るのである。而して之を粉飾する為には、大権の擁護だの、非国家思想の排斥だのと、尤もらしい議論も唱へられるのだが、虚心平気に其実際政界に現はれる結果を観れば、そは明白に貴族政治の擁護であり、又従て民衆政治の抑圧であつた。何となれば、(一)政党は如何に政党としての本来の任務を尽しても、之に由て必ず内閣に立てると限らず、内閣に立て天下に経綸を行はんと欲せば、先づ奏薦権を有する元老の機嫌を取らねばならず、斯くして元老といふ二三者の一団が不当に広大な威権を有することになるのが一つ、(二)更にモ一つは、その為め政党は元老二三者の意を迎ふるに忙殺され、真に輿論の大勢に従て方針を決定するに勇なるを得ず、其結果彼は民衆に聴くよりも、寧ろ民衆を籠絡して自家の非合理的行動に盲従せしむるの策に出でざるを得なくなるからである。是れ進歩せる政界論客が多年口を揃《そろ》へて元老の攻撃に熱中せし所以《ゆえん》ではないか。元老其人に甚しき過誤なしとしても、単に其の存在だけで政界の進歩が斯くも妨げられるを思ふと、元老制度の将来は事実上決して小さい問題ではない。

元老としての西園寺公の立場並に其意見　今日は元老といへば最早西園寺公一人のみとなつた。今にも政変が起れば、西園寺公一人の方寸で政権の帰着がきまるのである。そこで政界の有象無象《うぞうむぞう》は、所謂西園寺詣に浮身をやつして、平常から彼の機嫌を取らんとする。併し時勢は段々変つて来た。天下はいつまでも元老だからと云つて一々其の指図に盲従しようとはせぬ。幸にして西園寺公は、今日までの所あまり無理な処置はしてゐないので、民間の評判も悪くない。彼がもと政友会の総裁であり乍ら、最近その内密の運動を斥けて、公平な態度を一貫した点などは、寧ろ賞讃に値する。彼にして若し屢々《しばしば》山県公の如く無理な横車を推さん乎《か》、恐らく彼は今まで通りの信望を保ち続け得なかつたらう。斯くして彼の公平は、今猶ほ元老の威望を内外に重からしめて居るけれども、それでも彼れはこの重き責任を一人で負ふことを昨今余程堪へ難しと感じて居るらしい。孰《いず》れにしても、彼が今日までこの重要な地位を大体国家の利益と牴触《ていしょく》せぬ様に善用して来たことは、何人《なんぴと》も認める所であるやうだ。

併し今日の西園寺公の立場として最も重大な問題は、此地位を如何に運用すべきかでなくして、寧ろこの制度を将来に継続すべきか如何の点であらう。元老は彼れ一人となつた。且彼は高齢である。そこで若し元老といふ制度を国家に必要なるものと考ふるなら、彼は一日も早く之を受け継ぐべきものを新に作つておくべき義務がある。それを彼は作らないのである。尤も作らうにも人がないぢやないかといふ者もある。所謂元老としてあれ丈《だけ》の権力を振つても世間に文句を云はせないといふには、尋常一様の人間を持つて往つたのでは駄目だ。故に人物の有無といふ点からいへば、嫌でも応でも西園寺公を以て終りとせねばならぬのかも知れない。併し人物がないといふ丈の理由なら、元老を作らなくても、他に之に代る機関は如何様にも工夫され得ると考へる。現に内大臣以下貴衆両院議長を以て特別機関を作れといふ説もあるではないか。それをも作らないとすれば、西園寺公の腹中には、疾《と》くに元老なる制度を不必要とする確信が出来たものと観なければならぬ。不必要と信ぜざる限り、ともかくも重大なる此地位を彼れ一人で終らす筈はないからである。故に公の這回《しやかい》の言明なり態度なりは、はツきりと口にこそ出さゞれ、最も雄弁に、自ら元老無用論を唱へられたものと観ることが出来る。

西園寺公のやうな地位に在る人は、一体に腹に思ふことを其儘露骨に口には出さぬものらしい。それでも彼は現に、「元老の存在も必要でなくなつた」と云ひ切つて居る。新聞伝ふる所により、彼の思想の筋道を辿ると斯うなる。

一、御下問奉答機関としての元老は、超然内閣の出現を余儀なからしめた時代の必要に応ずるものであつた。

二、政変の推移は本来自然にして円滑に運ぶを要し、政権の帰着は自ら政局を安定せしむるものでなくてはならぬ。而して政党が健全に発達して居れば、政党をして政権を争はしめて此目的は十分に達せられる。

三、然るに従来不幸にして政党は十分健全に発達して居なかつた。為に政党内閣の成立が却て政局を不安定ならしめると観るべき場合も随分多かつた。そこで已むなく超然内閣の出現を必要としたのである。従て元老の存在も過去に在ては決して無意義ではなかつたのである。

四、今日は如何といふに、まだ政党の発達十分満足なりと謂ふことは出来ぬが、併し之を助長声援することに依て益々その健全なる発達を促し得べき程度には達して得〔居〕る。

斯くて公は、現在政界の批判に於て又近き将来に於ける其発達傾向の観測に於て、まがう方なき政党内閣論者なることは明白である。日本国民全般の政治思想の発達の上に、固より公一人の態度如何は何の係はりもないことだが、政局の実際的推移の点からいへば、之は決して小さい問題ではない。現実政局の変遷に関心する者に取り、大に注意を要する問題として、特に一言を費す所以である。

追記　以上の小篇を草し終つた後、八月十三日の東京日日新聞を見ると、次の様な記事が載つて居つた。曰く、内閣並に宮内省が上奏して御裁可を仰ぐ各般の事項に就ては、従来その都度《つど》直接又は侍従等から内容を御説明申し上げてゐたが、今回宮内省側の意向として、内大臣秘書官長をして上奏事項説明の任に当らしむるの新慣例を開くことに決定し、近く其旨を正式に内閣に交渉することになつて居る云々と。此事果して真か。後報を待て確むるの外ないが、事実とすれば、前記西園寺公の意見なるものと、何等かの関係がないともいへぬ。而して私共の考としては、㈠西園寺公の元老無用論は、内大臣をして之に代らしむるの意ではあるまじく、㈡従つて内大臣府に事実上国務輔弼の任を集中するの必要はなく、㈢この報道の伝ふる如く、内大臣秘書官長をして右等重要の職に当らしむるときは、国務大臣の輔弼はどうなるのか分らなくなり、㈣殊に国務大臣の輔弼と内大臣の掌侍輔弼との関係は甚だ明瞭を欠くことになると思ふ。元老を無用とすれば、内大臣といふものの重要さが鮮かになるが、併し国務の実質にまで彼に関係させるといふ性質のものではあるまい。此点制度の形式に於ても又政治の実際に取つても極めて重大の関係がある。後報を待て更に評論を試みたいと思ふ。

〔『中央公論』一九二六年九月〕

神社宗教論

宗教法案の審議に伴つて、神社は宗教なりや否やの論が八釜《やかま》しい。理論上に之が断案を下すは本来何の造作《ぞうさ》もない話だ。只今日実際の変な取扱を如何に理論上説明すべきかを苦慮する時に問題は起る。

政府が民間の愚論に迎合し、図に乗て飛んでもない馬鹿をやつた例は近年殊に多い。神社参拝の如きも実に其の一例に過ぎないのだ。私共は固より神社の国家的意義を否認するものではない。之に相当な学術的調査を施し、祖先の精神的遺蹟を紀念する意味に於て、国家の保護を加ふるはよろしい。けれども政府が所謂思想混乱の叫びに狼狽し、神社崇拝を以て民心の統一を期し得べしとの愚論に迎合し、信教自由の原則を忘れて軽々に今日の様な神社制度を作つてしまつたのには感服が出来ぬ。軽弁〔便〕にやつたこの過失が、実に今日面倒な神社宗教論となつて、大に当局を手古摺《てこず》らして居るのである。

憲法には信教自由の原則が掲げてある。神社即ち宗教也と云ふのなら、之を信ずると信ぜざるとは各人の自由とせねばならぬ。小学校では一定の条件の下に神社参拝を生徒に強制する。之を憲法の原則に矛盾せずと弁ずる為には、否でも応でも神社は宗教に非ずと頑張らなければならない。すると今度は、宗教でないと云ふなら宗教らしいことは一切廃《よ》して貰ひたいとの要求が起る。之を廃す位なら、何も始めから神社の厄介を見てやる必要もなかつたのだ。斯くして政府は右にも左にも行けぬ窮地に陥つた形になる。

神社は宗教であつてもなくてもいゝ。孰《いず》れに議論をきめても、神社取扱の事態を現状の儘にして置いては、到底何処かに拭ひ去り難い破綻が現ぜずには済まぬ。故に問題解決の根本は、政府が正直に兜を脱いで従来の間違つた取扱をいさぎよく廃《や》めることに帰着する。それさへ断行すれば、この問題は何のわけもなく収まりはつくのである。一旦の過失を過失に非ずと強弁する限り、この問題はいつまで経つても政府煩累の種として残らう。

〔『中央公論』一九二六年一〇月「小題雑感」のうち〕

基督教徒の宗教法案反対運動

文部省の立案し調査委員会の諮詢を経て成案を見たる宗教法案の将《まさ》に今期議会に提出せられんとする矢先き、思ひ掛けなくも基督《キリスト》教徒の間から突如猛然たる反対運動が起つた。官庁の威信役人の面目を国家生民の利福以上に重視する当世の習ひとて、政府は無理にも議会の上程を急いでその通過をはかるだらう。故に事実の問題として該法案の運命は既に略《ほ》ぼ定つて居るとみてい丶。併し理論の問題としては、右の反対運動の主張にも大に傾聴すべきものあるを認めざるを得ぬ。一体文部省はもと何に血迷て斯んなベラ棒な法律を作る気になつたのだらう。

＊

今度の宗教法案を国家の宗教政策上如何に観るべきかに就ては、私は去年九月の本誌に於て「メキシコの宗教紛争の教訓」を論ずるついでに少しく之に説き及んだのであつた。私は「国家の宗教政策を樹《た》つるにつき最も戒心すべきは宗教の私的性質を徹底する」に在る旨を力説し、この点から是非とも避けねばならぬものは、公認保護政策と指導政策とであると述べた。而して今度の宗教法案に現はれた政府の方針が、「一から十まで教へ導き、干渉し又監督し、凡《あら》ゆる宗教団体が政府の欲するが儘に出来上る様に仕組まれてあるから」、私の所謂指導政策なることは一点の疑を容れない。「宗教までに御用をつとめさせようとするのは余りに盲目的な国家主義の中毒」であらうと説いたのであつた(拙著『問題と解決』三一二頁参照)。之等の引用に依ても明なるが如く、私は(一)本来宗教に関する斯《この》種法規の無用有害なるを信ずるものであり、(二)殊に本法の指導政策を基調とする点には根本的の不満を感ずるものである。従て私は当局者に向ては本法の撤回を希望し、議会に向つてはその無条件否決を要求する者である。斯く私は始めから本法の不成立を希望して居たので、その細目の条項等については深く之を追及するの必要を見なかつたのである。

＊

基督教徒側では更に該法案の条項を細密に点検し、頗《すこぶ》る基督教界の実状に適合せざるものあるを発見したと云ふ。加之《しかのみならず》その文字通りの強行はまた他日著大なる不便と不利とを教会にもち来すべきを力説してやまない。併し之等の点は該法案の基礎を根本的に論ずる者に取ては実は大した問題ではない。故に私も前掲の論文に於て全然この点には触れなかつた。始めからその無用有害なるを主張して居るのだから、細目の個条などはどうでもよかつたのである。併し実際問題として政府が無理にも之を実施しようとするとなると、せめて教会の現実に蒙る不便と不利とは是非とも除いて貰はねばなるまい。この点に於て基督教側の列挙する所は当局として大に与《あずか》り聞くの必要があらう。当局も該法案を起草するに当りては迂闊《うかつ》にも基督教各派の内情は頓《とん》と等閑に附してゐたものらしい。

＊

どんなに基督教側の説明を容れて十分の改正を加へたとしても、之が為に宗教法案は断じて結構な法律と変る性質のものではない。そは国法を以て信仰の内容に立ち入るといふ根本的過誤を犯して居るからである。信仰の実質に立ち入つて甲乙の区別をつけるは構はないとして、その間の生存競争は本来自然に放任した方がいゝ。政府には固より之を識別するの能力あるに非ず、仮令《たとい》あつたとしても一々法律を以て之を指示するのは、丁度子供の教育に独案内《ひとりあんない》を持たすやうなものだからである。苦んで苦んで苦み抜いて悪いものから段々と善いものに遷《うつ》らしむる所に、始めて内面的の健実なる発達がある。文部省の役人には斯んなことの分るものは一人もないのであらうか。

と云つて私は宗教に対する官憲の取締りを全然不用とするものではない。それは吾人の宗教生活に在ては、宗教の本質に属せざる部分に付ては大に官憲の保護と監督とを要するからである。例へば基督教に在ては会堂並に儀式用什器、仏教に在ては寺院並に境内地域及び所属財産の管理、之等のものにつきては国家の保護と監督とに待つべきものが多々ある。世人が宗教に関して何等かの法規を必要とするのも実は之等の点にその必要を観たからだ。故に私はこの際宗教法を作るなら、その内容をば全然右の点にとゞめて貰ひたいと思ふ。この埒《らち》外に出づるものは、何等の理由をかゝぐるとも、宗教法案としては断じて僭越不当の法規たるを免れないと確信する。

〔『中央公論』一九二七年二月〕

教授と政党員との両立不両立

与へられた問題

労働農民党の事実上の首領となつた大山郁夫君が早大教授の職をやめるやめぬの問題で、新年早々早稲田の学園では大騒ぎをやつた。之に就ては世間でも可なり真面目《まじめ》に注意してゐる様である。無産政党の発達に伴《つ》れて同じ様な問題は今後各方面に頻繁に起るべきを予想さるるからであらう。而して差当りこの問題を単に早稲田大学対大山教授の関係だけの事として観れば、其間いろ〳〵複雑した特殊の事情もあるらしく、第三者としては軽々の論評を慎まねばならぬ様にも思はるるが、併し之を単に教授政党員の両立不両立に関する抽象的原則の論として観ると、答案は決して爾《しか》く六《むず》かしい問題ではない。私は寧《むし》ろ学校当局も世間も何故あんな大騒ぎをしたかを今以て不思議に思ふものである。

現行法は教員の政党加入を禁じて居る

第一に私は教師が政党に入ることは現行法上許されないことを指摘しておきたい。斯の法規の是否得失は固より大に之を論議するの余地はある。が、それが明に改廃されぬ限り、之を無視して教授政党員の両立不両立を争ふのは、私共の甚だ了解に苦む所である。

治安警察法第五条は「左ニ掲グル者ハ政事上ノ結社ニ加入スルコトヲ得ズ」と規定し、その第四項に「官立公立私立学校〔ノ〕教員学生々徒」を挙げて居る。之は本項に挙げられた者の「政事上ノ結社」に入るを許さざることと共に又「政事上の結社」に加入して居る者の新に学校教員並に生徒たることをも認めざる趣旨なることは言ふまでもない。詰りこの両者の原則的不両立を法定したものである。さてこの規則の不都合なものであることは、従来多くの人から屢々《しばしば》説かれた所である。加之《しかのみならず》事実の上で之はあまり厳格に励行されて居らぬとも聞いて居る。併し現行法として立派に存在して居る以上、之を全然無視して教授政党員両立の原則を承認せよと主張するのは、迫る者も迫るものだが、之を迫られて大まごつきにまごつく学校も学校だ。教授学生又は学校当局が政府と之を争ふのなら分る。学校内部で之を争ふのは丸で意味を為さぬではないか。一体あの大騒ぎの関係者達は斯の法律の存在を丸で御存じなかつたのであらうか。

因《ちなみ》に云ふ。治安警察法第五条に所謂《いわゆる》「官立公立私立学校ノ教員」とあるは極めて広汎なる意味を有するもので、即ち一切の学校の一切の教員を含むものとせられて居る。形式的呼称の教授たり教諭たり又講師たり臨時雇たるは問ふ所でない。特別の題目を講ずる為に回数を限り一時的に講壇に招聘された者は無論この中に這入《はい》らぬ。故に政党員を招いで一場の講演を依頼するが如きは妨げない。が、継続的に教鞭を執る者である以上、そが仮令《たとい》当該学校の教授団の一員たらざる謂はば員外講師のやうな者でも、右の規定の「教員」の中に這入ることは明白である。故に例へば政党に入つたから教授はやめるが講師となつて暫《しばら》く講義は続けて往かうと云ふの類も、治安警察法の規定とは明白に両立しないものである。その事の是否は別として、大山君が政党員として依然早稲田大学に教鞭を執るといふのは、教授講師の名目如何に拘《かかわ》らず、ひとしく国法の認許せざる所なのである。同じ事は安部磯雄先生に就ても云へる。

繰り返して云ふ。労働農民党員たる大山郁夫君を依然早稲田大学教授の地位に置かうと云ふ問題なら、之は明白に国法の禁ずる所を学校に強ゆるものに外ならぬ。仮りに学校が承知したとて文部省から一片の通知でもあれば忽《たちま》ち引ツくり返される問題である。識《し》らずして之をやつたとすれば、余計な事に無駄骨を折つたことを気の毒に思ふが、識つて之をやつたのなら、或は閑人の悪戯たる譏《そしり》を免れぬだらう。孰《いず》れにしてもあんな大騒ぎをする丈《だ》けの遑《いとま》と熱とがあるなら、私共は寧ろ治安警察法第五条の改正運動に必死の奔走をして貰ひたかつた。ひそかに聞く所に依ると、或る人は政府部内の関係当局に、あんな無駄騒ぎをさせぬ為に一片の警告を以て法規の存在を知らしたらどうかと云ふたら、迂《う》ツかり之を指摘してあの運動が治安警察法改廃の要求にでも転ぜられては飛んだ藪蛇だから、こツそり知らぬ顔で居るのだと答へたとやら。真偽の程は分らぬが、役人の立場から観たら或はそんな風のものであつたかも分らぬ。

学園内規として攻究するの必要

治安警察法第五条の規定する教員政党員不両立の原則そのものの是否得失は、今こゝに之を詳論するの遑はない、又読者諸君に取つては今更その必要もなからうと思ふ。官界に在てもこの規定は、一つには暗にその不都合なことを感じて居るためか又はその実際上の不便を顧慮しての為めか、現に余り励行されて居らぬと聞く。それでもいよ〳〵之を廃すとなるといろ〳〵また障碍《しょうがい》が起つて容易に解決を見難い事情もあらうが、とにかくその早晩改廃せらるべき運命にあることだけは疑を容れない。既に今日まで其の事が屢々少壮議員間の調査にも上つたとやら。且つ政府部内にも適当の機に之を改正せんとするの考はあると聞いて居る。そこで仮りに右の治安警察法の規定が廃されたとしたらどうなる。或人は云ふ、治安警察法の禁令がなくなつた以上、教員は最早公然政党に入つても一向差支はあるまいと。国民的権利の制限に関する一般的の問題としては成る程さうに相違なからう。

併し之には教育乃至《ないし》学校管理上の問題としてその特殊の見地から何等かの制限を附するの必要はないものだらうか。尤《もっと》も政党に入つたからとて教員はすべて直に職務を曠廃するものとは限らない。故に両者の不両立を原則的に法定するは勿論穏当であるまい。が、併し実際上政党員なるものにもピンからキリまである。代議士になつたり又は幹部の地位に就いて重要党務を見ると云ふ様な事になれば、そが果して教職と両立し得るものかどうかは大なる疑問となる。尤も多くの場合その間の関係は、当該教員の徳義上の問題として、その自発的に解決する所となるだらうとは思ふ。それでも学校当局が内部規律の問題として之に関し予《あらかじ》め相当の方法を講ずるは必しも不当ではないと思ふ。斯う云ふ意味に於て、政党員教員両立不両立の関係は、学校内部の問題として又教員個人の問題として、可なり重要な事項たるを失はぬと考へる。

先にも述べた如く、治安警察法第五条の規定は現に厳格に励行されて居ないと云ふ。政府も政党も之を八釜《やかま》しく詮議せぬのは、之を荒立てることに因て有力な党員を喪《うしな》ふの恐れあるからであらう。併し表て向きの問題にならぬからとて政党と学校とを片手間にやる教員が沢山殖へては困る。そこで政府がこの規定を励行して呉れればよし、然らざる限り、学校は学校として亦自ら相当の内規をきめる必要はあらう。この点に於て教員政党員両立不両立の原則は、治安警察法の規定に拘らず、学校内部の事としては、依然慎重なる考究を要する問題なのである。

要するに、教員政党員の二者兼務を認むべきや否や、之を認むるとすればどの程度まで之を許すべきかは、治安警察法の規定が無くなれば無論だが、この禁令があつても、実際の取扱上に在て何とか一定の標準をきめておくことは、孰れの学校に取つても不必要な事ではない。

私が学校当局であつたらどうする

仮りに私が学校当局であつたとしたらどう云ふ処置を執つたであらう。問題の紛乱を避くるため姑《しばら》く之を大学の事に限つておく。云ふまでもなく大学は単に学生に教授するばかりの設備ではない。更に学生の研究を指導し併せて又教授自身の倦《う》まざる研鑽に依て一国学術の振興に貢献すべき任務を有《も》つ処である。先づこの事を念頭に入れて考を進めて見たい。

第一に治安警察法の規定の存する限り、私は教授の政党加入を絶対に許さないだらう。講師でもさうしたものがあれば直に解嘱する。大山君に関連して起つた様な所謂原則承認の要求の如きは、飛んでもない馬鹿な事と一言の下に斥《しりぞ》けてしまう。この点では恐らく何人からも異議を挿まれぬだらうと考へる。

第二に部下の教授教員の中に若《も》し事実政党と密接の関係を有するの明《あきらか》な者があつたらどうする。私は先づ取り敢へずその人に向ひ形式上その党に籍を置かぬ様にと要求するだらう。更に其人の政党に対する関係の実質を精査しその程度に応じて相当の方法を講ずるであらう。

私は原則としてはすべての教授に対し一様に教へる事と研究する事とに専念せんことを要求し、且熱心に之を期待して居る旨を告げる。講師は、専任の教授を見出す迄の間其人の現に有する学識を信頼して一時講釈を依嘱するものなのだから、教授に対すると同様の専念献身を彼に望むことは出来ない。故に問題は主として教授に対して起るものとしておく。

さて原則として専念献身を要求すると云ふ事は必しも当然に政党参加を排斥するものではない。教授も亦国民の一人としては政治上の利害得失に大なる関心をもつだらう。その結果彼れが政治上ある特定の態度を執るに至るのは怪むに足らぬ。而して単にそれ丈けの事なら教授の職を毫末も妨たげぬことは勿論だ。只その事が一歩を進めて政党参加といふ形式を取ることになると、問題は多少複雑になる。そは政党員と云ふ意味が今日決して単純でないからである。私は本来政党といふものは、政治家が政治家としての目的を達する為に組織する所の、謂はば玄人達の団体であると考へて居る。従つて、一般国民は、彼等を監督すべき第三者として常に必ず厳正中立の態度を保持すべきものと考へて居る。この立場からすれば、政党参加は即ち政治家といふ意識を以て積極的に行動することを意味するのであるから、教授の職分と両立し得ると観るべき根拠は極めて薄弱になる。けれども昨今勃興しつゝある無産政党の場合の如く、既成政党の醜怪なる誘惑から良民の神聖性を匡救《きょうきゅう》するといふ考に基き、その前提の下に大衆の政治的結束を必要として広く党員を天下に求むるといふものに在ては、政党参加は必しも直に政治家としての積極的活動を意味しない。斯う云ふ意味の政党参加なら、単に国民の一人として自家の政治的立場に特定の方向を与へると云ふに過ぎぬから、教授の任務と両立するせぬの問題の起る余地は殆《ほと》んどない。故に今日の様な場合に在ては、教授の政党参加といふ問題に対しても一概に良いとも悪いとも動きの取れぬ機械的な断定は下し得ぬものと考へる。良い悪いは各々の場合につき彼等が政党に対して有つ実際の関係如何に依て別々に定まるものだからである。

以上の点を顧慮しつゝ、そんなら抽象的な一定の標準を前以て設定しておくの必要は全然ないのかと云ふに、この点に就ては私に今格別の定見はない。教授の中不幸にして陰に政党の事業に深入りし為に学事を忽諸《こつしょ》に附するものが沢山あつたとしたら、私は無論急いでさうした内規を作ることに腐心したであらう。然《そ》うした事実がないとしても、若し教授の多数が進んで一定の内規を設け自ら銘々の鑑戒に供せんと主張するのなら、私は決してその勧説を容れるに吝《やぶさか》でない。併し大体に於て私は教授の学者としての良心を信じ、別に規則を設くるの必要はないと云ふ態度を持するだらう。学術に忠なる限り、一時情に激して常軌を逸することあるも、結局その好む所に戻つて来るは明白だからである。若し方向転換に新しい使命を感じて其処に大なる熱情を湧かすに至つたとすれば、彼は必ずや教職を辞して進退を曖昧《あいまい》にせぬだらう。教授その人の自決に恃《たの》んで十分安心が出来るものとせば、別に内規などを作る必要は毛頭ないのである。

併し一般論としては、学校当局が教授の政治運動に関し或種の拘束を規定せんとするは、学校の目的から観てそれ自身決して不当な事ではない。その規定の内容又は動機に付ては自《おのずか》ら別に論があらう。斯種の規定を設くることが直に学問の自由に対する圧迫だなどと考へるのは、飛んでもない見当外れの妄論である。

私が教授ならどうする

次に私が教授であつたならどう処置するか。他人の事は暫く措き、私一己の問題としては、一方に教授としての任を辱しめず、他方同時に忠実なる政党員たり得べしとは、私の到底夢想だもせぬ所である。一つには能不能の問題でもある。頭脳明敏加ふるに精力旺盛の英才なら格別、私共の様な平凡な者に在ては、その一つだに満足に勤め了《お》うし得ようとは考へられぬからだ。仮りに格別恵まれた才能と優れた体力の人があり二つ乍《なが》ら共に人並の成績を挙げ得るとする。それでも彼は学界の深奥なると政界の多事なるとを望み見て、而も果してその両股の姑息なる態度に自家良心の不安を感ぜずに居れるだらうか。斯くして教授政党員両立不両立の議論は、少くとも私にとつては、能力の問題であると共にまた徳操の問題でもある。

暫く私の個人的事情を語るを許されたい。私は政治の研究を専門とする丈けに、殊に多大の興味を実際問題の評論に傾けて居るだけに、政治運動に対して食指の動くことは絶えずある。それに色々の事情は亦常にこの方面に私の奮起を促して熄《や》まない。この誘惑——と云ふては悪るいのかも知れぬが——は私が大学教授を辞し続いて純然たる失業者となつてから一段と甚しくなつた。けれども私は、大学の教授ではないが教授であつた時と同じ心持で、単なる一学究としての使命に十分の未練を持つて居るので、大に内面的の勇気を振ひ起しては絶えず右の誘惑を斥けるに骨折つて居る。之を誘惑と観るだけ、私の小さい学的良心は、外の事に係つて其本務の些《いささか》でも礙《さまた》げられることを極度に憎むのである。併し単に能力の問題として観ても、学海は茫洋として際涯を知らず為すべき事の甚だ多くして業蹟の更に挙らざるを顧みると、月並な言ひ方だが所謂日暮れ道遠きの歎を痛感するばかりである。此場合何の遑あつて他事に手を出す気になれよう。それでも時に一片の赤心事に激して已む能《あた》はざるを覚へることはある。あとで後悔するを万々承知であり乍ら、柄にもない場面に思はず飛び出すことも稀《まれ》ではない。社会民衆党の産婆役をつとめたるが如きは最近に於けるその一例だ。その外にもまだ沢山あるが、恥ぢを惜んで一々は吹聴せぬ。それでも結局私がそこに永久の立場を作るを肯《がえ》んぜず暫くして再び元の書斎に退いてしまうのは、一つには因循為す無きの性格にも依るのだらうが、一つには何処までも学究としての使命に忠ならんと欲するが為めに外ならぬ。繰り返して云ふ。私は今は所謂大学教授ではない、謂はば学問を好む一私人に過ぎぬ。それでも他に兼務を有つを忌むこと斯の如し。若し私が大学教授の地位に居る者であつたら、更に別個の理由に依り極度の潔癖を此間に発揮したに相違ない。

思ふに教授は単に学生に特定の講釈をするばかりの者でなく、常に研究に専念して大に学術の発達に貢献すべき任務を有する者である。即ち教授は一つには学生を導き一つには一国文運の発達に資すべく特に設けられた貴重な地位なのである。講釈だけなら或は片手間にも出来ると云へよう。而も研究に至ては窮まる所がない。片手間に之がやれると云ふものあらば、そは教授の地位に対する大なる冒瀆ではあるまいか。講釈だけにした所で、之を片手間にやられるのは実は余り好ましいことではない。政党の側になつて見ても、学校教師の片手間に党務を見られるのでは定めし頼りなく思ふことであらう。それも規律や秩序のついた既成政党ならまだいゝとする(既成政党に在ては所謂最高幹部が一切を切盛りし、党員一般の活動に待つべき部分は極めて少いから)。新興の無産政党に至つては、首領から陣笠に至るまで、大童《おおわらわ》になつて働いても到底追ツ付くものではない。故に此方に真剣に身を投ぜようと云ふのなら、今更何の余裕あつて呑気に学校の講釈などをして居れよう。故に若し私が政党の実際運動に使命を感じたとしたら、私は忍び難きを忍んで断乎として教職を棄てる。教授ばかりではない、講師としての仕事も出来るものなら辞退したに相違ない。

その場合仮りに学校や学生から切なる留任の要求があつたとしたらどうする。私の答は極めて簡単だ。(一)教授の地位には断じて留らない。之は単に教場で講釈するばかりでなく、学術の進歩に貢献すべき地位だから、自分の如き大半の力を他の方面に致さんとする者の汚すべき所では断じてない。是非早く専心学術研究に献身すべき適当の後任者を作つて貰ひたい、(二)けれども急に後任者の求め難く之を求め得ても準備の整ふまで相当の時日を要すると云ふのなら、従来の情誼上学校並に学生に迷惑を掛けても済まぬから、暫く講師として引き続き講壇に立たう。併し之は一時の急に応ずる変則的便法に過ぎぬから、出来る丈け早く専任の教授を以て代らして貰ひたいと。

斯うした私の立場から、安部磯雄先生の執られたあの立派な態度には私は心から敬服する。之に反し大山君に同情すると称する一派が教授と政党員との両立の原則的承認を主張したあの驚くべき乱暴さ加減に至ては、私の到底了解し能はざる所である。此事件に関連して屢々引き合に出された北沢、内ケ崎両教授に就ては殆んど議すべき問題はないやうだ。内ケ崎教授は用心深くも憲政会に党籍をおいてない。而して自らは頻りに治安警察法第五条の撤廃に努力して居ると云ふ。北沢君の日本農民党顧問たるは形の上で固より何等教授の地位と矛盾するものではない。但し両君とも実際の関係に於て政党とどれだけ深い連絡を有つて居るか、そは局外から詮索するよりも寧ろ両君の自ら決する所に委《まか》すの外はない。

余談

以上の論中大山郁夫君の進退に関する点は、固より抽象的の原則の論としての立言である。全体としてあの事実の裁定といふことになれば、事必しも爾《しか》く単純ではない様である。或は曰ふ、早稲田大学当局は教授連の関係する政党の如何に依てそれ〴〵取扱を異にして居ると。又曰ふ、労働農民党参加を好機として或る一派は大山教授の排斥を企てたと。他の一方に於てはまた斯んなことを云ふ者もある。大山教授が自分で辞表を出しておき乍ら、後に至り教授政党員の原則的両立などと唱へて自ら出した辞表の不採納を教授会に迫らんとするのは可笑《おか》しいと。又曰ふ、所謂共産系の一派は大山君の早稲田大学に於ける地位の存廃が自派勢力の消長に大関係ありと観て、大山君を強要して無理にもその地位に噛《か》ぢり付かせようとしたのだと。其他いろ〳〵の流言蜚語は頻々として私の耳朶《じだ》をたゝき殆んど送迎に遑ない。何処まで本当か局外の我々には一向見当が付かぬが、少しでもさうした気配ひのあるものなら、成る程あゝした大騒ぎの起るのも無理はないと思はれる。併しこれ丈けは間違なく云へる、教授と政党員との関係に付ての原則は炳《へい》として日月の如し、紛々たる陰謀に依て些でもその輝きの曇らさるべき筋合のものではない。而してこの原則の文字通りの確立の如何に緊要であるかは、紛々たる感情的暗闘に依て其事の毫末も枉《ま》げらるべきでないことを明白に示して居ると。この問題に絡んで暗々裡にこの点でしてやられたあの点で乗ぜられたなど考へては、定めし切歯扼腕することもあらう。さりとてこの一時の感情を満足させる為め何よりも大事な根本の原則を些でも歪めるのは、大局に明なる者の断じて為す所ではない。是に於て私は切に稲門数千の健児の自重を望まざるを得ぬ。それは彼等の恩師の為に大事な問題であるばかりでなく、亦実に学問の為に並に政事の為に極めて大事な問題だからである。就中《なかんずく》、彼等が少しでも大山君をしてその「大」を成し同時に社会の為に十二分の貢献を為さしめんと欲する心あらば——一言にしていへば彼等が真に心から大山君を敬愛するのなら、大山君の為に尽すべき道は自ら明な筈だ。大山君をして学界に留らしむるか又は彼を実際政界に送り出すか。それは何れでもいゝ。たゞ理窟にもならない屁理窟を並べ、無理に水陸両棲の醜態を演ぜしめんとするのは、余りに恩師を利用する暴挙のやうに私には見へる。

〔『中央公論』一九二七年三月〕

枢密院と内閣

枢密院と内閣との衝突

枢密院と内閣との衝突といふ問題は、この数年来政界の癌腫となつた。この問題で紛糾が起りかけると、直ぐ政変が予想される。そして今度はたうとう内閣の総辞職を見た。為に先頃の臨時議会には枢密顧問弾劾決議案の上程を見るに至つたが、この事の是否は別として、枢密院が最近事毎に自ら自己に対する国民の注視を挑発して居る形なるは疑ない。我々も国民の一人としては篤《とく》とこの問題を攻究するの必要を感ずるものである。

*

枢密院は如何なる点で吾人の特別なる注目を惹《ひ》くか。之には大体三つの方面がある様に思ふ。

第一は民主政治に対する重要なる牽制機能を有する点である。近代の政治は民衆の意向に依て政権の帰属を決するを理想とし、之が徹底を碍《さまた》ぐる機関の存在を原則として容認しない。故に下院に多数の基礎を有する政府が、或は貴族院の反対に躓《つまず》き或は枢密院の異議に引退を余儀なくさるるが如きは、その忍び得る所でない。故に枢密院がその牽制機関としての活動に少しでも度を超ゆることあらん乎《か》、国民が遂に之を不問に附せざるに至るのは已むを得ない。

第二はその決定に対し全然之を争ふの余地がない点である。貴族院の反対なら衆議院をして両院協議会に之を争はしめる途がある。枢密院には之がない。或は内閣大臣が枢密院の票決に加はり得るではないかと云ふ者もあらうが、之は貴族院に多くの政府党のあるのと変りはない。其上に更に全体として反省を促す方法の有ると無いとが、貴族院と枢密院との異る所である。

第三にその反対決議の政治的効果が極めて重大だといふ点である。政府の重要政策に付て枢密院の反対があると、現在の慣例では、政府が辞職せねばならぬことになつて居る。現に今度の若槻内閣の引退がこれだ。若槻内閣は形式上国民多数の支持する所ではなかつたけれども、これが下院の過半数を制して居つたにしても、枢密院に反対されて辞職を余儀なくさるるに変りはない。斯く枢密院の勢力が国民の大多数を圧倒して優勝なる地位を占むるといふは、今日の政界に於て許されるものだらうか。最も事実上斯んな場合の頻発に際して枢密院が毎《つね》に如何なる態度を執るかは、今より予期し難いが、兎に角今日彼に与へられてゐる地位が右の如くである以上、国民が之を不問に附し難しとするは当然であらう。

*

枢密院のことは先頃の臨時議会でも問題になつた。提案者の説明に依ると、一つは顧問官たる伊東伯の言動を難じ、又一つは枢密院の施政干与を難ずるを目的とするものである。国民の現に有《も》つ感情を代弁したものとしては、私共も固より同感である。けれども之を議会の問題とするは、恐らく失当の譏《そし》りを免れまい。この点に付ては尾崎行雄氏の説を正しとする。いづれにしても、伊東伯の弾劾は総辞職に伴ふ鬱憤《うつぷん》の小供らしい発露に過ぎずと見るべく、枢密院の権限の論に至つては提案者の説明は丸で見当を外れてゐる。枢密院の行動の穏当を欠くか否かの論は別として、単にあれ丈《だ》けでは決して施政の干与にはならぬのである。施政の干与らしく見えるのは、枢密院の決議に不当に重大の効果を附するからであり、而して斯かる不当の効果を附して怪まないのは、枢密院そのものよりも寧《むし》ろ議員自身ではないか。果して然らば、彼等は枢密院を責むる前に先づ須《すべか》らく自らの謬想に反省すべき筈であつた。

　私の考では、枢密院の反対決議の当然の効果として内閣総辞職を前提するのが抑《そもそ》も根本のあやまりだと思ふ。併しこの謬想は由来する所実は相当に深きものがある。従てこの点で政界に紛擾を醸したことは今に始まつたのではないのである。例へば最近では加藤(友三郎)内閣が日支郵便条約の問題で之に悩み、清浦内閣も亦火保問題でさん〴〵困《くるし》んだ。只以上の場合に在ては、孰《いず》れも際どい所で妥協点が発見され、幸にも疑惧された異常の効果が現れずに済んだが、今度は到頭両者の喧嘩分れとなつて、かねて懸念された通り、若槻内閣の総辞職となつたのである。成る程枢密院の反対のために内閣の顚覆したのは今度が始めてだ。けれども反対の決議が斯う云ふ効果を有つものとはかねて深く政界の信条となつて居たればこそ、その実現を恐れてイザと云ふ場合いつも弥縫《びほう》に弥縫が重ねられたのではないか。弥縫の裡《うち》にあやうく政変の実現が喰ひ止められる所に、這《こ》の慣行の存在が消極的に証明され、而して今度いよ〳〵若槻内閣の総辞職に依つて、その積極的証明は備つたわけなのである。

　この慣例は一体正しいものかどうか。

　加藤(友三郎)内閣と清浦内閣の辛うじて危機を脱したのは、異常の政変あらしめてはと懸念して枢密院が少しくその鋒鋩《ほうぼう》を蔵《おさ》めたからである。枢密院の決議の恐るべき大きな効果を有つことの可否には始めから疑をおかない。民間には斯かる異常な危機の頻出なからしめんが為に枢密院の権限を縮少すべしと説くものがあり、又は枢密院の施政に干与すべからざるの規定の解釈の上から、今日現に有するその権限を不当だと論ずるものもある。是れ亦枢密院の決議に関する在来の慣行を前提しての話なることは明である。而して私の考では、この謬《あやま》つた前提に執着して居つてはいつまで経つても問題は解決されないと思ふのである。枢密院と内閣との関係を正視し、其間に適当なる解決を樹《た》てんとせば、先づこの点から吟味して掛らねばなるまい。

枢密院に認められたる憲法上の権限

枢密院の権限を今まで通りにしておくと施政に干与する結果になるとて、その縮少を説くものがある。之は今度も問題となつたが、清浦内閣の火保問題のときには一層甚しかつた。あの時の論議の中心点は、枢密院は一体どれ丈けの事が出来又どれだけの事をせねばならぬものか、一言にして云へば、其査定範囲の限界如何といふことであつた。今度も矢張り此点が頻《しき》りに論ぜられる。而して之に関して説かるる所は大体二つの方面に亘《わた》つてゐる。一は枢密院の権限は与へられたる諮問案の憲法に対する関係の審査にとゞまり、事の内容に亘りて利害得失を争ふべきでないとするもので、他は施政に干与するを許されざるの結果として、政府の政策を実行不可能に陥らしむる様の措置に出てはいけないとするものである。この二説共に枢密院の職務を正当に解せざる謬論であると私は考へる。

第一に枢密院は、君主最高の顧問府として、諮詢の案に対してはその良智をつくし、その観る所を遺憾なく上申すべきである。啻《ただ》に案の法的形式ばかりではない、その実質的内容にまで立ち入つて論ずるは、毫も妨げなきのみならず、斯くするに非れば十分に至高顧問たるの職任を完《まつと》うしたものと謂ふことを得ぬ。伊東伯の場合の如く個々の言動に非難に値するものありと云ふことはあらう。併し一般的に云へば、顧問官の発言には本来何等の制限のないのが本則なのである。

第二に枢密院の施政に干与することは枢密院官制第八条の明かに禁止する所ではある。併し之は枢密院をして終始一貫君主至高の顧問府たるに安住せしめんが為の規定である。之が為には直接政府と交渉して施政の方針を左右する様なことあつてはならぬ。この懸念に基いて第八条の規定が生れたのだ。故に右第八条に所謂《いわゆる》施政不干与の禁戒は、政府と直接の交渉なきの事実を以て終り、君主の諮問に対し如何の答申を上《たてま》つるかに就ては、絶対に制限する所がない。その答申の結果君主が政府の輔翼に対し如何の態度を執られ、又之に続いて内閣の運命に如何の異変を生じても、そは最早枢密院の関知する所ではない。落第生が親の勘当を受くるの恐れあるからとて試験官が採点に手心を加へてならぬと同様である。

憲法第五十六条は曰《い》ふ。「枢密顧問ハ枢密院官制ノ定ムル所ニ依リ天皇ノ諮詢ニ応ヘ重要ノ国務ヲ審議ス」と。諮詢せらるべき事項には略《ほ》ぼ一定の限界あるとして(枢密院官制第六条等参照)、苟《いやし》くも諮詢せられたる問題に付ては、形式内容の両面に亘り、良智良能を絞つて思ふ存分その見る所を上申すべきである。その答申に対し自ら一定の限界ありと考ふるのは間違である。尤《もつと》も枢密院の決定そのものが偏僻だとか、顧問官個々の議論に失当の点ありとか責むるのは別問題だ。

最近枢密院に許されたる政治的職能

前述の如く枢密院の権限には世俗の考ふる様な制限はない。如何なる答申を上つるも絶対に自由である。その結果政府が窮地に陥る様なことがあつても構はない。否、斯んなことを顧慮して答申を加減する様なことがあつたら、それこそ職責に忠なる所以《ゆえん》でないと謂はねばならぬ。是れ実に憲法の要求であつて創定当時以来一貫して変らざる所のものである。

さうすると、枢密院が若《も》し無遠慮な態度に出でたら昔だつて政界に多大の波動を及ぼした筈だと考ふる人があるかも知れぬ。所が昔は之で一向面倒が起らなかつたのである。枢密院の決定が意外に重大な影響を政府の地位に及ぼし、まかり間違へばその更迭をさへ促す様になつたのは、実は近頃の事である。然らばどう云ふわけで、昔し面倒でなかつたものが昨今になつて急に面倒になつたのか。私の考では、之は枢密院と内閣との関係に付ての憲法制定当時の精神が、其後段々に守られなくなり、之に関する政治上の慣例は、却《かえつ》て当初の期待とは丸で違つた方向に発展したからだと思ふ。最近の紛糾を明にするには、先づ此事実から調べてかゝる必要がある。

一体憲法制定当初の精神から云ふと、枢密院は天皇最高の顧問府であつて、政府と対立する牽制機関に非るは勿論、又決して広く国民と何等の交渉を有つ機関でもない。尤も枢密院第十一条の示す如く、「各大臣ハ其職権上ヨリ枢密院ニ於テ顧問官タルノ地位ヲ有シ議席ニ列シ表決ノ権ヲ有ス」るのではあるが、本来は第一条の明定する如く、「天皇親臨シテ重要ノ国務ヲ諮詢スル所」であつて、その表決は単に天皇裁政の御参考に供するに過ぎないものである。但しそれが間接に大臣の輔弼《ほひつ》に依る国務の最高裁量に影響することあるべきは固より想像に難くない。けれども枢密院は、如何なる形に於ても、決して直接の交渉を政府そのものと有つものではない。枢密院の決定は何処までも君主と顧問官との内部的関係にとゞまるものである。故に君主裁量の結果が大臣の輔弼と相軋《きし》り、為に政界に変動の起ると云ふのなら分るが、枢密院の決定如何が原因となつて直ぐ政界に大波瀾を捲き起すといふが如きは、本来決してあり得ないものである。換言すれば、枢密院の決定は、その内容の何であれ、そは本来単に君主の参考材料たるにとゞまり、其以外憲法上何等の意味をも有たないのである。だから枢密院の会議は常に秘密とせられ、其表決も本来外部に伝唱さるることはなかつたのである。従てまた其の表決が君主の裁量に如何の影響を及ぼせしかをも見定めずして軽々に大臣の進退去就を考ふる様なこともあり得ない道理なのである。そこで斯ういふ当初の精神が厳格に守られて居たなら、枢密院がどんな決定をしようとそは決して政界表面の問題とはなり得ない筈なのに、近来は之が毎に大きな表面の問題となるのはどう云ふわけか。是れ詰り元の精神が守られなくなつたからではないか。見よ、現に枢密院の会議は、元首親臨の慣例は姑《しばら》く措くとして、その顚末は昨今は直に外間に伝へられ、殊に之と内閣との見解の対立の如きは、まざまざと国民の耳目の前にさらされて批評の標的とされるではないか。斯くて枢密院は、今や顧問府たるの性質を一変して政府監督の最高機関たらんとする。事実上から云つても、昨今の枢密院は、自ら進んで頻りに斯の方面にその機能を発揮することにつとめて居り、俗人をして斯かる政治的作用を外にしては最早存在の理由を有たぬものなるかに誤解せしめても居る様である。

斯く論じて来ると、枢密院の行動が天皇の最高顧問府たるよりも寧ろ政府の監督機関の実を呈するに至つたことを、私は悪いと責むるものの様に聞えるかも知れぬが、必ずしもさうではない。私は我国政界の進展を冷静に観て、実は斯くなるのが自然だとも考へて居る。加之《しかのみならず》そこには亦相当の理由もある様に思ふ。そこで若し之が自然の成行であり且つ相当の理由もあるものとするなら、之に基いて新に変つた原則が樹てらるべきであり、又この新原則に基いて枢密院の行動が批判さるべきであるまいか。然るに政界の現状ではさうなつて居らぬ。事実は自然の趨勢に委《まか》せて、而も之を批判する頭の方は旧態依然古い思想で固まつて居る。種々面倒なる問題の起るのは要するに此処から来るのではあるまいか。政界は当初の期待に反して既に数十里先へ飛んで往つた。之を再び元のスタートに呼び戻すか(之が可能だと仮定して)、又は現状を既定の事実と承認して拠《よ》るべき原則を新に樹てるか。之を決めるのが先決の問題になる。枢密院と内閣との関係を論ずるに当ては、先づ以て這般《しやはん》の事態をよく念頭に入れておく必要があると考へる。

憲法制定当時の枢密院設立の理由

右の点を明にする為には、一応憲法制定者が当初如何なる考に基いて枢密院を設けたかを研究しておく必要がある。これには起草者たる伊藤博文公の意見を参攷するのが一番いゝ。伊藤公はその著『憲法義解』第四章の解説に於て次の様に述べて居る。

国務大臣ハ輔弼ノ任ニ居リ、詔命ヲ宣奉シ政務ヲ施行ス。而シテ枢密顧問ハ重要ノ諮詢ニ応へ、枢密ノ謀議ヲ展ブ。皆天皇最高ノ輔翼タルモノナリ。

即ち見る、施政最高の鍵は至尊ひとり之を掌握し給ひ、而して右には枢密顧問を率ひて事を諮《はか》り、左には国務大臣に命を伝へて万機を行はしむるの制度なることを。詳しく云へば、我国の政治組織は、英国などの如く当時決して政党首領に組閣を命じ、その統率の下に施政の方策を纏《まと》めしめてその裁量に一任すると云ふ仕組ではなかつた。君主はその信任する個々才能の士を挙げそれ〴〵補弼の任に当らしめる。便宜上総理大臣といふものはあるが、之が国務各大臣を統率するのではない。総理大臣は彼自身亦一国務大臣として他の国務大臣と同列に独立各別に輔弼の任を尽すと云ふ仕組であつたのだ。だから各大臣の上に立つて最後の大方針を決定する地位に在るものは、制度上君主の外にはない。即ち君主親政の原則に拠つたものである。少くとも日本の憲法は——又は制定者たる伊藤公は——君主の地位を斯の如きものと前提して居るのである。して見れば、国務大臣は君主の詔命を奉じて大政の施行に当るものでその所謂輔弼は詔命の執行に限るべきは論を待たない。詔命そのものの構成に至ては、大臣の干与し得る所ではない。勿論君主が如何なる詔命を発すべきやに付ては、固より国務大臣の進言を参考とすることはあらう。併し之を決定するに付ては、命を受けてその施行に当る者に与《あずか》らしむべきではない。於是《ここにおいて》この方面にも一つ別の輔翼機関が要《い》ると云ふことになる。是れ則ち枢密院の設けられたる所以。而して国務大臣と相並んでひとしく「皆天皇最高ノ輔翼タル」所以である。

なほ誤解を避くる為に云つて置くが、我国の憲法上では「国務大臣」と所謂行政各部の長官たる大臣とは観念上別個の職任である。本来之を分けたのが変なものだとも思はれぬでないが、制度上のきまりとしては、普通行政各部の長官として解せらるる何某大臣は、総理大臣の下に統括せらるる合議体を為すものだが、憲法上の輔弼機関たる国務大臣の資格に於ては、合議体を為すものではない。つまり各自独立に君主を輔弼するものなのである。英国などには斯んな区別はないから、大臣は大臣として纏つて施政の統一的方針を定める。故に大臣の外に別個の輔翼機関を必要としない。然るに我国では、国務大臣は個々別々に輔弼の任務を尽すのだから、之を取捨斟酌《しんしゃく》して之から統一的方針を編み出さるるのが君主の最高の任務となり、そこから之にも輔翼の機関が要ると云ふわけになるのである。

以上の事は枢密院官制の前文を拝誦してもよく分る。曰く

朕元勲及練達ノ人ヲ撰ミ、国務ヲ諮詢シ其啓沃ノ力ニ倚《よ》ルノ必要ヲ察シ、枢密院ヲ設ケ、朕ガ至高顧問府トナサムトス。

更に伊藤公の『憲法義解』を見るとこの点一層明瞭である。第四章の解説に曰く

蓋《けだし》内閣大臣ハ内外ノ局ニ当リ敏急捷活以テ事機ニ応ズ。而シテ優裕静暇思ヲ潜メ慮ヲ凝シ、之ヲ今古ニ考ヘ之ヲ学理ニ照シ、永図ヲ籌画《ちゆうかく》シ制作ニ従事スルニ至テハ、別ニ専局ヲ設ケ、練達学識其ノ人ヲ得テ之ニ倚任セザルベカラズ。此レ乃《すなわ》チ他ノ人事ト均シク一般ノ常則ニ従ヒ二種要素各其ノ業ヲ分ツナリ。蓋君主ハ其ノ天職ヲ行フニ当リ、謀リテ而シテ後之ヲ断ゼムトス。即チ枢密顧問ノ設《もうけ》実ニ内閣ト倶《とも》ニ憲法上至高ノ輔翼タラザルコトヲ得ズ。

と。之に由て之を観れば、天皇は自ら万機を総裁し、一方には枢密顧問の良智に諮り、他方国務大臣に政務の摂行を托する仕組みたるは明白である。

されば枢密院と内閣との間には本来何等直接の交渉の有り得ないことは論を待たない。枢密顧問は文字の示す通り天皇の意思決定に参与する。即ち天皇の諮詢を待つてその観る所を奏上する。但し之を採ると採らざるとは一に君主の決定する所に係るが、要するに、枢密顧問が如何なる意見を表示せしやは、本来君主と顧問とだけの事柄にとゞまり、外間に問題とさるべき筋のものでない。枢密院の会議が君主親臨を本則としその顛末を外間に公にせざるの規定なるも、皆一にこゝから来る。故に枢密院の斯の性質が今日も依然としてよく理解され且之に基く諸制度諸慣行が厳格に守られて居るなら、枢密院と内閣との衝突など云ふ問題は決して起り得ない筈なのである。但し君主のお手《て》許《もと》の問題としての話なら別だ。君主が内閣の意見を斥《しりぞ》けて枢密院の答申を是なりとされたら、始めて内閣が辞職すると云ふ問題も起らう。併し君主の執り給ふ態度のいづれとも決まらぬ間は、枢密院の議定が如何様のものであつても、内閣は一切之を雲烟過眼視していゝのである。場合に依つ〔て〕は、枢密院の決定に対抗して飽くまでその真に国利民福とする所を君主の前に強調力説しても差支ない。併し斯は憲法制定当時の設定理由に即して枢密院の職能を観察しての話だ。今日枢密院なるものは当《まさ》に如何なる職能を有つべきであるか、枢密院なるものの今日の政界に有する合理的存在理由の何であるかの純理論的問題とは全然没交渉の議論である。

枢密院と内閣との関係につき、現今の実際政界が之に附する意味は、右に説明せる所とは丸で違ふ。枢密院の意向なるものはすぐ外間に知れる。その上それに依て直に政界に大動揺が起る。一言にして云へば、枢密院の一挙一動が直に甚大の影響を内閣の運命に及ぼすのである。之は一体どう云ふわけなのか。思ふに是れ枢密院の行動が今や憲法制定当時の趣意通りに運ばれて居ぬからではないか。

そこで問題は一転する。枢密院の行動の斯く変つたのは一体いゝことか又は悪いことか。この点の考へ様如何に依て、憲法制定当初の精神に復《かえ》るべきか、又は現在の事態を既定の事実ときめ憲法解釈の上に新しい主義を容認すべきか、の議論が岐《わか》れる。運用上の実際慣行をば時勢の進みと共にぐん〳〵変つて行くに委せ乍《なが》ら、解釈上の原則のみ四十年来の旧套を守株《しゆしゆ》せしむるのは、どの道許されぬことであらう。

枢密院を必要とせし事情並にその事情の変遷

前項の末段に提出した問題に対する私の答案は斯うだ。新しい慣例の生ずるのは時勢の要求として阻止し難い。加之斯く変ることの上に相当の理由もある。然らば之にも拘《かかわ》らずいつまでも古い原則に拘泥して新事態の当然の開展を妨ぐるのは寧ろ間違であらうと。斯くして私は、枢密院と内閣との間には今や憲法運用上新らしい原則が樹立さるべき時機に達して居ると考ふるのである。

さうすると世間には、憲法は必ず制定当初の精神に依て運用さるべきだ、之と相容れない事態の存在を許して居るのすらが間違ひだと論ずる人があるかも知れない。世運の進歩に眼を掩うて一旦覚え込んだ理窟を機械的に遵奉するのみを能とする連中に、とかく斯んな考の人が多い。併し制定当初の精神通りに運んで居ないのは、啻にこの問題ばかりではない、外に幾らもある。畢竟《ひつきよう》するに是れ当初の制定者は万能にあらず、将来の進展を予見して凡《あら》ゆる新事態に処すべき謬なき方途を予《あらかじ》め講じ得ざりしを語るものではあるまいか。制定者も人間だ。その限りある能力を買被《かいかぶ》つてはいけない。彼も固より我々と同じく間違ふことはある。況《いわ》んや予期せざる新事態に対し聡明なる方策を前々から決めて置くと云ふが如きをや。故に制定当時の精神が斯うだから今日も之に悖《もと》つてはいけないなど云ふのは、昨の過誤を今日に守株するの迂愚に外ならない。斯れ豈《あに》政界の活機に処する所以であらうか。軽卒安価な変易も固より慎むべきだが、時運の遷移に処して適宜な新策を樹つるを知らざるも亦深く戒むべきである。

試みに所謂制定当初の精神が制定者其人に依て已に破られたる顕著なる一好例を挙げて見よう。憲法制定者伊藤公がその晩年に於て一種の政党内閣論者となつたことは人の知る所、而して彼が当初熱心なる超然内閣論者たりしことも極めて著名の事実である。『伊藤公演説集』に依るに彼は憲法発布の当時斯ん〔な〕ことを云つて居る。曰く

……然れども政府内に政党を引入るることは甚だ宜しからぬことにて、政府は須らく政党以外に独立すべし。大臣にして若しも政党に関係あるものとせんか、勢ひ彼に厚く此に薄きが如きことなしと云ふべからず。夫《か》の英国の如き、政党内閣の害なしと為す所以のものは、是れ其国民の習慣の然らしむる所にて、他国の決して模倣すべきに非ず。

と。斯うした考は当時の為政階級間の一般の輿論であつたと見え、第一議会召集前に開ける地方官会議では山県総理大臣もその施政方針の演説中に

……夫の行政は至尊の大権なり。其政務の任に当るもの、宜しく各種政党の外に立ち、援引附比の習を去り、専《もつぱ》ら公正の方向を取り、以て職任の重きに対《むか》ふべきなり云々

と云ふ様なことを述べて居る。山県公は人も知る通り最後までこの見解を改めなかつたが、伊藤公は十年前後に亘る苦き経験の結果にや全然この考の永く維持すべからざるを悟り、遂に自ら挺身して政党組織に着手したではないか。伊藤公の政党観は今日より見て頗《すこぶ》る変なものであつたことは争はれないが、兎に角彼には時勢の変を透視するの聡明が可なり豊富に恵まれてあつたと思ふ。孰れにしても制定者の意図如何に拘らず、憲法運用上の慣行が実際の必要と便宜とに推されてどん〳〵勝手に進んで居たことは疑ひを容れない。政党内閣制又は政党内閣

的の制度が、今日となつては、之を理論づける説明の如何に拘らず、最早阻止し得ざる勢ひに在ることは明白ではないか。而して斯んな風に憲法運用上制定当初の精神を無視した慣行の生れ且つ固まつて行く例を挙げるなら、外にも其類が少くないのである。

枢密院の性質並に其の機能に就ても、私は之を憲法制定当初の精神とは違つた方向に進化して行く著しい例の一と数へて差支ないと思ふ。而して其の因由に就ては、内閣の性質の変易と密接に関係する所あることに注意するを要する。伊藤公の制定当初の精神は、前にも述べた如く、何も彼も君主大権の親裁といふ一点に集中するに在つた。併し君主をして政務執行の直接責任者たらしむべからざるは、今や憲政至要の常則として何人も疑ふものはなく、所謂大権内閣なる美名は、要するに専制政治家の自家擁護の仮面に過ぎざるものとして排斥さるることになつて居る。其処で段々政党内閣が憲政当然の常則なりといふ論に移つて行くのであるが、さうすると枢密院は元々君主の直接親裁といふ立て前の下に必要とせられ、此の主義が厳に守らるるといふ前提の下に始めて其の機能の発揮の期待せられたものであるから、其の根本条件たる君主大権の直接親裁といふことが段々趣を変へて来た以上、初めの期待通り活用せぬは当然である。或る目当があつて作つたものが、其目当が変れば当初の考へ通りに使はれぬことになると云ふ訳である。其処で枢密院は結局どうなるかと云ふに、其運命は蓋し二つより外ない。一は告朔の餼羊《きよう》として無用の長物視さるるか、又は新しい意味を以て政界に別様の立場を要求するか、之である。私一個の考としては、当初設立の動因が変つたのだから、一挙に之を廃止するのが一番いゝ、少くとも英国のそれの様に単に名誉の閑職としたがいゝと思ふ。然るに我が枢密院は、もと先帝陛下の特に之を重用し給ひし所であり且最近までは維新以来の元勲の拠る所であつた為か、自ら政界に重要な勢力を占めて来た。而して右述ぶるが如き事情からして君主の最高顧問府たる本領が薄らぐにも拘らず、政府を董督《とうとく》する至高機関たるの面目が却て漸を以て濃厚となつて来た。是れ即ち近来に至り枢府と内閣との関係が政界の二大難問題となつた所以である。

変転せる政情の下に於ける古き理論と古き慣例

以上説くが如く、枢密院の君主最高の顧問府たるは今や殆んど空名に属し、実は政府に対する一牽制機関となつて了《しま》つた。この事実は最早到底かくすことは出来ない。従つて吾人の議論も亦この事実を前提として進めねばならぬことになる。今日の如く、顧問官連が憚《はばか》る所なく公然政治の得失を批判する以上、この前提は拒むことは出来まい。若し自分達に都合が悪いからとて、此の前提に基く当然の批評を避けんとする者あらん乎、そは甚だ卑怯の仕打と謂はねばなるまい。

尤も斯う云ふ決〔結〕論になるのを恐れて、或はこの事に始めて気が附いて、当初の精神通り矢張り純顧問官として留まりたいと考へ直す人もあるかも知れない。そんなら彼等は今までの態度を改め、須らく政治問題の容喙《ようかい》から全然手を引くべきである。万機の摂行を大臣の輔弼に託して君主が政局の紛争から超越し給ふことになつた今日、もはや枢密顧問の政治的輔翼は事実不必要となつたからである。即ち枢密顧問官は、かの宮中顧問官の如きものとなるべきだと考ふるのである。是れ私が先きに枢密院将来の運命の一として英国式の型を挙げた所以である。

斯くいへば世上或は私の議論の根本たる君主の政界超然論を怪しからぬといきまく人があるかも知れない。併し俗間によく云ふ「我が元首は君臨して且統治す」といふを国体の特色だとする説の文字通りに受取る可からざるは、今頃事新しく説明するまでもなからう。我国に於て、君主が現に親《みずか》ら直接に政権行使にあたり得る全能の地位に処《お》り乍ら、而も親ら深く之に干与し給はず、唯君臨して自ら国民の儀表たり、政界紛争の上に超越して常に風教道徳の淵源たる所に、寧ろ我国体の尊貴な所以が存するのではないか。

君主は君臨して統治せずといふと、如何にも君主の大権を傷くるが如き感をなして之を憤慨する短見者流も一時はあつたが、此頃はこんな点に疑を抱くもの、少くとも識者間にはなくなつた様だから、此上の穿鑿《せんさく》は止さう。只一つ序《ついで》を以て茲に一言しておきたいものがある。君主大権の直接親裁といふ所謂制定当初の精神は、今は大に其意味を変へて来た。けれども、不思議なことに、或特殊の政務については、仍《な》ほこの考に基く一変例が残つて居る。何ぞや、他なし、軍令と称するもの即ち是れだ。制定当初の精神から云へば、前にも述べた通り、各国務大臣は銘々独立に君主を輔弼し得る。各大臣の輔弼する所を彼此照合按排するのが君主の任務で、別に内閣会議で協議するといふ必要はない。此理窟に根拠して今日陸海軍大臣は、総理大臣その他の閣僚に無相談で、直接君主の裁可を乞ひ、軍令と称する特殊の勅令を発布してゐる。軍事以外の政務に付いては、実際の必要上凡て皆内閣の会議を経るのに、軍令だけはさうでない。其結果どうなる。普通政務に付いては内閣会議で各大臣の意見をまとめ、彼此按排の宜しきを得るにつとめる。故に、能《よ》く国務の統一は保たれる。然るに独り軍令事項の処理に至つては、此点に関し鞏固《きようこ》なる一治外法権区域を為し、内閣外に一個の別天地を作ることになつて居る。是れ軍閥跋扈《ばつこ》の声の高く叫ばるる所以ではないか。斯くの如きは独り軍閥の名誉のためのみならず、帝国国務の統一的促進の為めにも甚だ憂ふべきことである。仮に一歩を譲つて、之も良いとする。君主大権の親裁といふ旧来の原則に立脚すると云ふなら、之れこそ何を差し措いても枢密院の諮詢に附せねばならぬ筈だのに、今日の実際はそれもしない。尤も軍部の人は、軍令は政務でないと強弁するかも知れぬが、その牽強附会の詭弁たるは多言を要せずして明かであらう。私は曾《かつ》て是等の点を『二重政府と帷幄上奏』と題する小著に於て詳論したことあるが、未だ大に世論の注目を惹かないのは遺憾である。大事な問題だから心ある読者の参照せられんことを希望する。

新しき政情の下に於ける枢密院対内閣の当然の関係

再び問題を前に転回し、政府の施政に対する牽制機関といふことに枢密院の性質をきめる。斯う云ふ性質のものとすると、私は純理上枢密院を以て無用の制度なりと断ずるに躊躇《ちゅうちょ》しない。元来政府の牽制機関としては議院だけで沢山だ。その議院が既に上下両院に岐《わか》れ、其間また政府側の勢力なども介入し来つて状勢頗る紛雑を極めて居るのに、何の必要ありて此上更に枢密院を置かねばならぬのであるか。一体大臣といふものは、最初の選任の際の用意が十分慎重でさへあれば、あとは思ふ存分働かした方がいいのである。せせツこましい監督に累せしむる如きは啻に精力の浪費のみに留らない。此点に於て世間には既に貴族院の無用をさへ唱ふるものがある。その貴族院の外に更に枢密院までを存置するのは実に屋上屋を架するの愚に等し〔い〕ではないか。加之斯く人才を各所に分散しては、必要ありて設けたる各機関の活動を十分精鋭ならしめ得ざるの憂ひもある。現に見よ、枢密院の設けある為に、之と同級と自任する人才にして貴族院に議席を有する者は、故《ことさ》らに常習的欠席を得意顔して居るではないか。昨今の上院が事毎に少壮軽佻の徒の跳梁に委せられてゐるのは、確かに其一因を茲に有すると思ふ。何の方面から考へても、今日の枢密院は無用の長物である。時として有害でさへもあり得る。強て之を存したいとなら、元老優遇の意味に於てのみ、露骨に云へば老朽勲臣の晩年を窮せしめざる意味に於てのみ、僅《わずか》に之を維持するに止むべきである。少しでも施政監督などいふ娑婆気を出すなら、到底無用有害の譏《そしり》は免れ得まい。故に一番簡単明白な対策は其の廃止だと云ひ得る。言葉を換へていへば、政府監督の機関として枢密院を存置するは、今日もはや其必要はないと謂はねばならぬのである。

かくて枢密院の廃止は、政治組織整理の論点からも必要とせらるる所だと謂へる。之を存するは徒《いたず》らに施政の煩累を増すばかりだからである。併し謂ふ所の施政煩累は、枢密院を全然廃さなければ取り去られぬものかと云ふに、必ずしもさうではない。廃するに越したことはないが、態々《わざわざ》廃さなくとも、事実上之を有名無実ならしむる勢を作ることは出来ぬでない。尤もそれには第一に衆議院がもツと有名〔有実〕なものになることが必要だ。是等の点も頗る詳細の説明に値する問題だが、論点余りに多岐に亘るを恐れて他の機会に譲ることにしよう。只一言して置きたいのは、選挙が極めて公正に行はれ、衆議院が名義上ばかりでなく真実に民衆全般の良心を後援として立つに至るとき、始めて其の道義的権威は実に偉大なるものとなると云ふことだ。さうなると例へば貴族院の如きは、縦《よ》しんば制度上の権限が此と全然同じでも、事実の上には甘んじて下院の凌ぐ所となつて悔ゐないことになる。況んや枢密院の如きに於てをや。英国は正にその最も明白なる実例ではないか。故に下院さへ確《し》つかりして居て呉れゝば、枢密院の牽制の如きは本来些《いささか》も政界の煩累とはならぬ筈のものである。所が我国の下院は、事新しく述ぶるまでもなく、英国の夫れの如き道義的権威を有つて居ない。是れ貴族院の不当なる跋扈を誘致せる所以にして、同時に又枢密院の牽制を怖るべきものたらしめた所以ではないか。併し今更下院を責めたとて仕方がない。差当りの問題としては枢密院が現に有力なる監督機関として実際政界に絶大の勢力を振つて居る以上、この事実をどうにか始末せねばならぬのである。一番簡単明瞭な解決は、云ふ迄もなく、其の廃止だが、実際問題としては、之を為すの手続容易ならざるのみならず、其の権限の伸縮すらが実現困難とされて居る位だから、枢密院は当分引続き存置せらるるものとして、さて之と政府との関係をどうすれば最も政機の活動を滑かならしめ得るかが、我々の解決を要する問題になるのである。

此点に関して疑なき一事は、既に監督機関として存在を許さるる以上、濫《みだ》りに其の発言を掣肘《せいちゅう》してはならぬと云ふことである。此事は先きにも詳しく述べた。モ一つ明白疑を容れざるは、枢密院の言議をして決して政変の動因たらしめてはならぬと云ふことである。何となれば、政府は議会以外に於て政治的責任を負ふべきものでないからである。そこで結論はかうなる。政府の進退を議せらるるは独り議会に於ける弁論に限るべく、枢密院の批議の如きは、如何に痛烈であつても、之に基いて政変を起らしめてはいけない。既に枢密院批議の効果を斯く限る以上、其の言議が如何の範囲に亘り如何の程度に達してもそはまた何等咎むる所はない。寧ろ思ふ存分に論難させた方がいゝのである。斯く観ると、枢密院の政府に対する関係は、或る意味に於ては会計検査院の如きものになるといふが、今後の目標でなければならぬと考へる。

結　論

枢密院は本来なくもがなの冗物だといふ人がある。にも拘らず俄《にわか》に之を廃し難しとせば、切《せ》めて会計検査院の如きものたらしめたいと私も思ふ。斯く云ふは、練達才識の士をして自由に施政の得失を批評せしめ、之を以て議会の政府監督に大に参考たらしめんと欲するからである。惟《おも》ふに今日の政界に於て、枢密院を存在せしむる理由はこの外にはない。君主の輔翼は国務大臣を以て十分とすべきである。

会計検査院の如きものと云ふと、世人或は非常に軽いものと思ふかも知れぬが、併し従来後者を重く見なかつたのが一体大なる誤りであると考へる。政府当局の非違を糺《ただ》す上に於て、会計検査院の報告ほど重要なる材料を供給するものはないのである。故に本来もツと重視されねばならぬ筈のものだ。斯く考へると、之と枢密院とを併称しても、恐らくは左程非倫ではない筈と思ふ。況んや枢密院の方は従来寧ろ過分に重視されし嫌ひあるに於てをや。

只一つ玆に枢府と会計検査院とを実際上同一視し難き点があるを注意しておきたい。それは公式令第七条の規定あるが為だ。その第三項に曰く、「枢密顧問ノ諮詢ヲ経タル勅令……ノ上諭ニハ其ノ旨ヲ記載ス」と。こゝに「議ヲ経タル」とい〔ふ〕意味を協賛の義と解すれば、乃《すなわ》ち枢密顧問の政府提案に対する異議は規定の条件を充さず、政府の政策を結局実行不可能に陥らしめることになる。是れ会計検査院の詰責が政府の行動に対し何等実質的の障礙《しょうがい》たらざると同一の談ではない。そこで此点をどうするかが一つの困難なる問題となる。之を従来通りに放任して置けば、由て以て枢密院は事実政府の施政を左右し得る結果となる。事の性質に依ては、その進退をさへ決すべき程の大影響をもたらさぬとも限らない。併しかくの如き結果の現れることは、屢々述べた通り、断じて容認すべきものではない。果して然らば、どうしても茲に一つの新例が発明せられてこの難関を疏通せねばならぬことになる。是れ私が避け難き新事態に応ずる為の新慣例の発生を必要なりと主張せる所以である。

然らば如何なる新例を開いたらいゝか。之に付いての私の考は大様次の如きものである。

一、枢密院の職能に関する法律的解釈は従来通りとする。

二、枢密院の行動の政治的価値に就ては断じてその威力を政府以上のものとしてはいけない。少くとも政府と対等のものとすべきである。

三、従て政府は最終決定権を有する者の前に枢密院と対立し堂々とその所見を争ふことを得ねばならぬ。法律上最終決定権は君主の掌握し給ふ所だけれども、政治上君主の決定に最も重き交渉を有するものは人民である。

四、最終的決定を見るまでの間は、政府の所見をして先づ優秀の地位を占め〔せ〕し〔め〕ねばならぬ。

五、その為には枢密院の異議に拘らず君主の裁可を請ひ奉るを得るの新慣例を開くこ〔と〕にする。

六、但し之に関する大臣輔弼の政治的責任は、之を次期議会の議にはかるまでは解除されないことにする。

之を具体的の例にうつして云ふと、若槻首相は枢密院の異議に拘らず之を陛下に奏上してその裁可を請ふべきであつた。陛下が之を許し給はねば勿論総辞職をするの外はないが、否《しか》らざる限り、その必要と認むる施置に突進していゝ。但し之は枢密院の異議に拘らず異例として断行したものであるから、その政治的責任は十分に解除されて居ない。最も早き機会に於て議会に之を諮《はか》るを必要とする所以である。若槻内閣は始めより議会に過半数の基礎を有せなかつたので、枢密院の反対に遇つて直に辞職したのに多少の理由ないではないが、さりとは余りに軽卒であり聊《いささ》か無責任の嫌があつた。当面の政治問題としては若槻内閣の態度に大に議すべきものあるは言ふまでもないが、枢密院対内閣の関係の問題としては、頗る芳《かん》ばしからぬ前例をのこしたことを遺憾とせねばならぬ。従てこの問題は今後も屢々世上の論議に上ることであらう。完全なる解決を見るに至るの日はさう近くは到来しさうに思へない。

〔『中央公論』一九二七年六月〕

政党首領の今昔

近代日本の歴史の上から政党の首領と祭り揚げられた先輩政治家を算《かぞ》へると、最も著しいのは先づ板垣退助と大隈重信とであらう。而してこの二人が特に推されて政党の総理となつたに就ては、次の二つの事実を忘れてはならないと思ふ。

第一は彼等が共に維新の元勲であり遠からざる過去に於ては大臣参議として世に時めいたと云ふことである。何と云つても此頃世間はまだ偶像崇拝の域を脱して居ない、如何に異常の英才でも庶民の出では天下が附いて来ないのである。故に国民的の大運動を起すには看板になる「名」が入用であつたのだ。是れ大井憲太郎で行かず馬場辰猪で行かず板垣退助が必要なる所以《ゆえん》、又沼間守一で行かず河野敏鎌で行かず大隈重信の名が必要とされた所以である。

尤《もつと》も国民的運動の重点として必要とされた「名」も、時代に依て少し宛変つて来て居る。例へば維新前の勤王家の運動に在ては公卿を戴《いただ》くことが出来ればそれでよかつた。大和十津川の乱にしろ但馬生野の変にしろ、公卿はあだかも皇室の代表者の様な意味で迎へられたのである。この点は維新となつても変る所はない。先づ大政の奉還をうけての後の新政府の最初の筆頭総裁は有栖川宮で、やがて三条実美が之に代つて永く太政大臣の地位を占めたではないか。而も其下に於ける各行政部の長官は当初は必ず公卿か大名かに限つて居た。併し段々政府も整つて来従てまた事務も複雑になつて来ると、空名だけでは地位が保てなくなる。勢ひ維新の大業に実際の功を樹《た》てた英敏の陪臣にその地位を譲らなければならなくなつて行く。それでも明治十八年までは、政府の首班は公卿でなければならぬとの伝統が守られて居た。故にこの年の改革を以て始めて伊藤博文が内閣総理大臣となつたのは、或る意味に於て官制上の大なる平民化であつたと謂《いつ》てい〻。それでも身分の低いものでも宰相になれると云ふのでは満足出来なかつたと見えて、この時伊藤以下の勲臣をば新に華族に列することにした。大正になつて原敬が始めて無爵を以て内閣総理大臣となつたのを人皆異例としたのは、馬鹿〳〵しい話だがまた以て如何に右の伝統が其後も永く時人の頭を支配して居たかを想ふべきである。今日だつて色々の団体が名も聞いたことのない様な華族を総裁にいたゞいて巧に田舎者を釣ることに成功して居ると云ふではないか。故に明治十年代の昔に於て、民主主義を基調とする政党がその統率者の地位に虚名の高きものを求めたとて些《いささか》の不思議もないのである。

第二に板垣も大隈も共に官界に於ける落伍者であると云ふ事実も看逃すことは出来ぬ。云ふまでもなく我国に於ける政党は官僚政治に反対することから起つた。故に政党は——政府弁護の為に起つたものは別として——始めから政府の敵である。そこでその首領をばどうしても政府圏外の人才の中に求めなければならなかつた。この点に於て板垣大隈の二人が当時最も適当な地位に居つたことは云ふまでもない。啻《ただ》に地位が適当なばかりではない、南船北馬の煩労を厭はず到る処元気のい〻長広舌を振ふ点に於て、特に彼等は最もその任に適して居つたのであつた。

板垣大隈を戴くことに依て我国の政党運動は明治十四五年の頃急速の進歩を見た。板垣の系統に属するものは自由主義を奉じ大隈の系統に属するものは改進主義を唱へ、外に福地一派の藩閥御用党もあるがこは殆んど云ふに足らず、天下の政界は要するに自由改進の二大派に分有されしの観があつた。唯この間に在て我々の看逃してならぬことは次の二つの大なる特色である。一は藩閥といふ共同の強敵を前にし乍《なが》ら自由改進両派の反目は犬猿も啻ならず、極度の悪罵を交換しつゝ民党陣営の不統一を暴露したことで、他は同じく自由派改進派と云つても規律整然たる鞏固《きようこ》な全国的団結の出来たのではなく、事実に於ては一県内に三つも四つもの政団が簇出《そうしゆつ》したことである。私の手許《てもと》に明治十五年東京で刊行された『各地政党一覧表並図』と云ふのがあるが、之に依ると政党の数が全国を通じて百八十七ある。又同年中村義三といふ人の編輯公刊に係る『内外政党事情』を観ても、主なる政党として挙ぐるもの実に三十五に及んで居る。之に依ても全国的単一結成なんどいふことの当時てんで問題にならなかつたことを想ふべきである。若《も》しそれ之等の政団が藩閥に対抗する場合と劣らぬ熱情を以て自由系対改進系の反目暗闘に浮き身をやつしたことは今更説くまでもなからう。

右に挙げた二つの特色は何に依て起つたか。細かく述べたら色々の原因はあらうが、専ら政治に関する範囲内のことを云ふと、当時の政党の使命が一に藩閥政府の監視糺弾と云ふ消極的批評的方面に在て未だ大政燮理《しようり》の積極的建設的地位に置かれてなかつた事に帰せねばならぬ。この点に於て当時の政党は頗《すこぶ》る今日の無産政党に似て居る。当時と今日とは交通の便に霄壌《しようじよう》の差があるので昔の様な小党簇出の勢を今日見ることは出来ぬとしても、事実に於て無産政党の動《やや》もすれば地方割拠的に陥らんとするの形勢にあるは否み難い。而してその原因の何れに在るにしろ、所謂《いわゆる》左右両翼が人目も憚《はばか》らず見苦しき内輪喧嘩に無用の精力を徒費して居ることも争のない事実である。併し斯うした状景を呈するに至つたのも元より已むを得ない勢なのであらう。何れ来年の総選挙を過ぎて無産政党がいよ〳〵政界の積極的要素として迎へらるるに至らば、小異をすてて大同に就き、モ少し寛裕の精神を以て大局に協力する様になるかも知れぬ。諸外国の歴史を観ても、政党の大きく塊《かた》まるのは毎《いつ》も政党が積極的建設的要素としての地位に置かれた時である。戦前の独逸《ドイツ》の如く、議会の政党が何とあがいても帝国政府の実権に寄りつけぬ様な制度になつて居ては、政党の政界実勢力としての発展は到底期すべくもない。独逸に於ける一般の文物のあれが如く発達せるに拘《かかわ》らず独り政党の発達のあれが如く貧弱を極めしは、一に右の点に説明を求むべきものである。外の国のことはどうでもいゝ。我国に於ても憲法発布以前は、何と云つても政党運動は実際政権の移動に何等の交渉も持ち得ぬ民間の空騒ぎに過ぎなかつた。故に板垣大隈の名声を以てするも、僅《わずか》に民間の評判をいさゝか高からしむるに止まり、今日の政党の偽瞞《ぎまん》的宣伝と同様、真に天下を動かす力とはなり得なかつたのである。

民間の政党運動が瘠犬の遠吠に類する間は、板垣大隈の如き人のみが首領として迎へらるるに適する。一つには藩閥政府の敵であり、一つには元勲としての虚名を帯ぶるからである。併し斯の関係は憲法布《し》かれ議会が開かれると違つて来る。尤も藩閥政治家連は、その代表者たる伊藤博文の当時の意見にも明なるが如く、議会の諸政党をして独逸の如きものたらしめんと努力した。政党が政党として内閣を組織すべしと云ふが如きは、憲法違反であるとさへ放言する者があつたのである。若し憲法施行後の日本の政界が彼等の希望する通りに発展したりしならば、恐らく今日我々の眼前に現はれて居る様な問題は概《おおむ》ね起らずに済んだであらう。所が実際の推移は幸か不幸か藩閥者流の期待したとは全く違つた方向を取て進んだ。尤も事の茲に決定するまでには幾多の曲折あり固より一朝一夕にして成つたのではないが、一言にして約すれば、所謂大権内閣対政党内閣の馬鹿々々しき論争も今は昔の笑ひ草となり、表面の形式を何と繕つても、今日最早政党を背景とすることなくして内閣に立ち得る機会は絶対になくなつたと謂てもいゝ。さて斯う云ふ時代になつて来ると、政党の首領には依然として板垣大隈の類を戴いて行けるかどうか。よし板垣大隈で不可なしとしても、首領として彼等に期待する所の資格は従前と異る所なきや如何。次に私はこの点を少し考へて見ようと思ふ。

政党創生時代に在て首領たるに必要な資格として求められたものは「名」であつた。今や憲法が布かれて政党には新に議会と云ふ活動の新舞台が与へられた。今までは遠吠するだけに止まり到底寄りつくことさへ許されなかつた藩閥の勢力と公然角逐《かくちく》するの権利が与へられたのだ。斯うなると今までの様に無用の内争に精力を徒費しては居れぬ。於是《ここにおいて》民間政治家は新に自派諸政団の全国的結成の必要に覚醒する。そこから又首領たるべき者には「名」の外に新に「組織的手腕」が要求さるることになるのである。

板垣大隈の政党首領としての地位が――少くともその実際上の地位が――憲法発布に先つて早く既に影の薄らぎ、殊に議会開設後に至ては却て星亭の如き人格が之に代つて傍若無人に跋扈《ばつこ》せるの事実は、右の点を念頭に置いて始めて了解さるべき事柄である。併し之を以て星亭の如き組織的天才が政党首領として迎へられる様になつたと観るのは適当でない。星亭が活躍せし時代は、政党が始めて藩閥の強勢と正面衝突を試み、まんまと押し潰さるるか又は相対立し得る勢力にまで伸び上るかの奮闘時代である。海のものとも山のものとも分らぬ時代だから尤も必要とさるるは腕の人であつて、在来の首領に併せて又之をも求め得ればよし、求め得ぬとすれば首領の事など余り重きを為さぬことになる。憲法発布後六七年間の政界の状景を仔細に吟味せば蓋《けだし》思ひ半に過ぐるものがあらう。さて此期間に於ける我国政界の抗争に於て、政党は見事な勝利を得たとは云ひ得ぬけれども、少くとも藩閥者流の宿望を粉砕するには成功した。賞めていゝか悪いかは別問題として、星亭の現実的見識と之を行《や》るの霊妙怪絶の手腕は兎も角も我国政党の実権的地歩をして確立不動のものたらしめた。之を事実の上に就て観るに、藩閥は最早政権の独占を主張し切れず、我国最初の政党内閣なる憲政党内閣の見苦しき失態に依て纔《わず》かに若干頽勢を挽回し得たとはいふものの、爾後十数年の政界は閥族と政党との苟合《こうごう》妥協に依て辛うじて一時的小康を保ち得ると云ふ有様であつた。斯んな分り切つたことを説くのは併し私の本論の目的ではない。私の主題は斯う云ふ時代になると政党の首領たるべきものに如何なる資格が要求せらるるかと云ふ点にある。そこで之より議論をその方に向けようと思ふ。

この点を正面から論ずるのは面倒臭いから、単刀直入この期に於ける著名なる政党首領伊藤博文と西園寺公望とを俎上《そじよう》にあげ、彼等が何の他に長ずる所あつてこの地位に置かれしやを考へて見よう。之は外でもない、宮中の覚えめでたく其の個人的信任を頼りて政党は始めて公然権要の地歩を占め得たからである。無論政党には事実上藩閥をして己れを無視せしめざる丈《だ》けの勢力はあつた。だから閥族政治家は政党を操縦しようとしたのである。只操縦される丈けではいやだ、時には実権の地位に俺達をも置いて試《み》て呉れ。這般《しやはん》の懸引に於て星亨は実に巧妙を極めたものだといふ。併しイザとなると、陛下の御信任がなくてうまく天下は取れるかの問題で毎《いつ》も行き詰る。之も緩々時勢の推移を待てばどうにか解決がつくのだらうけれども、政党者流には実は之を待つだけの余裕がなかつた。早く目的の彼岸に達したいと焦る。それには宮中御信任の厚い人を首領に戴くに限る。斯くして板垣は弊履の如く棄てられて伊藤新に自由党を踏み台として政友会を作りあげたのだ。伊藤に次いで西園寺が永く政友会の統領たりしも、畢竟《ひつきよう》彼は這《こ》の要求に応ずるものであつたからに外ならぬ。

尤も伊藤は深く自分の個人的声望を恃《たの》みその意の儘に操縦し得べきを信じて政友会を作つたのであつた。故に屢々《しばしば》旧自由党の継承に非ず全然新しい政党の誕生だとの主意を力説した。若し政友会が文字通りに当時伊藤の声言せしが如くに発達したものなら、そは全然近代民主主義の精神とは相容れざるものでなければならぬ。幸にして実際の推移は伊藤の意の如くにはならなかつた。表にはハイ〳〵と云ひ乍ら裏面に於ける策士の劃策は徹頭徹尾伊藤の方針を裏切るものであつた。伊藤の遂に忍ぶ能《あた》はずして逃げ出したのも一つにはこの為めであつたらう。兎に角政友会は遂に伊藤の意の如くならざることに依て始めて能《よ》く政党の面目を維持したものと謂ふべきである。それだのに、昨今なほ時々伊藤公立党の精神を遵奉するなどの宣明を聞くのは滑稽の沙汰である。

政党首領としての手際に於て西園寺の方は寧ろ伊藤よりも数等上であつたと謂てい〻。尤も星が死んだので統率が余程楽になつたと云ふ関係もあつたらう。併し西園寺の下に於ける政友会は全然西園寺の政友会であつた。政友会が西園寺を有《も》つのではない。一から十まで西園寺に頼つて政権に有りつくことが出来たからである。斯くして這の特異の優越的地位は、依然として惰性的に今日の彼にも認められて居る。而して西園寺時代に於て我々の最も注意すべき現象は、総裁専制の制度の確立したことでなければならぬ。この事がやがて憲政会にも模倣され、今日に至るまで——仮令《たとい》段々影が薄くなつて来つ〻あるとはいへ——我国の政界に特異の影響を与へて居ることも吾人の決して見逃してならぬ点であらう。

西園寺がやめて原敬が後任の総裁となつた時は、丁度明治を過去に送つて大正の新時代の始つた時である。若し明治大帝が猶ほ在世ましましたら、西園寺の跡を原で嗣《つ》げるかどうかは大問題であつたらう。必ずや西園寺に似た同じ様に宮中の覚えめでたき人が物色されたのではあるまいかと私には想像される。然るに明治大帝の登遐《とうか》に依て時世は変り、大正時代に至ては政界非常時に於ける機務の解決は事実上所謂元老の手に委《まか》せらるることとなつた。この辺の事も敢て詳説するの必要はあるまい。孰《いず》れにしても時世が斯う変ると、之に伴れてまた政党首領に需《もと》めらるる資格も自《おのずか》ら多少の変更を見ないわけには行かない。

大正時代に在て政党首領に要求されし第一の資格は、内閣奏薦権を有する元老の信任はどうかと云ふ点である。

金を作り得ると云ふことも必要だ。政治的経歴も無論なくてはならぬ。併し之等の条件が如何に完備しても、イザと云ふ場合元老が推薦して呉れねば何にもならぬ。是れ政変時に於て政界の有象無象が元老の霊宮に詣でて頻《しき》りに其意中を探らんと焦る所以である。誰しも熟知の事実だからこれ以上の説明はよさう。唯こゝに是非とも読者諸君と共に考へて置きたいことは、斯う云ふ事態の当然の結果として次の如き特異の現象が政党界に現はるるに至つたといふ点である。

(一)総裁専制の旧習が依然として保持さるること　元老の意を迎へることが政権に有りつくことの重要原因(この外に議会に多数を制するといふことも勿論必要だが、此方面のことは今は姑《しばら》く別論としておく)だから、元老なるものが一体何を考へて居るか分らぬ限り、政党総裁は予《あらかじ》め党内諸機関の拘束を受けてその出所進退に自由を欠いてはならぬ。殊に我国の元老は挙《こぞ》つてみな政界の大先輩を以て居り優に政党首領輩を指導し得るを自負して居るから、猶更ら首領自身が常に白紙で居ることを必要とする。是れ総裁専制の由て来る所、而して今なほその堅く維持されて居る所以である。党界の少壮政客が時々相結んで機関並に政策の公議公選を躍起となつて主張するに拘らず、いつもそれが泣寝入りに終るのは之が為めである。一人一党主義などいふ勝手な議論の許さるるのは、天下の取れる見込の絶対にない革新倶楽部などに於てのみ有り得る現象である。

(二)少数幹部団の専恣横暴　総裁は白紙で居なければならぬとして絶対に相談相手を作らないわけには行くまい。さればとて多勢の者に諮《はか》つて公然の拘束を受けてはならぬから、自然彼は内密の裡《うち》に極めて少数の幹部を自分の相談相手とする様になる。是れ我国の政党には表て向きの機関の外常に一種裏面の隠れたる幹部団ありて大なる実権を振ふ所以である。之がまた絶えず党界の平和を紊《みだ》る種たることも周知の事実である。そが多くの場合政党の健全なる発達を歪曲《わいきょく》することに役立つことも、亦言をまたずして明であらう。

(三)元老の意を迎ふに急なるの結果時勢に伴ふ必要なる施設の攻究を怠ること　時勢の要求に促されて或る問題が政党首領の頭に映じたとする。その場合彼の最も強く懸念する所は、之と国利民福との関係にあらずして之に対する元老の思惑如何である。少くとも彼の忖度《そんたく》する元老の思惑なるものが彼の態度を決する上に最も重要なる関係を有することだけは疑ない。而して多くの場合に於て、元老輩は之等の問題に就ては例外なく頑迷固陋の見を持することも亦事実である。最近我国の各種社会的施設がこの方面よりの直接間接の圧迫に依て如何に屢々阻止されたかは、既に普《あま》ねく人の知る所であらう。

(四)元老の周囲には常に一団の頑迷者流の群がるありて緊密に之を取巻いて居ること　元老は政界の枢機を握つて居る丈け、常に之に取り入らんとするものあり又平素その意を動かさんと努むるものもあつて、相当に人の出入の頻繁なるべきは想像に余りある。従て元老は自ら之に依て教育され内外政界の事情にも通ずる様になる。山県公などはこの点に於て中々聡明であつたと云はれて居る。但しその教育たるやもと〳〵彼に迎合するの目的を以て参ずる者より受くるのだから、到底所謂楯の半面を観るものに過ぎざるは云ふを待たぬ。だから彼等は悪く利口なブルジヨアの馬鹿息子と同じく、変態的に発育して一寸《ちよつと》始末におへぬのである。抽象的な議論として私は国家の元勲には本来相当の敬意を表するものであり、所謂元老に対しても何等個人的反感を有するものではないけれども、近代歴史の事実の上に、政界の実際家が彼等の意向に迎合せんが為めばかりで幾多必要なる施設の遠慮会釈もなく阻止されしの事実に鑑《かんが》みては、心中時に大に憤慨の情を禁じ得ざることがある。

併し以上の如き形勢は大正の末期頃から少しく変つて来た。元老が内閣奏薦の実権を有すること、従て政党首領が彼の意を迎へんとするに汲々たることに変りはないが、その奏薦権の実行に当りて最近の元老は昔の様に気紛れの選択をやつたり出来心に動かさるるが如きことは無くなつた。一つには時勢進歩の当然の結果として元老の行動に対する民間の批評も露骨無遠慮になつて来た。元老も自ら漸く責任の重大なるを自覚せざるを得ない。斯くして元老は出来る丈け自家の行動を合理的な規道の上に置かんことを努める。換言すれば無茶苦茶な選択をしない様になる。是に於て後継内閣の選任に関しては漸を以て一定の法則が成立せんとするの傾向を生ずるのである。然らば如何なる法則かと云ふに、有力なる政党の統率者にして整然之を統制するの実力を有し優に時局を安定するの才能を有する者を推挙すること即ち是れだ。斯く云へば分り切つたことの様だけれども、私は特に、従来は元老と気脈を通じて居ると云ふ事実の上に党員を服せしめ得たのだけれども、今度は党員を服せしめ得るから元老の推挙にもあづかり得るのだという風に変つた点に、読者の注意を乞ひたいと思ふ。彼に在て政党首領は元老を笠に着て威力を党員に振ひ得たのであつたが、此に在ては自家の実力に依て元老に臨み併せてその容認を求むると云ふのである。元老の推挙を待て台閣に列すると云ふ形式は同一だが、内部の実質的関係に於ては既に主客の地位を顚倒したと謂てもいゝ。

さて斯うした時代になると、政党首領の最も意を用ふべき所は党内の統制である。うまく部内をまとめ一糸みだれず手足の如く之を率ゐて行けるか如何に依て、首領としての適否がきまる。従て亦首領として要求さるる資格にも、新に「内部統率の手腕」といふ一条が加はることになる。之が丁度最近我々の眼前に現はれて居る現象であると思ふ。

私の考では、政党首領の主たる仕事は或る意味に於て昔と今と著しく変つたと云へる。昔は元老の周囲をめぐり歩いてその了解を得ることが毎日の日課であつた。惰性として之が今日にも盛に行はれて居る様である。事実に於て斯はまた丸で必要のないことでもない。併し今日では之のみを主として居つては足許があぶなくなる。何よりも大事なことは内部の結束を鞏《かた》うすることである。迂《う》つかりすると党内分裂の不祥事を見ぬとも限らず、勢力が二つに分れては何とあがいてもお鉢は決して自分に廻つては来ぬ。そこで今日の政党首領は、或は右に聞き或は左に諮つて衆の思ふ所を常に能く理解してゐなければならぬ。昔の様に元老の信任あるを楯として傲然《ごうぜん》王者の威容を示して党員に臨むわけには行かなくなつた。若槻にしろ浜口にしろさうであつたが、地位と経歴と更に亦一種の閥族的背景を担つて迎へられた田中政友会総裁にしてもが御多分に洩れぬではないか。彼が今日現に如何に内部の統制に齷齪《あくせく》して居るかを見ば、蓋し思ひ半に過ぐるものがあらう。

但し之を以て直に田中の力遠く原に及ばざるの証と為すものあらば大なる誤りである。原は成程田中より偉かつたかも知れない。併し原をして彼が如く威力を振はしめたものは一つは時勢の力である。彼はよく山県に取り入つた。西園寺とは固より友人の間柄と謂てもい丶。之を後ろにかざして天下に号令するとき、党員の訳もなく服従するは怪むに足らぬ。不幸にして今日はそんなコケ威《おど》しの種になるものはなくなつた。西園寺に多少その魅力なしと云ひ得ぬも、今日の彼は内部統制の実力を明示せし者でなければ進んで後援を与へようとはせぬ。故にその後援を得んとせば先づ以て党員の心を得て来ねばならぬ。斯くして政党首領は元老の門に走る前に先づ自家の家子郎党の意を迎へねばならぬことになつた。従てまた一般党員も自ら首領を見る昔日の如くなるを得ないことになる。茲処から党員と首領との本当の有機的連絡が生れるのだと思ふけれども、従来の眼から見たらば首領の威望が著しく減退したのだとも見えよう。いづれにしても最近に至りて政党首領が、ひとり元老の周囲をのみ顧念するのではなく、又大に党内の空気を理解するに努める様になり、之に格別の注意を傾けずしては首領としての働きを完《まっと》うし得ぬと云ふ風になつて来たのは、頗る注目すべき現象だと考へる。

最後に私は以上の観察から来る当然の結論に読者の注意を喚起して本稿を結びたいと思ふ。政党が台閣に上りたる場合の功罪を論ずるに当り、従来は政党首領と共に彼をして或一定の方針を取らざるを得ざらしめた元老の一味の責任を論ずべきであつたが、今後は政党首領とその政策決定の実質的要素となつた党内部の責任が真剣に問はるることになる。別の言葉でいへば、善いにも悪いにも、政党は今日以後始めて実質的に政策決定の全責任を負ふ地位に立たされた。従来の如く元老並にその周囲の官僚閥族の直接間接の影響に圧《お》さるることなく、真に独自自由の政策を行ふを得る地位に立たされたのだ。この新境地を彼等は果して如何に利用するであらうか。久しく闇に慣れた者は俄《にわか》に光明に接して之に処するの途を知らざるが如く、依然として在来の旧套《きゅうとう》を追ふだけなら、我々国民は完全に政党政治家の将来に絶望するであらう。

〔『中央公論』一九二七年九月〕

府県会議員選挙の跡を見て

先度の府県会議員選挙の結果につき世人の最も痛切に問題とする所は二つある。一つは選挙取締規程のことで二は棄権率のことである。

新選挙法の取締規程はまことに煩瑣を極めて居る。選挙施行前からこの事は頻《しき》りに各方面から訴へられて居たが、実際の経験は益々その煩累に堪へぬことを立証した。そこで改正の要求もボツ〳〵聞える様であるが、私は規程の煩瑣を難ずる其事には世上の論者と其感を同うするも、然らば何を如何に改正すべきやの点になると必しも彼等と同一の歩調を取るものではない。何となれば世上の改正論は概して選挙界に馳駆した者の側から起り或は少くとも彼等の希望に影響せられて作られるものであり、従てその根拠には候補者乃至政党の便宜といふことが横はつて居るからである。候補者乃至政党の便宜も之を図つていけないといふのではない。併し我々の立場として専ら眼中に置くべきは、彼等の便宜ではなくて選挙の目的でなければならぬ。選挙本来の目的を達成せんが為には、時として彼等の所謂《いわゆる》便宜の如き之を顧みるに遑《いとま》なき場合もあらうではないか。蓋《けだ》し我々国民の立場としては常に一段高い処から斯種の問題を冷静に考察して見る必要があるのである。

さて選挙取締規程の改正に関しては私にも具体的の考案がないではないが、一々之を説くは別の機会に譲りたい。茲には読者の参考に供する為め唯簡単に改正の方針に関する抽象的原則の主なるものを掲ぐるに止めておかう。

（一）取締規程の多くは選挙人を以て自由な良心のない、他から誘はるればどんな馬鹿な事でも敢てするでくの棒と前提し、之を欺瞞し籠絡せんが為に取る候補者側の狡計をば出来るだけ制抑せんとの見地から立てられたものである。だからあゝしても不可かうしても不可と規則が馬鹿にやかましいのだが、考へて見れば、選挙民さへしつかりして居れば之等は本来どうでもいゝものなのである。選挙民に鋭敏な良心の自由があり又事物を判断するの相当な能力があれば、相手方がどんな狡猾な手段を持つて来ようがさう去就を間違ふ筈はない。況《いわ》んや各党の候補者は互に相控制して一方の失態は他方必ず之を天下に明示して呉れるに於てをや。例へば今度の選挙法では極めて細かい規程を設けて戸別訪問を禁じて居るが、選挙民の方でペコ〳〵頭を下げて頼み廻る様な不見識な奴には断じて投票しないとさへ決めて居れば、戸別訪問なんどは段々やるものはなくなるにきまつて居る。然らばわざ〳〵法を設けて之を禁ずるの必要は何処にあるか。斯んなわけで煩瑣な規程の多くは実は選挙民を極端な馬鹿者と前提しての必要条項なのであつて、やがて選挙民の覚醒と共に全然無用となる性質のものである。尤もあつたからとて選挙民の邪魔にはならぬ。選挙民は黙つてそしてよく考へて然るべき人に投票しさへすればいゝのである。候補者に対する各般の命令禁令の如きは彼に取つては何の係はりもないのだ。寧ろ斯種の規程あるため戸別訪問などに来られぬ丈けが幸ひだともいふべきであらう。して見れば選挙民本位の論としては、かの煩瑣なる諸規程の如き別に急いで之を改廃すべき実際的必要はないと云つてもいゝのである。但だ之を無用の規程といつたのは選挙法本来の眼目から見ての理論的結論を述べたまでのことに過ぎぬ。一言にして約すれば、選挙民の立場から云へば、あゝしたうるさい規程の存在は格別迷惑にも苦痛にもならぬのである。

（二）初めに遡《さかのぼ》つてあゝ云ふ規程を作らうかどうかと云ふ問題なら、私は原則として之を無用とする論に左袒《さたん》する。併し既に制定公布されてしまつた以上は、実際の必要あるに非る限り、別に面倒な手数を繰り返して改正するまでもあるまいと考へる。而して大体論として改正の要求は多く候補者側の希望に発し、その要求はまた理に於て深く顧慮するに足らざる所以《ゆえん》は、既に前段に於て述べた通りである。唯茲に一つ考ふべきは、選挙の目的から観て例外として速に改正を要する点が二三ながらうかといふことである。候補者の醜悪なる運動は固より之を抑止して構はないが、所謂角を矯《た》めんとして牛を殺すの譬《たとえ》にもれず、取締りに急ぐのあまり候補者側の正しき活動までを妨ぐることなきやを一応反省して見る必要はある。それが実に選挙の目的に叶ひ選挙人の便宜にもなるのだ。候補者側の正しき活動には十分な自由を与へた方がい丶。新選挙法はこの方面に於て余りに無用の規程を立て過ぎた嫌は慥《たしか》にある。之等は速に改正を要すべきものであらう。

(三) 改正の要求が主として候補者側から起る丈け、特に熱心に改正の叫ばるる個条の中、迂《う》つかり之れに乗つて改正を急いではならないものがあるかも知れない。大体論としては、有つても無くても同じ様なものだが、例へば特に今次の経験に於て依て以て従来の政弊を幾分でも阻止し得たと云ふ様な規程があつたなら(例へば戸別訪問の禁止の如き)、選挙民の十分なる覚醒の猶ほ未だ容易に期し難き今日、姑《しばら》く之を存置した方が得策であるかも知れぬ。選挙民を醜悪なる誘惑から保護するに役立つ様な規程は、之を不便とする者の提説に聴いて軽々に手を触れてはならぬものと考へる。無論之にのみ頼つて選挙民の根本的覚醒の方途を等閑に附すべからざるは云ふまでもない。

選挙の結果につき一番やかましい問題となつたのは棄権率の意外に多かつたといふことである。平均五割、中には七割以上にも及ぶ処があつたといふ。之を見て世上の論壇は、今更の様に吃驚《びっくり》し、何れも皆一般民衆の政事に冷淡なるを慨嘆して居る。中には之から論結して一般大衆は本来普通選挙権を要求しては居なかつたなどと説くものすらもあつた。少くとも之を以て政界革正の前途尚《なお》遼遠なるの一兆候なりとするの説には輿論のひとしく一致する所の様であつた。併し之は一概にさう悲観すべき現象でもないと私は考へる。少くとも斯かる現象を呈せるに付ての責任を徹頭徹尾大衆の無見識に帰するの説は私の容易に首肯し得ざる所である。

之に就て思ひ出すのはラスキの言である。彼はその著『政治学綱要』に於て、抽象的概念を基礎とする先人の政治学説を排し、「多年の経験は政治に在て理性の作用の案外に薄弱なるものなることを吾人に教へた」と云ひ、又は「大衆は存外彼等自身の需《もと》むる所をはツきり頭に入れて居ないものである。否、頭に入れて居る場合でも、示されたる提案が満足すべきものなりや否やの問題に存外無関心なものである」などと云つた。又斯んなことも述べてゐる。「近代政治組織のすべてに通ずる著しい特色は、一方に民衆の福利を掌《つかさど》る専門家の一群あり、他方にまた其専門家の行動をば結果に於てのみ判断しその達成の過程方法には殆んど全然無頓着な大衆があると云ふことである。而して政治作用の細目に全然興味を有せざる且又之を知るの余暇もないこの大衆が、実に一切の最終的決定権を握つて居るのである。一旦与へたものは後になつて容易に之を取戻すことは出来ぬものだ。ふだんは使はぬくせに取り上げようとすれば忽《たちま》ち異常の昂奮を見せる。斯う云ふ基礎の上に良い政治を実現して行かうと云ふので、近代の政治は事甚だ面倒なのである」と。斯くしてラスキはこの基礎の上に彼れの新学説を打ち立てようと試むるのであるが、その結論は兹でいま評論するの限りに非ずとして、唯読者と共に呉々《くれぐれ》も注意したいのは、政治的に最も発達したと称せらるゝ英国人を眼中に置いてすら、彼が斯くまで民衆の矇昧《もうまい》と冷淡とを罵倒せねばならなかつたことである。彼はまた別の処で云つた。我々は民衆といふものは与へられた選挙権を常に必ず正しく使用するものと考へてはいけないと。政治に於ける理性の作用の薄弱を説いたのもこゝから来る。して見れば権利の要求に熱心にして而も之が利用に冷淡を極むるは、東西揆《き》を一にするところとも云へよう。否、英国にして猶且つ然り、況んや我国に於ておやと云ひたい位だ。之を要するに、我々は選挙民の理性を買被《かいかぶ》つてはいけない。棄権率の多いのに吃驚したのは、畢竟《ひっきょう》謬《あやま》つて選挙民の行動に過大の期待を繋《か》けた為ではあるまいか。

そんなら英国でも矢張り我国今次の経験が示した様に異常の棄権率に苦んだのかと云ふに必しもさうではない。もう少し棄権率が少ければいゝ、がと云ふ議論は彼国にもあつた。併し相当数の権利行使者のあるに世間は大体満足を表して居る。然らば彼に在て斯く棄権率の少いのは何に因るのであらうか。ラスキの言の如く之を選挙民の覚醒に帰し難しとすれば、他にその原因を求めなければならぬ。抑《そもそ》も選挙民自身の曚昧なるは右述ぶる如く英国も日本も同じ事で、今急に之を如何ともすることは出来ぬ。之は漸次民智の一般に進歩向上するの趨勢に委《まか》せなければならない。併し乍《なが》ら差当つてその冷淡なるまゝに放任することも出来ないとすれば、我々はまた何等か別に民衆の惰眠を刺激するの方法を講じて、一時的でも政治的活動の渦中に彼等を進出せしむる工夫をすること肝要だ。英国も日本も民衆の曚昧なるに変りはなくして棄権率の多少にあゝした驚くべき差違を示したのは、実はこの刺激の有無厚薄に因るのではあるまいか。然らば刺激とは何ぞやといふに、間接には言論機関の呼号等も数へられるけれども、直接には候補者乃至政党の「呼び掛け」だと謂《い》はねばならぬ。仮りに之を政治家の積極行動と云つておかう。即ちこの積極行動が民衆に対つて有機的に働き掛けることの如何によつて、民衆の政治的進出の程度がきまるのである。選挙民は本来他から誘はるるまでもなく自ら進んで有効にその権利を行使すべきであると云ふのは所謂机上の空論に過ぎぬ。放任して置けば棄権するのが事実の当然だ。それが良いか悪いかは別問題として、只その避く可からざる勢なるを認むる以上、棄権率の多い少いは正に政治家側の責任に帰するものと論ずべきではあるまいか。

して見れば今次の選挙に於て棄権率の異常に多かりし事実に付て民衆そのものを責むるの愚なるは云ふまでも

なく、主として責任を問はるべきは政治家階級であらう。少くとも斯う云ふ方針を立ててその真原因を探究すべきものではないかと考へる。

今度の選挙で我々の最も深く関心すべきは、実は棄権率の多少ではなくて選挙権行使者の態度であつたのだ。棄権率の多いのは選挙民の曚昧を証明する事実には相違ない。その限りに於て是も亦慥《たしか》に我々の一関心事たるを失はないが、ラスキの言ひ草ではないが、之は疾《と》ふの昔に諦められて居るべき筈なのである。之を今更気に掛けたとて仕様がない。それよりも一番気になるものは、折角選挙権を行使した人達が、従来の選挙民がよくやつては我々を泣かした様に、候補者や運動員の悪辣醜汚なる誘惑に迷はされ、良心の自由を売つてその頤使《いし》に盲従したのではなかつたかと云ふ点である。新選挙権者も旧有権者と同じく滔々として皆小利権に眩惑して良心の操守を棄てて顧みざる底《てい》の連中であつたとしたら、彼等が権利の行使に冷淡でなかつたと云ふ事は一体何の役に立つ？　マイナスは幾ら沢山集つても要するにマイナスだ。だから棄権率の多い少いは実は此際それ程関心すべき問題ではないのである。関心すべき問題は外にあるのに、世上の論壇が専らこの点のみを中心問題として更に新有権者の態度如何に意を注がないのは、私の甚だ怪訝《かいが》に堪へざる所であつた。

棄権率の多いと云ふ事を直に悲むべき現象と見るの説を肯定するには、実は次の三項を前提として許さなければならない。(一)新有権者は旧有権者と既成政党との慣れ合に依て政界の腐敗せしめられて居るの事実に対し意識的に強い反感を懐いて居ること、(二)彼等は深くこの腐敗の原因を除くの捷径が自家階級の政権獲得の外にないことを信じ、為に多年普通選挙制の確立を熱求せしこと、(三)従てこの多年の熱望が達せられ普通選挙制が布《し》かれた以上、彼等は猛然としてその積極的行動に躍進すべき筈なること、是れ。無産政党の一部の人達は頻りにこの事を金科玉条として説き廻る様だが、成る程お前はい丶子だと賞め上げて小供の悪戯《いたずら》を止め得ると同じく、大衆の煽動籠絡の目的の為には結構此上もない説明に相違ない。だが政界の現実その儘の描写としては実は之れ程出鱈目《でたらめ》の言ひ草はない。だから私は之れ迄も凡ゆる機会に於て屢々《しばしば》説いたのであつた。普通選挙制の実施に過大の期待を置いてはいけない、選挙権拡張の喜ぶべき所以はたゞ新有権者の一団が従来の政弊に染《なじ》んで居ないと云ふ点にある。而して単にそれだけに過ぎず、その外に積極的に頼もしい所があるのではない、即ち唯白紙であると云ふ丈けを頼みにするのだから、その当然の結果として我々は、一方には彼等までが従来の弊害に侵されぬ様心配してやるを要すると共に、他方にまた改めてその自覚を促す為め大に誘導啓発につとめなくてはならぬのであると。同じ骨折りでも従来の有権者は一度悪酒に酔つた経験がある丈け容易に足を洗ひしめ得ぬが、新有権者はまだ純真無垢である丈け、骨折り甲斐があらうと云ふまでに過ぎぬ。故を以て普通選挙制の施行を喜ぶ者は、必ずや同時にその喜びを現実のものたらしむる為の教育的責任を感ぜずには居れぬのである。従て斯う云ふ立場の人に取ては、新有権者が競て投票場に馳せ参じたと云ふことは、それだけで安心の出来る事柄ではないのである。

私は却て斯うも考へる。既成政党などにモ少し新有権者の中に喰ひ入り之を誘惑するの勇気と準備とがあつたなら、棄権率はもつと〳〵減つたらうと。若しさうであつたら、その投票の大部分は、従来の選挙の場合と同じく、矢張り利権の為に良心を売つた結果に外ならぬことになる。それでも世人は棄権率の少きの故を以て之を満足すべき現象と観るだらうか。私は敢て棄権率の多い方がい丶と云ふのではない。又必ずしもその率の多きを以て直に誘惑買収の無かつた証拠だと説くものでもない。棄権率の多かつたのは何に因るやは別に研究を重ねるとして、唯一概に之を憂ふべき現象と主張するの立場に対し、その見当外れなることを抗論したいのである。この点に関し正しき目標を指摘して呉れる者の極めて少かりしの事実には、特に私が多大の遺憾を感ずる所である。

次に私は何故に棄権率が斯くも多かつたかに就て少しく愚見を述べて見たい。

私は先きに棄権率の多少の岐《わか》るる所は政治家側の責任に帰することを説いた。詳しく云へば、大衆に呼び掛くる政治家の積極行動が広汎にして痛切であれば棄権するものは少く、従てまた棄権率の余りに多いのはそれ自身候補者側の怠慢を意味するものだと云ふことを述べたのであつた。さうすると斯う云ふ人があるかも知れない。今度の選挙でも各党とも大衆の投票を得る為には死力を尽したではないかと。成る程その通りだ。中にも無産諸政党の如きは、巧妙なる宣伝と痛烈なる弁論を以て民衆に迫ること頗る深酷なるものがあつた。尤もそれはいろ〳〵の事情の為に広く行き渡り得なかつたので、その運動の行はれた限りに於ては深刻であつても、一般にいへば至て微弱であつたと云はれても仕方がない点はあつた。そこになると既成政党の方は流石《さすが》に多年の経験と研究とに基いて全国隈なく運動の手を拡げて居る。故に概していへば、之等政党者流から一度も誘ひを掛けられたことのないと云ふ様な人は、有権者中恐らく一人もなかつたと思ふ。どんなに少くとも二度や三度は必ず彼等の運動網に引ツ掛つて居る筈だ。故に斯うした外形から云へば、政治家は決して大衆の呼び掛けを怠つてゐたのではない。一票二票を争ふ候補者に取てこの点に心を用ひざる道理もあり得ないのである。故に単に候補者乃至政党が大衆に手を拡げたと云ふ外形上の事だけを云ふなら、私も論者と共に彼等の大に爰《ここ》につとめたるの事実を認める。併し私の主として着眼するのは、その呼び掛けに反応があつたか如何と云ふことである。幾ら手を拡げても空中に発砲する様なことでは何にもならぬ。手応えのある有効な努力が合理的に遂行され、従て骨折りに相応する丈けの成績を伴ふものでなくては何にもならぬ。換言すれば、一旦大衆に呼び掛けた以上、大衆が真に之を自分達の代表者とする様な実効のある努力が払はれたかが問題なのである。斯う考へると候補者乃至政党の努力と云ふものは、動《やや》もすれば空中への発砲に類し、力の大なる割合に案外に無駄なものであつたことに気が付くであらう。

何故さう云ふ事になるのか。之に付ては各党派に付て別々に考察するの必要がある様に思ふ。

（一）既成政党は政友会にしろ民政党にしろ大体に於て所謂ブルヂヨア階級を地盤とする。彼等はその範囲内に於て各々その領域に分ち而して互にその拡張争奪に浮身をやつす連中である。故に従来の行き掛り上その相互間には烈しく相争ふとはいへ、ブルヂヨア階級の代弁たるの関係に於ては均しくその利害を一にするものである。従て彼等は彼等の地盤とするブルヂヨア階級の利害を犠牲にしてまで、一般大衆に迎合することは出来ない。相争ふ敵味方として既成政党の双方は、一票でも多くといふので無産大衆にも呼び掛けはする。けれども具体的の新政綱を掲げて堂々と新興階級に訴へ得ざるは勿論、時節柄猜疑心の深いブルヂヨア階級の思惑に遠慮して、一般大衆に思ひ切つて接近することをも能《よ》くし得ぬのである。斯くして既成政党は、一般大衆に対して形式上冷淡ではなかつたが、実際上は態度甚だ煮え切らず、序《ついで》を以て一応の挨拶はすると云ふ位の程度にとゞまり、事実上主として力を注いだのは矢張り従来の関係に依て結ばれた人達に過ぎなかつたのだ。彼等が選挙場裡に依然優者の地位を占めしは多年の経歴に基くものとして怪むに足らず、あれ丈けの準備と経験とを以てして、無産政党を自家の代表として積極的に後援することを知らざる程ボンヤリして居る大衆をば、ムザ〳〵網の外に逸し去つたのは、何と謂ても既成政党の恥辱たるを失はぬ。尤も私は既成政党がこの点にもツと良い智恵を出し我々を驚歎せしむる程の成功を収めんことを希望するのではない。寧ろ此点に彼等の臆病で無為であつたことをもツけの倖《さいわ》ひとする。就中《なかんずく》その為に新有権者が在来の苦々しき政弊に捲き込まれる危険から免れ得たことは我々の最もよろこぶ所である。我々は更にこの点を無産大衆の意識裡に明白にし、既成政党をして益々近づき難きものたらしむる様努力する所なければならぬ。

(二) 無産諸政党の大衆に対する関係は党に依り多少の相違あり一様に論ずることが出来ぬ様であるが、細目のことは別の機会に譲るとして大体のことを概論するに、何れの政党に於ても大衆対策の根本方針が確立せず従て頗る準備が不十分であつた様に思ふ。前にも屢々云つた様に、大衆は決して政事に緊張して居るのではない。既成政党は駄目だといへば、大衆の何人《なんぴと》もがさうだと答へる。だから大衆は既成政党所属の候補者には投票せぬだらうとまではいへるが、彼を抑え彼を牽制せんが為に進んで無産派の候補者に一票を入れるかどうかは自《おのずか》ら別問題だ。

幾ら候補者や運動者やが諸君の利害はこの通り蹂躪《じゅうりん》され居るなどと怒号しても、見物の大衆は汗みづくになつて居る彼等の姿を面白さうに眺めては只ゲラ〳〵笑つて居る。斯う云ふ種類の人に更に有効なる刺激を与へて奮ひ起さしむるは、尋常一様の方法の能くし得る所ではない。この点に付て無産諸政党はかね〴〵十分慎密の方策を研究確立して居つたであらうか。是が私のひそかに疑問とする所なのである。

この事につき私の常に無産諸政党の為に憂ふる所は、既成政党の常套手段を先蹤《せんしょう》とすることなきやの点である。既成政党は斯うした問題については毎時最も安価にして手ツ取り早い方法をとる。従て之が為に将来どんな悪影響が残るかを顧みない。所謂目前の目的を達するに急いで百年の大計を疎略にする所に既成政党の特色があり、我々が彼等を頭から排斥するのも実はこの為に外ならぬ。就中最近の政友会の如き、党利党略の為めに国家の利益をふみにじつて屁とも思は〔ぬ〕所、その横暴残虐真に唾棄《だき》すべきではないか。併し之は程度の差こそあれ政友会に限つたことではない、民政党だつて過去の経歴に於て決して国民の前に大きな顔は出来ぬ筈である。何れにしても目前の目的に対しては常に一番の近道を執ると云のが既成政党に運命づけられたやり方だ。斯う云ふ立場から採らるる具体的の方策に至ては、時宜に依り必しも一律には出でないけれども、最も普通なるは種々の形を以てする利権の提供である。積極的利権の授与もあれば、その不当なる既得の優越的立場の保護といふのもある。要するに之が目前当面の応急的手段としては一番有効な方法なのだ。而して既成政党は従来之れで地方の有権者と深く結んで居るものだけに、今更之と大に利害を異にする新興階級に向つて憚《はばか》る所なく秋波を寄せ難いのである。斯うした妙な廻り合せで新興階級が偶然にも既成政党の誘惑から解放されて居るのは我々の大によろこぶ所だけれども、新に之を背景とし地盤として起つ所の無産政党が、万一また彼等と結ばんが為に既成政党と同じ様な態度に出づることあらば、我々のよろこびは真に一時の糠《ぬか》よろこびに終らざるを得ない。問題は即ちこゝに在る。

私は必ずしも無産諸政党が大衆獲得の方策に於て全然既成政党を真似《まね》たとは謂はない。少くとも買収請托等の如き忌むべき罪悪に付ては頗るその潔白であつたことを確信する。けれども只彼等は、有形無形両面の犠牲を主として中央本部より提供すると云ふ方策に出でた点に於て既成政党の顰《ひそみ》に倣《なら》はなかつたか。既成政党なら、少くとも従来の組織を以てしては、此外に行き方はない。併し乍ら本当の政党は――少くとも有力なる既成政党の間に介在し大衆を背景として政界の分野に乗り出さうとするものに取ては――一から十まで中央から地方に買ひ出しに出張する様な方法では駄目だ。或る点までは中央が世話を見る必要はあらうが、結局は地方に各々自主的立場を自覚させる様にしなくてはならぬ。演説会の費用をよこせの、宣伝ポスターをもつと送れの、応援弁士の旅費は本部で持てのと、中央から頼まれてやる様な積りで言つてよこす各地方の勝手な注文を一々聴いて居つては堪つたものでない。既成政党は徹頭徹尾之で押した、そして相当に成功もした。併しそれが為には莫大な金が要《い》る。是れ彼等が常に金権と密接なる関係を結ぶ所以である。之が為に国家が暗々裡にどれ丈けの損害を蒙つて居るかは云ふまでもないが、兎に角彼等の本来の立て前が之れなのだから、党に依て多少の差はあるが、孰れも皆ふだんから相当の財政的準備はして居る。故に無産政党がまた同じくこのやり方で渡り合はうとするなら、到底彼等に歯の立つ道理はない。概していふに、無産諸政党は既成政党の失態を抉剔《けつてき》するには著しく長ずるが如きも、扨《さ》て進んで何かやり出す段になると、屹度《きつと》既成政党のやり方を追随して恥ぢない様だ。単に大衆獲得の方策に付てのみ之を云ふのではない。何事につけても余りに智恵のなさ過ぎる嫌はないだらうか。

私はこゝで図らず私の初めに提出した問題に再び逢着する端緒を見出した。即ち今次の選挙に於て棄権率の非常に多かつたといふ問題である。前にも述べた如く、新有権者の多数は概して云ふに既成政党自身の憚りて敢て近づかぬ所である。謂はば之等は無産諸政党の勝手に取り去るにまかされた分域なのである。無産諸政党に取つて之れ程都合のいゝことはない。それにも拘らず無産政党は指をくはえてボンヤリして居たと云つたら、世人は余りにその腑甲斐なきに呆《あき》れるだらう。併しそれには相当の理由はある。無産諸政党はいづれも之等の投げ与へられたる大衆を前にして食指大に動いたのであるが、如何せん彼等には之を獲得する為に唯一つの方策しか持ち合せがなかつた。即ち無意識的に既成政党の経験から割り出した地方懐柔策が是れだ。能く考へればこの方策の執るべからざる所以が分る筈だのに、目前の成功を急いでか、彼等には十分之を反省するの余裕がなかつたらしい。而してやつて見ると之には莫大の金が要ることが分つた。彼等は俄《にわか》に選挙資金の調達に狂奔した。平素金に縁のない連中がどんなに馳《か》け廻つたとて集め得る金高は知れたものだ。斯くして自然の勢は遂に彼等をして思ふ様に手を伸ばさしめなかつたのである。詰り彼等は赤貧の分際を以てして大金持の真似をして見たのだ。事功の挙らざるは当然である。それでもあれ丈の成績を挙げたのは一に時勢の賜《たまもの》である。之を俺達の奮闘の結果だなどと自惚《うぬぼ》れてはいけない。要するに彼等は最初から肝腎の方針を誤つた。従つて取れる筈の獲ものを我から逃してしまつたのだ。財力の微弱なだけ彼等の張つた網は極めて小なる部分に限られても居る。故を以て既成政党から見放された大衆は、無産政党からも顧みられずして、普選最初の大事な選挙だと云ふにも拘らず、而もその顧みられざることを聊《いささか》も苦とすることなくして、悠々として太平の惰眠を貪つた訳なのである。棄権率の多いのは勿論大衆矇昧の直接反映には相違ない。併しさう迄させなくても良かつたのをさうさしたのは、何と謂つても無産諸政党の責任と断定せなければならぬ。

終りに一言する。そんならば今後無産政党はどうすればいゝのか。無産政党は第一に選挙費用調達の悪夢から醒《さ》めなければならない。もと〱金に縁の薄い連中のことだ。赤手空拳で行け。但し之を看板にするばかりでは駄目だ。金のないと云ふ所に難境もあるが、金がないからこそ本当の恒久的関係が有権者との間に結べるのではないか。固より之は選挙が来たからとて俄に始めて出来る事柄ではない。金で仕事をする既成政党が、平素は散々国民の面目をふみにじつて置き乍ら、選挙となつて俄に札たば切つても見事に所謂国民の信用を恢復するからとて、無産政党までが、選挙の時はまた如何様にもなるなどと安心して、平素貴重な時間を内輪喧嘩に空費し大事な国民的利害の討究を等閑に附してはなるまい。選挙に際して大衆の獲得を確実ならしめんが為には、平素彼等との有機的関係を十分に開拓しておくの必要があるのである。眼あるものは今度の選挙の経験で少しはこの事に感づいた筈だ。而して来年の総選挙のことを考へると、之が為に備ふるの用意は寧ろ今日を以て遅しとする位である。私は呉々も無産政党の諸君に向つて、当今の政界に於ける諸君の真実の立場に十分反省せられんことを望まざるを得ない。

〔『中央公論』一九二七年一一月〕

天皇中心主義と議会中心主義

この両主義の何たるかは前項〔『中央公論』同号所収「優諚問題」〕説く所に依ても既に明白であると思ふ。聡明なる読者は議会中心主義に対比するものを表はさんとて天皇中心主義なる文字を使ふことの如何に不謹慎なるかにも気付いたであらう。而して国務大臣の輔弼《ほひつ》を説くにあたり所謂天皇中心主義なる名に隠れて大政親裁論を固執する者の今日に於てなほ絶無に非ることをも承認されるであらう。

然り、所謂天皇中心主義者を以て任ずる者は今日に在ても沢山ある。それにしても彼等が、議会中心主義の立場を真向《まつこう》に振りかざして来る最近の首相糺弾運動に、一言の抗弁も為し得ぬのは何としたものか。斯くてはその誇称する主義に対して真の確信あるに非ず時に応じてその美称を濫用したに過ぎぬと誹《そし》られても仕方があるまいではないか。濫用か確信かは分らぬが、私自身も之を振り廻はすものからひどく窘《くるし》められた経験を有《も》つて居る。大正十三年帝大教授を辞して朝日新聞に入つたばかりの私が、仰々しい筆禍事件に坐して当局の厳しき喚問を受け、其の結果忽《たちま》ち朝日社を逐ひ出される不運に遭つたが、此時の問題が即ち私が所謂天皇中心主義と相容れざる立場を主張したと云ふに帰するのであつた。問題を惹《ひ》き起した当局の役人が誰あらう時の刑事局長山岡万之助君、その長官の司法大臣が鈴木喜三郎君であるのを回想すると、この両君が天皇中心主義を以て議会中心主義に挑戦したのも蓋《けだ》し一朝一夕の事ではない。

併し乍《なが》ら鈴木山岡両君の様な思想の一見甚だ我国に忠なるが如く見えて而も其実大に国害を為すものであると

する信念も、亦我国に於ては可なり古い歴史を有するものである。今私は其一例として明治十四年の東京日日新聞から福地源一郎の筆に成る社説の一節を引いて見よう。

四月二日の社説には斯うある。

(前略) 夫レ権ノ帰スル所ハ責《せめ》ノ帰スル所タリ、其権アリテ其責ナクバ国民ハ何ニ由テ其身ヲ安ジ其自由ヲ享《う》クルヲ得ンヤ、若《も》シ叡慮ノマニ〳〵万機ヲシロシ召サバ、恐ナガラ其責ハ帝位ニ帰シ、其激迫スルニ際シテハ帝統神種天皇神聖ノ大義モ国民コレヲ顧ルノ遑《いとま》ナキニ至ランモ計リ難シ、吾曹《われら》ガ夙夜憂懼《しゅくやゆうく》シテ措クコト能《あた》ハザルハ実ニ此事ニ候ナリ。現ニ今日ノ政治ヲ仰視スルニ、制度法律ミナ勅命ヲ以テセラル、ガ故ニ、大臣参議省卿ハ皆　聖天子ニ対シ奉リテ責任ヲ有スレドモ国民ニ対シテハ更ニ其責任ナシ。而シテ国民ニ対スル政治ノ責任ハ直ニ　聖天子ニ集リ、臣下ハ却テ衮竜《こんりょう》ノ御袖ヲ楯トシテ責任ノ衝ヲ避クルガ如クニ見ユルナリ。政体ノ然ラシムル所トハ云ヒナガラ、是レ豈《あ》ニ皇統ヲ不窮ニ継承シ奉ルニ万全ノ計ナリト云フベケンヤ。是故ニ君民同治ノ政体ヲ建ルニ当リテハ、国民ニ対シテハ大臣都《すべ》テ政治ノ責ニ任ズベシト制定シ、聖天子ハ人望ノ帰スル者ヲ選ビテ大臣ニ任ジ、人望ニ背クノ大臣ハ之ヲ退ケ、一ニ輿論ノ由ル所ニ従テ社稷《しゃしょく》ノ重臣ヲ定メ、以テ国民ノ責任ニ当ラシメ給フベシ。然ル時ハ国民ハ政治ノ得喪ニ責任ノ人アルヲ知リ、帝位ハ国民ノ休戚ニ怨府タルコトナク、万世一系ノ帝統ハ天壌ト倶《とも》ニ不窮ニ継承セラレ給ハンコト、疑ヲ容レザル也。

又四月十二日の社説に於ては国務大臣輔弼の職責をば次の如く論じて居る。

(前略) 夫《か》ノ政治ハ責任ソノ人アルヲ要ス。責任ソノ人ナケレバ、国会アリト雖《いえど》モ議院アリト雖モ政治ノ利害得喪ニ関シ国民ハ誰ニ向テ其過失ヲ譲《せ》ムルトセンヤ。而シテ我建国ノ体ニ於テ　天皇陛下ハ至尊ナリ神聖ナリ法ヲ以テ問ヒ奉ルベキニアラネバ、如何ナル場合タリトモ政治ノ過失ヲ以テ直ニ　陛下ノ御身ニ帰シ奉ランハ勿体《もったい》ナシ、臣子タル者ノ万ニダモ成シ得ベキコトニ非ルナリ。是レ大臣ヲシテ　天皇陛下ニ代リ奉リ国民ニ対シテ其責ニ任ゼシムル所以ナリ。斯ク国民ニ対シテ責任ニ当ル以上ハ、言フモ憚《はばかり》アルコトナガラ、陛下ニ対シ奉リテハ其責任ヲ第二段ニ置カザル可カラズ。例バ和戦ノ決ニ際シ輿論ハ和ヲ主トシ、叡慮ハ戦ヲ主トシ給ハンニ、大臣ハ叡慮ヲ体シテ戦議ヲ採ルベキ乎将《はた》輿論ニ従テ和議ヲ採ルベキ乎、叡慮ニモ戻《もと》ラズ輿論ニモ背カザルハ得ベカラザルヲ以テ、断決ノ時ニ臨シテハ和議孰《いずれ》カ其一ニ依ラザルベカラズ。叡慮ヲ体シテ戦ヒ責ヲ輿論ニ得テ其職其身ヲ犠牲ニ供スルヲ顧ミズト覚悟スル乎、若クハ飽クマデモ諫諍《かんそう》スル乎ニ在ルモノナリ。而シテ国民ニ対シテ責任アルノ大臣ハ即チ社稷ノ重臣ナレバ、社稷ヲ重トスル大義ニ則《のっ》トリ、輿論ノ在ル所ハ敢テ叡慮ノマニ〳〵任セ奉ラザルコト其要務ナリトス。天皇陛下ノ大権タル宣戦講和ノ議且ツ然リ。況《いわん》ヤ議院ノ決議ヲ要スルノ諸事ニ於テヲヤ。去レバ輿論ニ従フノ奏議ハ、叡慮ニ好マセ給ハザル条タリトモ　陛下ハ大臣ノ請状ヲ批准アラセ給フベク、又輿論ニ違背スルノ大臣ハ寵遇信任ノ人タリトモ之ヲ退ケ給フベキコト、立憲政体ノ最要訣ナリト云フベシ。

右は明治十三年から同じく十四年にかけて民間に於ける国会開設運動の盛行するに連れ、又十三年の暮には元老院がかねて勅命を奉じて調査中であつた憲法草案を上《たてまつ》つたと云ふ報道に刺戟され、有志の間にも各方面に憲法の調査研究を試むるものあつた際、東京日日新聞また福地源一郎に嘱して長文の「国憲意見」を作らしめて紙上に連載したが、其中の一節を抄録せしものである。当時民間で作られた憲法案にいろ〳〵のものあるが、東京日日所載の「国憲意見」はその最も詳細にして最も整備せるものである。前後十章に分れ三月三十日から四月十六日まで連載されて居る。当時福地はまだ純然たる御用記者となつては居ない、孰れかといへば十四年春頃の東京日日は政府反対の側である。けれども福地は伊藤其他の高官の間に個人的相識多く、国憲を按ずるに方《あた》つて必ずや其等の意見をも参照したに相違ない。従て彼の文章は或は当時の有力なる政治家の所見を代弁するものであるかも知れない。この意味に於て我々は前記の文章を誦読して実に感慨無量なるものがある。五十年足らずも昔のものだから措辞に生硬粗笨《そほん》なるものあるは免れないとして、唯その内容を為す意味に至ては今日に於ても殆んどその儘容認されねばならぬものであると考へる。

孰れにしても所謂天皇中心の政治主義は、明治の初年から真面目な政治家からは排斥されて居つたものである。而もそれは専ら皇室の御為に斥《しりぞ》けられて居つたといふ点に我々は特に注意するの必要がある。

〔『中央公論』一九二八年七月〕

現代政局の展望

今度の議会の景況……去歳初秋以降の政況……政友会の下院に於ける優勢……憲政逆転の責……下院優勢の事実が田中内閣存立の唯一の根拠か……特権諸階級の政友会支持……政友会と財閥との関係……特権階級と国民大衆との対立
民衆の自覚……民衆開導の方策……開導運動に於ける一つの悩み……東京市会議員の改選に対する市民の態度……民衆運動の出発点並に其上に築かるる二態様……大衆の為の仕事であることと大衆の為の仕事だと云ふこと……共産党運動の特色
我国民衆運動の将来……戦線統一の前途……我国無産政党界の現況

今度の議会の景況

今度の議会の様子は奈何《どん》なだらうと能《よ》く人から訊《き》かれる。問ふ人の気持は無論いろ〳〵であつて、中にはどんな事で波瀾がおこるだらう、意外の出来事で政変を捲き起すやうなことはないかと、好奇心に駆られるのもあるが、幾分まじめに、治安維持法改正緊急勅令承諾案の運命は如何とか、支那問題はそも〳〵如何《どん》な風に取扱はれるだらうとか、又は支那問題でしつくり肚の合はぬらしい田中床次の両派は強て他に政策共同の口実を見出すの必要から小選挙区制の採用と云ふが如きを目論《もくろ》むことはなからうかなど、具体的の問題に付て心配してゐるのもある。今日の政友会内閣の掲ぐる政策には、対内対外の両方面に亘《わた》り、毫も我々国民を満足せしむるに足るものなきは言ふまでもないが、朝野両党の政戦の好題目たる上記の諸件につき、国民の政治的不満がどれだけ今度の議会で代弁さるるだらうかが、即ち心ある人達の普《あま》ねく知らんと欲する所なのであらう。尤《もつと》もそれが如何に力強く代弁されたとて、換言すれば個々の問題に付ての朝野両党の論争が如何に尖鋭であつたとて、其結果に於て我々の満足に値する何物かの実現さるべき見込もないことは勿論だ。この事に国民は疾《と》うの昔から諦めては居るが、唯幾分の痛快を予感しつゝ私《ひそ》かに期待して居ることは、這《こ》の澎湃《ほうはい》たる国民的反政府感を利用する在野諸党の肉薄がどれだけ政府の牙城を震撼するかの点である。之れで頑迷なる政友会に我を折らさうと云ふのではない、よし彼れが勢の自家に非なるを見て新に妥協的態度に出で幾分我々の主張を容《い》れたからとて、固より安心の出来る話でもない。たゞ一方〔に〕は在野党をして国民大衆の要望を振り翳《かざ》すことが政府を追究する最有力の武器たるを知らしめ、他方には又政府をして結局之を無視しては其地位を保ち難きを悟らしめ、斯くして国民大衆の要望が漸を以て実際の政界に確乎たる地歩を占むるに至るの趨勢を其の裡《うち》に看取し得んことを期するのである。併し今度の議会に於ては単に之れだけの期待すらが少しでも充たされ得るだらうか。

この点に関しては我々は残念ながら全然悲観的の観測を下すの外はない。尤も我国政界の近状に在ては、悲観するのが常則で一時の変態としてでも楽観し得べき事由は存しないとも云へる。何となれば議会内に於ける議員の行動は民間輿論の批判とは全然没交渉に営まるるを常とするからである。併し夫れにも拘《かかわ》らず我々は、昨年二月の総選挙後の政情に当面しては一時少くとも多少の楽観を感じたのであつた。一つの理由は政府のあれだけの大干渉にも拘らず選挙の結果は見事にその期待を裏切つたことである。之を私は国民の政治的自覚の一進歩と観たのであつた。モ一つの理由は少数ながら無産党議員の出たことである。既成政党の人達と全然イデオロギーを別にする之等の議員に依て、始めて国民大衆の要望は直截に代弁せられ得るを信じたからである。而して政界争覇の当事者たる政友会と民政党との数が極めて近似してゐるの事実は、その外に於てまた二重に国民を喜ばしめたのであつた。一はカスチンク・ヴォートを握る無産党議員はその数少きに反比例して直接に発言するの機会を大に恵まれ得べきことであり、二は闘志満々たる民政党は戦略上また大に無産派の要求に聴くべきを以てである。選挙後に開かれた臨時議会并に特別議会は会期の短かつた為め十分に所期の機能を発揮せしめ得なかつたが、それでも政府に加へた圧迫は尠少《せんしょう》でなかつた。あれでもう少し推して往つたら一寸《ちよつと》面白い展開を見得るやも知れないとひそかに前途を楽んで居たのに、何事ぞ、九月以後の形態は在野党に取つて散々ではないか。但し無産党の陣営に於ては、当然為さるべきことが為されずして放任されたと云ふの外、格別の変化はない。政友会の斯の如き専恣横行を前にして猶且戦線統一の必要が只単に口先だけで叫ばれるのは、何と謂《いつ》ても彼等の欠点たるを免れぬだらう。民政党に至ては床次の寝返り以来脱党相継ぎ、自ら之を収拾するの術なき醜態を暴露して、内部の結束力の案外弱きを見透かされてしまつた。が、何よりも驚いたのは、脱党議員の斯かる露骨な無節操の行動に対し、社会一般よりは無論のこと、直接の選挙民の側よりも殆《ほと》んど何等問責糺弾の声を聞かぬことである。之では国民の自覚も何もあつたものでない。斯くして舞台が一ト廻りすれば、国民も依然として呉下の阿蒙であり、民政党も亦昔ながらの木偶《でく》の坊に外ならない。国民多数の不満をよそに、ひとり政友会は牢として抜くべからざる覇権を確立せるものの如くである。小波瀾は暫《しばら》く度外に措かう、今度の議会は要するに極めて平々凡々におわるのではあるまいか。

去歳初秋以降の政況

議会を唯一の政戦舞台とすれば、今日の政友会は正に天下無敵の覇王の地位に在る。言ふ勿《なか》れ、彼は未だ下院に絶対多数を占めて居らぬと。成る程最近著しく数は殖えても絶対多数を占むるまでには達してゐない。従て理窟の上からは、他の総ての党派が一緒になつて彼を倒しに来ないとも限らぬわけだ。併し斯は杞《き》人《じん》の憂に非ずんば単なる一片の屁理窟に過ぎぬ。表面の粉飾としては兎も角、政友会に真に這般《しゃはん》の煩悶なかるべきは、去歳初秋以来の政況を見れば一目極めて瞭然ではないか。

去歳初秋の政変といへば、先づ床次の民政党脱退を皮切りとする。夫より同党に於ける脱党沙汰は連綿として今日に尽きず、或は床次を擁立する新党倶楽部の結束となり、更にまた憲政一新会の設立とやら大隈派の旗上げとやら、民政党の一角の崩壊より色々の小党を簇出《そうしゅつ》せしむるばかりでなく、中には直に籍を政友会に移したものも尠《すくな》くはない。之等の政変が事実政府側の糸を引く陰謀の現れなりや否やは別論として、直に政友会に投ずるを不便とする特殊の事情が暫く独立の別派を成さしめしに非るかの疑あるもの尠からず、少くも総じて民政党の大を破るを直接緊急の目的とする運動たることは毫も疑を容れない。故にこの政変を総括していへば、形はいろ〳〵になつて居るも、要するに近き将来に於ける政変の到来を極力防がんとするに出でたものと断じていゝ。蓋《けだ》し民政党の陣容をみだし之と政友会との隔りを大にするときは、政友会内閣の多少の失策に依て直に之に取て代らんとする民政党の立場を易《やす》く抑へ得るばかりでなく、更に又民政党を中心として頻発するの恐れある倒閣陰謀を有効に封じ込むことが出来るのだ。いづれにしても、此際政変を来させまじとの要求と之に基く努力とが強く働いて最近の著大な政変を出現せしめたことは、何としても隠すことは出来ない。斯うした裏面の考が更に其奥に積極的に政友会を声援したいといふ希望を包蔵して居たかどうかは私に分らぬ。その見極めが付かぬ以上政友会として十二分の安心の出来ぬといふは分るが、兎に角、民政党に天下をやりたくないと云ふばツかりに白昼公然あゝした露骨な政治的罪悪の行はれた以上、今日の政友会内閣はこゝ暫くは焦らず迫らず悠々その全盛を誇つても差支ないのであらう。

政友会の下院に於ける優勢

政友会が下院に於て居然《きよぜん》たる優勢を占むることは疑もなき事実である。併し之と同時にその形式的優勢が何となく底力を欠き道義的根柢の以て人を服するに足るものなきも亦明白なる事実である。さればにや彼はあれ丈《だ》けの優勢を擁して而もなほ独往無碍《むげ》の勇断に出でず、左顧右眄《さこうべん》ひたすら其地位の持続に焦慮して維《こ》れ日も足らざる有様ではないか。是れ何を以て然るやと云ふに、外ではない、一に国民的基礎を欠くからだ。云ふまでもなく政友会今日の優勢はその実質に於て何等国民の輿望と関係なくして作られたものである。

政界に於ける勢力はその拠《よ》る所の国民的基礎あるに因て始めて揺がす可からざる威望を有すとは、能く人の云ふ所である。謂ふ所の国民的基礎とは、主として「公正なる選挙」並に「其結果として獲られたる多数」を必須の条件とする(形式的制度の問題もあるが此事はいま姑《しばら》く論外に置くこととする)。公正なる選挙の結果として作られたる多数である以上、仮令《たとい》解散に依つて選挙を繰り返した所で結果に異常の変化あるべくもなく、先づ大勢は之できまつたものと観ねばならず、爰《ここ》に始めて這の多数に他の凡《あら》ゆる勢力を排して独り自ら其の欲する所を擅行することが許されるのである。夫の閥族官僚の勢力の如き過去の惰勢に由て今仍《な》ほ過分の発言権を認めらるるものありとはいへ、国民的基礎に立つ政党に対しては最早風前の灯にひとしと謂てい丶。政界に於ける国民的進出の傾向に対し閥族官僚の一派の如何に臆病であるかは、この傾向の頗《すこぶ》る微弱緩慢たる我国に於ても、既に之を推定せしむべき多くの事例に富むを見るのである。

而して政友会今日の多数は如何。彼がこの多数を作るには二つの段階を経た。その各の段階に於て彼は些《いささか》でも国民の輿望を顧慮したことはあるか。諄々《くどくど》しく説くまでもなく、第一に彼は総選挙に於て自家の多数を獲べく凡ゆる不正不義を公行して憚《はばか》らなかつた。従て彼が其結果に於て幾分在野党を凌駕《りようが》するの多数を作り得たとはいへ、そは固より国民の意嚮《いこう》を反映するものではない。第二に彼は事後に於て議員の節操を買収するの醜手段に倚《よ》り利権の提供に依て更に十数名を加ふるに成功した。斯の如きは概して国民の最も憎む所、加之《しかのみならず》その個々の場合に於て曾《かつ》て選挙民の意向を訊くべき手段の執られたことを耳にしない。是れ泥棒が財を積んで人に誇ると何の異る所かある。斯うした方法が許さるるものなら、一旦風の吹き廻しが変ると、何ん時《などき》また政友会が同じ方法で覆へされぬとも限らない。畢竟《ひつきよう》は国民的基礎に拠つて盤石の強味を擁して居らぬからのことだ。この形勢はまた自《おのずか》ら政界の一隅に各種の低気圧の醸成を促すことにもなる。枢密院だの貴族院だの軍閥だのが今日現に夫れ〴〵相当の勢力を陰微の間に有して居る所以《ゆえん》である。我国の政界が常に白日の明るさを示さないのも宜《うべ》なる哉《かな》と謂はざるを得ない。故に政友会がこの上如何にその数を増したとて、之に依て政界の安定を断じ得ざるは勿論である。

憲政逆転の責

尤も、完全に国民的基礎に立たざるの故を以て今日の政友会を責むるのは聊《いささ》か酷だ。ひとり政友会に限らず、民政党にだツて此事は遂《つい》に十分に期待し得べからざるを以てである。要するに既成政党には、その成立発達の基礎に於て、容易に国民的基礎に立ち難き情実の存するものがある。之を一部の社会主義者の説くが如く絶対的のものと観るべきや否やに付ては世上に種々の論あるが如きも、事実に於て今日の既成政党にその情実の徹底的拋《ほう》棄《き》を望み難きは何人も異議のない所であらう。従て私は結局に於て既成政党に望みを置かず切に無産政党の発達を冀《こいねが》ふものであるが、さりとて明日の問題に非ざるの故を以て今全く既成政党の動きを度外におく訳にも行かない。こゝ暫くは何と謂ても既成政党の掛引きに依て我々の生活が拘束され我々の運命が左右さるるを免れ難いからである。明日の政治を考察するは固より欠くべからざる必要ではある、併し乍《なが》ら先づ以て今日の政治を確実に理解するに非ずんば、その折角の考察も今日と連絡する現実の基礎を欠くことにならう。憲政今日の活動の攻究が比較的に看却され勝なる事実に鑑《かんが》み序《ついで》を以てこの事を一言しておく。

さて再び話を前に戻す。元来国民的基礎に立つ下院の多数に天下を料理するの実権を託すべしと云ふ民衆政治《デモクラシー》の道徳的根拠は、国民の円満なる自覚を前提とするものたるは論ずるまでもない。国民が全体として曚昧《もうまい》の域に沈淪して居れば、その判断に何等の道義的権威なく、従てまた其結果たる下院の多数に大事を託して安じ得るの道理がないからである。是れ屢々《しばしば》憲法政治は智徳の相当に進みたる文明国民のみ独り之を運用するに耐ゆとの説ありし所以(我国憲法発布の頃、西洋諸国に於て此点に基き我が憲政の前途を危みし議論の盛なりしは人の知る所である)。素より憲法政治の運用に耐ゆるとする智徳の程度如何の問題に至ては、人に依て其の観る所を一にしない。只疑なきは、民智の十分に進まざる国に於て憲法政治を採用するに方《あた》つては、必ずしも本来の意義の十分なる徹底を期し難しとすることである。民度の著しく遅れて居る国に憲政の採用すべからざるは論なしとして、大抵の場合に於ては、之が採用に依て以て漸次国民を訓練し得べしと信ぜられて居る。故に斯うした国に在ては、憲政の運用に際し頗る変態たる事実の発生を避け難く、而して識者は常に局外から、政治的訓練の効果如何を準拠として、侃々諤々《かんかんがくがく》の批判を懈《おこた》らぬやうである。

翻《ひるがえ》つて今わが国憲政の跡を按《あん》ずるに、是亦常態を以て目すべからざるものがあるやうだ。爰《ここ》に之を詳論するの遑《いとま》はないが、試みに其大略を要約すれば次の通りである。

(一) 憲法創設の当初、実権を掌握して居つた藩閥の一団は、議会を以て単純な諮詢機関の地位に置かんと欲し、下院の多数党に譲るの意なきは勿論、始めから之を無視して掛つた。漸くその無視し難きを看るに及んで彼は暴力を以て容易に之を圧倒し得べしと期した。民衆政治の端はまだ僅《わずか》に政界発言の権を得たるに止らざるを得なかつたのである。

(二) 民衆政治の要求の大に伸びんとするの端緒は、政党が其の結束に由て天下の事常に藩閥者流の意の如くならざるの実を示したるに始まる。併し之より更に発展して、藩閥者流が完全に内閣を政党に明け渡すの慣行を生ずるまでには、相当永い時間を要した。而してその経過期にあらはれた特殊の現象に二つある。一は政党員の内閣割込みである。二は閥族官僚と政党側との協定に依る内閣更代である。第二は第一に嗣《つ》いで起り、且此期に及んで閥族官僚の来り政党に投ずるものあり、幾分二者の限界を紛更した。要するに政党の勢力の伸びて此処に到れるは亦一偉観たるを失はざるも、猶未だ閥族官僚の好意に恃《たの》まず独力を以て天下を取るの地位にまでは進んで居なかつた。

(三) 明治年間に於ける議会政治は、概観するに閥族と政党との角逐を以て始終したと謂てい丶。この約二十年に亘る悪戦苦闘に依て、大正の始めに入り、辛《やっ》と「天下は議会の多数党に与へざるべからず」との原則が正式に認められかけた。此事の殊勲者として前に星亨あり後に原敬あるは言ふまでもないが、傍系の功労者として伊藤博文・西園寺公望・大隈重信・加藤高明の名も亦忘るべか〔ら〕ざるものであらう。

但し玆に一言弁じておかねばならぬことは、大正に入て三度も続いて官僚内閣の発生を見た事実である。之にも拘らず私が政党内閣の慣行の公認を加藤高明内閣以前に遡《さかのぼ》らしむる所以は、高橋政友内閣崩壊後の政界は一時特殊の事情に支配され且之には又政友会自ら之を促せるの情実あり、而も之に慊《あきた》らずとする輿論の要求が力強く現れて瞬く間にその変態を匡正《きょうせい》せるの経過に顧み、政界の大勢を支配する底潮は大正の始め以来毫も渝《かわ》る所なしと観るからである。

（四）　一度「議会の多数に天下を与へよ」との政党内閣主義の公認に満足した国民は、次に進んで「其多数は選挙の結果に由るものならざるべからず」との原則を要求した。此点に躓《つまず》いたものに大隈内閣の内相大浦兼武がある。非曲の摘発は司法部の進んで為せる所たりしとは云へ、国民は之に依る政界腐敗の廓清に多大の満足を表したのであつた。効績と共に幾多の罪悪を遺した政友会総裁原敬が、敢然としてあの驚くべき「多数」を専ら選挙に由て作出するの勇断に出でたのは、是亦或る意味での一功績と謂はねばならぬ。

（五）　天下は下院の多数党に与へる。その多数は必ずや選挙に由て獲たものでなければならない。そしてその選挙が公正に行はるれば、それで民衆政治の真面目は形式実質の両面に於て完了されるわけだ。理論からすれば選挙の公正が基本となるので、之れ無くんば前二者が形を整へても何にもならぬのだ。但だ前にも述べた様に、民智発達の少く遅れた国に於ては、先づ形式を整ふることに依りて漸次に国民を訓育するの途に出でざるを得ない。而して我国の民衆は実にこの順序の訓育を受けて今や相当の進歩を示して来た。乃《すなわ》ち更に一歩を進め「選挙の公正」を叫んで大に民衆政治の本義を充実せんと欲するに至れる所以である。

以上説く所に依て今日田中総裁の率ゆる政友会を判ずるに、一旦原敬に依て範を示された「多数を選挙に求むる」の主義は彼に依て正に抛擲《ほうてき》されたものと謂ふべきではなからうか。果して然らば是れ取りも直さずわが憲政発達の過程に照せば正に大浦兼武の犯迹《はんせき》に逆行するものである。「選挙の公正」は固より彼等に望み難い。この点は始めから諦めて居るが、せめて彼等の崇敬する先輩の作つたレコードだけは鄭重に之を保存して貰ひたいと思ふ。是れ啻《ただ》に先輩の素志に忠なる所以であるのみならず、抑《そもそ》も亦わが国憲政の発達に対する彼等の重要義務の一つではないか。

下院優勢の事実が田中内閣存立の唯一の根拠か

今日の政友会は憲政発達の政戦に於て政党の当《まさ》に拠るべき第二の前進陣地を我れから棄てたものである。然らば退いて死守せねばならぬ第一の陣地は如何。換言すれば今日の政友会内閣は、単に下院に優勢を占むるの事実に拠つて、卓然としてその存立を主張して居るのであるか。尤も目今現に彼の存立を撼《うご》かさうとする有力なる運動はないやうだ。在野党の運動なら有つても優に之を排し得るは勿論だ。但し優に排し得るから之を無視すると云ふのと、向ふから抗敵して来ないのを僥倖《ぎようこう》して一時の苟安《こうあん》を貪るのとは全然訳が違ふ。政友会があらゆる勢力を圧倒して、単に下院に多数を擁するの一事実のみに基き、傲然《ごうぜん》として天下の事を独断専行するのなら、また或る意味に於て憲政発達史上の一存在たることを許し得ないでもないが、事実果して然るや否や大に疑なきを得ない。

之に就て憶《おも》ひ起すのは一昨年の若槻内閣の終焉だ。彼は優に議会に多数を擁して居たに拘らず、不覚にも政界一部の陰謀に乗ぜられて敢なくも内閣を投げ出した。事情の已み難きものありしとはいへ、一挙に第一の陣地までを抛擲してしまつたのは、何と謂ても見苦しき限りであつた。而して之は一体誰が倒したのか。陰微の策動の如何は暫く人々の揣摩《しま》する所に委《まか》し、表面は枢密院と云ふ憲法上の機関ではなかつたか。枢密院が法律上如何の権限を有するかは今問題とする所ではない。たゞ其の政治上の機能をして内閣の存続にまで干渉せしむべきに非ずとは、従来の政論の等しく皆最も熱心に主張せる所であつた。従て政党としては、常に之に対する態度を一定して置くことが必要である。固より問題は頗るデリケートだ、それだけ此事に付ては必ずしも正式公然の表明を求めはしない。流石《さすが》に原敬は事実に於てこの問題を相当立派に解決してゐたやうだ。而して田中総裁の政友会に至てはどうか。

枢密院を如何に処置すべきやは、我国憲政上の基本的問題であつて素より一政党のみの関心事ではない。故に枢密院が一政党の組織する政府に肉薄し来るときは、之を超政党の大問題として、すべての政党が挙《こぞ》つて政府の立場を支持するに協力すべき筈だと思ふ。具体的の問題につき偶々《たまたま》枢密院とその見る所を同うすと云ふなら、之を議会の壇上で堂々政府と争へばいゝ。枢密院と一緒になつて政府の倒壊を僥倖するが如きは、政党自ら己れを侮るものでなくて何だ。而して今日の政友会は、若槻内閣の倒壊に関連し、果してよく這般の批判に堪へ得るかどうか。

若し政友会が若槻内閣を打倒する為に枢密院と協力したとすれば、或は少くとも双方部内の者の一部の陰謀的策動を黙認したに止るとしても、どの道政権の帰趨を支配する勢力としての枢密院を黙認したことに変りはない。果して然らば今日の田中内閣は、単に下院に優勢を占むるの事実に拠つて天下を取つて居るものと云ふことは出来ない。即ち彼の拠る所の陣地は、大正の始めに世上一般の公認を得た処より遥に後へ引き退つて居るもので、風の吹き廻しで枢密院辺の御機嫌を損じでもしようものなら、何ん時若槻内閣同様の浮き目を見るか分らぬ境遇にあると謂ふべきだ。それ丈け彼はまた事実巧にその辺の冀望《きぼう》に迎合して只管《ひたすら》地位の持続に心を痛めて居るやうである。而して我々が田中内閣の地位に特別の関心を寄せるのは要するに此点に在るのだ。彼が此種の特権階級に迎合することの、正に我々国民大衆の利福と相悖《もと》るなからんかを切に恐るるからである。

枢密院などが積極的に田中内閣打倒の挙に出でざるの故を以て、政友会の政界に於ける根拠を過信してはいけない。我々は寧《むし》ろ彼が特権諸階級の愛撫を拠りどころとするの事実の裡に、彼の施設する所の畢竟何であるかを洞察すべきである。之には先づ一応何故に特権諸階級が斯くまで政友会に好意を寄せるかを見てをく必要がある。

特権諸階級の政友会支持

所謂《いわゆる》特権階級の政治的勢力を適当に理解する為には、先づ之等の集団は政党独自の実勢力が強くならない限り何時《いつ》までもその発言を停止するものでないことを知らねばならぬ。枢密院にしても貴族院にしても将《は》た軍閥にしても、彼等は元来内閣の運命に関係する程の重大な発言権をばそれぐ\憲法并に其附属法規に依て立派に与へられて居るものなのだ。例へば貴族院が政府の提出に係る予算並に其他の重要法案を否決し去つた時は如何。枢密院がその必要とする協賛を拒めば、直接に君主の親断を仰ぐの異例を取らざる以上、政府は忽《たちま》ち進退谷《きわ》まるの窮境に陥らざるを得ぬ。陸海軍大臣は必ず武官たるを要すとの規定ある限り、軍閥の要求を全然無視しては内閣を組織することすら出来ない。一内閣倒れて誰を後継に擬すべきかに付ては、政党内閣主義の漸次公認せられんとするの今日多くの疑義なきが如くなるも、元老奏薦の慣行は未だ全く廃せられたるに非ず、而して元老凋落の勢に伴ひ此点に関しては掌侍輔弼《ほひつ》の大任に当る内大臣の地位が昨今漸く看却する能《あた》はざることになつた。而して内大臣の地位の重きを加ふるに連れて自ら亦宮内大臣の威力をも計算の外に置く能はざるは云ふまでもない。宮中府中の紛更を説く形式的批難もあらうが、最近の勢遂に全然之を無視し得ざるに至れるは読者の既に知らるる所であらう。而して之等の諸勢力は、必ずしも其特異の地位を恃んで、我意を主張するのではあるまい。民間政党の国民的基礎未だ立たず政党に事を託して安ずるを得ずとすれば、国事を憂ふるの余り彼等の進んで天下の大事に関与するは亦怪むを須《もち》ひぬのである。特権諸階級の立場を最も善意に解するも、政治が完全に国民のものとなるまでは、全然その発言権を封ずる能はざること凡《およ》そ右の如きものがある。たゞ私は我国の憲政が始めから先づ形を整へて後ち徐《おもむ》ろに実を充たすの順序を取り来つたことに照応して、政党に対《むか》つては、何処までも之等特権階級の干渉に累せられざるの立場を要求するものである。

さて斯うした特権諸階級が挙つて政友会を支持する所以は何処に在るか。

(一) 一つの理由は所謂特権階級は往時の専制的藩閥の一味が政権を秉《と》る積極的地位を喪《うしな》ひしに伴て分散した結果生じたものであることだ。伊藤が黒田を立て山県を推し松方を起した頃は、之等の集団は皆一つの大きな傘の下に包まれて居つたのだが、実権を離るる段になると、個々分散の運命を免れぬは昨今の在野党と同じ事である。それは兎も角もとして、元々政界の主動者であつた所から、彼等がまた自ら彼等自身の嘗《かつ》て為さんと欲せし事の現に今亦行はれんことを熱心に希望し、その要求に適ふ者を特に択んで之を支持するに傾くは当然である。政友会が最もこの要求に適するものたるは是れまた云ふまでもない。

(二) 政友会が特権階級の要求に合する所以に付ては二つの事情がある。一は政友会がもと〳〵彼等に迎合することに依て其の大をなした政団たることであり、二は斯くして早くから屢々政権の衝に当り多年慣用の迎合的政策に依て既に十二分に彼等を安心さして居ることである。どうせ同じく迎合政策を執るに決まつて居るとされ乍ら、民政党が兎角政友会程の好意を彼等に求め得ないのはこの第二の理由に依るものであらう。

(三) その結果として政友会の実際に執る所の政策は、到底保守的であり資本主義的であり警察的であり又帝国主義的であることを免れない。之でまた益々上層階級の喜ぶ所となるのだが、此点を以て軍閥財閥までが彼を謳歌するに至るの事実も看逃すことが出来ぬ。

(四) 貴族院の政友会に対する関係は他の場合に比し幾分複雑である。貴族院が政府に対抗して恐るべき威力を発揮したのは、議長近衛公が先達となつて時の首相伊藤博文を窘《くるし》めた頃に始まるが、この形勢を見て取つた其後の政治家は、新に上院操縦と云ふ一策を工夫し出した。之には相当長い且つ込み入つた沿革もあるが、後に至り操縦の功を見事に築いたものに原敬がある。斯くして貴族院の多数は、その直接に政治的立場を同うすると否とに関らず、少くとも利害の関係に於ては政友会と切つても切れぬ間柄となつてしまつた。世襲議員や勅選議員の間に多少此の形勢に憤慨する者もあつたが、大勢如何ともすることが出来ない。今日に於ても大体這の形勢は続いて居ると観ていゝ。必ずしも常に進んで政友会に盲従すると云ふのではないが、政友会の天下の覆へることだけは彼等の利害の上に到底忍び難いとする情実を如何ともすることが出来ぬのである。

(五)　尤も貴族院の形勢は加藤高明内閣の成立後従来の如き単調なものではなくなつた。政友会の押しの利く天下が覆つた為に俄《にわか》に窮境に陥つた上院議員の幾分は、新に新内閣の庇保に依て救済され、其れ以来旧憲政会と特殊の因縁を結ぶものを発生したからである。この点に於ける上院議員の争奪は最近田中内閣に依て試みられた下院議員の買収誘拐と何等其実質を異にする所がなかつた。青木信光など云ふ人が其頃異常の勢力を振つたのは、自ら愧《は》ぢず進で這般の醜取引を仲介したからだと云ふ人がある。孰《いず》れにしても、斯くして最近の貴族院には、政友系に対して民政系(或は旧憲政系)の侮るべからざる勢力を発生した。尤も貴族院に特殊の因縁を有する床次の今日の立場の頗る曖昧《あいまい》なる結果として、右の分野も従て亦幾分鮮明を欠くの嫌なきに非るも、今や貴族院も亦衆議院に倣《なら》つて縦断されんとするの形勢に在りと云ふは強《あなが》ち無稽の言ではない。たゞ幸にして上院には、之等の紛争に超然たらんと期し又事実に於て超然たり得る若干の集団がある。上院の使命と面目とを思ふてか彼等が屢々改革問題などを提げて起つのは亦一服の清涼剤たるを失はぬも、残念ながら未だ大勢を動かすまでに其実力を伸ばして居らぬ。而して斯うした複雑な関係を省みるとき、貴族院の形勢は他の特権諸階級の場合の如く政友会に取つて常に必ずしも十分安心し得るものでないことは明である。たゞ大体から云へば、貴族院の多数も亦その本来の志向に於て他の特権諸階級と異るものに非ず、其上由来優勝な勢力と結んで安穏を貪らんとする事大党が多い処だから、政友会内閣にして拙《まず》いへマをやらぬ限りは、当分の所彼等を自分の味方と勘定しても大した誤算ではあるまいかと思はれる。

之を要するに、政友会が今日特権階級の支持を恃み得る所以は、主として過去を背景とする惰力と又その伝統的政策とに在る。之が国民の利福に如何の交渉を有《も》つやは別問題として、彼が這個の政策を固執する間は、特権階級の支持に依てその全盛を誇るを得べく、こゝ暫くは容易に天下を人手に渡すことはあるまいと思ふ。

政友会と財閥との関係

私は政友会を支持する特権階級の中に故《こと》さらに財閥を加へなかつた。之を或は奇怪に思ふ人があるかも知れない。無論私は三菱が民政党を助けてゐるとか政友会と三井と密接の関係に在るとかの噂を聞かぬでない。今日の政党がその運動に莫大な資金を必要とする事実の明白なる以上、之が各種の財閥と特殊の関係を結ぶはまた怪むに足らぬ事でもある。たゞそれにしても、今日我国の財閥はその独自の力を以てよく政界の趨勢を左右する程の力を具備せりや否やの一段になると、大に疑なきを得ないのだ。昨今世上には西洋に流行する説明の公式を其儘襲用し、我国に於ても亦金力が政権を駆使して居るかに説くものあるも是の如きは実際の事実に基かざる机上一片の空想に過ぎない。

尤も私は結局に於て金力が遂に政権を支配するに至るべしとする原則的提説を否認するものではない。日本でも此儘にして進めば遠からず斯うなるだらうとは私も考へて居る。只今日当面の事実として金力と政権との関係を右の如く観るのは大なる誤りだと云ふのである。詳しく云へば、我国の金力は未だ此処までは発達して居ないのだ。今なほ何れかと云へば金力は概して政権の庇保に頼り過ぎて居るのではないか。財閥が政権の誅求《ちゅうきゅう》に甘んじて物質的援助を辞せないのは、寧ろ政権より受けんことを期する直接間接の庇保の対価に過ぎず、政権が時に財閥の為に謀るも、その要求に動かざるを得ざりしと云ふよりは寧ろ進んで恩を売つておくを利とするからに外ならぬと観るべきであらう。この辺の事は我国財閥の発達の歴史から考へても分る。

詳しい事は別の機会の説明に譲るとして、唯之丈けは心得ておいて欲しい。我国の産業に殆んど一として官権の慫慂《しょうよう》保護に頼らずして発達した者のないこと、従て我国の財閥は官権に頼ることに依て不当の膨脹をなし為に健全質実の発達に進む機会を逸せしこと、それにも拘らず時勢の進みは彼等を大に肥やしたが併し未だ官権の庇保を離れて独り立ちするの気概はなく今猶其頤使《いし》に甘じて恥ぢぬこと、この状態に応じて我国の官僚主義は形式的に異常の発達を遂げ従て殆んど官権を離れた独立の産業の発達する余地なからしめて居ること等々。

若《も》し我国に於て資本主義の発達を云々するなら、そは官僚的資本主義と謂つてい丶。三井や三菱はどうか知らぬが、高田だの鈴木だのと云ふ巨商が官辺の手加減一つであ丶した惨めな没落の運命に陥つた事実は、如何に日本の財閥が内容の空虚な而して危い根拠の上に立つものかを語るものではないか。それだけに今日の財閥はピンからキリまで悉《ことごと》く官権の力をたよらんとする。地位の維持擁護の為に政権に結ぶ点は同一だが、西洋の財閥は優に自ら立つの実力あり而して尚ほ飽くなきの慾を逞《たくまし》うせんとして政権を駆使するのだが、我に在ては僅に政権の衷《ちゅう》にすがつて其命脈を保ち戦々兢《きょうきょう》々その意に背かざらんことに苦慮するのだからがツかりする。

もつと話を具体的にして這般の関係を明にしよう。今日の政党は兎にも角にも莫大の資金を必要とする。而して主として之を財閥の供給に仰いで居る。その結果として政党は事情の許す場合財閥の要求を聴いてやツたり時としては又進んで特殊の便宜もはかつてやるが、併し之をしてやらねば金を出させ得ぬと云ふのではない。財閥の存立それ自身が、何等の交換条件を必要とせずして、当然に報償を出させ得る事実だと決めて掛つて居るのである。尤も政党の中でも一旦権力を握れる者は、少くとも今日の状況の下に於ては、財閥に頭を下げなくとも必要とする位の金は不思議に作り得るものらしい。すると彼の財閥に対する威力はいよ〳〵重くなると共に、それだけまた財閥の影は彼の前に一層薄くなる。財閥としては実はたゞ訳もなく金を誅求された方が安心なのであらう。故に彼は政府党に金を貢ぐばかりではない、求めらるれば在野党にも喜んで出すを辞せない。然せざれば他日どんな酷《むご》い目に逢ふか分らぬからである。之れが実に今日の財閥一般の状態ではないか。斯う云ふ連中にどうして政界を動かす積極的の力を認むることが出来よう。財閥が政権の移動に密接の交渉を有するのは事実だ。密接の交渉を有するとは必ずしも首動的立場を執ると云ふことを意味しない。

右の如き事情から日本の財閥は概して一方の政党に偏しない。甲党又は乙党と目星をつけて我が事を為さしむるのでない、唯々政権を握ることあるべき各政党に憎まれざらんことを専念するのである。要するに自家の利益を庇保して呉れるものでさへあればいゝのだ。されば所謂ブルジョア政党である限り、我国の財閥は呉越を分たず等しく秋波を寄せるに決まつて居る。只現に政権を握つて居る者に対し特に忠勤を擢《ぬき》んぜんと努むるは已むを得ない。而も彼等は他の特権階級の人の様に例へば政友会の天下に寄生して利権を頒《わか》たれて居るのとは違ふから、政友会が倒れて民政党の天下になつたとて一向に驚かない。天下が代ればまた新なる主人に頼つて己れの立場を保護して貰へるからである。只聞く所に依れば、昨今我国の財閥は若干政友会を忌嫌する様になつたとやら。そは政友会のやり方が政界に於てもさうである如く財界でも亦頗る悪辣横恣《あくらつおうし》だからだといふ。之に由て観ても、我国の財閥が必ずしも一方の政党に偏せざるの態度はよく分ると思ふ。

要するに我国今日の財閥は、既成政党の争覇戦をば比較的に超然たる気持で眺めて居る。財界内部の個人々々には或は政友系なるあり或は民政系なるもあらうが、全体としての財閥は争覇戦の結果如何について格別の痛痒を感ぜぬのである。是れ一面に於て財閥の発達堅実ならず未だ進んで政権を駆使するの地位に到らざるの事実を語るものである。而して之と同時にモ一つ見逃してならぬことは、民衆一般の無自覚と従てまた其結束の弛頽とが今猶ブルジョア財閥をして惰眠を貪るを得しめて居り、此事実が亦実に這般の現象の背景をなして居ると云ふことである。民衆の要求が本当に力強く叫ばれて直に財閥の牙城に迫るの日が来たなら、彼等はいやが応でも既成諸政党の力を合せて敵対の準備に真剣になるだらう。財閥の人達は之を困つた事と嘆ずるだらうが、我々は政界の争点が此処まで進んで始めて国民の実利実益が具体的に問題になることを喜ぶものである。併し今日の様にブルジョア陣営の内部に於ける既成政党の遊戯的争覇戦に専ら国民の耳目の集中させられて居る間は駄目だ。而して此事に考へ及ぶと、我々はまた他の一面に於て民衆運動を語る人達の責任をも問はずには居れない。

特権階級と国民大衆との対立

私は前段に於て、既成政党の遊戯的争覇戦に政戦の舞台を独占さして置くのは民衆運動の恥辱だと云つた。又政治が国民大衆のものとなり少くとも政界に於て全民衆の威力がモ少し伸びて来ぬ限り政友会の天下は続くと云つた。政友会に代るに民政党を以てしたところで、要するにブルジョア政治の連続たるに変りはないが、併し停頓せる空気を一新し兼て民衆の耳目を刺戟する意味に於て是亦好もしき一波瀾だと思ふけれど、残念なことに今の所どう見ても民政党に運が向いてゐない。畢竟特権諸階級の好意が著しく政友会に傾いて居るからである。民衆の反政友会熱に押されて珍らしく非政友大同盟の出来そうに見へた去年晩春頃の好時期に於てすら此事の終《つい》に成らざりしは、結局特権団の支持の恃《たの》み難きを見越したからではなかつたか。我々の眼から観て一寸天下の取れそうに思はれぬ床次一派が時々妙な蠢動《しゅんどう》を試みて世上の咄笑《とっしょう》を顧みぬのも、主としては曾て政友会の一重鎮たりし時代の縁故を回想して今仍《な》ほ彼れが自家に特権団の好意ありと過信して居るからだと云ふ人がある。特権階級が彼れの人物に好意を寄するは事実であらう、併し今日の特権階級は、私交上の好意を其儘政治上の公けの支援に移すには、余りに利害の打算に鋭敏になり過ぎて居る。床次氏が彼等の支持を夢想する態度の批判は兎も角もとして、この一事を以てしても今日の政治家が如何に特権階級の一顰《いちぴん》一笑を気にするかが分るだらう。

之を要するに今日の政治は表面だけに就て見れば政友会全盛の治政であり、更に裏面に立ち入つて観察すれば少数特殊権力団の治政である。まだ主動的の立場を占むる迄には至て居ないが所謂財閥もこの中に加つてブルジョア政党を支援して居ることは云ふまでもない。而して斯の形勢は当分の所急に変る見込みのないことも明白だ。

人或は民政党最近の脱党騒ぎを見て、小党分立の情景既に成れりと説く。民政党の崩壊は単に政友会のいたづらの結果とのみ観るべきでない、既に崩壊すべき要素を醞醸《うんじょう》し之が偶々政府党の策動に依て爆発の機を見出した迄であると云ふのだ、或はさうかも知れぬ。民政党内に化膿しつゝあつた既成政党共通の毒素は固より政友会の内部にもある筈だ、此処にも何れ遠からず分解作用の勃発を見ねば収まるまいと云ふのだ、之にも一応の理由はある。而して之等の理由からばかりではない、近き将来の我国政界の分野は、それが我国憲政運用の当然の帰結なりや否やは別として、少くとも暫くは多数小党対立の観を呈すべきはどうも免れぬ運命らしい。兎も角も範を英国の先蹤《せんしょう》に取り二大政党の更立を予想して運用し来りし我国の憲政は、近き将来に予測せらるる這般の新形勢に対し如何の覚悟を以て臨むべきかは、重大なる問題である。たゞ併し乍ら斯の如き既成政党の分解乃至《ないし》崩壊は其自身直に喜ぶべき現象なりとするの説に至ては、吾人遽《にわ》かに之に賛同することは出来ない。

既成政党の崩壊が真個民衆政治の為に其前途を坦にするものたるは疑を容れない。併し前者の崩壊の跡を承けて後者が武者振り勇ましく直に其雄姿を顕すか否かは別問題だ。第一に謂ふ所の既成政党の崩壊はブルジョア政党の消滅ではないのだ。たゞ優に一党を以て天下を制するの勢が成り立たなくなつたまでの事に過ぎぬ。而してこの新なる形勢に乗じて無産政党の進出すべき余地は固より十分に開かれた訳だけれども、彼に政権を託されて之を適当に活用するの準備ありやが又大なる問題となる。啻に之のみではない、第二に注意すべきは既成政党は崩壊しても之を操つる背後の特殊権力団の潜勢力には何等の異状を来さぬことである。特権階級と云つても固より纏《まとま》つた一個の勢力ではないが、その利害の打算に聡明なる所より、自家の代弁を勤めさすべき政派の結成と其支持とに関しては由来不思議に鞏《かた》い一致を示して来た連中である。既成政党の崩壊に伴つて無産政党進出の傾向の怖るべきを見たら、或は更に一層鞏く且強く其の力を集中するに至るかも知れぬ。今日特権諸階級が主として政友会を支持するは之が一番便利だからだ、理が非でも政友会でなければならぬと云ふのではない。どうしても政友会だけに頼つて居れぬとなつたら、直に又別個の便法を按出するに苦まぬだらう。故に私は曰《い》ふ、既成政党がどんなに崩れようが、単にそれ丈けで、国民大衆の政治が実現するものと空想してはいけないと。取て代つて而して附託に孤負せざる内面的準備の問題は姑《しばら》く別として、差当り我々は既成政党の背後に匿《かく》るる特権階級の潜勢力に着眼を怠つてはいけないのだ。政治を完全に全民衆のものとせんと期するに方り、その大衆に対立するものは単に既成政党のみではない、実際に政界の運命を支配する特権階級であることを注意しておきたいのである。

次手《ついで》に一言しておく。私が民衆に対立する勢力の表示として単に特権階級をいひ所謂資本閥を云々せざるの理由に付ては、上来説明せる所に依て自ら明瞭であらうと思ふ。この点或は年少読書生の気に入らぬ所があるかも分らない。西洋の政治の説明としては資本閥を挙げねばならぬこと勿論である。政界背後の大勢力は云ふ迄もなく資本其ものだからである。幸か不幸か我国では資本の実勢力は其処まで未だ延びて居ぬ。政治の形体を同うする丈け実権帰属の推移の趨勢も彼此大差あるを得ず、傾向としては我国に於ても資本の勢力の駸々《しんしん》として伸びて熄《や》まざるを承認せねばならず、国民が呑気にして居れば、何れ遠からず金力が完全に政権を支配するに至るを避け難いとは思ふが、前にも述べた如く、我国の金権が政権の庇保に依て今日の大を致せるの歴史がまだ今日に続いて居り、其外封建の遺風が残つて居たり、特殊の教育方針が庶民の眼を掩うて居たりする等の事情に基き、天下の形勢を左右する一威力としての資本の進出には、今の所さう未だ大した恐るべきものを示して居ない。原則的提説としては兎も角、我国今日の形勢を有の儘に理解する為には、西洋の公式に盲信する一部の論者の様に、余りに大なる地位を資本閥に認めてはいけな〔い〕と思ふ。さうでないと、実際の病弊の診定に於て所謂肯綮《こうけい》に中《あた》らぬの譏《そし》りを免れまいからである。

民衆の自覚

政友会の全盛と云ふことは、繰り返して述ぶるまでもなく、益々国利民福に背反する施政の盛行することを意味する。国利民福に背反すれば窮極に於て信を天下に失し事に臨んで行詰るを免れず、斯くして謂《い》はば自ら墓穴を掘るやうなものだけれど、併し事実その掘る所の穴に陥没して再び浮び出で得ざるや否やは、一に国民大衆の態度如何にかかると謂はねばならぬ。折角明け渡された場処に民衆が早速適当の管理者を送るでなければ、特権階級の連中は無遠慮に来りて彼等の進出に墻壁《しょうへき》を築くべきを以てである。その故を以て特権階級を直に民衆の敵と罵《ののし》るべきや否やは別論として、少くとも民衆がこの点に階級意識を大に鮮明にさせなくては、政治の革正は到底期せられない。私は特権階級に対立する一政治勢力団としての国民大衆の意識的行動に頼ることの外に、立派な政治の行はるる見込みは絶対にないと信ずるものである。但だその所謂意識的行動の必ずしも常に積極的に発動せざる可からずとするに非るは論を待たない。

然らばそれ程に頼みとせらるる民衆それ自身の自覚の程は如何。

昔し西洋の論客は大国支那を眠れる獅子と評したとやら。日本の無産大衆も或は稍《やや》之に近いのではあるまいか。彼等がその地位と使命とに多少の自覚を有《も》つて居れば、所謂特権団の如きは全く影をひそめ既成政党の如きも遂に彼等の頤使に甘んずべき筈だからである。全く眠りこくツて居るのでないにしても、有毒なる蚊虻《かあぶ》のいゝたづらを其儘平気で放任しておく程度に惰容を恣《ほしいまま》にして居ることは争ひ難い。

尤も国民大衆の政治的自覚は我国に於て全然絶望だと断ずるわけにも行かない。著しい当局の失態乃至横暴に刺戟された為めだとはいへ、発作的に民衆が一団となつて其不満の情を洩した例は幾らもある。去年冬の宮崎事件の如きもその一つである。先年の米騒動などは別様の社会的意義を有するものとして考察するを要するも、是亦民衆意向の突発的表示の一例たるを失はない。いづれにしても我国では既に一再ならず民衆の事に臨んで結束以て其の不満を表示することあるを経験し、而して更に其結束の力の如何に怖るべきものなるかをも能《よ》く経験したのである。只不幸にしてそは発作的であり且甚しく不規則なものであつた。それだけ又常規を逸したる多くの憂ふべき現象を伴ひ民衆運動としては固よりあまり好もしいものではなかつた。民衆運動が真にその本来の道徳的威力を発揮するには、先づそれが常住に現はれるものであり且つ規則的に営まれるものでなければならぬ。それが具体的の個々の問題につき積極的な主動的な立場を執つて現れることは必ずしも必要ではない。そは固より大に喜ぶべき事たるを失はぬも事実に於て多く常に之を期し難いのを如何ともすることは出来ない。而して民衆がよくその当然の立場を意識して居る以上、実際政治に対する発言が単に受動的に或は消極的に現はるるだけでも、牽制匡救《きょうきゅう》の力としての作用は相当に強い筈である。要はたゞ民衆がその政界に有つ立場、就中《なかんずく》特権階級に対立するものとしての階級的立場を明白に意識し、又その立場の主張に相当の熱意を有つて居ればいゝのだ。

そこで今日の民衆が政局の現状に対し大体どんな考を有つて居るだらうかを想像して見る。私の観測する所では

(一) 田中内閣にはひとしく皆満足して居ないやうだ。併しそんなら其代りに誰を立たさうかと云ふ点になると殆んど見当がついて居ないらしい。

(二) 無論無産諸政党には概して多大の嘱望を寄せては居る。が、その嘱望も、既成政党の人達の様に悪事を敢行するに無恥でなからうとする程度のもので、進んで之に天下を託さうと云ふまでの信頼を繋《か》けて居るかどうかは疑しい。

(三) 然らば何故一般民衆は今日の無産党に全幅の信頼を投げ与へぬかと云ふに、之には三つの理由がある様に思はれる。一つは人物が乏しいと云ふことである(乏しいのではない選挙民が出して呉れぬのではないかと云ふ弁明がないとも限らぬ、主義よりも従来の経歴に過分の顧慮を払ひ勝ちな今日の民衆が人物欠乏を以て無産党に迫り来るの事実は、併し乍《なが》ら如何ともしがたい)。二には経綸の持ち合せが無からうと云ふことである。余りに理論闘争に熱中し過ぎるの形情はさらでも局外の大衆をしてこの感を深からしめはせぬか。三は協力以て大事に当るの誠意のないことである。己れを主張するに熱心なのはいゝが、強て小異を押し立てて自家陣営内の党同伐異に浮身をやつすのを見ては、誰しも其の果してよく大局を達観して居るやを疑はずには居れまい。外にもあらうが大体以上の如き理由が民衆一般の今なほ無産党政治に全幅の信頼を吝《おし》む所以《ゆえん》だらうかと考へる。

(四)　そこで自ら民政党にでもやらさうかと云ふ者を生ずるに至るのだ。政友会よりは良いだらうと云ふ事と、斯くして政党間に更代の頻繁に行はるるは其抗争の武器として必ずや民衆の利福を掲ぐべきが故に、之に依てまた幾分民心の開発を促す機縁ともなると云ふ、この二つの意味に於て民政党の立つことに多少の意義を認め得ぬでないけれど、本気に探せば自分の家に結構な後嗣《つ》ぎの見出せるのに、何を苦んで縁もゆかりもない他家より養子を迎ふるの必要があらう。併し斯んな気持に一体誰がさせたのだと云ふ点が我々の反省を要する所なのであらう。

要するに階級の自覚なほ甚だ微弱なるを悲まざるを得ぬのである。而して斯かる状態は此上何時までも放任しておけぬと云ふのであれば、次に起る問題は如何にしてこの民衆の自覚を喚起し促進すべきやと云ふ事である、手短にいへば民衆開導の方策如何と云ふ事である。

民衆開導の方策

我国政界の革正は一に繫りて民心の振起に存し、而してその民衆は此際外部より大に鼓舞作興せらるるを要すとすれば、政界発展の前途に対して民衆開導の任に当る者の責任は甚だ重大である。私は固より民衆と孤立しての彼等の威力を信ずるものではない、又之をして変則的に其自身の威力を振はしむること伊太利《イタリア》の如くなつてはいけないと考へて居る。何処までも最後の力は国民大衆の自由無碍《むげ》の判断に帰すべしとする者であるが、それには専ら事前に於ける客観的指導を必要とする。故に外形の順序だけからすれば、之等開導の任に当る者が我国政界の将来の鍵を握ると観てもいゝ。そこで私は自ら進んで之等の人達の執る開導方策に一瞥《いちべつ》を与へざるを得ぬ。

一、民衆運動家多数執る所の開導方策には余りに民衆に阿ねり過ぎてゐるものがあると思ふ。是れ私の平素最も慊《あきた》らず思ふ所である。例へば彼等は動《やや》もすれば民衆全般の要望を云々する。甚しきは我等は唯一般大衆の命を奉行するのみだなどと云ふ。民衆運動家としては如何にも応《ふさわ》しい言ひ方の様だけれど、併し之れ程事実を枉《ま》げた観察はない。一般民衆は概して謂ふに積極的には何を為すべきを知らぬのだ。素より知らぬから之を何《ど》う取扱つてもいゝと云ふのではない、先覚の士は恰《あたか》も事理を弁ぜざる小児の為に其事務を代行するの心掛を以て、一面に彼れの将来に於ける開発を信じ又併せてその天分を尊敬しつつ、他面親切に彼れの当《まさ》に為さざるべからざる所を指示すべきである。斯く親切なる指導者を得て民衆は始めて適当な組織を与へられ正しく其威力を発現することに成功する。併し一般民衆はどんなに其明知を啓《ひら》いても、所謂一般民衆の立場に於ては本来政権の運用に対し単に消極的牽制力たるにとゞまるものである、積極的主動力としての立場は民衆自身の能くし得る所ではない。是れ私が種々の機会に於て論弁を怠らざりし所。然るにも拘《かかわ》らず、今日の民衆運動家は徒《いたず》らに民衆に阿《おも》ねり、如何にも民衆が政界の実権運用に於ても万能であるかの如くに説く。斯く説くことに由て彼等の心を籠絡せんことに腐心するの常なるが故に又きまつて私のする様な説明をよろこばない。焉《いずく》んぞ知らん、彼等が右の如き民心阿附の方略を択ぶことが既に始めから民衆の欺き易《やす》きを見透かして居るものなることを。私は真に民衆の良友たらんことを期するが故に、彼等の及ばざる所を露骨に指摘し彼等に止まるべき所を敢て無遠慮に指示する。良友たるを看版〔板〕にして自家の便宜の為に民衆を欺瞞するが如きは寧ろ私の大に憎むところである。

民衆に阿附する者固より心から民衆を其の云ふ所の如きものと確信して居るのではあるまい。たゞ自家の事功を急ぐの余り方略として斯の態度に出づるのではなからうか。例へば大衆をして自分を最も理解ある人と為し争つて来り就かしめんとの考から民衆阿附の言を弄《もてあそ》ぶものがある、之はいゝ。在来の指導者を離間し新に大衆を自家勢力の圏内に奪取せんが為に之を口実とするに至ては罪だ。孰《いず》れにしても、事理の弁析《べんせき》に基かずして勢を加へた者は何時また之を喪《うしな》はぬとも限らない、浮雲の如き勢容を維持せんには不断に無理な努力が要《い》る、是れ此種の民衆運動家の間に、民衆に対する一層甚しき欺瞞的宣伝と反対派に対する極度の離間中傷の絶へざる所以である。その結果彼等の結局に於て得る所の何なりやは暫《しばら》く措くとして、之が為に其の指導下に在る民衆の蒙る禍害に至ては測るべからざるものがある。試に其重なるものを挙げんか、(一)虚傲〔倨〕遷《うつ》り難き頑陋を養ふことである。少くとも道義的判断に於て弾力的な雅量を喪ふの弊が著しい。(二)容易に先入の偏見を棄てない。謙仰人に聴くの訓練を欠くが故である。(三)而して彼等の聞く所は迎合阿附の説を多しとするが故に、実際問題の処理に伴ふ苦い体験に依て悟ることの外、殆んど異説に触れて自ら研くと云ふ機会を有たない。私の知る限りに於ても、昨今所謂指導されてゐる階級に属する人達で既にこの点に気付き、相談相手を択ぶの大事なことを痛感して居る者も頗《すこぶ》る多い。

序《ついで》ながら一言しておく。今日の民衆運動家の間に細末の点に関し紛雑無益の理論闘争の烈しいのも、一つの原因は慥《たしか》に茲処《ここ》に在ると思ふ。彼等は一旦民衆の前に説いた所を後に至て訂正するの勇気を有たない。一度民衆が之を採つて信条と盲断した以上、之に迎合する外に彼等と論陣を共にする途あるを知らぬからである。所謂自縄自縛の難を自覚して内面的に悶《もだ》へるの情景は真に憐愍に堪へぬものあるが、一面に於て誤りと識《し》りつゝも民衆の信条に迎合して異説に当らざるを得ざるが故に、堅白異同の弁を競つて所謂理論闘争とやらに浮身をやつすことにもなるのであらう。私はよく之等の人から「さう云ふ説明では能く民衆の納得を得ることは出来ません」とか、「さう云ふ立場を議論の根拠とすることは一寸困ります」とか、「今日の民衆を動かすには斯んな方面から説くに限ります」とか云ふ述懐を聞かされる。云々の説明、云々の立場が端的に正しいか否かを論ずるのではない、民衆が有つ(或は之に与へた)一つの固定的立場を動かすべからざるものと前提して之に撥《ばち》を合はす様な議論を立てようとするのだから、真面目に相手になつて居れぬのである。それだけ又私共の自由闊達の議論は之等の人達に取てまた大に邪魔になる。この論文の如きも固より大して顧みられる価値あるものではないけれども、多分之等の連中からは例に依て黙殺されるか又は大に罵倒されることであらう。

二、階級意識喚起の方策にも其宜しきを得ぬものがあるらしい。　民衆を階級的に目ざめしめることは何よりの急務だ、急務だからと謂つてどんな方法を執つてもいゝと云ふ訳には行かぬ。先づ第一に着眼せられるのは支配階級の横暴の摘発である。今日はまさか明白なる専恣横行をまで平気で看過する程の呑気者はあるまいが、陰微の間に行はるるものに至ては、巧に世評の監視をかくるるの事実現に決して稀《まれ》でない。この点に於て所謂現実暴露は有効なる方略としてもツと盛に行はれてもいゝと考へる。之に依て民衆は最も鮮明に「圧迫せらるべからざる自己」を発見すべきを以てである。而して今日の民衆運動家は、自ら進んで現実を検討するの労を吝んでか、西洋流の社会批判の公式により抽象的弁難を一生懸命に受売りする割合に、肝腎な此方面の宣揚に甚だ無精《ぶしよう》を極めて居るではないか。精力の利用に於ていさゝか彼等の所謂科学的でないと云ふ嫌を免れまい。

現実の本当の暴露に依て有効に民衆を動かすの方法を解《おこた》るの結果は、無理に階級的反感を昂奮せしむる為に仮想敵を仮定すると云ふ陳腐のやり方を踏襲する。是れ私がひそかに懸念する第二の点である。平和を大宗とする現代に於て、帝国主義者がその好む所の方向に民心を導かんが為に執る所の唯一の手段が仮想敵の設定であることは周知の事実である。単に戦術の訓練に於て、支那の空軍が日本を仮想敵とし合衆国の西岸防備がまた日本を仮想敵としたとて、何の不思議もない。明治三十年代日本が露西亜《ロシア》を仮想敵としたのは現実の必要をも伴つたものではあつたが、昨今或は支那を或は亜米利加《アメリカ》を仮想敵としたとて是亦何の怪む所はない。たゞ現に近き未来に於て或は支那と或は亜米利加と交戦せざるべからざるが如き実感を民間に流布し、不当の敵愾心《てきがいしん》を煽揚することに依て帝国主義的思想の頽勢を防止せんとする者あるに至ては沙汰の限りである。日本には封建の遺習がまだ残つて居て時々之が民心当然の啓発を妨げて困る。封建制と云ふものは素《も》と人々相敵を人世の常態と視た根本観念の上に立つものだ。故に人を見たら泥棒と思へと訓《おし》へ門を出づれば七人の敵ありと諭して、以て自ら奮ふの志気を作興し得べしと考へた。その反面に於て、敵がなければ人心遂に萎靡《いび》すと決めてしまう。強て変乱を好むに非れど、太平の必ずしも安んずべからざるを相誡《いまし》めて、治に処《おり》て乱を忘れずなどと力んでゐた。この考方が今でも残つて居ると見へ、又は少くとも残つて居る筈と考へる人が多いと見へて、田舎廻りの職業的思想善導師などの中には、得々として今にも合衆国と戦端の開かるべきを説くものありとやら。いづれにしても仮想敵の患《うれい》を尤もらしく説くことは、万事を抛《なげう》つて一事に愚民の心を緊張せしむる捷径には相効〔違〕ない。而して今日なほ斯うした煽動方策の相当効を奏すべき素地ありと見たものか、民衆運動の方策としての階級闘争説がまた、資本閥と云ふものを悪鬼のやうに見立てて、訳もなく適当の埒《らち》を超へて民衆の間に盛に吹き捲られて居る。無学の軍人がマッソン秘密結社を担ぎ廻ると正に異曲同巧だ。資本閥を全然怖るべからずと云ふのではない、怖がり方が余りに人を馬鹿にして居ると云ふのである。

尤も私は西洋流の階級闘争説を謬《あやま》りだと云ふのではない。が、之を一つの社会運動の理論として承認するには、その前提たるべき種々の条件の理解が必要だ。之は今日の民衆一般の問題として能く耐ふる所ではないと思ふ。又之を社会運動の実践に採用すると云ふのなら、之と同時に民衆に一独立階級としての建設的方面に於けるモ一つの自覚を喚起して置くことが必要だ。「濫《みだ》りに圧迫さるべからざる自己」を主張すると共に、「何故に圧迫さるべからざるか」の立場を積極的に押して行けるのでないと本当の正しい威力にはならない。差し迫つた社会的闘争の実際に於て斯うした周密の注意の加へらるるを要するや否やは別問題としよう。少くとも平素の訓練に於ては断じてこの慎誡を無用としない。而して私は之等の顧慮を周密にせず空疎なる階級論を以て過激な闘争心を挑発することなきやを彼等の為に憂ふるものである。

空疎な階級論を以て過激な闘争心を挑発することの結果は、根拠ある確実な階級意識の作興には何の役立つこともなく、却て民衆をして次の三団に割拠せしむる弊なしとせぬ。（一）は年少躁急の徒をして現実を無視し直に暴力革命に趁《はし》らしむるもの、（二）は之に対する反動を誘致し、伝統の惰力はまた案外多数の者を一方の極端に集め、従て居然たる保守的団体の発生を促すもの、（三）は之等両極端の対立抗争に累《わずら》はされた極遂に安を偸《ぬす》んで逃避的態度に出で以て健全なる階級運動よりすらも離れんとするものを生ずる、是れ。而して斯の如きは現に我国に於て見る所の現象ではないか。所謂共産派の人達は始めから暴力革命に一般大衆を動員せんことを期するものだから、固より斯の結果の前に辟易せぬであらう。彼等は右述べた様な民衆の分裂を気付かざるに非るも、更に進んでその特殊の戦術が少数の一団を以て優に他の集団を支配し得べきを信ずるからである。事実彼等の信ずる通りになるやは容易に首肯されぬが、此点に彼等と前途の見込みを異にする者に取て、彼等の運動ほど始末に負へぬ厄介なものはない。

三、民衆の内面に建設的な創造的な自覚を誘発する方面の運動が足りぬ。　階級戦に勝て新に実権を握つたとする。古い秩序の廃墟の上に新しい秩序を樹《た》つるは民衆の任務である。彼等は果して能く之に堪へるであらうか。その当然の地位にさへ置かるれば、無くてならぬ凡《すべ》てのものは直に恵まるるなどと、唯物的人生観を振り廻して一時を糊塗するを許さるべき問題ではない。固より私は一般民衆に直に積極的な仕事を求めるのではない。たゞ民衆の裡から産るる新しい秩序を適当に評価し、その設定運用を適当に監督することを彼等の最少限度の責任として要求するのだ。要するに「新しい秩序の維持者としての己れ」を自覚して貰ひたいのである。斯う云ふ方面になると、今日の民衆運動家は丸で手をつけて居ない。無論労働者教育などいふことは各方面で叫ばれる、現にまた若干の程度に於て実行されても居る。併し乍らそは要するに自家の好む所の鋳型《いがた》に勝手に民衆を矯《た》め直さんとするものではないか。その点に於ては所謂国家主義の官憲的教育方針と何の択ぶ所もないのだ。政治でも自家の志を遂ぐる為めの術を取られては困るが、せめて教育だけは、純粋に教育を受くる人の為めとして戦術的打算より解放されたいものである。

開導運動に於ける一つの悩み

尤《もつと》も民衆の開導につき其創造的建設的方面を顧慮するに方《あた》り、実際上民衆運動家に一つの悩みあることは私も同情を以て之を視るを躊躇《ちゆうちよ》しない。それは真面目に此点に顧慮するの結果は、動もすれば反動派の陰険なる策略に乗ぜらるるの虞《おそれ》あるからである。蓋《けだ》し創造的建設的方面を大事だとする態度は、自ら民衆の行動を制して無暗《むやみ》に破壊に突進する勿《なか》らんことを戒めることになる。次ではまた破壊も必要だが其外にもツと重要な仕事があるのだなどと教へることになる。斯くして民衆に退いて眼を外に転ずるの用意が出来ると、横合から伝統尊重の反動派の宣伝が飛び出すのだ。十分に聡明を開かぬ民衆に取て、旧文化の作れる見慣れた偶像の方がより多くの魅力を有するは数《すう》の免れざる所。斯くして遂に全くプロレタリアート意識を置き忘れてしまう憂なしとせぬ。そこで之を捉へて逃さぬにはどうすればいゝか。最も手早い方法は先手を打つて之等の偶像と民衆とを離間する事である。是れ一派の民衆運動家が徹頭徹尾旧来の文化を――而も玉石を分たず――十把一からげに呪詛《じゆそ》してやまざる所以《ゆえん》である。啻々《ただただ》之ればかりではない、最近第三インターナショナルの発した指令に依れば、総ての青年団に文化的目標の掲揚を禁ずべきことが慫慂《しようよう》されて居る。文化的向上など云ふことをまで棄てさせなければ、自家の陣営に永く彼等の足を停めることは出来ないと観てゐるのだ。宗教を鴉片《アヘン》の毒に比し霊性の権威を河童《かっぱ》の屁程にも思はぬのだから、右の如き指令の出づるも亦怪むを須《もち》ひない。併し之でよく民衆の心を我に繫《つな》ぎ得るや否や、繫ぎ得たとしても之を率ゐて果して能《よ》く新しい文化と新しい秩序とを作り得るや否や、彼等自身と雖《いえど》も本当の所は恐らく此点に十分の安心を感ずることは出来ないであらう。

一部の民衆運動家の右の如き態度の中につき私の最も不快に感ずることは、全然人の誠意を無視することである。すべての内面的な価値に眼を塞がせようとするのだから、彼等の是非善悪の標準はたゞ自家の指令に盲従して所謂階級戦に無批判の突進を敢てするか如何のみに在る。従て自家の好む所に応ぜざる者は一切是を悪とする。是れ彼等が最も安価に裏切者だの反逆者だのと云ふ最大級の悪名を無暗に人に浴せて悔ゐざる所以である。苟《いやし》くも人の誠意を尊重するものは、仮令《たとい》著しく彼此見る所を異にすとも、軽々しく相敵視することを好まない、一応相互の立場を敬重して、其間に自ら研き更に一層高き立場に於て共通の見地を発見せんと努むるのが常だ。協同の実の容易に挙げ難き場合と雖も、少くともフェア・プレーを以て相対峙するの雅懐を失はざらんとする。日本にも嘗《かつ》ては学生が競技に負けて相手を擲《なぐ》つたと云ふ時代もあつた。今日は立派にスポーツマン・シィップの発達を祝し合ふこととなつたのに、独り更に一層高尚の意義を有する筈の民衆運動に在て、立場を異にする者の間に犬猿啻ならざる醜聞を見るのは何としたことか。況《いわ》んやその立場を異にすると云ふも、概して云ふに、相当の理由に基くに非るを多しとするに於てをや。

東京市会議員の改選に対する市民の態度

東京市会が遂に解散を命ぜられた、今度こそは市民も過去に懲りて真面目に改選のことを考へてゐるだらうと、都下の諸新聞は期せずして社会各方面の代表的人物から之に関する意見を徴して見た。今までの様な市会議員を出してはならぬと云ふに一致せるは申すまでもないが、変つた所では、労働者出身の覇気満々たる闘士を送るに限ると云ふ意見があつた。誠実を看版にして下らぬ人物の出ると云ふが既成政党の方面に多いから此際無産党の候補者に投票したいと、幾分穏健な態度に出たのもあつたが、之は無産党側から出た言とすれば多少我田引水の嫌なしとせぬも、局外の我々にも一応は首肯《うなず》かれる。只更に一歩を進めて無産者の天下にならぬ限り所謂誠意も恃《たの》むに足らずとして一にも二にも階級闘争の勇士を送るべきを説く者あるに至ては、かの一部の矯激なる民衆運動家の勧説の相当に民間に根を張つて居ることを思はせる。併し意見を寄せた人の大多数は、不思議に、此際政党政派の関係はどうでもいゝたゞ誠実の人格者を出せと云ふに一致して居つた。蓋し主義政見は時に応じて変り得る、而已《のみ》ならず其人の都合に依てはまた如何様にも欺き得る、斯んなものに頼るよりも、不変の人格に着眼した方がいゝ、事を託して安心の出来るのは唯変らざる其人の誠実のみだと気づいたわけなのであらう。之を考へると、また我々は一部の民衆運動家の躍起の宣伝にも拘らず、世間の一般は今仍《な》ほ主張よりも誠意を恃み得べしと信じて居ることが分かる。この事の喜ぶべきか否かに付ては固より多言を要せずして明白であらう。

私の立場からすれば、東京市民の斯うした態度は慥かに覚醒の第一歩を踏み出したものとせねばならぬ。只問題は、近く行はるる市会議員改選の投票の上に、斯の新しい覚醒の効果がどれ丈《だ》け現はれるかの点である。今までの様なことはなからうとは思ふも、過去の実績に照してこの点実は頗る危まれる。意外に良い結果を挙ぐれば満足此上もないが、若し仍然《じょうぜん》として在来の系統の人が多く選出されると云ふのであつたら、私は矢張り市民彼自身の誠意を疑はずには居れなくなる。否、誠意がないのではないとする又覚醒して居ないのでもないとする、少くとも全体として誠意を貫く熱意に乏しいのだと云ふ非難は免れまい。併し乍ら斯の如きは実は東京市民に限るのではない、日本人全体の態度が斯うなのではあるまいか。東京市民は恐らくたゞ之を代表するものに過ぎないのだらう。而して東京市民にして既に然りとすれば、日本人全体としては猶更だと云はれても致方があるまい。

投票の結果が民心傾向の予測を裏切ると云ふことに付ては、理論上から云へば制度の関係と云ふこともあり得る。制度がわるいと、民心が其儘正直に具現せぬは云ふまでもない。官僚政治家が制度を方便として民意の暢達《ちようたつ》を阻んだ例は東西最近の史上にも沢山の例がある。此頃では時々変転してやまざる民心は到底膠柱的固定制度を通じて具現し難きを前提し、一方には制度の工夫に一層周密の注意を払ひ乍ら、他方にはレフェレンダムの如きを認めて制度の及ばざる所を補はうとさへして居る。斯くして制度の上に現れた民間諸勢力の関係が社会に於ける現有の関係と相容れぬからとて驚くには当らない訳だが、併し我国に於て選挙の結果がとかく我々の予想を裏切るといふのは、実は斯う云ふ関係にも基くといふのではない。斯う云ふ関係も幾分あらうとは理窟の上では許さねばならぬのかも知れないが、実際の観測に於ては、斯んな方面の関係はまるで無視してもいゝ程、他の原因が非常に力強く働いて居ることを看逃がせぬ。そは何かと云ふに、外でもない、投票する者に独立の判断がないことである。詳しく云へば誠意を貫く熱意を欠くことである。

選挙民一人々々を捉《とら》へて所見を叩いて見る。皆一ト通り筋の通つたことを云ふ。此点から観ると、彼等は謂ば皆よく分つた人達なのである。初心の生まじめな候補者は動もすると之に安心して大丈夫自分の当選に疑ないなどと速断するが、併し乍ら選挙民の腰は実は案外に落ち着いて居らず、何時の間にか不義の誘惑に動かされてしまう。恐らく彼は自分一人の行動で全局を左右するのでないからと、不義の意識に対しても自責の念が薄いのであらう。自分一人の行動が直に多勢の人に迷惑を掛ける様な事になるのなら、彼は必ずや細心之を慎んだに相違ない。その限りに於て彼は少くとも外見上誠心誠意の人格者であるが、真に心の底からその誠実を貫く熱意のない限り、彼にその結果の直に現れぬ所に於ても同じく平素の態度を貫かんことを求むるは或は無理だ。而して民衆といふものは要するに全体として斯んな程度のものなのである。全然事理を弁じないのではない、故に遠く離れて民心の動きを達観すれば、あれで相当不義を抑へ正しきを扶《たす》くる監督のつとめを果して居る。最もだらしのない我国の政界に於てすら、誰かよく今日の政情が憲法発布当時に比し毫も進歩して居ないと断言し得よう、遅速緩急の差はあるが、之でも段々良くなつてゐるのは矢張り民衆監督《ポピュラー・コントロール》の賜《たまもの》に外ならぬ。けれども近く寄つて見ると、民衆ほどぼんやりして居るものはない。東京市会の腐敗は今に始まつたことではなく、之を廓清するの唯一の鍵は市民の確実に握る所であり、加之《しかのみならず》傍《はた》でがみ〳〵八釜《やかま》しく騒ぎ立てるのも久しいものだのに、未だに市民は平然として居るといふ状態である。国民全体としても亦同じ事だ。斯う云ふ民衆を頼りに仕事をするのだから骨が折れるのである。と云つて私は民衆を罵つて自ら快を貪らんとするものではない。斯く云ふ私も実は此種の民衆の一代表者なのだ。自分も実は好んで他に向つて事理を説く割に甚しく実行的熱情を欠くを自ら恥ぢて居るものだが、兎に角民衆の中に交つて民衆と共に事を為さんとする者が先づ民衆を斯の如きものと観念して掛るを要すと云ふ説明に至ては、他山の石として民衆運動家の傾聴を要求しても敢て不遜ではあるまいと考へる。

民衆運動の出発点幷に其上に築かる二態様

民衆と云ふものは案外にてきぱきせぬものだ、それかと云ふて全然ぼんやりして居るのでもない。てきぱきせぬので無視して見ると怒る。結果から見て永い間には相当の務めを果しても居るのだから、矢張り彼れに頼るの外に途はないとすべきであるが、放任しておいて急の間に合はせ難いのを一つの欠点とする。而して斯う云ふ新しい民衆観が実に最近の民衆運動の特色ある出発点であると云ふことを一言しておきたい。

茲で私が新しい民衆観と云ふ所以は、以前は民衆を謂はば万能と前提して其上に一切の計劃を樹てたからである。例へば第十九世紀百年間を通ずる民主主義の政治的発展を見よう。旧時代《レジーム・アンシアン》の殻を破つたばかりの一般民衆に直に全幅の寄託を認めなかつたのは事情已むを得ないとして、少くとも世間は漸く下層階級の発達を信じ、外形の上でこそ中等階級と所謂《いわゆる》第四階級の不断の抗争を呈したが、政界を支配する底潮としては、民衆の開発に伴つて選挙権を拡張すべきの説が承認され、而して与へられた選挙権は必ずや有権者の有効に之を利用すべきを疑はなかつた。さればにや斯かる権利の拡張を喜ばぬ専制政治家は種々煩瑣なる制度の按出に依つて大勢の進行を阻まんとし、民衆の友を以て任ずる者は之に反して権利の拡張と共に直に民衆政治の理想の実現すべきを祝したのであつた。之等の事実は共に皆民衆を観ること与へられた権利を直に有効に使用する者と予断して怪まなかつたからではないか。斯うした民衆万能観の一層露骨な盲信に基いて飛び出して来たものに社会党がある。社会運動をマルキシズムと云ふことに拘泥して考へると話がやゝこしくなるが、大体に於て第十九世紀の特色をなす此種の運動は、数の威力の認識の上に実行方針を樹てたものと謂ていゝ。始めは数の力を擁して待遇の改善を要求して見た。後遂に立法部に威力を張るに非ずんば根本的の改革を見得べからずと気付いて、一方には政党運動を開始し他方には選挙権拡張の要請を新たにしたのであつた。而して其根柢の思想は、全国民中の最大多数を占むるプロレタリアートが普《あま》ねく選挙権を得るに至れば、議会に於て亦当然に社会党が圧倒的大多数を得ること疑なしと云ふに在つたことは明かだ。即ち彼等は民主主義者以上に此点に於ける民衆万能を信じたのである。しかもこの期待は民衆運動の場合でも社会党の場合でも共に見事に裏切られたのではないか。尤も始めは之を制度の罪に帰しても見た。無論制度にも責任のないことはない。併し予想の外づれ方は単純に之を制度の罪に帰するには余りに大きかつた。斯くして遂に漸を以てこの旧い民衆万能観は棄て去られることになつたのである。

然らばこの新しい民衆観を特色ある出発点として最近の民衆運動は如何様に発展したか。之には二つの違つた態様がある。

一つは民衆の政治に対する立場が常に受働的であり消極的であり精々監督者としての立場以上に出で得ないと云ふ事実に鑑《かんが》み、この受働的の立場と主動的の立場とを分離し、民衆にはその当然為し得る地歩に立つて十分に其機能を発揮させようとするものである。這《こ》の民衆運動には細目に亘《わた》ればいろ〳〵の特徴を挙ぐることが出来るが、其重なるものを摘記すると、(一)は政治の積極的方面は専門の政治家の事として民衆にはその集団たる政党の外に立たしむることである。従て所謂大衆政党と云ふものを認めない。政党が大衆と密接に連絡せざるべからざるは言ふまでもないが、大衆を直接に党員とすると云ふ方式で進んでは、政党その者の健全に発達せざる恐れあるのみならず、又大に党員の争奪に因する政党間の無用の軋轢《あつれき》を繁くする。現に我国無産政党の融和を見ざる実際の原因も一つには慥かにこゝに在ると思ふ。(二)は民衆は直接には政治の積極的建設に関らずとするも各種の施設に依て痛痒を感ずるものは彼等なるが故に、受働的に結果の適否を判断し得る者は彼等を措いて外にない、従て彼等はこの立場からどの政党を支援すべきやを容易に判断することが出来る。彼等に無理な仕事をさせようとすればこそ彼等は尻込みもすれ、容易になし得る限界で務めを果させようと云ふのなら相当に民衆を緊張させるに苦しまない。(三)は斯くして各政党を鞭韃《べんたつ》して善を競はしめんと期することである。政党が既に多数の大衆を味方にし得たと安心すればこそ、気を許して悪いこともする。始めから頼みにする味方はない、唯その挙ぐる所の成績如何に依て大衆の支持を恃み得るとすれば、彼等が専心少しでも善い事を為すに競ふに至るは期して待つべきである。而して斯かる期待の理想的に揚がる必要条件として(四)に民衆の判断の自由を確保助長する方策が亦最も注意せられねばならぬは勿論だ。判断の自由を妨ぐる各般の支障が厳に法規の制裁を以て抑圧せらるべきは言ふまでもなく、更に進んではその自由の判断をして実質的に価値あらしむる為に環境の改善が要求され教育の急要が叫ばれる。要するに民衆の物質的幷に精神的環境を良いものにし、一切彼等の自由独立を妨ぐる条件を取り去つてやつて、そして其地盤の上に各政党をして良善をつくして生存競争をやらさうと云ふのである。この立場を簡短な言葉で現はさうとなら、民主主義の立場と云つてもよし又自由主義の立場と云つてもいゝ。たゞ併し乍ら民主主義又は自由主義と云ふ言葉には近来特殊の歴史的意義を附するものがあつて、事に依ると私の附する意味の誤解される恐なしとせぬ。単純に第十九世紀の政治思想の底潮を為した所の、個人の発達を信じ並にその自由なる発達の為に環境の整頓を要求した思想、之が民衆の現状に即して新に斯んな方策を樹てるに至つたものと理解して貰へばいゝ。

第二は民衆は到底全体としては纏《まと》め難いものであり従て又其の全体としての積極的支持などいふことの恃み難いと云ふ事実を見越し、全体の名義を仮り少数の力を以て急いで事功を挙げんとする者である。露骨に民衆の無力を口実にして独り決めの善政を布《し》かうとする者にムツソリニあるが、之は始めから民衆の代弁を標榜して居らぬのだから問題外とする。民衆全体の代弁を表看板として其実少数専制をやつて居るものは先づ露西亜の共産党であらう。所謂共産主義も亦かの新しい民衆観に基いて生れた一種の民衆運動であることは疑を容れぬ。

共産主義が所謂新しい民衆観に基いて産れたものなることは、その発展の歴史を顧ればよく分る。こゝで私は共産派理論の発達を云々するのではない、その運動方針が多かれ少かれ各国に蔓延して行く迹に付て概括的に云ふのである。私の観る所に依れば、政党運動に失敗の経験を積んだ先輩の社会主義者は、全体としての民衆の到底頼み難きを見越し、一方に議会否認論を以て溜飲を下げると共に、他方暴力に訴へてその経済的要求を貫徹せんとした。サンヂカリズムは少数者の暴力を以て目的を達せんとする運動方針の、先づ経済行動の方面に現はれたものであつた。やがてサンヂカリズムの失敗は、運動の分野の先づ政治界にあらざるべからざるを教へ、今度は全力を政権獲得に集中することになる。組合主義の単純な経済行動が政党運動に転回したと同じ様な経過が此処に復《ま》た繰り返されるのだが、たゞ運動の武器として暴力の採用された所に前とは違つた著しい特色がある。而してその暴力の採用された所以は、民衆結束の至難なる事実の認識に基くは勿論、又兼ねて民衆はどうにでも籠絡が出来ると多寡《たか》を括《くく》つた結果に外ならない。

大衆の為の仕事であることと大衆の為の仕事だと云ふこと

民衆運動はもと全大衆の利益の為めにする運動なのだから、共産党を民衆運動の一種として挙ぐる以上、之に亦全大衆の為めにする運動たるの資格を許すは勿論だ。それにも拘《かかわ》らず私は共産党の一つの特色として少数専制を説いた所以は如何。当今の所謂共産主義運動が、その主観的確信に於て、全民衆の為めにあの花々しい活動を続けて居るものなるは疑を容れない。併し乍らその執る所の特殊の戦術は、吾人の客観的判断を促して彼れの面上に少数専制の烙印を捺《お》さざるを得ざらしむる。共産派の人達は茲処《ここ》に反省して新に其立場を修正するの義務を感ずるか否かは私の問ふ所でない(所謂共産党の修正派とも観るべきものが最近現に起らんとしつゝあるの事実も此際看却することが出来ない)。私はたゞ此点の認識に基いて共産党運動の是否につき一言国民に警告しておくの必要を感ずるのである。

　暫く共産派のいふ所を聞いて見よう。彼等は常に全世界の無産大衆の為に戦つて居るのだと云ふ。ソヴィエツト・ロシアは全世界無産大衆の一代表として、その故国に於てプロレタリアート独裁政治を戦ひ取つた、従て世界中の無産大衆は労農露西亜《ロシア》を無条件に支持する義務があると云ふ。我々はまた露西亜が示して呉れた模範に則つて全大衆の為にその独裁権を奪還せねばならぬ、我等の勝敗は直に全無産大衆の運命に関すると云ふ。戦ふべき相手は軍国主義者の指示する所謂外敵ではない、我等を圧迫搾取して飽くことを知らざる国内のブルジョア階級であると云ふ。之等の説には、固より格別の異議はない。併し之を打倒するの全権を共産派の特殊の戦術に託して安心すべきかといふ点になると、国民の間に恐らく種々意見の分岐があらう。相当重大な異議あるに拘らず、無理に押し切つて我意を通さうとすれば、それが最早全大衆の為の仕事でないことは勿論である。

全大衆の為めの仕事だと云ふことは、必ずしもそが真に全大衆の為の仕事であることを必しない。爾《しか》く云ふだけを証左とするなら、すべての政党政派が皆之れでなければならぬわけだ。西洋には或る亡びた民族の独立恢復の為めの政党と云ふがある、又或る教法の権利の擁護を目的とする政党と云ふのもある。併し斯かる変態政党を発生せしむべき特殊の事情のない国に在ては、仮令農民団とか労働団とか特殊の結合を基礎とするにしても、苟くも政党を標榜して起つものなる限り、そは各々其立場より観ての全大衆の利福を目標とするものでなくてはならぬ。さうでなければ政党の名を冒すことは許されぬ筈だ。そは政党は即ち国全体の政治を取り賄ふ人達の結合だからである。たゞ併し乍ら、一旦特殊の結集を成すと、その結集の目前の急に追はれて動もすると全局面を見損ふの弊に陥り易い。中にも屢々《しばしば》繰り返さるる過誤は、自家の狭い利害を取て直に全面の利害なるかに軽信することである。であるから、全大衆の為めと称してその実看版に偽りあるの難は、何れの政党にも免がれない。是れ政党に向つて絶へず朋党の域に堕する勿れとの警告ある所以。而して政党が如何に屢々この過誤を重ぬるにせよ、之を過誤と自覚して常に局外の批議を甘受する限り、彼はまた一個全大衆の為めの政党たるを失はぬとされる。たゞ共産党に至ては他のすべての政党とひとし並に取扱ふには、余りに著しき特徴を此点に有《も》つと考へられるのである。

共産党が一家の見を以て直に全大衆の為めと考へたからとて、それを私は不思議とするのではない。斯うした錯覚は実は各政党通有の現象と謂てい丶。たゞ彼の立場に異とする所は、之れの盲信を全大衆に強制するを主要の方針と立て、之に就ては絶対に他の批判を寛容せないことである。即ち斯れが彼等の拠《よつ》て以て目的を達し得べしとする主要戦術の一なのである。して見れば、共産党運動は、彼等の主観的提唱の何であれ、冷静なる客観的批判の面前に於ては、徹頭徹尾如何にして政治を自分のものとすべきかの問題に対ふる政術《クンスト》に外ならない。断じて近代的意義に於ける政治運動《ポリチック》の一形式ではないのである。

政治が単なる一君主又は少数豪族の仕事であつた時代には、政治の名の許《もと》に攻究立案せられた諸方策は要するに一個の政術《クンスト》に過ぎなかつた。蓋し如何にせばその治世を平穏無事にし又之を永続せしむべきかが唯一の関心事であつたから。而して国民全体の利福の如きは単にこの目的に副ふ一方便として第二義的に考慮せられたるに過ぎなかつた。然るに現代になつては、政治は完全に国民の仕事とされて居る。従て全大衆の生活の全面に亘つて価値の顕現することが其の最後の目標でなければならぬ。然らば如何にして最高の価値を顕現せしむるか。之が実に国民の日常生活の上の主要の問題となつたのだ。謂はば現代の政治《ポリチツク》は国民の生活の一面を代表するものとなつたのである。従てまたこの立場からすれば、或る一党派の主張を直に全大衆の要請と盲信せよとする共産派の運動方針の如きは、到底之を承認することは出来ないのである。

政治を政術《クンスト》ときめて掛る立場と政治を国民生活の一面と心得てかゝる立場とは、必ずしも両立しないとは云はない。凡《すべ》ての政党は自家の志を達せんと熱中する点に於て、いづれも皆それぞ\の政術を有する、その政術を振り廻はす点に於て政党の間に朋党的紛争は絶へない。併し乍ら彼等がまた一面に於て其間にフェーア・プレーの雅量を蔵し、各々其姸《けん》を競うて徐《ゆる》やかに国民の取捨を待つのなら、之で政治を国民の生活の一面とする立場は満足する。斯くして自ら最高の価値にそれ自らを実現するの機会は十分に恵まるべきを以てである。不幸にして共産党の政術《クンスト》は、余りにも執拗にこのフェーア・プレーの精神を呪詛する。乃《すなわ》ち現代的意義に於ける政治《ポリチック》と相容れざらんとする所以である。

共産党運動の特色

共産党運動を少数者の専制だと云つてしまへば如何にも利己的な朋党の様にひゞくが、是れ併し乍ら私の云はんとする真意ではない。私は大体に於て飽くまでも彼等の動機の純真を信ぜんと欲するものである。それにも拘らず彼等を何故に少数専制の過誤を覚らないものとするかに付ては別に説くとして、兎に角純真な動機に発足してゐる丈けその掲ぐる所の綱領政策には大に傾聴すべきものあるを見る。一体彼等は何を目標として居るのかと云へば、申す迄もなく被圧迫全民衆の凡ゆる方面に亘つての解放と並に其利福の伸長とである。この窮極の目標に到達する細目の段階として彼等の列挙する綱領と及び其の不撓の努力に依て既に例へばロシアに於て成就した成績とに至ては、現に多くの教訓と示唆とを我々に与へて居るではないか。この点に於て我国の官憲が陰に陽に現代露西亜の研究を甚しく不便ならしめて居るのは飛んでもない間違だとせねばならぬ。共産党の基本綱領は勿論のこと、就中《なかんずく》現労農露西亜の各般の新施設の如き、寧《むし》ろ是非とも早く国民一般に知らしめねばならぬものである。たゞ官憲の人達は、共産派の立場が其の掲ぐる綱領の在来の制度の下に於ては到底十分に行はれ得ないとの見解に基き、先決の急務としてブルジョア政治の打倒と無産階級の独裁権の確立とを叫ぶに在るのを忌避するのであらうが、之とても単にそれ丈けの事なら大して懸念するにも及ぶまい、共産党に限らず、他の凡ての無産党も亦同じく現に之と同じ事を目ざして運動を続けて居るのだから。

共産党の運動も若《も》しこの辺で止まるものなら著しく我々の耳目を聳動《しようどう》することはない。細目に亘つては兎も角として、大体に於て賛成も出来れば協同も出来ると云へる。共産党の人達にしても亦固より我々の賛成なり協同なりを喜んで迎へる筈だと考へる。たゞそれがうまく往かないのは、それから先きの段階に就てである、詳しく云へば、ブルジョア政治の打倒・無産階級独裁権の確立の為めに執る所の手段に就てである。この点になつて始めて我々と彼等の立場とが根本的に相容れぬものとなるのだ。要するに我々は共産党の運動の全面に亘つて反対を表するのではない。政策綱領の大部分には異議を挿まない、どうしても賛成の出来ないのは主としてその戦術に関してである。

政権の獲得には無論のこと、その維持に付ても第一に必要なのは云ふまでもなく大衆の支持である。而も大衆の意識的結束に由る恒久的支持の恃み難しとすれば、別に特殊の方策を講ぜねばならぬことになる。斯くして共産党の大衆獲得の戦術は生れるのだ。

大衆獲得の戦術には三つの方面がある。一は大衆獲得の為にする特殊の教化《カルチユア》である、二は大衆獲得の為の現実の手段である、三は獲得したる大衆の特殊の結束法である。特殊の教化方策として観るべきものは、出来るだけ多くの大衆を自家の陣営に引きつける為に、盲目的に階級戦に昂奮せしめ所謂熾烈なる階級意識を挑発するを以て最先の急務とし、社会生活の凡ゆる方面をして悉《ことごと》く此唯一の目標に朝宗《ちようそう》せしめんとすることである。例へば教育も芸術もその全機能を挙げて階級意識の祭壇に己れを捧げしめる。之が挑発に役立つものが善、否らざるものは皆棄てて顧みぬ。若し夫れ些《いささか》でも之を抑制するの活《はた》らきを為すものは悉く之を不善として極度の侮蔑を勇敢に投げ掛ける。博愛とか人道とかは敵が我々の鋭鋒を挫《くじ》かんが為に設けた陥穽《かんせい》に過ぎぬと説くに至るのだ。勿論さうした傾向もないとは云へぬが、兎に角無条件に宗教を鴉片《アヘン》の毒に比するが如きは、我国にも一時流行《はや》つた夫《か》の軍国主義教化方策と同じく、全く為めにする所の見え透いた方便に外ならぬのである。之に依て一時目ざした目的は達し得るかも知れぬが、為に民知の根本的開展を邪魔するの禍に至ては測り知るべからざるものがある。大衆獲得の為の現実の手段として採用さるる細胞組織の潜行的前衛活動に至ては、その陰険なる正に侵略的国家競争時代に於ける間諜政策にも比すべきものがある。無産階級内部に於ける平和なる政治運動を攪乱する最大の原因はこれだ。若しそれ獲得したる大衆の結束方法として、退いては外部の批判に耳傾くるを禁じ、進んでは他派に極度の罵声を浴びせ依つて以て党員の熱情をつなぎ得べしとする、是亦毫も民知の開発を念とするに非ず、彼等を愚にし又愚なるに乗じて之を籠絡するものではないか。何処の国でも幼稚な党員の足をとゞめるには、彼に教ふるに他党を罵倒することを以てするに限るとしたのは、政党発達史の語る所である。真に国民の文化を念とする者の到底這般の戦術を堪へ難しと称する所以である。

共産党の戦術にして吾人の注目を要するは、単に大衆獲得の方面に限らない。斯くして大衆を獲得し之を動かして所謂無産者の独裁権を確立する革命行動に成功したとする。無産階級の独裁権と云ふも要するに彼等一派の独裁権たることは云ふまでもない。而して一旦占め得たるその険要の地位を維持するが為に執る所の戦術も、亦吾人の慎密なる注意を必要とするのである。大衆の本当の支持を待つてやつた仕事でないから、彼等の為す所には毎時《いつも》無理が伴ふ、之を補ふ為めに依然として大衆獲得の宣伝を怠らざるは論を待たぬが、更に進んで彼等は大衆を他に奪れぬ用心の為めにも其の与へられたる権力の利用を忘れない。乃ち彼等は第一に殆んど戒厳令にも等しき厳しい警戒の下に一切の反対派の行動を禁ずる、のみならず第二には常に自家陣営内に異端の発生する勿《なか》らんことを周到に注意する。其情景宛《えん》として徳川封建の世全然自由の認められなかつたのに類するものがある。無論之には外に相当の理由もあるのだらう。何の理由あるにしろ、斯くまで精神生活の自由を抑へるのは時代錯誤である。又斯くまで自由を抑へねばならぬ所に、共産党政治の無理ある点が暴露せられて居ると謂ふべきである。尤も共産党の人が之を一時不得已《やむをえず》の過渡的段階と看做《みな》し、斯んな変態もさう永く続くのではない軈《やが》て無事立派にやつて行ける時代は来ると考へて居ることは私も認める。何となればブルジョア政治を一掃さへすれば、民衆は新しい環境の下に間もなく其の必要とする資質を必然的に発展すると信じて居るからである。即ち彼等の奉ずる唯物的人生観からすれば、民衆のだらしないのは真の一時の事、今日の様な変態専制は何時までも必要とされるものではないのだ。一寸《ちよつと》の間我慢せいと云つても結局全民衆の為めなのだからと、案外彼等は人を窘《くるし》めても平気で居る。この点に私は秋毫の悪意をも彼等に認めることは出来ない、寧ろ少しも早く黄金時代の実現を見ようとて全世界に革命の実行を流行《はや》らすべく焦つて居るその熱情を多とすべきだとさへ考へて居る。併し乍ら彼等のプログラムは唯物的人生観を文字通り正しいと許して始めて実現の可能性ありと云へるのだ。唯物史観が従来の誤つたそして偏つた社会思想を矯正する意味に於て今日大に傾聴されねばならぬことは認めるが、理想主義的人生観を排する意味に理解さるべしと云ふのなら、そは断じて実際の事実と齟齬《そご》する。従てあゝした基礎の上に急いで築かれた共産党の治政の下に在ては、夫の変態的専制独裁は彼等の云ふが如く決して一時的のものではなく、必然的に何時までも之に附き纏ふものなのである。故にこゝ数年の経験は、も少しの間我慢しろ、と云はれた者がしびれを切らし始め、永い事でないと信じて満身の力を張り詰めた連中も容易に予期の常態の到来せぬに自ら困《こ》うじ果てる時が来ないとも限らない。

要するに共産党運動のうち我々の頗《すこぶ》る問題とするのは、主としてその戦術に在てその政策綱領ではない。又政策綱領に於て許すべからざるものあるのなら、始めから容易に之を指摘し又之を争ふことも出来る。只その戦術に至ては文書の上に之を徴し得べき場合が少いだけに厄介なのだ。例へば旧労働農民党の如き又旧臘再び禁止の厄に遭ひたる新党準備会一派の結党運動の如き、その表面に掲ぐる所の綱領に於て、多少その文字の矯激なるは之は認むるも、その実質に於ては甚しく異議を挿むべき点を見出さざるのみならず、又格別他の無産党と異る所もないやうに私は観た。即ちこの場合に於ても、この一派と私共とは綱領政策に於て特に甚しく啀《いが》み合ふ理由を見ないのである。たゞその戦術に就ては如何。之に関して私は実は余り深く知る所がないが、政府がモスカウの第三インターナショナルと連絡ある我国唯一の秘密結社日本共産党と特殊の交渉あるの故を以て之を禁止せし点と、并に他の無産諸政党が挙《こぞ》つてその特殊の戦術を恐るるの点とよりして、直接さうでないと云ふ明白なる説明に納得の往くまでは、矢張り戦術に於ても亦共産主義を学ぶものと推定するの外はないと考へておる。

繰り返して云ふが、警戒すべきは共産党の戦術であつてその綱領政策ではない。共産党の問題を取扱ふに当りて我々はよくこの二者を区別して考ふることが必要だ。但だ玆に一つまた厄介なことは、共産党自身は常に右の二つを不可分のものとして吾人に提供することである。之も或は彼等の戦術かも知れない。之を理論づける為の彼等の巧妙なる説明に就ても言ひたい事があるが、多岐に亘るを恐れて今は略する。要するに斯うした物の出し方の結果として、綱領政策に共鳴して彼等の陣営を見舞つた者は、動《やや》もすれば之に併せて無理強ゐに戦術までを買はされる。その反対にまた戦術の厭ふべきを知らされたものは、無暗《むやみ》に怖気《おじけ》がついて結構な綱領政策にまで面《かお》を背け勝ちになる。謂はば共産党は因業《いんごう》な両親に附き纏はれた美人のやうなもの。美人だけを娶《めと》ると云ふわけに行かず、二者を併せ背ひ込むか又二者を併せ棄てるかと云ふ問題の出し方である。色気を離れて冷静になれば、娘は娘、親は親と、善悪のけぢめもはツきりするのだが、年少血気の徒は動もすれば客気に駆られて甲乙を併せ呑み、因循深慮の老輩は又たゞ訳もなく両者を併せ忌避したがる。斯んな所から共産主義問題は特に我国に於てこんがらがるのではあるまいか。老人に向つては無鉄砲な抑圧を差控へしめ、若い者にはお前の好きなのは之れだけなのだらうと教へてやつたら、無産階級の陣営内に於ける無益の紛争も余程整理され得るのではあるまいかと考へられる。

我国民衆運動の将来

前にも述べた如く、政治を本来の規道に復《かえ》らしむるものは民衆の力の外にない、民衆がよく政治を自分のものとするや否やは一に繫《かか》りて民衆運動の成果如何に在る。民衆の裡《うち》より起り民衆に組織を与へて之を政戦場裡の一大勢力たらしめんとする我国各般の運動は、果してよく真に民衆を有力なものに育てあげて之を政界の儼然たる主人公たらしむるに成功するだらうか。民衆運動の将来の展望はいろ〳〵の意味で大に吾人の関心に値する。

政治を国民のものとすると云ふ意味に付て、そはブルジョア政党を完全に打倒することを含むや否やは予《あらかじ》め一考しておくの必要がある。単純な希望をいへば、無くせるものならブルジョア政党の如きは全然無くしてしまつた方がいゝ。少しでもあれば、それが何時《いつ》の間にか反動的策謀の利用する所となりて種々の紛擾を後日に捲き起す種とならぬと限らない。併し事実之を完全に倒滅するは容易の事でなく、その容易に非る事を無理に成さうとすれば勢ひ共産党の故智に倣《なら》ふの外はないことになる。而して彼れの戦術に頼るを避くべしとせば、寧ろ徐《おもむ》ろに実力を養つて彼等の存在を苦とせざるに到らしむべきであらう。要するにブルジョア・イデオロギーは十分に克服せなければならず、ブルジョア政党に大きな口を利かしてはいかぬが、彼等の気息喘々《ぜんぜん》たる存在を苦にせねばならぬ程自信を欠くのでは、未だ民衆の実力を語ることは出来ない。斯んな事を云つたら、共産派の人達は直に我々の微温的態度を罵《ののし》るだらう。彼等は実力の自信なくして天下を取らんとするの野望を包蔵するが故に、詭計を用ひても一挙に敵を屠《ほふ》るの必要に迫られて居る。微温とか妥協とかの文字に対する反感を利用して自家の野望の障礙《しょうがい》を除かんとするも亦彼等の一戦術に外ならぬ。ブルジョア政党の如きはもと〳〵此方の実力さへ伸びれば独り手に引き退がるべき筈のものだ。実力がつかねば無理に引つ込めてもまた何処からか芽を吹き出さう。強て之を芟除《せんじょ》せんが為に無用の精力を浪費するのは愚だ。我等は寧ろ退いて民衆の真の力を発展せんことを一層専念とすべきである。

民衆の力の発展は二つの方面から推し進められる。(一)は根本の培養の方面である。消極的には彼等の発達を阻害する凡ゆる原因を除き(主として制度上の施設の問題に関はる)、積極的には彼等の智徳の向上に資すべき諸般の方策を樹てる(主として教化の問題に関はる)。之等の事はまた自《おのずか》ら特殊の一問題をなすものなるが故に他日の考察に譲ることとして今は説かぬ。茲に特に読者の注意を乞ひたいのは(二)の民力組織の方面である。現に在る所の力、即ち個々散在して実用に供し難き状態にある力を組織して之を政界に活《はた》らかすことである。民衆は案外に無力だなどと云ふけれども、こは未だ組織して一個の活動力に作つて見ないからの事だ。今の儘でも之に相当の組織を与へたら又案外に有力なるものかも分らない。政界に於ける民衆勢力の地位如何は、先づ之等の順序を経てから論ずべきものであらう。

この段になると、我々は直に無産政党を思ひ浮べる。何となれば無産政党は所謂無産大衆の勢力に政治的組織を与へんが為に起つたものだからである。我国で無産政党の起つたのは近年のことだ。普通選挙も辛《や》つと一昨年から施行されたのだから致方もないとは云ひ、随分遅れたものだと思ふ。それでも全く無いよりは増しだ、就中出来るが早いか無産政党が社会の人気の焦点となり、概して全民衆の好感を以て迎ふる所となつて居ることは愉快である。たゞ今日の無産政党の行き方が、全民衆の力を結束し之を有効に活躍せしむる上に果して適当を得て居るだらうか。この点になると私は玆に一つの大なる遺憾を感ぜざるを得ぬ。そは云ふまでもなく戦線の統一を欠くことだ。戦線統一の欠如は即ち組織の中途半端なるを意味し、ある力を半分にして使ふ様なもので不経済此上もない。力の有効なる活用を楯にして起つた無産政党がこの体《てい》たらくなので、操觚《そうこ》界の同情者が筆を揃《そろ》へて憤慨するのも無理はないと思ふ。

戦線統一の前途

無産政党に取て戦線統一の必要なるは説くまでもない。一般民衆の立場から云つても、(一)それが民衆の力の正しい政治的表現であり、従て又その最も有効なる活用であり、(二)殊に議会に於ける一層効果的なる活動は、牽制力としての民衆勢力の作用を鮮明ならしめ、以て一には敵を戒しむると共に一には味方に自信を与ふるの効用あり、(三)併せてまた民間輿論の進展を適確にし、兼て大に民心の開導に資するからである。若し夫れ無産政党自身の立場から云へば、戦線の統一は正に焦眉の急務と謂ふべきである。従てこの事には政党自身も焦り更に一層強く世間が之を促してやまない。世間の要求の熾烈なるは各無産政党をしてひとしく此事を其重要政綱の一に挙げしめたことに依ても分る。

それにも拘らず戦線統一の事業の遅々として進まざるは何ぞや。人或は之を左右両翼の分裂主義に帰するも、是亦説いて猶ほ精ならざるの嫌がないでない。最近日本大衆党の結成に由て、統一を阻むものは之に取り残された極左極右の両翼だけの様に見えるけれど、その日本大衆党のうちにだツて分裂の機運の孕《はら》まれて居ることは公知の事実ではないか。日本大衆党の如きは、十分に分裂の素因を克服するに及ばず只訳もなく外部の統一要求の声に圧せられて出来た不自然の結成と観るべきであらう。と云つて私は日本大衆党を遠からず分裂するだらうなどと推定するのではない。分裂の素因のあることは残念ながら認めねばならぬが、分裂させるか否かは新党員諸君の之からの腕にある。心の配り様では分裂の素因の如き後からでも取除き得るであらう。私は寧ろ此点に於て党員諸君の腕の冴えに信頼し、その不自然なる結成を転じて速に自然的なものに発展せしめられんことを冀《こいねが》ふて熄《や》まない。日本大衆党の将来がこの点に見事な成功を挙げることは、また実に無産政党の全陣営に取ての一大福音でもある。

いづれにしても私は今日の無産政党の陣営内にはその戦線統一を妨ぐる幾多の原因あることを認むるものである。試に其重なるものを列挙して見よう。

(一)一般に協働の訓練に乏しい。　之はひとり無産政党界に限つたことではない、或は日本人全体の通患と云つた方がいゝのかも分らない。丁度静かに純潔な交際を続けるに堪へぬ青年男女のやうなもので、肉交まで行くか喧嘩分れするかの外に方途あるを知らないのである。気心も分らぬのに世間の思惑を顧慮し過ぎて完全な合同に急がうとするから話が纏らないのだ。合同に到るの段階として個々の案件につき随時の協働をする丈けの余裕があつたら、却て本当の戦線統一は出来易《やす》からうと思ふ。

(二)ドグマに捉へられ過ぎる。　前に私は今日の民衆運動家が民衆に阿《おも》ねり過ぎるの嫌あることを述べた。その結果一旦与へたドグマに関し後に其誤謬を覚つても之を修正するの勇気を欠く、この自縄自縛がまた無用なる理論闘争を繁からしむる一因たることをも先きに述べた。之が年少読書子の理論的潔癖性と結んで、各無産党の立場をば余りに融通の利かぬものにする弊はないか。今日の無産党が、表面に何と謂つても、事実に於てインテリゲンチアの指導下に甘じて居る間は、無産大衆の利害よりも読書人の面目が先に立ち、独断に捉へられた無用の嫉視反目の屡々《しばしば》繰り返さるるは免れ難いと思ふ。

(三)政党成立の基礎に協働を難んずる素因が伏在する。之も前に述べたことだ。無産政党も既成政党と同じく地盤の上にその勢力を築いて居る、否、地盤に倚《よ》ることの関係は既成政党よりも或は一層甚しいかも分らない。無産政党が階級代表の政党である限り、無産大衆を地盤とするは当然だが、今日の如くその無産政党が相当の合理的な根拠もなくして沢山の分立を見て居るに際しては、大衆其ものがまた数個の集団に分たれてそれぞれ各党派の固定的地盤とされるのは禍だ。例へば或る労働組合が自発的に――真に自主的に――或る無産政党を支持するはいゝが、無産政党の方から働きかけて或る無産者団体を手に入れると云ふやり方が流行ると、其処に勢ひ醜怪なる争奪戦の行はるるを防ぎ難い。地盤争奪の戦は必然に悪罵の投げ合を伴ふ、他を罵ることに依て自己の存在を誇示せんとするのである。今日の無産政党間の反目を感情の争だなどと云ふ人があるが、大部分は実は皆ここに述ぶるが如き事情に胚胎するものであらう。

以上三つの原因は、実際に於てかなり深酷だとは思ふが、併し必ずしも絶対に避け難いものではない。各党幹部の人達の達観と雅量とに待たねばならぬは勿論だが、学友蠟山政道君が、絶へず有益なる資料を供給して呉れる雑誌『社会思想』の本年一月号の時観欄に説かれて居る様に、無産党議員の数の増加と議会に於て積む彼等の経験とは、恐らく不思議に這の難問を解決して呉れるだらうと期待される。無産党の戦線統一は議会から始まるべしとは是まで屡々私の本誌に於て説いた所、故に今は之れ以上の詳説は故《ことさ》らに遠慮しておくことにする。

(四)共産党の戦術に大に悩まされて居る。無産党の協働を妨げて居る原因としては寧ろ之が最も重要なものであらう。そは何故かと云ふに、前にも屡々述べた様に、共産党は素と大衆の獲得に由て一党の専制を夢想するものであり、戦線統一を看版にして寧ろ正直の協働を破らんと期するものだからである。斯うした統一論に迂《う》闊《かつ》に乗れぬは勿論のこと、加之《しかのみならず》此種の運動の活潑に行はれる限り、統一の誘ひに可笑《おか》しい程尻込みするものあるも深く咎めるわけには行かぬ。共産党の戦術が直接に他の無産党を攪乱して居ることの外にモ一つ吾人の看逃してならぬのは、その流布する特殊のイデオロギーが亦大に無産戦線の統一を妨げて居るの事実である。就中《なかんずく》一方に空疎な統一論を以て他無産党の対立を抑へ、他方排他心の高調に依て猜疑嫉視の種を蒔《ま》くことである。彼等の活潑なる宣伝に由て今日共産主義イデオロギーが一般無産階級間に相当根強く拡がつて居るは周知の事実であり、それ丈け各無産政党は戦々兢々《きょうきょう》としてその戦術の前に退嬰《たいえい》せざるを得ざる有様に在る。この点をうまく突破するでなければ、或は健全なる戦線の統一は容易に出来難いのかも分らない。

故に私は考へる、無産政党の戦線の統一は、先づ共産党運動の戦術を完全に克服する所より始められなければならぬと。必ずしも共産主義その者の克服とは云はぬ。戦術と綱領政策とを絶対に不可分と考へて居る人には共産主義の克服となるは致方がない。我々は採るべきは採り棄て去るべきものは遠慮なく之を打倒せんことに理知の眼を開きたいと思ふ。要するに無産政党の人達も世間の論客も、此点に十分の見極めをつけたら、案外問題の解決も早からう。この先決問題に触れずして徒《いたず》らに戦線の統一を叫び、躊躇逡巡《ちゅうちょ》する者を一概に分裂主義者などと罵るのは、少くとも経世的洞察を欠くものである。繋縄《けいじょう》を切らずして馬を走らさうとするのはどうしたツて無理だ。

我国無産党界の現況

以上の論点よりすれば我国の無産政党は大体(一)一党専制主義で押し通さうとするものと、(二)各派協働主義で進むものとの二種類に分たれる。一党専制で行かうとするものが理論上二つも三つもあつて差支ないのだが、今の所唯一つしかない。而してそれが表面上独自の専制を要求せず常に戦線の統一を標榜して居る事は申す迄もない。各派の協働主義がそれ〳〵皆遂に合同に到るべきを期待して居るか否は別として、そが何故に数個に分立して居るかに就て十分吾人を納得せしめないものあるは亦隠し難い。表面の口実の何であれ、そは主として各派成立の歴史に基くものであり恐らく主義を以て分るるものではないのだらう。尤もブルジョア階級との関係を云々して左右両翼の別を立てる人はある。所謂右翼は資本閥と現実の取引をする点に於てその不純を責められるのだが、併し白紙に文字を書く様な徹底一点張りで進む革命主義者でない限り、時に応じて相手方と一種の協定に入るは本来何等咎むべき事ではない。戦塵の間に見《まみ》ゆる敵味方ですら、時に軍使を往復して必要なる事項を相談するではないか。取引が悪いのではない、取引をする間に敵の奸策に乗ぜられるのが悪いのだ。此方が確《し》つかりしてさへ居れば、さう敵に乗ぜられるを恐るる必要はないが、自信が足らずして往々此の過誤を犯すの危惧ありとすれば、そは左右両翼の共に警戒すべき通弊であらう。ブルジョア階級との関係に依て甲を是とし乙を否とするは、俗耳に入り易くして而も事の真実に適ふ判断ではない。

若し我国の無産政党間に右の様な形での左右両翼を分つべしとすれば、その標準は恐らく共産主義との関係であらう。共産主義の本体に対する一般の理解が足らぬ結果として、共産党と事を共にすべからざるの深き体験を有する人達の間にも、自ら徹頭徹尾之を嫌悪するものと今猶ほ情に於て多分の好意を寄せ理に於て彼等の提説を斥《しりぞ》け難しとするものとを生じた。之が即ち現に左翼右翼の名を冠せらるるものの本当の分岐点ではなからうか。殊に所謂右翼が共産党の陰謀に窘められたるの経験に懲りてか余りにも戦線を引き下げ過ぎて狭き陣地を堅むるに汲々たるの事実は、単にそれ丈でも、共産主義に同情を寄せ過ぎてゐる左翼の人達の反感を唆《そそ》るに十分である。共産主義の本体に関する理解の十分ならざる間は斯うした状態はまだ〳〵続くのだらう。共産派を左とし社会民衆党を右と視ての所謂中間派の存在理由も要するに茲処にあるものらしい。

併し私の右の分類は、現在の社会民衆党・日本大衆党及び旧新党準備会の対立にしツくり当て箝《は》まると云ふのではない。無論大体の傾向をさう観て差支ないのだが、精密に云へば、少くとも旧新党準備会を除いた他の二派は、結局何処へ落ち着くか分らないとも云へるのだ。そはこの両派はその成立の基礎に於て、徒らに大を為すに急いで清濁合せ呑むを憚《はばか》らなかつたからである。幹部に居る人達の大体の傾きはやや明かだが、中味を精密に吟味したら、到る処に水と油とがごツた返して居るのを隠し得ない。無産党戦線の整理と共に此方の整理も亦一つの重要なる仕事であらう。併し之とてもまた共産主義の本体の究明に由て容易に解決さるべきものなることは論を待たぬのである。

中間派の分裂に依て無産政党界が益〻甚しき混乱に陥るか、又は之と所謂右派との歩み寄りに依て協働すべきものの根拠ある協働を実現するかは、一に繫りて共産主義に対する今後の理解の様子如何に在る。私の立場から云へば、共産党の戦術を克服することなくして無産戦線の統一を語るは夢だ、之に触れずして局外より戦線の統一を迫るのは操觚界の不明だ、統一完成の確信なくして徒らに之を口にするは無産党自ら民衆を欺くものに外ならない。無産党界も段々整理の緒に就き頗る前途の光明を思はしむるものあるだけ、私は特に此苦言を呈して一層民衆運動の完成に真剣の努力をいたされんことを望まざるを得ない。

〔『中央公論』一九二九年二月〕

浜口内閣の前途

七月末頃の或る東京〔の〕新聞に、浜口新内閣の人事行政が前内閣同様依然として情実に拘泥し過ぎて居るとの非難が昨今漸く貴族院内に高いと云ふ様な記事が出てゐた。よく読んで見ると、田中内閣を倒壊に導いたに付いては貴族院内にも沢山の功労者が居る、浜口首相が之等に酬《むく》えんが為めに格別の顧慮を払はず、宛《あた》かも自党の独力で天下を取つたやうな貌《かお》して専ら人を党内に採らんとするのは、情実に捉《とら》はるるの甚しきものであると云ふのだ。浜口内閣の人事行政が概して其当を得て居るか否かは知らない。今日の状勢の下に於て、主として人材を先づ党内に物色するは已むを得ずと許さざるを得ざるべく、貴族院内の所謂《いわゆる》殊勲者に酬えざるの故を以て直に之を情実に拘泥すると難ずるは、見当違ひの感なきを得ぬ。否、私共は寧《むし》ろ功労に着眼して人事行政に多少でもその斟酌《しんしゃく》を加ふることをこそ、却て情実の非難に値するものと考へて居る。同じく党籍を有するものでも出来るだけ上院の人を後廻しにすると云ふが、憲政運用上の常則ではないか。況《いわ》んや間接に政党を助けたに過ぎざる局外の人に於てをや。

斯う考へると、孰《いず》れの立場がより多く情実に拘《かか》はるの難に当るのか分らなくなる。

*

前内閣を倒すに功労のあつた人を厚く酬えねばならぬと云ふ理窟もない。廃屋の壊しの上手な者が必ずしも新邸の建築に巧みなりと限らず、土方と大工とは由来分業たるを本則とするが如く、新内閣の要所々々に何人《なんぴと》を据へるかは、誰が最も有力に前内閣の倒壊の為に働いたかなどを全然顧慮せずして決定せらるべき問題である。今度に限つたことではないが、何や彼や愚にもつかぬ理窟を捏《こ》ねて猟官の目的を達せんとする者の案外貴族院に多きは、顰蹙《ひんしゆく》に堪へざる所である。

*

貴族院に猟官熱の強いことに付ては多少の拠《よ》る所が無いでもない。(一)其器に非ずして漫《みだ》りに輝かしい地位を望むは俗人の常、而して之は独り上院議員に限つたことではない。(二)近時政党の発達するに従ひ下院議員に対しては相当に党の統制も付く様になつたが、上院の方は其成立上から云ても必ずしも下院同様に行かぬのは怪むに足らぬ。そこで政党はこの上院の操縦の必要上自《おのずか》らその議員に対しては特別の優遇を与ふるを余儀なくされる。その反動として田中内閣の如く表面全く貴族院を無視せるが如き形を装ふたものもあつたが、併し全体としては、政党内閣の段々に鞏《かた》まり行く過渡期の現象に過ぎぬのかも知れぬが、兎に角上院議員に過分の優待を提供すると云ふのが最近の一慣行である。是れ上院に議籍を有する走り使ひのまめな斗筲《とそう》の徒が屢々《しばしば》政府の要路に揚げられたる所以《ゆえん》にして、同時にまた彼等が歴代の政府を甘く見て訳もなく顕著の地位をかち得べしと期待する所以である。(三)それに上院の所謂勅選議員の中には官吏の古手が多い。中には完全に政党の中に没入して居るものもあるが、否らざるも腕に覚えがあり而も無事に苦しむ所から、何れかの政党に間接の力を籍《か》して他日何等かの報酬に与《あず》からんとする。之れだけの腕のあるのに此儘貴族院の隠居仕事で朽ち果てるのはと云ふは必ずしも自惚《うぬぼれ》とのみ見ることは出来ない。之に政権慾と金銭慾とが手伝つて彼等の猟官熱が一層深刻となるのではあるまいか。我党の天下になつたからとて俄《にわか》に騒ぎ出す下院の有象無象《うぞうむぞう》の猟官熱も無論烈しいには烈しい。但だ此方は畢竟《ひつきよう》一時の僥倖《ぎようこう》を夢想するに過ぎざるものであるが、貴族院のそれに至つては、年が年中痩せ浪人の胸裡に鬱《うつ》結《けっ》せるものの暴発するものだけに、騒ぎの叫びの大きくない割に深刻の程度は実に軽々に測り知るべからざるものがあるのである。

*

また話を前に戻すが、田中内閣の倒壊に就ては誰れが倒したと人を定めて之を決めることは出来ないと思ふ。(一)貴族院は種々の方面から田中内閣に痛烈な痛手を負はした。けれども終《つい》に之を倒壊にまで持つて行き得なかつたのは民政党と同様である。(二)枢密院の態度に至つては言語道断と云ふの外はない。少くとも不戦条約問題に付ては、其頑迷固陋の見に於て帝国の国際的信用を傷けて悔いず、而も其点を徹底的に主張するを避けて政友会内閣を不当に庇護せんとしたことは蔽《おお》ひ難い。(三)して見ると直接に田中内閣倒壊の原因を為すものは軍部と元老とであるが、之とても積極的に田中内閣に働き掛けたのではない。一たび田中総理大臣が元老西園寺の諒解の下に宮中に奏上したことが、後ち軍部の強圧に依て修正された新奏上の内容と著しく異るの結果、流石《さすが》の田中内閣も遂に自ら我れと我が身を殺さねばならぬことになつたのだからである。

斯く考へて見ると、田中内閣を進んで倒したと云ふ人は誰も無いと云ふことになる。

但だ之れだけの事は云へる、若《も》し田中内閣が多少の民望を収めぬまでも切《せ》めてあれ程不評判を極めて居なかつたら、その最期の模様は幾らか趣を異にしたかも知れぬと。何となれば仮令《たとい》その効果が間接であるにしろ、内閣が国民の意志に因らず別個の伝統的勢力の為めに倒されると云ふことは由来主義として国民の堅く認めざらんとする所だからである。然り、国民の多数は多年この主義を頑強に主張して来た。にも拘らず我国特殊の歴史的事情は、種々の閥を跋扈《ばっこ》せしめて動《やや》もすれば政権の順当なる推移を紛更せしめて来た。それだけに之等の伝統的勢力の跋扈に対しては、国民は平素可なり神経過敏であつた。然るに這般《しゃはん》の田中内閣の没落に際して、国民が特に独り没落其事に狂喜して遡《さかのぼ》つて倒壊の理由を問はんとしなかつたのは、是れ思ふに元老軍閥の介入を寛過せるに非ず、その由来を問ふに遑《いとま》あらざる程田中内閣の存続に忍び難しとしたからではなかつたか。故に或る意味に於ては、田中内閣は国民が見殺しにしたから斃《たお》れたのだと謂《いつ》てもいゝと思ふ。救ひの手を延べたとて救ひ得たかは別問題だが、初めから国民の側に若干の同情があつたら、或はあゝ云ふ窮地に陥らざるを得たのかも判らない。田中内閣を倒したものは元老軍閥の誰れ彼れでない、つまり国民の極度の不信が彼れをして斃れざるを得ざらしめたのである。

＊

田中内閣を倒したものが国民それ自身なるが如く、其の代りに浜口内閣を迎へたものも国民それ自身なりや否やは、一言にして断じ難い。浜口首相の直接の形式的推薦者は西園寺公だが、世間でも能《よ》く云ふ如く、西園寺公は所謂憲政の常道に従て第二党の総裁を奏薦したるに過ぎぬのだから、謂はば公は常道に遵《したが》ふの名に於て国民の意図を代弁したものに外ならぬ。然らば浜口内閣を迎へたものは亦国民その者なりと云ひ得ぬこともない様だが、併し立憲国の常例として国民の意志は常に必ず議会に於て表示せらるることを要し、議会に由らざる国民の意志表示と云ふものは法律上認めないことになつて居る。斯る制度の下に在ては、所謂憲政の大道はあの場合、第二党首領の奏薦に始まり、やがて新に出来た内閣の信任が更《あらた》めて議会の討議に上り其の形式上の信認〔任〕を得るを以て完了せらると謂はねばならない。是れ新内閣の成立と共に世上に一時臨時議会召集論の盛であつた所以である。その立論の根拠に必ずしも満幅の賛同を表し得ぬが、代議士の一人たる清瀬博士が七月初め東京日日新聞に寄せた論文の如き、其中の最も有力なるものであつた。田中内閣の倒れた際、政権の民政党以外に持つて往かれることは到底憲政常道の許さざる所ではある。斯くして挙げられた浜口内閣は併し乍《なが》ら現に議会に於て過半数の確実なる後援を有せざる以上、一応信任を議会に問ふの手続を取らずしては、未だ以て国民の附託を得たりと自負し得ざるは勿論である。

＊

浜口内閣は組閣早々臨時議会を召集すべきだと云ふは併し乍ら憲政運用の定石だ。之を本則として尊重すべく而し故なく之に悖背《はいはい》すべからざるは言ふまでもないが、徹頭徹尾無条件に之に膠着《こうちゃく》せざるべからずと考ふるのは誤りである。特別の場合にはまた本則を一歩の先きに見詰めつゝや、之と相異る方策に出づるの已むを得ないこともある。

我国の今日の場合、臨時議会召集論は取りも直さず解散論である。屁理窟を捏ねれば二者の間に必然の関係はないとも云へる。実際の状勢を云へば、野党の過半数に逐ひ捲《まく》られて政府は到底解散の外に局面転回の方途を見出せぬことになるであらう。故に直に臨時議会を開けと迫るは、成るべく早く議会を解散せよと云ふにひとしい。而して之が果して我国の現状に照して得策なりや否や。

早く臨時議会を開けと云ふのは、議会の少数党を以てして政権運用の衝に当ると云ふ不自然の状態を一刻も早く取り去つてしまひ度いからである。併し乍ら臨時議会を開き其結果解散となつて其処から政界の自然的状態に復するを期待する為めには、二つの前提要件を予定せなければならない。一は民意が総選挙の結果の上に正しく現はれることで、他は其結果に基いて政権がなだらかに移動することである。後者は我国に於ても略《ほ》ぼ確実に守らるるとして、第一の点の頗《すこぶ》る覚束なきは天下公知の事実ではないか。政友会の不評判の空前なりし近き過去より推し、総選挙の結果の恐らく民政党に有利なるべきは想像し難きに非ずとしても、之を信じてい、程不幸にして我が同胞は未だ選挙権の行使に付て真面目でない。真面目に恃《たの》み得るのなら、選挙の結果よしや田中内閣の復活を見るに至つたとて悔ゆるにも及ばないが、当今の人情は唯訳もなく、当分暫《しばら》くは政友会に謹慎して居て貰ひたいと要求して居る様であり、従て又選挙の結果が不安なら急いで之をやらなくてもいゝとする感情も、相当強く漲《みなぎ》つて居るらしく見へる。

何れにしても民意の確実に選挙の上に現れぬ国に於ては、選挙は要するに無駄の手数である。之れで民意の所在が分るのだと強く主張するだけの道徳的根拠が薄弱だからである。だから私は、例へば清瀬博士の所説を一応尤《もつと》もと同意しつゝも、強いて之を政府に迫る程の熱を感ずることが出来ぬのである。併し選挙の結果を成るたけ民意に副《そ》ふ様にすることも主としては繰返して之を行ふの訓練に依る外はないのだから、兎に角斯の与へられた形式で民意を問うて見ようと試みることには異議はない。それが十分民意を現はして居るか否かは別として、選挙の結果に基いて政権の授受さるる形式的慣行の斯くして益々堅まるも亦好もしき事である。

故に私は政府が進んで臨時議会を開かうと云ふのなら敢て異議は申述べぬ。どうでも斯うでも之を開くべきだと迫る議論には姑《しばら》く賛成を保留して置きたい。解散の時機を政府の選択にまかすは此際必ずしも理路の公明を欠くことにはならないと思ふ。

＊

誤解を避くる為めに言つて置くが、私とてもどうせやるなら早く議会に多数の根拠を作つて鞏固《きようこ》な基礎の上に新内閣の大に活躍せんことを冀望《きぼう》してやまざるものである。夫にも拘らず私が新政府に総選挙を急げと迫らざるは、国民の真意が必ずしも茲処に適確に現はれざるのみならず、早く選挙事務に忙殺されることに依て政府当面の急務の或は忘れられんことを恐るるからである。選挙に依て不自然の状態を矯《た》めることも必要には相違ないが、夫れよりも大事な焦眉の急務が外に沢山あると思ふのである。先づ其方を先きに片附けることに専心すべきであらうと考へるのである。

然らば謂ふ所の当面の急務とは何か。政友会の悪政に依て歪《ゆが》められたる国民的利福の調整が是れだ。政友会の悪政に依て歪められた国民的利福とは何か。政友会罪悪史を説くのが此小論文の目的でないから今一々之を列挙するの煩を避くるが、時々新聞に現はれるもの以外、隠微の個処に此種のもの亦頗る根強く且広く伏在して居ることを一言しておく。兎に角取敢へず之を矯正し調整することが何よりの急務だ。田中内閣の後を承《う》けた新政府としては先づ之れから手を付けて国民の期待に対する最初の応答を為すべきである。浜口内閣の今日までの成績がこの点に於て相当の賞讃を博するに足るものなりや否やは別として、斯う云ふ当面の急務を有するだけに、彼れが臨時議会を急いで開かぬことにも亦一面の道理あるを思ふものである。

猶ほ政界の一部には、臨時議会を開かぬ代り通常議会の開期を繰り上げ少しでも解散の期を早めよと説くものがある。解散の早きが民政党の得策だとする考が自ら斯の説を流布せしめたものであらうが、解散の早きが果して得かどうか明かならず、仮令得だとしても、一ケ月早いと云ふことは要するに五十歩百歩の差に過ぎぬであらう。併し開会期を多少繰り上げると云ふ主張には、私は別の理由で賛成はする。

＊

民政党が少数を以て天下を掌握して居るのは何と謂ても憲政上の一変態たるを免れぬ。変態は速に適当に始末せらるるを要する。だから解散論の主張を見るわけだが、此際一概に常則に依り難きは前にも述べた通り、更に之を田中内閣没落の事情に照合して考へると、一層明白に其辺の理由は解るやうだ。

政友会は内閣投げ出し後新党倶楽部との合同に依て下院に過半数を占むるの優勢を確実にし以て今日に至れるも、没落の当時は第一党ではあるが絶対過半数を占むるまでには至らなかつた。併し乍ら相手の民政党から前後五十人足らずの脱党者を出させ、其等の者の大部分が結局に於て自派に合流し来るべきを期待し得る以上、兎も角も形式上議会に多数を制して居たと観て差支ない。而して其の多数を擁して居た政友会の内閣が、多数を擁した儘で倒れたのである。多数を制し得るものに天下をやらうと云ふ現代に在て多数を擁して倒れたのだから、田中内閣の倒壊は謂はば大金持の餓死とでも申すべき格好で、之れが抑《そもそ》も憲政運用上の一大変態なのである。然り、田中内閣が多数を擁し乍ら斃れたと云ふ事は、浜口内閣が少数を以て天下を授かつた事以上に変態なのである。

然らば斯かる変態を生じた根本の原因は何か。それは云ふまでもなく、田中内閣の擁する多数が実は無理に作り上げた空虚な多数で、畢竟国民の真の意向とは何の交渉もなかつたものだからに外ならない。之等の事は私の既に幾度となく論じた処だから再び繰り返さない。読者諸君の知らる、如く、政友会内閣に対しては、国民の多数は組閣の当初から既に厭《あ》き〳〵してゐたのだつた。而も無理に多数を作らんとしての暴状は日に増し募る、国民怨嗟の情が昂じて遂に最早一日も其の存続に堪へ難しとするに至れるも怪むに足らない。其の証拠には、彼れの不慮の窮地に対して天下誰れ一人同情を寄せるものがなかつたではないか。元来多数を要して倒れると云ふは変態中の変態であり、多くの場合その由て来る所を不純となし、国民は寧ろ倒れた内閣を支持するに傾くを常とするものである。今度の田中内閣にしても、彼れがモ少し人望ある内閣であつたら、或は軍部の強圧を攻撃し或は元老の干入を不可とするの声が相当に民間に高かつたかも知れない。理に於て大に論難すべき点あるに拘らず、之等を一切棚に揚げて国民が挙《こぞ》つて唯々内閣の没落を喜び合つたのは、以て如何に政友会内閣が民意を離れて居つたかを証するものである。

だから「新に民意を知る為」と云ふ解散論は為めに半分の根拠を失ふわけである。民意を問ふ当事者は差当り民政党と政友会であり、而して政友会に民意の支持なきは今日頗る明白だからである。但しさうかと云つて民政党が、だから国民の多数が我党を支持して居るのだと自負し得ざるも勿論である。甲乙二者の中一方を非とすれば他方を是とするの外はないが、政界の事は常に一々選挙と云ふ駄目を押すことを必要とし、之れで地歩をかためて取掛らねば仕事が安全に出来ないのである。たゞ此際は民意の所在の略ぼ明かなるよりして選挙の方はさう急がなくともよからうと云ふまでのことである。

*

序《ついで》に多数を擁して居る内閣が多数を喪《うしな》ふことなくして而も倒壊を余儀なくさるることは、如何なる場合に可能なりやを考て見よう。私の考では之に関しては大体三つの場合を想像することが出来る。

一、首相の死去　議会の多数党に天下を遣《や》ると云ふ所謂憲政の常道が段々鞏《かた》まりつゝあるとは云ひ、組閣の大命の法律的性質を解して君主より政党に賜はるものとする説明は、未だ公式には承認せられて居ない様だ。好ましからざる過去の伝統的謬想に基くものではあらうが、憲法は表面上依然として政党なるものを認めず、従て例へば浜口に組閣の大命の降れるをも、政党総裁たるが故に彼に大命が降つたのではない、政局燮理《しょうり》に堪能なりと認められたるが故に大命を賜はつたのだと説明する。尤も政党内閣の慣行のかたまるに連れ、事実上政党に根拠なきものは単にそれだけで政局燮理の能を欠くものとされるのは当然だ。従て政党総裁たることが其の資格を具備する明白なる一標徴に相違ない。けれども、強て政党総裁たるが故にと云はしめぬ所に古い政治思想の今猶ほ屏息し了《おわ》らざる痕跡を示して居る。斯くして我国では、首相は陛下の御信任に依て大宰相の印綬を帯び、一般閣僚は首相の推薦に依り換言すれば首相御信任の反映として台閣に列するものとされる。要するに君主との関係に於て内閣の存立する唯一の基礎は、首相其人に対する御信任である。政党は飽くまで表沙汰にされぬことになつて居るのだ。従て例へば閣僚の入れ換による改造と云ふことはあり得るも、首相だけは漫りに之を入れ換へることは出来ないとされる。首相が死んだ様な場合直に政党が後任総裁を決定しても、其人が其儘首相の地位に上り得るのではない。それは前任首相の御信任の基礎は直接には政党総裁たりしが故でないからである。現に加藤高明が死んだ時には閣僚は一旦総辞職をなし、後任総裁の若槻は改めて陛下の御依託を蒙り、其上で殆んど同一の顔触れを以て後継内閣を作つたのであつた。

右の様なわけで、首相の不慮の死は多数を擁して居るに拘らず一旦内閣の投げ出されねばならぬ一つの場合を作るものである。併し斯の場合には殆んど例外なく後継総裁が直に組閣の大命を拝すること若槻内閣の時の如くであらうことは亦疑ない。

二、局外勢力の圧迫　日本の政界が独逸《ドイツ》や仏蘭西《フランス》の如くだと話が頗る面倒になるが、幸か不幸か外観の形は英国の式に則つて居る、或はます〳〵英国式になりつゝあると云つた方が適当であるかも分らない。其処で政権争奪の土俵に上場するものは下院に根を張る政党に限られ、その以外の勢力のその間に干入し来るは、寧ろ政界を腐敗せしめ其の順当なる発達を阻碍するものとして呪《のろ》はれる。この点は二大政党の闘争に由る英国式憲政運用をよろこばぬ人々の間に在ても同様だ。何となれば貴族院枢密院の跋扈は云ふも更なり、軍閥元老の干渉の如き亦総ての人の無条件に嫌忌してやまざる所だからである。たゞ併し乍ら我国に於ては、一つには歴史上又一つには制度の上にも相当の根拠があつて、之等局外勢力の干渉にはなか〳〵侮り難いものがある。詳しい説明や挙証は今之をする遑はない。その災禍に遭つて多数党内閣の倒された例も珍らしくないが、その危険を警戒すべき事情に至ては今後も相当永く続くであらうと思はれる。

局外勢力の圧迫に依て多数党内閣が倒れたとすれば、其後を承けた新内閣が速に国民の信任を問ふの措置に出づべきは当然である。何となれば前内閣の倒れたるは直接には国民の意志と何の関係なく、新に起つた政界の変転に関し民意の何れに加担するやは全然不明だからである。但し之に基いて起る総選挙は、(一)局外勢力の干入を是認すべきや否やと(二)前内閣と新内閣との孰れを信認すべきやと二つの問題に付て国民の意志が問はれるのである。国民の多数が依然として前内閣側に多分の好意を寄せるか又は之と新内閣との間に格別重大の差違を認めなかつたら、或は局外勢力の干入を否認する意味に於て前内閣派に多く投票するかも知れない。斯うした形式的問題に拘泥するを不急とし、何等か特殊の理由ありて新内閣を支持したとしても、そは必ずしも局外勢力に由て前内閣の倒されたことを是認すると限らぬは云ふまでもない。但我国に於て総選挙が右の理論通り進行するや否やは別問題である。

三、偶然の過失　偶然の過失が内閣の運命に関するやうなことは滅多にない、唯事宮中に関する場合に稀《まれ》に之を見る。今度の田中内閣の没落が正に之に当るものであらう。尤も之を偶然の過失と云ふのは当らないかも分らぬ。何れにしても深い根柢のある政策上の重大案件に関する失態でないことは明かだ。事件其ものが重大でなくとも、宮中関係と云ふ点に特別の重大性が加はつて内閣瓦解の原因を為すは我国特殊の国体上亦やむを得ぬ所である。而して此場合新内閣の如何なる措置に出づべきやはまた略ぼ(二)の場合と異る所はない。

要するに何れの場合にしても、多数を擁し乍ら倒壊を余儀なくされた内閣(又は政党)は、民間の輿情に対する関係に於ては本来立場の有利なるべき筈である。それだけに今日の政友会が一向国民の同情を惹《ひ》き寄せ得ないのは一つの特例と云ふべきであらう。この形勢を転換することは蓋《けだ》し政友会に取て容易なことではない。

*

以上の論述は自らまた次の総選挙の結果をあらまし予想せしめぬでもない。単純なる党略として選挙は早きを政府の利とするや否や私には分らない。理に於ては必ずしも之を急がしむべきに非ずとすれば、そは大体政府の選択にまかして然るべき事柄と思ふ。選択にまかしたからとて其の決定に相当の理由あるを要するは申すまでもない。

選挙時期の定め方に依て損得の差があつたとしても、それは大した数《すう》ではなからう。選挙の結果朝野両党の形勢の如何に落付くべきやは、右の点を姑く度外しても考へ得ぬことはない。私の推測する所に依れば、大体判断の基礎を前回総選挙の結果に置き、之に時勢の変化と内閣更迭の事実とを斟酌すると斯うなる。(一)無産政党は若干其の員数を増すべく(一部の人の想像する如く著しく増すと云ふことはあるまい、多くもやツと倍数を超過する程度のところだらうと思ふ)、(二)中立と小会派は依然として——或は益々——不振なるべく、而して仮りに右の二つを約三十名とすれば、(三)残りの四百三十余名が幾分政府側の有利に分配されるのではあるまいか。前回の選挙で(イ)民政党は二百十七名を得た、今は百七十余に減じて居るけれども、原数より新党倶楽部を差引いた百九十位の所を現有の勢力と許してよからう。之に与党たるの地位が更に幾何《いくばく》を添加するかが問題である。私は之を約二十と算し、民政党の期待し得る最低減〔限〕を二百十と観て居る。之に対して(ロ)政友会は今や新党倶楽部を加へて二百五十に近い。けれども野党たるの地位と最近の異常なる不人気とは選挙の上に著しき影響を示すべきを以て、私は多くも二百を超ゆることはあるまいと考へて居る。何れにしても、民政党が独力で過半数を制し得るやの頗る覚束なきを感ぜられるけれど、世人は一般に再び政友会に起たれてはと大に懼《おそ》れて居るのだから、この感情を具体化すべき非政友聯盟でも出来て結局何等かの形に於て現内閣の拠るべき基礎が作り揚げられるのではあ〔る〕まいか。

＊

併し万に一つ選挙の結果政友会が多数を占めたらどうなる。所謂憲政の常道は必ずや再び政友会を立てるだらう。私は此際政友会の復活を喜ばぬものだけれども、㈠選挙に敗れた民政党内閣に居据はらせる理由は毛頭なく且つ㈡つい此間やめた斗《ばか》りの政友会を起たしむるのも変だなど理窟を捏ねて又しても中間内閣の主張さるるが如きことあらば、絶対に其の排撃を呼号したい。選挙の結果に従順なるも亦一つの大切な原則だから、さうした場合には遺憾ではあるが矢張り政友会を起たしむべきであると考へる。政友会としても再び起つた以上、豈《あに》敢《あえて》復《ふたた》び前の様な馬鹿を繰り返すこともあるまい。

唯政友会が選挙に勝つた場合一寸《ちよつと》面倒な問題の起りそうなのは、田中総裁の進退如何に関してである。前にも述べた通り、我国の憲法上の形式的説明は何処までも政党と云ふものを眼中に置かぬ。其の実政友会に政権を託するのであるに拘らず、政党の事は知らない、田中義一其人を大政燮理の適任者と認めるのだと云ふ立場を執る。然るに先度の政変に於てその田中義一が傷を負うて身を退いた斗りなのである。それは議会に多数の根拠を失ふたからではない。実質的には散々の失政だけれども、形式的には何等政策上の重大案件の躓《つまず》きに依て骸骨を乞ふたのでもない。没落の当時政友会の人達は政策で倒れたのでないと云ふ点を誇りげに叫んで居られたが、それだけ再び田中を呼び出すと云ふに就て宮中の関係が難《むず》かしくなるのではあるまいか。政策で倒れたのなら、田中個人の傷ではない。さうでないとなると、宮中との関係に於て田中と云ふ個人の輔弼《ほひつ》の方法をあやまつたと云ふことが辞職の原因と認められなければならない。然らば輔弼の能力に欠くる所ありと――仮令形式的であつても――決まつたものを、如何に憲政の常道に連れ立つとは云へ、オメ〳〵と復《ま》た奏薦の出来る訳はないのではあるまいか。そんな形式に拘泥するなと云ふのも一つの理窟には相違ないが、そんな事は元老奏薦など云ふ手続もなくなつた時に云ふべき事で、大命降下に関連する今日の複雑なる慣行を以て、犯すことを得ざる一つの秩序と観る以上、田中個人の問題は政友会の運命に至大の関係あるを許さずばなるまい。

そこで政友会としては、次の選挙に予定の勝利を占めて再び政権を自党に奪還せんと期する以上、総裁の入替へをせねばならぬ筈だ。義理にも奏薦の出来ない代物《しろもの》を依然として総裁の地位に放置するのは、或は近く容易に政権の戻り来る見込のないことに諦めて居る為めかも分らない。尤も遡つて云へば、輔弼の職責を誤つたと云ふ点で辞職の余儀なきに至つた以上、彼れは総理大臣を辞すると同時に直に政友会総裁をも辞すべき筈であつた。之を辞せないのは彼れの楽天的習性に因るのか、又徒《いたず》らに地位に恋々たるが為めに然るのか、抑もまた俄に辞し難しとする党情の犠牲となつて忍び難きを忍んで居るのか。田中大将を据へ置くことの次期の政変に頗る不利なるを知りつゝ、俄に之を換へ難しとするところに、また政友会の弱点があり又幹部の最も苦心する所があるのかも知れない。

併し総裁問題は何時までも放任して置ける問題ではない。

次ぎの選挙で幸に民政党が勝てばよし、若し政友会が勝つたとしたらどうなる。浜口内閣は辞職する。後継内閣につき仮りに西園寺公が御下問を蒙つたとしよう。公は所謂憲政の常道に従て総裁田中義一を奏薦するだらうか。一年足らずも前に、政治的に躓いたのではない道徳的に躓いたと云ふので自ら処決せしものを、再び奏薦して公は果して心中陛下の附託に忠ならざるの悔を感ぜずして居られるだらうか。いよ〳〵之が問題となつたら、我国憲政上従来に類例のない事件として、最も識者の注意をそゝるものがあらう。

尤も政党内閣主義の事実に於て認められて居る今日、政党が自ら選んで党首と仰げるものに、他からケチを附けられる理由はないとも云へる。田中総裁を適当と信ずる以上、何処までも之で押通すと云ふのも一ト理窟であるが、民政党の議会中心主義をさへ危険と罵《ののし》つた政友会が、一転して政党内閣主義の極端なる固執に早変りし、我が選む所なるの故を以て強て再び敗軍の将を陛下に薦め奉るの勇ありやは、また私の大に疑ふ所でもある。

序にモ一つ空想を描いて見る。総選挙の結果政友会多数となつたが、総裁が依然田中なるが故に元老が一寸取捨に迷つて居るとする。斯う云ふ場合必ず念頭に思ひ出されるのは床次氏であるが、政友会内閣に難色あるを見越し、先達て新党倶楽部を挙げて政友会に投じたと同様の早業を以て、今度も矢張り一族を率ゐて政友会を脱したとすれば、彼れの一派と民政党との聯立を以て優に時局の安定は求め得られることになる。尤も民政党が浮萍《うきくさ》の如く昨日を今日と定め難き床次一派と結ぶ気になるか否かは問題だ。が、其の目論見の成否如何は別論として、少くとも床次氏は斯くして益々其の真面貌を発揮し又鮮かに其の終りを完《まつと》うするものと云へよう。但し斯かる現象の発生に対して心ある国民の極度の侮蔑を寄すべきは説くまでもない。

＊

浜口内閣の前途を説くには、猶ほ枢密院並に貴族院との関係に付て語るべきものが沢山にある。余り永くなるから之は別の機会に譲らう。(八月六日)

〔『経済往来』一九二九年九月〕

憲法と憲政の矛盾

故伊藤公の憲法起草基本綱領

十月下旬国民新聞社主催で、伊藤公の遭難二十週年を紀念する為めの遺墨展覧会が東京上野自治館に於て開かれた。多大の骨董的価値を有するらしい書幅類も沢山あつたが、主として私の興味を惹《ひ》いたのは書翰其他の草稿類であつた。就中《なかんずく》公が憲法制定の詔命を奉じいよ〳〵其の起案に取掛らうと云ふ際その補助員たる井上、伊東、金子の諸氏に書き示したと云ふ所謂《いわゆる》基本綱領の草稿は、最も私の感興を唆《そそ》つたものであつた。之は最近伊藤公爵家に於て故公の遺物整理の際不図反故《ほご》類の中から発見されたものらしく、憲法の起案に直接の関係ありしと云ふ所から、伊藤家の当主博邦公より特に金子子爵に贈られたものである。子爵は本草稿と博邦公の手翰とを併せ更に自ら詳細なる跋文を添へて之を立派な一ト巻きに仕立て上げられて居るが、本草稿が憲法起草上の基本綱領としてあの当時示されたものだと云ふ事も実はこの金子子爵の跋文に依て知り得たのである。

この一巻が特に私の注目を惹いた点は二つある。㈠は伊藤公が最も強く英国式の所謂「君主は君臨すれども統治せず」の政治原則を排撃し、天皇親政を以て国体の基本とすべきを力説せることで、㈡は金子子爵が之を以て帝国憲法制定の根本精神となし、先年来よく唱へらるる所謂議会中心主義に付ては之を右の根本精神と相容れざるものと認めらるるらしく切《しき》りに其流行を慨嘆せられて居ることである。最近の我国に於ける憲政の運用が何と謂《いっ》ても所謂議会中心主義にかたまりつゝあるは疑を容れない、而して憲法制定者たる伊藤公の起草当時の精神が前記基本綱領の示す如きものとすれば、今日の運用が憲法本来の精神と全然相容れぬことも亦明白である。金子子爵の跋文を添へて示されたる伊藤公の基本綱領は、右の事実を一層鮮明にして呉れる点に於て大に我々の興味を惹くものである。

因《ちなみ》に云ふ、学友平塚篤君の編纂にかゝる『伊藤博文秘録』(本年三月刊)の「六一＝帝国憲法と英国主義」(同書二二七頁)の条下に出て居る故公の手記は、右の基本綱領の初めの一部分ではないかと想像される。さうでないとしても、伊藤公の思想は亦この文字に依ても十分に窺《うかが》ふことが出来る。而して之に対して加へられた金子子爵の註釈に至ては、所謂伊藤公の精神なるものの最も鮮明なる敷衍《ふえん》として亦頗《すこぶ》る注目に値するものである。子爵自身は流石《さすが》に今日の憲政運用の実況をばその所謂憲法の精神と相容れざるものとはツきり断言されては居ない。併し或は憲政運用の実状を説明する世上流行の諸議論の中に許すべからざる「牽強附会の説」あることを遺憾とされ、又或は憲法の精神はその制定の沿革に遡《さかのぼ》つて之を探求すべきであると主張される所などから観れば、言辞は婉曲であるけれども、矢張り伊藤公の流れを汲み、今日の憲政を以て憲法の本旨に反すとする立場を執るものと謂はなければならない。

問題の輪廓

この問題に関して平素我々の考へて居る所の大要を摘記すれば次の如くである。

(一) 憲法制定者たる故伊藤公の執《と》て以て帝国憲法の基本精神とせるものが今日謂ふ所の議会中心主義と全然相容れぬものたることは疑ない。

(二) 併し乍《なが》ら実際上に於ける憲法の運用は必ずしも伊藤公の予期せるが如き方向を取らなかつた。憲法の運用に由て作り上げらるる我国の憲政は、公の解する憲法の原則に反して益々所謂議会中心主義の色彩を濃厚ならしめんとする。官僚の一派が頻《しき》りに伊藤公の解釈を金科玉条として其の趨勢を阻止せんとし、之に対しては亦政党側の猛烈なる反抗のあつたことも、普《あま》ねく人の知る所である。

（三）　憲法の運用に関する実際政界に於ける争闘は、やがて学界にも反映した。学問上に於ける論点は主として左の三項に在つたと謂てい丶。

（イ）　憲法の解釈は其制定者の意思に依て拘束せらるるを要するや。伊藤公は斯く〳〵の考で之れ〳〵の条目を定めたといふ。伊藤公の考なるものは当該条目の意味を定めるに就て肝要な参考材料たるべきは言を待たない。併し作り上げられた憲法そのものは最早《もはや》伊藤公の意思とは全く独立の存在だ、制定者の意思に依て膠柱《こうちゆう》的に制約さるべき性質のものではない。そは須《すべか》らく別に一般の理義に依て解釈せらるるを要する。斯う云ふと反対論者は直に抗弁する、その所謂一般の理義とは西洋に於ける経験が生んだ諸原則を謂ふのだらう、日本の憲法は西洋慣行の翻訳ではない、その運用には日本独特の国情に基きて全く新しい原則の樹立を期待すべきであると。乃《すなわ》ち立憲政治の普遍性を無視し国体の特異を力説高調することに依て、憲法解釈上の通説を抑へんとするのである。而して之に関連して伊藤公はいつも憲法の制定起草に当り特に日本の国体を精察し之に基く独特の方針を建てた人として引合に出される。

（ロ）　議会中心主義は帝国憲法の条章に反するや。反すると云つたのは伊藤公一流の解釈である。之を離れて虚心に帝国憲法の条文を逐読して見るに、何処にも議会中心主義を排斥する意味の個条はない。尤《もつと》も議会中心主義を徹底するに都合の好くないと云ふ様な個条が二三無いではない。さうかと云て議会中心主義を排斥する意味の皇室中心主義の憲法とも認むべからざるは、這《こ》の皇室中心主義を徹底するに不便な個条が亦同じく二三あることに依て明かである。要するに憲法制定に関する主権者本来の意思は、議会中心主義と対立反撥する意味での皇室中心主義に拠《よ》るつもりでなかつたのであらう。果して然らば議会中心主義は伊藤公の素志とは相容れぬが、本来我が憲法その物と相背くものではないのである。

（八）　議会中心主義は憲法上君主の大権と相悖《もと》ることなきや。既に憲法の条章と反せずと云へば、其の憲法上の大権と相悖ることなきは言ふまでもない。して見れば議会中心主義を排斥する意味の皇室中心主義といふが如きは、本来憲法上の観念ではないのである。議会中心主義の排斥は謂はば人民参政の排斥である、人民参政の排斥は天皇統治権の絶対不可侵の極限的標徴である。この意味での皇室中心主義は日本の国体の基本的説明としては当つて居る、此点に就ては何人も疑を挿むものはあるまい。而して這の絶対不可侵の統治権を有し給ふ君主が、特に憲法を賜うてその統治権の行使を一定の法則に依らしむべきを宣明されたのである。憲法そのものを君主がお廃《や》めになると云ふのであれば皇室中心主義の国体上如何ともすることは出来ぬのであるけれども、苟《いやし》くも憲法を前に置いての話であれば、些少でも君主の地位を拘束するといふの故を以て議会中心主義を非議するは当らない。拘束が悪いのではない、その拘束が君主自ら宣示し給へる憲法上の拘束の範囲内のものなりや否やが問題となるのである。若《も》しそれが所謂憲法的拘束の範囲内のものであれば、其は決して君主を以て統治権の総攬者とする憲法上の重要原則と反するものではない。憲法の範囲内に於ける皇室中心主義は断じて議会中心主義と相轢《きし》るものではないのである。憲法の運用に関しての議会中心主義を論ずるに当り、憲法を超越した国体論上の皇室中心主義を対立せしめるのは、土台間違つて居る。この意味の皇室中心主義を持て来るなら、之と両立せざるものは独り議会中心主義ばかりではない、何よりも先に憲法そのものが徹頭徹尾之と相容れずと謂はなければなるまい。

以上の説明は、簡単ながら学問上の争点を明にしたと同時に略《ほ》ぼ今日に於ける学界の帰趨をも語り得たと考へる。而して説いて見れば簡単だが、然《そ》うした解決に落付くまでには実は相当の長い時間を要したのであつた。論争の先端に立つた主なる人を尋ぬれば、古くは穂積八束対有賀長雄、中頃は穂積先生に対して美濃部博士が戦を挑まれ、前者に代つて上杉慎吉博士が起つに至つて論争は白熱化した。而して大正年代の始めに及んで這の憲法上の議論は漸く略ぼ定まる所を見たのである。斯んな分り切つた問題が其の解決に斯くも長い時間を要した所に、所謂独特の国情の看過すべからざる所以《ゆえん》が存し、その同じ理由がまた憲法新解釈の闘士美濃部博士をして時に種々の意味の身辺の危険を感ぜしめたことであらうと察する。孰《いず》れにしても憲法解釈の学理上に於ける紛争の論定に就ては、外にも沢山の関係者はあるが、先づ第一に美濃部達吉博士の功労を推さなければならない。

（四）　学界に於ける解決が実際政界に於ける在来の動きを幾分助長促進したるべきは是亦《これまた》想像に難くない。併し乍ら学界に於て最早疑がないとされて居ることがすべて実際政界に於ても同様に疑ないと容《ゆる》されて居るかといへば、我々は今更乍ら大に幻滅の感を抱かざるを得ない。即ち実際政界に於ては今仍《な》ほ議会中心主義に対する確信が十分ならず、従て之が徹底の為めにする必要な努力が等閑に附せられ、甚しきは謬《あやま》つた皇室中心主義の横行に対する闘志をすら鈍らすものがあるのを見る。それ丈《だ》け我々は、実際政界に在ては学界の風潮よりの影響にもかゝわらず所謂皇室中心主義の勢力の依然として容易に抜くべからざるものあるを認めないわけには行かないのである。尤も考へて見れば実は之にも由て来る所の頗る遠いものがあるやうだ。

伊藤公自身が熱心なる皇室中心主義の信奉者であつたこと、此の考に基いて彼れが其の制定せる憲法を運用せんと試みたこと、同時に彼れが又その独特の憲法理論を有識階級の間に普及せしめんが為めに非常に骨折つたこと、并に彼れの僚友たる所謂元勲諸公の大多数が実に彼れに輪をかけた程の該主義の盲目的信徒であつたこと等も、看過すべからざる原因に算《かぞ》へねばならぬが、何よりも大事なのは、右の考が幾分憲法成文の上に制度的具現を見て居ると云ふことであらう。其事は後に詳述するが、兎に角我国現在の憲政の運用は、右等の事実に依りて、今日現に理路の徹底した安定を得兼ねて居る様な状態にある。固《もと》より憲法理論の方面の問題としては、多くの疑問は疾《と》うの昔に解決されて居るといへる。従つて今頃斯んな提案をする私の態度を評して或は陳腐の議論を蒸し返すと難ずる人があるかも知れぬ。併し現在の憲政が事実如何の基礎の上に運用されて居るかを明にする立場から云へば、この論題を紹述するは寧《むし》ろ焦眉の急と謂ふべきであらう。民衆政治を確立すべき基礎的地盤の構成を知らずしては、何等の具体的改革案も立て得ざるべきを以てである。

(五) 以上の説明は自《おのずか》ら私をして次の結論に到達せしめる。

(イ) 故伊藤公の解するが如きが帝国憲法の真髄だとすれば、我国今日の憲政の運用は全然右の真髄と相容れない、即ち憲法と憲政の矛盾を叫ばざるべからざる所以である。

(ロ) 伊藤公の解するが如きを帝国憲法の正しき解釈と信ずる者は、我国憲政の現状をば絶対に容認し得ぬ筈である。従て之等の人達に向つては、如何なるが正しい憲政の運用なるかの詳細なる宣明提示が需《もと》められなければならぬ。

(ハ) 憲政運用の現状に対し敢て排撃の熱意を示すに非ず、議会中心主義の徹底を目的とする各種の政治改革に対し偶発的に伊藤公の制定の精神などを云々して毎時その阻止を謀るが如き事程、政界を毒するものはない。右か左か態度を何れかに決めて、憲政進展の途《みち》を坦々たる大道たらしむることは我々国民の切なる願である。

皇室中心主義と議会中心主義

日本の国体を説明する主義として、皇室中心主義以外の何物をも認むべからざることは前にも述べた通りである。之と議会中心主義との対立の論ぜらるるは実は憲法の埒《らち》内に於ての事である。而して憲法の埒内に於ても本来この二つの主義は理論上相反撥すべきものではないのであるが、従来我国に於て之が相轢るものとして取扱はれたのには、亦由て来る所の淵源があると思ふ。私の考では、名を皇室中心主義と議会中心主義との争に藉《か》るも、本当の所は全く異つた二つの政治主義が斯うした変装の下に烈しく鎬《しのぎ》を削つたものと認むるのである。そは何かと云ふに官僚主義と民衆主義との対抗が即ち是れである。

（一）　議会中心主義とは何か。形から云へば議会に於て国民を代表する優秀の勢力に専ら君主輔翼の大任を託することである、精神から云へば君主が二三側近の臣僚とのみ事を諮《はか》らず国民全衆と共に社稷《しやしよく》の大計を籌劃《ちゆうかく》することである。君民一体の理想はこの主義を徹底することに依てのみ達成せらるるとされる。

（二）　議会中心主義の確立は大政親裁の君主の権能を拘束するが故に非なりとする議論がある。この議論を徹底すれば、君主は絶対に御相談相手を有《も》つべきでないと云ふ結論に到達せざるを得ない。維新当時、国政と云ふものを極めて小規模に考へ須らく神武天皇の初政に倣《なら》ふべしなどと文字通りの御親政を主張した者もあつたが、それでも左右輔翼の臣僚を全然認めぬ程の趣旨であつたかどうか判らない。国務の複雑を極むる今日、何人《なんびと》を挙げて君主の御相談相手たらしむべきかの一つの制度として組織立てらるることは最早絶対の必要である。故に議会中心主義の排斥は、他に之に代るべき君主輔翼の機関を予想せずしては全く意義を為さぬのである。

(三)　君主裁政の輔翼に関し議会主義(即ち民衆主義)と対立するものは官僚主義である。即ち議会主義に取て争ひの相手は本来官僚主義の外にはない。議会主義は之れまで其の闘はざるべからざる戦に於て屢〻《しばしば》君主の大権に弓引くものとして呵責《かしやく》された、而も結果に於ては、その進出に由て追ひ詰められたものは常に官僚主義であり、君主の大権は之に依て寧ろ益〻輝きを増して居るではないか。

(四)　故に私は曰ふ、日本の政界に於て皇室中心主義と議会中心主義との対立といふものはあり得ない。若し対立抗争がありとすれば、それは唯民衆主義と官僚主義とのせり合ひのみである。

さう云つて了《しま》へば問題は極めて簡単に見へる。皇室中心主義などと云へば談自ら宮中の事にも亙るので軽々に論じ去り得ぬ様の感もするが、民衆主義の対手《あいて》が官僚主義だとなれば、斯んなものに一向遠慮する必要はないと云ふことになる。所謂鎧袖《がいしゆう》一触忽《たちま》ち之を粉砕し得べきのみと考ふるだらうが、併し事実はなか〳〵然うは行かないのである。往来自在一切関門は撤廃したと聞いて馳け出して見ると、到る処で矢張り意外の障碍《しようがい》に遭逢すると云ふ風の事が今なほ頗る多いのだ。振り揚げて見た拳《こぶし》の収めようがなく今更困つて居るらしい政党政治家の態度を意気地がないなどと罵るのは情機に通ぜざる局外者の放言に過ぎず、多少でも元老并に之に準ずべき故[古]参官僚の政界に占むる現実の立場を知る者は、寧ろ簡単である筈の問題の実際決して爾《しか》く簡単でないことに驚くであらう。

伝統としての皇室中心主義

日本人に取て実は皇室中心主義といふ文字は、仮令《たとい》それが謬つた意味に用ひられても、一応は無批判に受容され易い。従て政治上の論争に此文字を引援するは一面甚だ卑怯な仕打であるが、他面亦頗る有効な戦術と謂はねばならぬ。而して之は深い思慮を欠く俗人に軽々しく受容れられる様に、憲法上の理論の攻明の精密ならざる又政治上の論究の未だ幼稚なりし時代に於て、相当の識者から亦成る程と迎へられたことに不思議はあるまい。私は先きに皇室中心主義なる言葉は官僚主義の政治家がその専制的立場の擁護の為めに之を利用したと述べた。固より此事実に間違はないが、それは専制的立場を擁護し民衆的干与の風潮を阻まんが為めに意識的に按出されたと云ふ意味ではない、誤解より起つたにしろ何にしろ、皇室中心主義の思想と之を政治上の重要原則たらしむべしとの決意は実は早くからあつたと思ふのである。既に在つたものを意識的に利用したと観てもいゝが、少くとも既に在つたものが自ら専制擁護の具となつた事実は掩《おお》ひ難い。之を要するに、所謂皇室中心主義は夙《はや》くから既に政界に在ては一種の伝統として一部識者の精神を支配して居つたのである。この事実を前提せなければ、それが専制主義の擁護の為めに長い間異常の働きを示した理由が解せられない。

日本人に対《むか》つて米飯をやめてパンを常食とさせることは非常に六《むず》かしい、パンを食べるな米食で結構といふ主意を貫くことは一挙手一投足の労に過ぎぬ。専制政治家が皇室中心主義を楯に取て民衆主義の侵蝕を防いだのは、パンを食べるなと云つた程の単純な仕事であつたかどうかは問題だが、少くとも専制主義を向ふに廻しての民衆主義者の仕事に至ては、米を棄てパンに就かしむる底の難事業たることは疑ない。流石に昭和の今日はそれ程の事はあるまいが、夫れでも去年の春政友会内閣の有力なる高官の口から議会中心主義排撃の堂々と宣明せられた事実などを思ひ合すれば、民間に於ける過去の伝統の渝《かわ》る所なき潜勢力を今更ながら驚視せざるを得ない。専制主義が理に於て民衆の利害と結局相容れぬものたるは勿論である。不幸にして官僚政治家の我々に課した長い間の劃一的教育方針は、この点に於て民衆の良心を手際よく痲痺して了つた。若し夫れ一般官吏の階級に至ては、近頃政党的勢力の侵入の結果として、幾分の変調を示して居るとは云へ、思想的に之を概観すれば、純粋なる民衆主義をよろこばざる点に於て夫の故参官僚と全然其類を同うするものではないか。

以上の事実は何を語るか。謂ふ所の皇室中心主義なる観念は、その内容の深く吟味せられずして、漠然官界並に一般民間に一種の伝統として残つて居ることを証するものではないか。而して現に在るものを除去するは、全く新しいものを植え付ける以上に困難なることが多い。伝統として残されたる皇室中心主義は、今日の時勢から観て若干の訂正を要すべきものとしても、事頗る微妙の機に触るゝものある所から、迂闊《うかつ》に手を染めると往々にして飛んでもない誤解を惹起することなきに非ず、現に私も之が為めに屢々奇禍を買はんとした経験を有つて居るが、孰れにしても然うした危険を冒すことなしに明白適切なる論究を竭《つく》し難き問題なるだけ、漠然たる観念は漠然たる儘に放置さるると云ふ傾がないでない。是に於て官僚主義は得たり賢しと乗ずべき間隙を見出して、頻りに自家の立場を之に由て擁護せんとはかる。理論上の問題としては疾《と》くの昔に解決された事であり乍ら、実際政治家に取て憲政の正しい確立を期する前途にはまだなか〳〵の苦労の種は多いのである。従て憲政の真正なる確立を期するには、今日仍ほ政界の一隅に蟠居《ばんきょ》して相当の勢力を占むる専制主義を始末することに依りて民衆主義を徹底することを必要とし、此の仕事を順調に進むる為めには先づ専制主義者の動《やや》もすれば藉りて以て対抗の武器とする所の皇室中心主義そのものに精密なる検討を加へなければならぬ。而して是の如きは亦同時に真乎の皇室中心主義の意義を発揚する所以でもあると私は考へる。

所謂皇室中心主義の由来

『明治聖上と臣高行』と云ふ本がある(昭和三年一月刊)。佐々木高行侯の遺《のこ》せる日記等に拠りて編める侯の伝記であるが、侯は明治天皇御在世中最も多く至尊に近侍した関係から聖上の御内行に関する記事も多いので、前記の如く題したものであらう。さて此書中、明治十一年五月大久保利通暗殺当時の事を叙した部分に次の様な事が書いてある。当時侯は一等侍補であつた。侍補とは君徳培養の為めに置かれた官職で、一等が四人、二等侍補が二人、三等侍補が四人あつた。さて侍補一同会合の席に於て侯は左の如き提議をしたといふ。曰く「大久保を殺せる島田一郎等の斬姦状中に、今日の日本の政治は上は　聖旨に出づるにあらず下は人民の公論に由るにあらず独り要路の官吏数人の臆断専決する所にありとあり。是れ方今天下一般の論ずる所にして事実果して然り。故に今日は最早真に御親政の御実行なくては不可なり。欧洲の如く上下両院の設けられたる国にても国王が政治に力を入れざれば行はれ難きに、況《いわ》んや我帝国に於ては猶更の事なり。維新の大業より郡県の制度に運び又西郷の如き人望ある英傑が事を起すも朝敵の名を得て滅亡せり、皆是れ大義名分より成れる事なれば、万機御親政の御実行こそ肝要なれ。故に侍補一同身命を顧みず　聖上へ十分意見を言上し、屹度《きつと》御責め申上ぐる事が臣子の職分ならん」。他の侍補はみな之に同意する。依て直に　聖上の御前に出で、拝謁を賜り、最初に侯は次の意味を奏上した。「今日御親政の体裁なれども事実は内閣大臣へ御委任なれば、自然天下一般も二三大臣の政治と認め居れり。既に彼の島田一郎等が斬姦状も天覧あらせられたる如く此の点を指摘痛論せり。就ては今日より屹度御憤発あり、真に御親政の御実行を挙げさせ、内外の事情にも十分御通じなくては、維新の御大業も恐れながら水泡画餅に帰すべし云々」。次で吉井友実、土方久元、高崎正風もそれ〴〵進言する所あつたが、米田虎雄の如きは「平素御馬術を好ませ給ふほどに政治上に叡慮を注がせ給はば、今日の如く世上より二三大臣の政治などと言はるる事はあるまじくと常に苦慮仕り居れり」とまで言上したそうだ。聖上には之等の直諫《ちよつかん》に聊《いささ》かも怒り給ふ御気色なく、却て竜顔うるはしく「一同が申出でたる事は至極尤もなり、是より屹度注意致すべし、猶気付きたる事あらば遠慮なく申出で呉れよ」との辱《かたじ》けなき御言葉をさへ賜つた。斯くて侍補一同はこの顛末を更《あらた》めて大臣参議に報告したが、四五日を経て三条太政大臣より、「御親政の御実行とて先づ差当り内閣に日々臨御、大臣参議等万機の事務を議するを親しく聞かせらるるやう今日御座席を設くる事となれり、時々各省へも親臨あり政務を御閲覧あらせらるる事に内決せり云々」との通牒に接したと云ふことである（同書四〇七―四一一頁）。

以上は唯一例を挙げたに過ぎぬ、同じ様な例を探せば外に幾らもあるが煩はしいから略する。要は之に依りて、当時時勢の必要が一面に於て一種の天皇親政論を為政階級の間に鬱勃《うつぼつ》と醞醸《うんじょう》せしめつゝあつたことを知れば足りる。二三大臣の専権と云ふことは、板垣退助等の民選議院建白中の「臣等伏シテ方今政権ノ帰スル所ヲ察スルニ上ミ帝室ニ在ラズ下モ人民ニ在ラズ而《しこうして》独《ひとり》有司ニ帰ス」の文字以来、政府反対派の常に口癖に云ふ所である。殊に西郷の乱以来は此点に関する民間狂熱の志士の昂憤は甚しく、遂《つい》に君側の佞姦《ねいかん》を除くと云ふ名義の下に大久保の暗殺を見るにまで至つたのである。この事実に直面して、宮中に奉侍せる人々の間に「他人委《まか》せだから斯んな不平も起る、至尊親《みずか》ら政を執らせ給ふのであつたら決して面倒は起らなかつたらう」と考ふるに至るは亦怪むに足らない。至尊を直接責任の衝に当らしめ奉るが恐れ多いと云ふ様な思想は、当時の政治家には未だ思ひ及ばれては居なかつたのである。

天皇の政治上の地位に関しては、当時民間の識者階級に余りはつきりした考は無かつた様に思ふ。日本が万世一系の天皇を戴《いただ》く世界に比類なき帝国であること、従て天皇は日本を治むる唯一の主であり、国の内外に対するすべての権力の源が天皇御一人に存することに就ては、何人も疑ふものはない。唯政権の実際の運用と云ふ問題になると、現に至尊の幼冲に在《いま》す事実を承知して居るから、その専ら所謂廟堂諸公の方針に出づるものなることは初めから世間の予定して掛る所である。是れ一面に於て有司専制の叫ばれ寡人政治の弊の説かるる所以であつた。故に民間の問題としては、政権を一部官僚の擅有に委すべきか又は広く一般の公議輿論に分散すべきかの利害得失の論あるのみであつて、之に対する天皇の地位と云ふが如きは殆んど全く考へ及ばなかつたのである。国体論の範囲に於ては固より絶へず天皇の事が第一に説かれる。政治論の範囲に於て天皇に論及せるは、私の知る限りに於ては其頃僅《わずか》に福地源一郎あるを数へ得るに過ぎぬやうだ。尤も之は少し年代が後になる、明治十四年春の事だ。彼れは東京日日新聞に連載せる「国憲意見」なる長論文の中に於て、「夫《そ》レ権ノ帰スル所ハ責《せめ》ノ帰スル所タリ、其権アリテ其責ナクバ国民ハ何ニ由テ其身ヲ安ジ其自由ヲ享《う》クルヲ得ンヤ、若シ叡慮ノマニ〳〵万機ヲシロシ召サバ恐ナガラ其責ハ帝位ニ帰シ、其激迫スルニ際シテハ帝統神種天皇神聖ノ大義モ国民コレヲ顧ルノ遑《いとま》ナキニ至ランモ計リ難シ、吾曹《われら》ガ夙夜憂懼《しゆくやゆうく》シテ措《お》ク能《あた》ハザルハ実ニ此事ニ候ナリ、……是故ニ君民同治ノ政体ヲ建ルニ当リテハ、国民ニ対シテハ大臣都《すべ》テ政治ノ責ニ任ズベシト制定シ、聖天子ハ人望ノ帰スル者ヲ選ビテ大臣ニ任ジ、人望ニ背クノ大臣ハ之ヲ退ケ、一ニ輿論ノ由ル所ニ従テ社稷《しやしよく》ノ重臣ヲ定メ以テ国民ノ責任ニ当ラシメ給フベシ、然ル時ハ国民ハ政治ノ得喪ニ責任ノ人アルヲ知リ、帝位ハ国民ノ休戚ニ怨府タルコトナク、万世一系ノ帝統ハ天壌ト倶《とも》ニ不窮ニ継承セラレ給ハンコト疑ヲ容レザル也」と喝破したのである。実際の施政に対しては何時如何なる場合でも一部の不平は絶へぬ、この不平に対する責任の衝に至尊を当らしめ奉つて相成らぬと云ふは、今日でこそ一点の異議を容《ゆる》さざる政治的格言と見做《みな》されれ、明治十年代に在ては実は一種の翻訳思想以外の何物でもなかつたのである。一般の人達は至尊と政治との関係を頓《とん》と看却して居つたことは前にも述べた通り、若し之を念頭に置いた者があるとすれば、そは寧ろ至尊が直接に表面に乗り出し給ふたら不平も屹度無くなるだらうと云ふ考であつたのだ。福地の立言は、一読書子の卓見と聴くべく、当時の輿論を代表するの論説とは認め難い。

加之《しかのみならず》一種の天皇親政論は維新以来の元勲諸公の主たる目標の一つでもあつた。大勢とは云ひ乍ら多少無理押しで樹《た》てた明治政府を、一日も早く内外に対する強力な組織たらしむるには、名実共に皇室を国民渇仰の中心とすることが緊急の必要であつた。斯くして天皇の教育といふことは早くから元勲諸公の熱心せる所であり、中にも大久保利通は此点に就て最も大なる献替の功をいたしたのである。且つこの方針は彼等の精神的薫育の基礎たる封建イデオロギーに合致するものであることも一寸《ちよつと》注意を要する。国家の興隆すると否とは上に立つ者その人を得ると否とに倚《よ》る。民をして知らしめず唯依らしむるのみの時代に在て此事の大切なるは云ふを待たないが、這の政治思想が時勢を離れた独立の主義として其後永く彼等の精神をも支配したるべきは疑なく、秩序の未だ十分に整はざりし当時に在ては亦実に大に其の必要もあつたのであらう。大久保の推挙に依り明治天皇の師傅《しふ》として召された元田永孚の書き遺したものなどを見ると、彼れを始め当時の元勲諸公が、如何に至尊をして一日も早く万機を親裁し国威を内外に拡張するの英主たらしめんことに苦心したかが能く分る。

そこで私は考へる、天皇と政治との関係に考へ及ぶ限り、天皇親政論は当時の為政階級間の常識であつた、かの福地の所論の如きは、僅に西洋の文物制度に通ずる少数先覚の士の信奉せるものに過ぎなかつたのであらうと。

天皇親政論と専制主義との協合

天皇親政論が君徳を培養して名実共に万世に輝く英明の君を拝したいと云ふ趣旨に根ざすまではいゝ。天皇は大政を親裁する、大政親裁の自由を妨げ奉つてはならぬからとて、民情の上達を阻まうと云ふ事になつて問題は紛糾する。天皇親政論は専制主義の政治的武器として取上げられてより著しく歪《ゆが》められたことを認めざるを得ぬ。

政治史上の問題として明治初年に於ける民衆主義と専制主義との消長は特に精密なる考察を加ふるの必要があると思ふ。私は従来の考へ方を惜気なく一擲《いつてき》し、具体的事実の査察の上に全く研究を仕直すの必要があらうとさへ考へて居る。日本の国民性等から考へれば、既に五条の御誓文にも現れて居るが如く、民衆主義者の要求する公議政体が帝国の当《まさ》に執るべき体制たるに疑はない。併し乍ら明治政府成立の具体的事実と、直前の過去に三百年の長きに亙る封建時代を有せし現実の関係とに想到すれば、一般人民の側に必要なる根本的訓練を欠くの点を姑《しばら》く度外に措くも、直に万機を公論に決し難きの事情なるは火を睹《み》るよりも明白だ。薩長閥族をして所謂集権主義の無遠慮なる実行者たらしめ、他藩出身者の自ら分権主義を以て之に対抗するに至りしは、理義の争ひと云ふよりは寧ろ多分に史的趨勢に駆られた結果たるを認めざるを得ない。孰れにしても私は公平に観て、当時の日本にはまだ〳〵集権主義即ち専制主義が必要とされたのではなかつたかと考へる。西南戦争以後民権運動の急激なる進展に狼狽して不当に専制主義の鋒先を鋭からしめたるの過失はあるも、兎に角我国が民権論者の要求に聴き早きに過ぎて議会を開設せざりしは寧ろ之を幸福とすべきであると考ふるものである。

　斯くして私は明治時代の初期に於ける民衆主義と専制主義との対立を認め、而して其両者にそれ〴〵存在の理由あつたことをも認めるものである。そこで私は問題を一転する、彼等は其の戦に於て何を攻防の武器としたか。民衆主義の方は問題外だから姑く議論の外に置く、専制主義は維新の当初五条の御誓文を翼賛した責任があり、且つ早くから開明新政を施くべきを宣言し来れる手前、無下《むげ》に民間の要求を斥《しりぞ》けることは出来ない（封建時代軽い身分であつた所謂維新の功臣達が、動もすれば投げ掛けられる旧藩時代の主公又は上官よりの批議に対し、自分達は公議輿論を代表するものだと抗弁して僅に安じ得たとの話も此際看過してはならぬ）。その為めに絶へず妥協綏譲を余儀なくされたことは西南戦役前二三年の歴史の上にも明白だが、遂に漸く擡頭し来れる天皇親政論を引援することに依て彼等は百万の援兵にも勝る堅塁を築き上ぐるに成功したのである。此事に就ては先づ主として伊藤公其人の当時に於ける政治的体験を観察し、其体験に基いて自ら彼れの脳中に発達せる政治思想を精細に剖判するの必要あり。次では之等の思想方面に於て彼れの帷幄《いあく》に参した井上毅並に井上を通して可なりの影響を与へた内閣顧問御雇独逸《ドイツ》人ロエスレル等の事なども攻究せねばならぬと思ふが、之等は皆別の機会に譲ることにする。こゝには唯天皇親政論が専制主義者の利用する所となりて如何に其の内容を変化したかを呑み込んで貰へばいゝ。

天皇の御親政、それは誠に結構なことだ。併し専制主義者は民衆主義と相容れぬものとして天皇親政論を振りかざしたのである。天皇御親政と聞いて民衆主義者も一時は喜んで之を迎へたが、だからお前方の言ひ分は聴かれぬぞと宣告されては、呆然として羊頭狗肉の感に打たれざるを得なかつた。専制主義者は頻りに英国の憲法を引いて議会中心主義の我が国体と相容れぬことを云々する。英国と我国と其建国の体制を同うせざるは固より論ずるまでもない。唯その憲政の運用を説くに方《あた》つて、元来成文の憲法法典を欠き且つ物事を卒直に言ひ去る癖のある英国士人の憲法論の文句を引いて、之を我国の成典と機械的に対照するが如きは、果して親切なる研究法と云ひ得るだらうか。現に英国に在ても種々の事例を引いて実際政治に及ぼす皇室の勢力の意外に大なるを説くの著述は早くからあつた。伊藤公の英国憲法観の如きは今日より判じて固より正当の見解とは云へ得ぬが、兎に角彼れは之を痛烈に排撃することに依て我国天皇の政治的地位は始めて安全に保護し得ると考へたのだから仕方がない。焉《いずく》んぞ知らん、之に依て保護せらるるは実は天皇の地位ではなくして官僚の専制的立場であつたのだ。尤も当時の形勢に於て官僚の立場の擁護が天皇の地位の安固と共に両々必要とさるべき理由のあつたことは事実である。

伊藤公などが官僚の利害と皇室の利害とを混同して考へたといふ事に付ても一応は之を諒とすべき理由もある。一体万機公論に決するの上下心を一にして盛に経綸を行ふの庶民に至るまで各其志を遂げしむるのと云ふても、当年の政治家が腹の底まで斯うした新しい思想に浸透され切つてゐたと見るのは間違である。現に五条の誓文の宣揚と相前後して、新政府は旧幕時代の法則を其儘踏襲して全然封建的な徒党・強訴・逃散の禁を発令して居るではないか。開明の新政に従来の面目を一変せんとするの意気込みは盛であるから、然うと気づけば一応は何でも新しきに就くの態度は失はない、併し乍ら長い間に養はれた伝統や因襲やは一朝一夕にして之を取去り得るものではないのだ。斯う云ふ所から、彼等は口では安価に君民一体の理想を説けど、腹では如何しても支配者被支配者の階級的対立を当然の事実として前提せざるを得なかつたのである。百姓町人は治められる階級、皇室を中心とする自分達の一団は治める階級。新しい政治とは治めらるる階級の意向をも聞いてやることだとまでは知つてゐるが、併し之に由て彼等為政者の期待する所は、斯くして百姓町人も自分達の誠意を知つて呉れ、昔しの様に公事に無関心な態度は棄てて之からは進んで政府の施設に翼賛するだらうといふ位の事であつた、即ち民に知らしむるは民の協戮《きようりく》を待つ所以。斯くて始めて君民一体となつて国基を振興するの本源は立つと考へたのだ。されば維新当初時の政府者は、いろ〳〵の手段を講じては民情開発に熱中したものであつた。幸にして当時の百姓町人は未だ全く封建時代の遺風を脱せず、公事に対しては勝手の批評を慎むべきものと心得てゐたから、腹に如何なる不平不満があつても容易に之を口に出さず、口にするものはたゞ紋切型の政府礼讃に過ぎなかつたので、政府者に取ても暫くは這の民情開発方針の継続を以て自家に不便なものとは気付かなかつた。併し乍ら斯の如きはさう永く続くものではない。一旦口輪を解かれた百姓町人は何時までも偽善的従順の徳を守らうとせぬ。況んや外の諸種の事情は更に一層自由批判の風潮を彼等の間に激迫せるものありしに於てをや。斯くして明治十年代の形勢になると、事実に於て民間と廟堂の対立は避け難きものとなつた。真に心ある者は、この対立抗争を余儀なきものと見做し而して寧ろ皇室をば速にこの争から超然たらしむる様工夫すべきであつたのに、当時の政治家は残念ながら思ひ此処に及ばず、民間の勢力を以て一図に皇室と利害相反するものなるかに看得し、前者の進出に対して、後者を保護せんが為めに特別の施設を必要なりとさへ考ふるに至つた。所謂皇室の藩屏《はんぺい》なる言葉の如きは最も適確にこの観念を現はすものである。百姓町人を飽くまで領主と相対立する固定階級と見、所謂仁政と云ふが如きも畢竟は前者の利福の為めに後者が自発的に多少の犠牲を忍ぶことだと観じ、治める者治めらるる者の利害の渾一と云ふ事に就て更に説く所のなかつた封建時代の教養に培はれた当時の政治家達に取て、右の如き思想があらゆる政治方針の前提となるのは亦已むを得ないことでもあらう。

伊藤公の憲法起草の精神

伊藤公がその専制的立場を擁護せんが為めに意識的に天皇親政論を引援したと云ふのは恐らく誣言《ふげん》であらう。けれども彼れは一団の政友属僚を率ゐて至尊に側近し、高く障壁を築いて容易に局外者をして近づき窺ふを得しめず、独り自ら至尊に訴へ又其の詔命を奉じて天下に号令し、之を以て日本国体の真髄たる天皇親政の実を挙げ得たと信ぜしことは疑ない。之等の事実は『伊藤博文秘録』を見てもよく分る。併し何よりも明に伊藤公のこの思想を示すものは、彼れがその自ら起草せる帝国憲法に与へたる註解である。私は其の一つの例として枢密院に関する部分を引いて見よう。

伊藤公はその著『憲法義解』第四章の解説に於て次の様に述べて居る。「国務大臣ハ輔弼《ほひつ》ノ任ニ居リ詔命ヲ宣奉シ政務ヲ施行ス、而シテ枢密顧問ハ重要ノ諮詢ニ応ヘ枢密ノ謀議ヲ展《の》ブ、皆天皇最高ノ輔翼タルモノナリ」と。即ち公は施政最高の実権は至尊儼《げん》として之を握り給ひ、而して右には枢密顧問を率ひて事を諮り左には国務大臣に命を伝へて万機を行はしむるの制度を眼中に置いてあつたのである。是れ取も直さず天皇親政を以て帝国憲法の根軸となすの見解ではないか。

世間には枢密院を以てもと憲法審議の為めに設けられた臨時の機関であるかに説くものがある。憲法の草案が出来た突然公布するよりも一応相当の機関に諮つた方がいゝと云ふので、急に枢密院を作つたと云ふ歴史はある。併し単にそれ丈けの目的で出来たものだから、当てがはれた仕事が済んだら直に廃さるべきであつたと考ふるのは大なる誤りである。尤も枢密院存続の可否と云ふ根本論なら又別問題だ。憲法上の制度としての枢密院は、既に憲法草案にも予定されてあつたので、憲法に依て作らるべきものが便宜上憲法に先立つて作られたといふに過ぎぬのである。憲法に先立つて作られたことは、固より憲法審議の為めに相違ないが、既に作られた枢密院は、憲法の確定と共に之に基いて種々重要の職務を有つことになつたのである。而して制定者たる伊藤公の解する所に依れば、国務大臣は単に君主の詔命を奉じて大政の施行に当るものに過ぎず、従てその所謂輔弼は詔命の執行に限らるるのであるから、外に詔命そのものの構成に付て君主を輔翼するものがなくてはならぬ、それが枢密院だといふのである。『憲法義解』は更にこの点を一層明白に説いて居る。曰く「蓋《けだし》内閣大臣ハ内外ノ局ニ当リ敏急捷活以テ事機ニ応ズ、而シテ優裕静暇思ヲ潜メ慮ヲ凝シ之ヲ今古ニ考ヘ之ヲ学理ニ照シ永図ヲ籌画シ制作ニ従事スルニ至テハ別ニ専局ヲ設ケ練達学識其ノ人ヲ得テ之ニ倚任セザルベカラズ、此レ乃《すなわ》チ他ノ人事ト均シク一般ノ常則ニ従ヒ二種要素各其ノ業ヲ分ツナリ。蓋君主ハ其ノ天職ヲ行フニ当リ、謀リテ而シテ後之ヲ断ゼムトス。即チ枢密顧問ノ設実ニ内閣ト倶ニ憲法上至高ノ輔翼タラザルコトヲ得ズ」と。

以上も一例に過ぎぬが、之れだけに依ても伊藤公が如何なる主義に基いて我が帝国憲法を起草されたかが分るだらう。伊藤公自身は本来頗る淡〔坦〕懐の人柄であり、客に接するにも城府を設けず、用ふるに足るの人材と見れば門地郷貫を問はずどん／＼抜擢したと云ふから、彼れに依て率ゐらるる為政階級は、年を経るに従て大に其の内容を民衆化するの可能性はある。現に、是れ一つにはまた時勢の影響でもあつたが、所謂藩閥の内容の憲法発布前後に至て初期のそれに比し著しく改鋳せられて居つたことも争へない。併し乍らそれでも天皇親政を伊藤公の解するが儘に執つて旗幟《きし》とする限り、結局の実権は至尊側近の二三者に帰し、そが果して帝国将来の政治の為めに得策なりや否やが永く疑問たらざるを得な〔い〕のである。いづれにしても私共は、伊藤公の解する所の憲法の何物たりやに付ては十分明白なる認識を把持することを必要とする、而してこの種の憲法観が多くの先輩政治家間に安価に承認され、又は少くとも無遠慮に之を批判するを憚《はばか》られて居る所以に付ても、一応の理解を有つは極めて必要の事と考へる。

附記、枢密院の政治的地位に就ては昭和二年六月の本誌に於て多少綿密なる研究を公にしたことがある（本巻所収「枢密院と内閣」）。近く公刊さるべき小著『〔現代〕憲政の運用』中にも収めるつもりだが、就て御参照下さらば幸甚とする。

結論

始めからことわつて置いた通り私はこの小論文に於て憲法並に憲政に関する学問上の理論を説かうとするのではない。学問上では疾うの昔に解決がついたのであるけれども、所謂伊藤公の憲法精神なるものが不思議に政界の一角に居然たる勢力を占め、現に運用されて居る憲政の活用に対して一種異常の牽制力を発揮するの事実をば、実際政治上の一重要問題として国民の眼前に展開せんと欲するに過ぎぬのである。例へば世間の一部には漫然として枢密院の廃止を叫ぶものがある。政治学上の議論として枢密院の如きの之を存置すべき根拠なきは或は自明の理なりとしよう。けれども之を如何にして廃するを得るか、又は少くとも之を如何にして無力なものと為し了《お》うることが出来るか、実際政治の問題としては寧ろこの方が喫緊の重要研究項目であらう。伊藤公の憲法精神又は皇室中心主義の憲法観なるものの解剖と、其の発生成育の史的過程に関する私の説明は、不完全ながら幾分這の実際問題の解決に心を向くる人達の参考になるかと考へる。更に進んで之を如何に解決すべきかに付ては、固より私に一個の成案が無いではないが、余りに長文に亙るを恐れて之は他日の論究に譲りたい。唯呉々も注意したきは

(1) 所謂伊藤公の憲法解釈を奉ずる限り、今日の憲政運用の実況は断じてその憲法精神と相容れぬものであること。

(2) 謂ふ所の憲法精神を確守してあらためて憲政実際の運用に方向転換を劃するは事実に於て不可能であること。

(3) このヂレンマに当面して一時姑息《こそく》の妥協弥縫《びほう》を事とするは政界腐敗の重大原因でなくてはならぬこと。

の三点である。かくて結論は当然に議会中心主義を一層徹底して君民一体の大理想を実現するの外はないことになる。議会中心主義の名を聞いて直に皇室中心主義を之に対立させるのは不明も亦甚しい。議会中心主義の対手は唯一つの官僚主義の外にはないのである。而して議会中心主義のチヤムピオンたる各政党は、元来その朝に在ると野に在るとを問はず、共同の問題として大にその確立に尽力すべきではなかつたか。今までの様に甲党が乙党を失脚せしめる為に密《ひそ》かに款《かん》を官僚主義に通ずると云ふ様なことでは困る。各政党が徒《いたず》らなる政権争奪の悪夢より醒《さ》め、問題に依て互に争ふべきものと倶《とも》に協力すべきものとの甄別《けんべつ》をあやまらず、以て憲政の大局を玉成するの誠意なくんば、所謂明るい政治は何時まで経つても我々に恵まれぬであらう。

〔『中央公論』一九二九年一二月〕

統帥権の独立と帷幄上奏

私は本誌前号に於て「統帥権問題の正体」なる一文を公にした〔『中央公論』一九三〇年六月〕。最後の附記にもことわつて居る通り、身辺の事情に妨げられて残念ながら十分に委曲をつくすことが出来なかつた。其後該問題は内閣を代表する財部《たからべ》海相と加藤海軍軍令部長との折衝に移り、加藤軍令部長が暗に陸軍側の声援する所に押されて、結局全軍部を代表するの地位に立たされ今や問題は政府対軍部の懸引と云ふ形に重大化せんとして居る。やがて倫敦《ロンドン》条約が枢密院の討議に上るの日には、老人連の無鉄砲な封建思想に累《わずらわ》されて事は一層面倒になるだらう。実際政治の問題としてどうせ正しい解決の一挙につく見込のないのは勿論だが、民間輿論の大勢だけは常に正しい方向を指示して居るやうにありたいものだ。有力なる諸新聞の論調は幸にして大体正しい立場に拠《よ》つて啓蒙の責任を尽して居る。が、また中には少数ながら百年一日の如く頑迷なる軍国思想を振り廻はすものもないではない。ここに重ねて公にする此の一小篇は、主として統帥権問題の現代政局に在て占むる立場の全豹《ぜんぴょう》を描くに努めたもので、必ずしも前論文と重複するものではないが、又格別世上の通論と違つた創見があるのでもない。たゞ紛雑なる論難弁駁を整理し多少之に理路の系統をつけた点に於て、問題の輪廓をいさゝか明瞭ならしめたるの効はあらうと自信する。本問に関する輿論の開拓に幾分でも貢献し得れば幸である。（五月十八日記）

倫敦条約の締結に関する政府対軍部の確執

両者確執の原因は政府が軍部の意見を無視したと云ふ事に在る。倫敦軍縮会議に臨む日本側の固執すべき方針として当初海軍軍令部は一定の意見を提出し政府の承認を得て居つた。後ち在倫敦全権使臣の請訓に対し政府が多少の譲歩を已むを得ずとして所謂《いわゆる》妥協案に同意の指令を発せんとするに臨み、軍令部は頑として之に聴従しなかつた。そこで政府は其同意を得るに及ばずして遂に全権の新提議を容るるの回訓を発したのである。政府が何とかして軍部の同意を得ようと頻《しき》りに奔走したこと、その為に請訓より回訓まで半月余も掛つたこと、而して此上荏苒《じんぜん》として放任すべきに非ずさりとて折角こゝまで進行して来た会議を決裂に導くは種々の点に於て我国の不利なること等を考慮すれば、其間また諒とすべき情誼なきにあらざるも、併し政府が結局に於て軍令部の意見を無視したと云ふ事実に争ひはない。是に於て軍部は二重の意義に於て政府の態度を不快とすることになる。一は当該問題に付いて自家の意見の顧みられなかつたこと、二は之に由て政府が軍部を軽視するの端がひらかれ従て軍部威信の大に傷けられるの惧《おそれ》あること是れ。

海軍軍令部条例に依ると、第一条には「海軍軍令部ハ国防用兵ニ関スル事ヲ掌《つかさど》ル所」とあり、第二条には「海軍軍令部長ハ天皇ニ直隷シ帷幄《いあく》ノ機務ニ参」すとあり、又第三条には「海軍軍令部ハ国防用兵ニ関スルコトニ参画シ親裁ノ後之ヲ海軍大臣ニ移ス」とある。同じく国防用兵の事を掌り天皇に直隷して帷幄の軍務に参画するものに参謀総長がある。故に海軍軍令部の管掌する所は漠然と「国防用兵」とは云ふが専ら海軍に関するものに限るは明白である。而してその海軍に関する限り、海軍軍令部長は広く国防及用兵の全般に亙《わた》り帷幄に参して天皇を輔翼するの職権を有し、その職務の遂行につき何人の容喙《ようかい》をも認むるものでない。此点に於て海軍軍令部は全く政府の外に独立し寧《むし》ろ政府に対立する特殊の国家機関と謂《い》ふべきである。

されば又軍部と政府との関係は枢密院と政府との関係に似て居るとも云へる。枢密院は政府の期待に頓着なく独自の見識によつて天皇の諮詢に応へる。之と同様に軍部が国防用兵の事につき帷幄の職務に参画するに方《あた》つては何等政府の意図を顧慮するの必要はない。枢密院と政府との意思の衝突は必ず後者の辞職を結果にもつこと従来の慣例であり、軍部との確執については夫れ程はツきりした慣行はないが多くの場合重大政変の危機を孕《はら》むことに疑ひはない。故に政府としては、政務の円満なる進行を図る為には、枢密院に対する場合と同じく軍部に対しても亦常に事前の諒解を得るに努むるを要するのである。こゝに所謂軍部威信の維持せらるる根拠があるのだ。然るに今度端なくも政府はこの軍部の意思を明かに無視して自家方策の遂行を押切つた。斯んな事は従来枢密院などに対しては到底政府のやり了うせぬ所である。軍部の快からずとするも怪むに足らない。こゝで負けては部内の衆怨を一身に集むるの恐れありとてか、加藤軍令部長の頑強に初念に執着するのもまた人情として恕すべき所であらう。

統帥権干犯論

一

政府対軍部のもつれの重点は寧ろその政治的意義の方面に在る。之に附随して倫敦条約の締結は統帥大権を干犯せるの点に於て憲法の条規又は其の趣旨に違反せるものでないかとの議論もある。倫敦条約と帝国憲法との関係も大事な論題ではあるが、併し之が解決されたとて政府対軍部のもつれまでが完全に解決さるると限らない。所謂統帥権干犯を主張する憲法論には、寧ろ軍部の立場を鞏固《きようこ》にする為に種々に工夫された俄《にわか》作りの説明が多いやうだ。それかあらぬか現代有力の憲法学者は口を揃《そろ》へて今頃斯んな事の問題になるのを不思議がつて居る。学者の定論に在ては到底統帥大権干犯の問題の起る余地はない様である。

併し念の為に統帥権干犯論の代表的なものの一二を吟味して見よう。

(一) 海軍軍令部は国防と用兵とを管掌の範囲とする。国防は兵額編制の事に関し憲法第十二条の所謂編制大権に当り、又用兵は軍機軍令に関し第十一条の統帥大権に該当する。而して軍令部はひとり用兵の事のみならず国防の事をも掌る所なるが故に、倫敦条約の内容は正に軍令部の職権の範囲内に属し、従て軍令部の意に反して出来上つた倫敦条約は少くとも其手続に於て憲法の趣旨と背いて居ると云ふのである。但しこの論は批准を拒むべしとする論の根拠とはなり得ようが、直に条約そのものを無効と主張する理由にならないことは勿論である。さて此説は論者の主張する如く憲法違反の論拠となり得るものだらうか。之を肯定する為には少くとも次の二点を前提せねばなるまい。(一)軍令部長の国防に関する帷幄の参画は政府の編制大権の輔弼《ほひつ》と憲法上同一の効果を有すること、(二)輔弼参画に関する両者の意思相扞格《かんかく》する場合には軍令部の意見が政府のそれを圧して重んぜらるべきこと。併し斯の如きは今日の憲法条文並附属法規のうちに幾分でも証明さるるを得ることだらうか。私共の観る所では、斯種の主張の蔭にはどう探しても「軍事は一切文官に与《あずか》らしむべからず」との攘夷的偏見以外の何物をも見出すことは出来ないのである。

(二) 世上には、憲法第十一条の所謂統帥大権は帷幄の機務に専属するも第十二条の編制大権は全然政府の輔弼すべき事項だとの説がある。此説に依れば軍令部の権限は制度上国防の事に亙つても倫敦条約の内容は所謂編制大権の範囲に属するが故に、啻《ただ》に之を軍部専属の統帥権の干犯と云ふ能《あた》はざるのみならず、政府が独自に之を処理せる事実それ自体に強く文句をつけるわけに行かない。問題はせい〴〵政府にも権限があらう

〔が〕軍部にも権限があると云ふので、詰り政府対軍部の関係如何と云ふことに帰するだらう。之は寧ろ今後に解決せらるるを要する問題で、今のところ海のものとも山のものとも分らない。であるから、今の場合軍部が政府に挑戦する武器として之を採ることは、或る意味に於て頗《すこぶ》る損だ。そこで論点を一転して、倫敦条約の締結は直接に統帥権そのものに触れると云ふ説を唱へ出したものがある。其説に曰《いわ》く、同じく編制と云ふも兵備内部の細目的編制はまた統帥権の範囲に属する、従て倫敦条約の内容は直接に統帥大権に触れると。軍の編制を内部的と外部的とに分ち前者を以て統帥権の範囲に入るとの説はたしか美濃部博士が唱へられたと記憶する。従来統帥権の範囲に属するや否やを弁《わきま》へず永年の慣行に従ひ軍の編制をば政府の容喙を排して漫然専断し来りし軍部に取て此説はたしかに一種の福音と響いたに相違ない。併しこは美濃部博士の一家の私見であつて、今のところ未だ学界の定説と許さるるまでには至つて居ない。よし此説に拠るにしても、倫敦条約の内容たる艦種並保有量の決定の如きは果して所謂内部的編制に該当するものなりや大に疑はしい。斯う考へると、此の主張も至て根拠の薄弱なものだと思はれるのに、議会両院の論戦に於ては不思議にも頗る重要視され、或は倫敦条約の締結は憲法第十二条に依つたのかの、又は統帥権と編制権とは互に相作用することなきかのと、頻に婉曲にして毒を含んだやうな質問が繰返されて居た。軍部との確執を前にして迂闊《うかつ》に思切つたことを云へぬと云ふ事情があつたにしろ、政府がこの平明にして一点の疑を容れざる愚問に対し徹頭徹尾答弁回避に終始したのは惨めなる陋態であつた。而してその結果実際政治上の問題として此点が遂に曖昧《あいまい》に附されたのは、我々の頗る慊《あきた》らず思ふ所である。

二

統帥権に関する憲法論上の通説として多くの人に信ぜらるる原則は、憲法第十一条の所謂統帥大権は憲法第五十五条に対する一例外を為し政府の輔弼範囲の外に在りとする事である。この見解は伊藤公の『憲法義解』以来多くの学者の採る所であつて、恐らく立法の精神もこゝに在つたのであらう。併し此説の当否に付ては軽々に断じ得ざるものあるを思ふと共に、若《も》し之より推論して帷幄の下に於ける軍部の輔翼範囲は統帥事項に限るなどと考ふるものあらば、そは大なる謬《あやま》りなるを訂さざるを得ない。之等の点について私の考へて居る事を略記すれば次の如くになる。

(一) 単純に憲法の条文からいへば、政府の輔弼範囲は一切の国務に亙り憲法第五十五条には本来例外あるべきものでない。例外を認めず国務施行の絶対的統一を期することが近代政治の最重要の原則でもある。

(二) 然るに今日我国の憲政運用の実際に於て、軍務に関し、全然政府に由らざる輔弼の行はるる部面がある。陸海軍大臣参謀総長及び海軍軍令部長の帷幄上奏に由る輔翼が是である。

(三) 軍部の帷幄上奏を規定せる制度は或る意味に於て憲法の重要原則に違反するものでないかの問題を起し得ぬと限らない。之を問題とせずして多年文句なしに承認し来りしは、我国の歴史に於て憲法発布以前から既に兵政分離主義が採用されて居つたからだと説く人がある。伝統的慣行は固より憲法解釈上重要なる一元素たるを失はぬも、又時勢の変遷に応じて厳重なる再吟味に附せられねばならぬものでもある。

(四) 軍部の輔翼は政府の輔弼に対して優勝の効果を有するものか如何。統帥権に関する世上の通説に拠るとすれば、憲法第十一条の事項に付ては問題はない。が、第十二条の事項になると議論の余地がある。帷幄上奏と云ふ文字に附する意味の厚薄如何に依て自《おのずか》ら見解の相違あるを免れぬが、今次の問題に付て見るに、軍部は優勝とまでは行かなくとも少くとも対等の効果を主張し、政府は表面の態度を曖昧にし乍《なが》らも心中では堅く自家の優越を押通さんとするものの如くである。是亦一つには時勢の然らしむる所であらう。

（五）　帷幄上奏に由る軍部の輔翼範囲は独り統帥事項だけではない、憲法の条文に照合して云へばその第十一条と第十二条とに亙るのである。故に憲法規定の所謂統帥大権編制大権の区別を其儘取つて軍部専属の輔翼事項と否らざるものとを分つ標準とするは当らない。統帥事項は大体に於て帷幄の機務に属せしむるを適当とすべきも、其中に全然国務に亙るものなしとせぬ。編制事項に関しても、現に美濃部博士が内部的編制権なる項目を立て之を統帥権の一作用と認めて居る如く、之を統帥権の作用と認むるの可否は姑《しばら》く別として、兎に角其中にまた帷幄の機務に属せしむるを可とすべきものあるは明である。軍部と政府との権限の交錯を論ずるに方《あた》りて統帥権と云ふ文字に拘泥し過ぎるは、時に理論の精密を外れる恐がないでもない。

（六）　軍部側では政府を責むるに頻りに統帥権の干犯を以てする。帰京早々の財部海相との会見に於ても加藤軍令部長は熱心に統帥権独立の保障を求めたとやら。併し此場合の所謂統帥権は、帷幄上奏の途に由て軍部の有する特権の全体を代表する総名であつて、所謂憲法上の統帥権ではないらしい。さうでなければ、軍部乃至《ないし》加藤軍令部長の折角の主張も意味をなさぬからである。国民的常識が統帥権と云ふ文字に附する特殊の尊厳さなどが、軍部の人をして自らこの言葉を濫用するに至らしめたのであらうが、本問題に於ける主たる論点は決して単なる統帥権の帰属如何ではないのである。

猶ほ序《ついで》ながら一言する。以上海軍軍令部について述べた所は其儘参謀本部にも適用する。今度の問題の解決如何は引いて他日参謀本部の立場にも重大の影響を及ぼすので、陸軍の首脳部は暗に海軍側に声援して政府対抗の陣容を盛ならしめて居るとやら。要するに今度の問題はその根底に付て観るに単に海軍のみの問題ではない、謂はば海陸両者に取ての大問題なのである。従て心ある国民も亦、海陸両面に跨《またが》る所謂軍閥問題の清算の端緒を見得べしとして、今次の紛糾の成行に多大の関心を寄せて居るのである。

帷幄上奏について

一

軍部が政府の外に超越し政府に対抗する独立の勢力を為す所以《ゆえん》の根拠は帷幄上奏である。帷幄上奏は今日の制度の下に於て如何様に認められて居るか。

(一) 内閣官制第七条に曰く「事ノ軍機軍令ニ係リ奏上スルモノハ天皇ノ旨ニ依リ之ヲ内閣ニ下附セラルルノ件ヲ除ク外陸軍大臣海軍大臣ヨリ内閣総理大臣ニ報告スベシ」と。即ち事の軍機軍令に関するものは閣議の討議に上《のぼ》すを要せず、天皇自ら之を内閣に下附するものの外は陸海軍大臣に於てそれ〱之を専決し、たゞ内閣総理大臣に報告すればいゝと云ふのである。原則として内閣はその決定に与らない、陸海軍大臣が単独に帷幄に参して決定に与るのである。

(二) 陸海軍大臣は陸軍省官制及び海軍省官制の附表に依り夫れ〱陸海軍大中将を以て任ぜねばならぬことになつて居る。従て内閣総理大臣は事実に於て軍部大臣を監督することが出来ない。軍部のボイコットに依て内閣の瓦解を見又は其の不成立に終つた例もあるが、少くとも組閣に際し軍部の或種の注文を容認するを条件として軍部大臣の就任を見ると云ふが常である。之等の関係はまた一面に於て帷幄上奏に由る軍部の特権を不当に強むる原因ともなる。

(三) 参謀本部条例並に海軍軍令部条例に依れば、参謀総長及び海軍軍令部長は国防用兵に関する部務を統轄し天皇に直隷し帷幄の機務に参画すとある。斯くして参謀総長と海軍軍令部長とは陸海軍大臣と共に軍務に関する帷幄の最高輔翼機関を為すのである。

(四)　帷幄の輔翼と政府の輔弼との権限の分界に就ては今日の制度上何等定まる所はない。軍部の独立又は統帥権の独立を主張する者は、動《やや》もすれば以上の範囲に侵入する政府の越権を苦慮するも、原則として政府の輔弼範囲の広くして及ばざるなきを信ずる者に取ては、寧ろ軍部の不当なる進出が問題となるであらう。現に今度の紛糾に付ても軍部は統帥権の干犯を呼号して居るのに対し、天下の輿論は挙《こぞ》つて軍部を制して正当なる規道に復せしむる為め何故に浜口内閣がこの好機会に乗ぜぬかを責めて居るではないか。要するに帷幄上奏の制はそれと内閣の輔弼との関係が明に法定されない限り、制度として妥当のものと云ひ難いやうである。

同一の事項を二つの機関に管掌せしむると云ふは其自身妥当な制度でないが、夫れでも両者の間に適当な協調が行はるれば実際上面倒な事も起らずして済む。換言すれば甲の行動が適当な範囲内に於て為されたとすれば事実に於て乙の黙認を得るに難からず、斯くして期待された事実は有効に成立するを得よう。たゞ何を以て適当の範囲とするか、之に関しては法文上に何等の拠りどころがない、さすれば矢張り結局は世上の批判に待つの外はなからう。斯うなると此事に関する争に於て軍部側の立場は残念ながら頗る分が悪るいと謂はねばならぬ。

二

帷幄上奏の途に由て軍部は従来どれだけの事をして居つたか。

(一)　統帥事項は勿論編制の事に至るまで軍部は之を独断専決し政府は全然之を与り知らなかつた(編制権の一部を政府の手に収めたのは華府《ワシントン》会議以来の事である)。これは固より制度の上に何等の根拠あつての事ではないが、軍部が日本政界に於て居然たる大勢力たりし事の自然の結果、永年の慣行として動かすべからざる不文の原則となつて居たのである。華府会議の如きが無かつたら其後いつまで続いたか分らない。今日でも依然として此地位を軍部に維持せんとしてか、頻りに軍部の特権は制度及び慣行に依て定めざるべからずと説くものがある。

(二) 海軍軍令部条例の改正第六条には部内参謀の分掌事務として左の四項を挙げて居る、必ずしも政府の輔弼を排斥せざるの趣旨に解すれば大体妥当なものといへる。

一、出師及作戦ノ計画　艦船ノ配備並其ノ進退役務ニ関スルコト

二、艦隊軍隊ノ編制運動法　運輸通信演習検閲ニ関スルコト

三、軍港要港防禦港其ノ他軍事上必要ナル地点ノ選定及其ノ防禦計画ニ関スルコト

四、軍事諜報翻訳編纂ニ関スルコト

(三) 大正十一年二月議会に於て帷幄上奏のことがやかましい問題となつた時、陸軍当局は各新聞紙を通じて「帷幄上奏の弁」なるものを発表した。之を今日に持ち出すのは或は陸軍部の迷惑かとも思はれぬでないが、其後之を訂正したと云ふ話も聞かないから、姑く之に依て陸軍側の見解を忖度《そんたく》することにしよう。従来どう云ふ見解を執つて居たかを見るには直接の役に立つこと勿論である。さて之に依ると、参謀総長及海軍軍令部長の帷幄上奏を行ふのは「其職責上国防用兵ノ計劃ニ関スル事カ或ハ直接軍隊ノ指揮命令ニ関スルコトデアルカラシテ其ノ内容ハ直接政務ニ関係アルモノデナイ」と断じ、次《つい》で「今帷幄上奏ノ事項ニセラレテ居ル所」は次の様なものだとて十二項目を例示して居る。

一、作戦計劃ニ関スル事項

二、外国ニ軍隊派遣ニ関スル事項

三、地方ノ安寧秩序維持ノ為メ兵力使用ニ関スル件

四、特別大演習等ニ関スル件
五、動員ニ関スル事項
六、平戦時編制
七、戦時諸規則
八、軍隊ノ配置ニ関スル事項
九、軍令ニ関スル事項
十、特命検閲ニ関スル事項
十一、将校同相当官ノ平戦時職務ノ命免及転役
十二、其ノ他軍機軍令ニ関シ臨時允裁《いんさい》ヲ仰グヲ要スル事項

之に由て陸軍側の所謂「直接政務に関係なき統帥事項」の何たるかが略《ほ》ぼ分るだらう。

（四）明治四十年九月軍令第一号として「軍令ニ関スル件」なるものが発布された。第一条には「陸海軍ノ統帥ニ関シ勅定ヲ経タル規程ハ之ヲ軍令トス」又第二条には「軍令ニシテ公示ヲ要スルモノニハ上諭ヲ附シ親署ノ後御璽《ぎょじ》ヲ鈐《けん》シ主任ノ陸軍大臣海軍大臣年月日ヲ記入シ之ニ副署ス」とある。美濃部博士の説に依れば、此年二月に発布になつた公式令は総《すべ》ての勅令に内閣総理大臣の副署を必要としたので、軍機軍令に関するものは一般勅令の例に従はず陸海軍大臣のみの副署を以て足ることにする為め、軍令と云ふ特別の形式を定めたのだと云ふ。軍機軍令に関するものに付ては内閣の議を経ず主任の軍部大臣が直接に上奏裁可を仰ぐことが出来るのだから、この異例を開いたとて制度上怪むに足らぬ様だが、之に由て所謂軍令は法制局の審査を免れ、従て軍令其ものの適否に関する外部の批判を絶対に封ずることになつたのは、別の意味に於て穏当を

欠くものと云はざるを得ぬ。統帥事項だから軍令の内容になる、軍令として規定せられたるが故に統帥事項なのではない、軍令と云ふ制度の濫用は右の限界を不当に混乱するの恐れなきを得ない。

(五) 明治四十年来軍令の形式に於て発布せられたる諸法規を点検して私のいつも驚くのは、其中に所謂国務に関渉するものの頗る多いことである。国務にわたる限り之はまた政府の輔弼範囲に属するものであるが、政府が軍部に対してその権限を争はざる限り、事実に於て政府の管掌区域は軍令の発布毎にそれだけ縮少されるわけになる。之を以て直に軍部の不当なる進出を云ふ可らずとするも、政府の退嬰《たいえい》を以て当然の事態と甘んずべきにあらざるはまた申すまでもない。

(六) 更にモ一つ怪訝《けげん》に堪へざるは、統帥事項の何たるやに関し陸海軍の間に見解の往々一致せぬことである。例へば海軍大学校令は勅令(大正七年)であり陸軍大学校令は軍令(大正十一年)である。陸軍と海軍とは同一に見られないなどの牽強附会の弁明もあらんが、類似の施設であり乍ら海軍に在て勅令によるものの陸軍に於て軍令の形式を取るものは外にも沢山ある。海軍に在て軍機軍令に関せずと認むるものを、何故に陸軍に於ては統帥事項と認めねばならぬのであるか。是に於て私は疑ふ、軍令の制度あるに依て軍部の特権は不当に拡張されて居るのではあるまいかと。

三

以上私は帷幄上奏の制度は現代憲法政治の系統内に在て其自身根本的に再吟味せらるべきものであり、且つ現制度の下に於てもその運用上に過誤なからしむる為めには大に矯正せらるるを要するものであることを説いた。併し乍ら近年輿論の俎上《そじよう》に於て帷幄上奏の制度が痛く難詰せられたのは、右の如き理論上の論点からではなくして、寧ろ此制度の濫用に依る軍閥の跨跪《こき》といふ事実に基くものであつた。今度の問題にしたところで、軍閥跨跪と云ふ考が念頭にあればこそ軍部に対する輿論の追究が烈しいのだ。追究があまりに烈しいから軍部も亦馬鹿に頑強にならざるを得ないのであらう。軍部の見解を政府は如何なる程度に尊重すべきかも重要なる問題だが、問題が単にこれだけの事なら、今現に見る程政界に大なる波紋をえがくわけはない。

所謂軍閥の勢力が一時内政にまで喰ひ入つて居たことは今更呶々《どど》するまでもなからう。帷幄上奏の制度の濫用に依り政府の最も悩まされたのは外交の方面である。殊に極東の外交に於て、外務省を代表する者と軍部より派遣された者との行動が動もすれば相表裏し、相手方をして日本に二重の政府ありと誹笑するに至らしめたのも我々の耳目に新なる所である。多くを語る代りに、屢々《しばしば》台閣に列したことのある政界の某名士が数年前或雑誌に公表せる論文の一節を次に示さう。「……元来陸軍ハ陸軍ノ必要ノタメニ世界ノ各地ニ特派ノ機関ヲ置イテ居ル。而シテ是等ノ機関カラ来ル所ノ情報ハ参謀本部ニ集中スルノデアル。参謀本部ハ豊富ナル報告ヲ世界ノ各地――殊ニ極東ニ於ケル各方面ヨリ得ツヽアルノデアル。此ノ情報ハ直接ニ参謀本部ニ集マリ、而シテ是等情報ノ発セラレル土地ニ駐在セル外交機関等ヲ経由スル事ハナイノデアル。是等ノ情報コソ、所謂軍閥ナルモノガ外交機関ニ対シテ物言ヒヲ付ケル根拠トナルモノデアル。之ニ由ツテ陸軍ノ首脳者ハ其報告ヲ基礎トシテ外務ノ外交機関ヲ圧迫スルノデアル。而シテ外交ノ進行即チ外交家ノ協調トカ世界ノ大勢トカカラ割出シテ進ムベキ微妙ナル外交作用ヲ制圧シテ、不自然ナル国家機関ノ発動ヲ促ストイフ事ガ往々アルノデアル。斯クノ如キ弊ハ恐ラク歴代ノ外務大臣ニシテ之ヲ経験セナカツタ者ハ一人モ無イト言ツテ可《よ》カラウ。外務大臣ヲ経験シタル所ノ二三ノ所謂前外相ガ相会シテ往事ヲ語ル場合ニ、常ニ其話頭ニ上ルモノハ、陸軍軍閥ニ圧迫セラレタ苦痛デ持チ切ルトイフノデモ、略ボ其間ノ消息ガ知レルデアラウ。」

右は数年前の所記であるが、最近でも同じ様な事の屢々繰返されたことは、例へば田中内閣の対支外交の上にも歴然として居る。

いづれにしても帷幄上奏の制度は近代の歴史の上に於て余りにひどく又余りにしば〳〵濫用されて居る。その為めに如何に政府乃至日本其自体が迷惑をし損をしたか知れない。この苦がい経験は、仮令《たとい》この制度が本来妥当なものとしても、実際上に於ける改廃廓正〔清〕を叫ばしむるに十分の理由を提供するものである。況《いわ》んや軍部それ自らが今日なほ此点に関し些《いささか》の反省の跡をも示さざるに於てをや。

問題解決の私案

新聞の報ずる所に依れば、財部海相と加藤軍令部長との折衝はなか〳〵困難で、或は軍令部長の辞職を見るに至るかも知れぬと云ふ。軍令部長に辞職されては枢密院での論難が面倒になる、さりとて今更政府は之れまでの立場を一擲《いってき》しておめ〳〵軍部に降参するわけにも行かぬ、是に於て何とか軍部の面目を立てゝ所謂円満に局を結ぶの方案はないかと云ふことになる。面目さへ立てて呉れればと加藤軍令部長の態度も満更《まんざら》でないと申すものもある。うまく行けば是れも亦政界の策士に取て一つの解決案には相違なからうが、併し斯かる姑息的妥協は一時当面の紛糾を始末するに過ぎずして、軍部対政府の根本問題は依然未解決の儘に残されるのである。次に掲ぐる解決私案は、右の様な当面の急に役立たせようとするものではない。

解決策について詳細に説述することは別個独立の一論文を為す程の紙数を要する。こゝに之を書き続くるは適当でないから、そは別の機会に譲ることにする。次にはたゞ私見の綱目だけを列挙して本小篇の結論に代へようと思ふ。

（一）　此際を機として「政府輔弼の範囲は広くして亘らざるなき」の原則を確立すること。

軍事に限つて素人に関係さしていけないとする理窟はない、玄人のみに委《ま》かすべきだと云ふなら、政治的治外法権区域を為すべきもの豈《あに》ひとり軍事に限らんやだ。殊に軍事を以て天皇の特権なるかに観じ、之を政党政治家の蹂躙《じゅうりん》に附するは国体の尊厳に関すなどとの説に至つては、かの天皇中心主義を楯として議会中心主義を排撃せんとするの僻論と同じく、昭代の白昼に横行を許すべき議論ではない。兵馬の事が天皇の大権なるが如く、行政も裁判も教育産業の事も等しく天皇の大権に属せざるはない。而して之等すべての大権が大臣宰相の輔弼によるべく且つ其の輔弼機関は常に必ず統一なかるべからずと云ふが、現代政治の最も重要なる根本原則である。輔弼機関の統一と云ふことは必ずしも玄人を忌避すると云ふことではない。玄人の専門的技能を最も有効に発揮せしむるの方途は、政府監督の下に於ても立派に組織することが出来るのである。

(二) 右の原則を完全に確立する為めには現行制度の上に種々の改革を施す必要がある。この事も本稿を熟読せらるれば略ぼ見当がつく筈である。試みに其の重なるものを列挙すれば次の如くである。

(イ) 軍部大臣文官任用制の採用　軍部を内閣の監督の下に置く為め此制の採用は実際上最も有効である。それだけ軍部に取て此制の採用は致命傷であり、従て現行武官専任制をば最後の牙城として彼等の極力死守する所以である。但し文官任用制採用の理由は軍部を内閣監督の下に置く為めばかりでないことは勿論だ。

(ロ) 帷幄上奏制の廃止　政府以外に最高輔翼機関を作り国権の発動を二途に出でしむ可からざるが故である。

(ハ) 軍令の廃止　上記二項の成立の当然の結果でもあるが、仮りに上記二項の成立なしとするも、軍令の廃止せざるべからざる理由は既に本稿中に詳しく述べた通りである。

猶ほ以上の改革に関連して(イ)新に統帥事項輔翼機関を政府監督の下に設け其の専門的技能を十分に発揮せしむる設備も必要だ。同時に軍部官憲に対しては例へば司法官の場合の如く特に身分上の保障を与へるもよからう。(ロ)又軍事に関する特別の諮詢機関を設くべしとならば、嚮《さき》に発布されたことのある防務会議(大正三年六月)の如きを再興するもよからう。之は内閣総理大臣の監督の下に「陸海軍備ノ施設ニ関シ重要ナル事項ヲ審議ス」るもので、総理大臣の外、外務・大蔵・陸軍・海軍の四大臣に参謀総長・海軍軍令部長を加へて組織さるるものであつた。私はその時々の情勢に依ては之に貴衆両院議長を参加せしめたいと考へて居る。

(三)　現行制度の改革が差当り面倒ならば少くとも(イ)軍令審査権を政府に収め、(ロ)帷幄上奏に由る輔翼は純然たる軍内部の参画に止らしむるの二点を確実ならしめたい。

軍令規定の内容が果して正確に統帥事項であるかどうか、之を軍部自身の判断にまかして置くのは間違つて居る。軍部の承認を得るや否やは別論として、一応政府に之を争ふの権利はある筈だ。軍機軍令は事秘密に属すとは云ふものの、既に軍令として発布されたものに付ては最早秘密を云々すべきであるまい。軍令の成立其自体に干与しようと云ふのではない、作られたるものの当否を判定すると云ふのである。政府が之を審査するのは必ずしも軍令の性質を傷けるものではないのである。猶ほ審査の衝に当るものの法制局であるべきは論のない所であらう。

軍部の特権が政府を圧して居たのは一に全く慣行の情勢による、制度の上に根拠があるのではない。既に(一)に示した様に政府がまた軍事に関する自家の輔弼責任を主張すれば、帷幄上奏に由る輔翼は之を支持する諸規程の示す通り自ら純然たる内部の参画たるに止まらざるを得ない。従て内閣の議を経ずして之を外部に発動せしむることは出来ぬことになる。但し内部の参画に止まるとしても、既に上奏裁可を得たものなる以上、政府は全然之を無視することは出来なからう。けれども政府の輔弼は性質上本来自由無碍《むげ》のものである、軍部の輔翼が政府輔弼の条件をなすべきでない。是に於て政府は如何の程度に軍部の意思を顧慮すべきやの問題を生ずるも、併し政府が自由無碍の立場に拠つて輔弼の責任を完《まつと》うすべきだとするの原則には、些の動揺をも許すべきではない。

斯く論じ来ると、残る所は我が現行国法の系統中に在て政府と軍部との関係を如何に解釈するかの一事である。これは規定の上に明文なく、学説として未だ十分の研究がつくされて居ない。今度の問題を機としてこれから段々諸学者の研究が公にされるだらう。

〔『中央公論』一九三〇年七月〕

選挙と金と政党

この間政界のある先輩に会つて、斯ういふ述懐を聞かされた。自分が普選制確立のために奮闘したのは、一つにはそれが理に於て正しいと信じたからでもあるが、一つには有権者激増の結果従来のやうなやり方では金は幾ら掛るか底が知れず、為めに自《おのずか》ら金はめちやに使はないといふことになり選挙界は漸を以てひとり手に廓清されるだらうと考へたからである。然るに今日に見る実際の結果は如何。金はます〳〵余計にかゝる、些《すこ》しも減少の傾向はない。少くとも金の点では普選制の実施は毫末も政界廓清の効果を見せてない、我々の当初の予想は全く裏切られた。自分は今になつて深く我が不明を愧《は》ぢると。

斯う云はれると私だつて同じやうな述懐をせずには居れぬ。私も大正の初め頃から熱心に普選制の実施を主張した一人だ。そして普選制の功徳の一つとして金を使はなくなるだらうことを挙げた。金を使はないのではない、使へないのだ、さうは出し切れないと云ふ事になるのだ。そして、金が姿を消すとこれに代り選挙闘争の武器として登場するものは言論と人格との外にはないと説いたのであつた。人格と言論とが唯一の武器となれば政界腐敗の問題の一掃さるべきは固より言ふまでもなく、而してそが実に選挙の理想であり民衆政治運用の正道であることもまた喋々《ちようちよう》を要せずして明かである。併しそは制度を改めただけで実現せられ得る事柄ではなかつたのだ。今日となつては選挙界から金が姿を消せばその跡に直ちに人格と言論とが登場するとの見解をも取消す必要を認めて居るが、普選制になつて金の跋扈《ばつこ》が減つたかと詰問されると一言もない。この点に於ては私もまた前記の先輩政治家とともに当年の不明を愧ぢざるを得ないのである。

併しながら、普選制になると金が威力を振はなくなるだらうとの見透しは全部間違ひだといふのは正当であるまい。傾向としては矢張然《そ》ういふ風に現れて居るのではあるまいか。第一に私は選挙費用は大体有権者の数に比例して増加すると観たのであつた。この予想は間違はなかつた。金の掛り方は選挙毎に多少増加する傾向にはあつたが、普選制実施以前は多くとも二三万といふところだつたのが実施後は急に七八万を呼ぶやうになつた。第二に私は斯ういふ形勢になつては各候補者が到底これに堪へ切れなくなるだらうと考へた。これも事実その通りである。立候補数減少の傾向がその一つの証拠として挙げられ得ると思ふ。第三に私は使ひたいが使へないので金にたよることを諦め各候補者ははじめて余儀なく本来の正しき武器に還へるだらうと見た。この見透しが当らなかつたのである。やり切れないのは誰しも同様であり、外に良法もないのは選挙界を断念するに至つたが、既成政党に属するものは金の責任の大部分を政党本部(こ、に政党本部といふは、便宜上政党の中央機関の外最高幹部の列にある先輩党人をも含むものと観られたい。選挙費用は党からも出すが、銘々の親分たる最高幹部の誰れ彼れも出す。斯くして親分乾児《こぶん》の関係が出来、勢力割拠の弊習を生じ、党の統制を著しく阻害して居るの事実は看逃がしがたい。)〔に〕転嫁することに由つて一時の難関を切り抜けた。つまり政党本部が大金を作つてそれと思ふ候補者に貢ぐので、選挙界は旧態依然として最後のドン詰りに陥るを免れて居るのである。政党本部では従来の選挙でも随分金が掛つたのであつた。今や掛り方が数倍したとて候補者が悲鳴を挙げて居る、それを一々需《もと》むるところを聞いて弁じてやらうと云ふのだから、更に如何に莫大の金を要するやは想像にあまりある。しかし政党本部に取つてそれはいつまでもやり通し得ることだらうか。若《も》しこれが早晩行きつまるとすれば、いよ〳〵選挙に金が使へなくなる時期が到来せぬと限らない。もう少し永い眼で見てゐたら、選挙界に金の威力の薄くなるとの見透しも強《あなが》ち実現せぬこともあるまいと思はれる。

日本の政党は民衆の自由な支持によつて発達したものではない、不正な誘惑に由つて民衆の良心を欺き無理に多数を作りあげた勢力であることは今更くりかへすまでもない。民衆の心を欺き取るための手段は権力と金力だ。権力を握つて金力を作り金力によつて権力を奪取する。我国に於ける政権争奪の形情はやゝ複雑で、単純な二大政党の力闘だけで解決するのではないけれども、とにかく選挙に勝つて下院に多数を制することが政権獲得の第一の条件なので、このためには手段を択ばず死力をつくして競ひ争ふ。そこで候補者に金がつづかぬと訴ふるものあれば、何とか工面して出してやる。そんなに大金が掛つては大変だと思つても、実際近年のやうに選挙に金のかゝる趨勢の止めがたく各候補者のこれに堪へ切れぬ実情を知つて居る以上、選挙に勝つて我党の優勢を確立せんがためには嫌が応でも選挙資金を潤沢に用意しなくてはならぬのである。昔しは選挙費用の大部分は候補者本人が作り極めて小なる部分を政党本部が補助したのであつた。今も全部を自分の懐から投げ出して中原の鹿《ろく》を争ふ人も少くはあらうが、多数は一小部分を私財並に知己友人の寄附に求め大部分を党本部の支給に仰ぐといふ有様になつて居る。

選挙費用を政党本部が出すことになつた結果として現はれた一つの面白い現象は中立候補の凋落《ちようらく》といふことである。中立議員の凋落は二大政党対立の形勢をかためるもので甚だよろこばしい現象であると説く人がある。二大政党の対立といふことの果してよろこぶべきや否やはしばらく別論として、これが我国選挙界の自然の帰結であるかに考ふるのは正しくない。選挙民が意識的に斯ういふ結果をつくりあげたなどと云ふものあらばそは飛んでもない間違ひである。選挙に金が掛つてやり切れない、既成政党の公認候補には相当豊富な資金の準備が出来て居る。これでは中立候補は手も足も出ないではないか。それに其筋の干渉もある。干渉があつても金で互角の争ひが出来たならモ少し伸びる余地はあつたらう。私は中立候補の凋落といふ事実の上にも、選挙費用の政党本部負担といふ新形勢を見留めることが出来ると思ふのである。尤《もつと》もこれを中立凋落の唯一の原因と断ずるのではない。

最近の選挙で民政党並に無産党の振はなかつたのも一つの主なる原因はこゝにあるのではないかと思ふ。政友会では公認を得れば三五万の補給をうけると云ふのに、無産党の方ではあべこべに立候補の当人から百円内外の公認料を取る。比喩は正しくないが貧乏人は無いが上にしぼられ金持はます〳〵ふとると云ふ形だ。民政党でも政友会との競争上お多分にもれず本部から公認料を支給するそうだけれど、固より無い袖は振れず、その額は政友会のに比して殆んど云ふに足らぬ、殊に肝腎の最後のどたん場に大に欠乏を感じたといふことだ。政府与党であることはいつの場合でも金をつくるに有利なるは申すまでもないが、苦しいながらも候補者自身が選挙費の大部分を工面する間は、与党でなくとも政戦に馳駆して勝利を庶幾《しよき》するの見込みは相当にあつた。今や候補者の懐は涸《か》れた。それでも従来の政弊からぬけ切れず政党本部が無理して必要な費用をつくるとなれば、政府与党の大勝利を占むべきは当然である。過般の総選挙で民政党があの辺でとゞまつたのは一つは惰勢の賜物であり、中立小党の没落は必然の帰結、これと運命を共にすべかりし無産党が辛うじて従来の勢力を維持し得たのは流石《さすが》に時勢の力といふべきである。

いま政府並に与党の間に選挙法改正が論議されて居る。世上にやかましい議会不信の声におそれ、これに迎合して政府側自ら革新を装ふのではないかと疑ふべき節もないではないが、多少在来のお座なりの改正騒ぎとはちがつて、今度のは差当りこの点に審議を向けたいといふ特殊の問題をもつて居るやうである。その重《おも》なる一ケ条は即ち金の事だ。五月はじめ政友会の選挙法改正特別委員会に於て犬養総裁は、選挙には金がかゝり過ぎる、政治百弊の根源は過大に金がかゝるといふことにある、もつと金のかゝらぬやうにする工夫が何よりも肝要だと述べたとやら。これだけなら何の変哲もないが、更に新聞の伝ふるところに依ると、右の根本要求に対し政府並に与党が実際に採用せんと考へて居る具体案は選挙公営と比例代表実施とであると聞いて、我々は始めて今度こそ彼等はまじめに金のことを心配し出したなと想像させられたのである。

選挙公営の事は一部分すでに行はれても居るし、一歩進めてその適用を大に拡むべしとの論は前々からあつたので、今更めづらしい提唱とは思はない、たゞ比例代表制度の採用に至つては事情いさゝか異るものあるを思ふのである。比例代表主義の採用には理論上に強い根拠を有し、在来の政弊を匡救《きようきゆう》する一手段としても慎重に考究するの価値がある。故にまともにこれに反対することが出来ないので、従来有力な政治家のうちにも主義としてこれに賛成するといふものは相当にあつた。けれども実際の問題になると、これは結局小党分立の勢を馴致《じゆんち》するの恐れあり自分達の拠《よ》つて立つところの大政党主義に対する一大脅威たるべきが故に、断じてその実現をよろこばなかつた。現に比例代表主義は理論上多くの反対を見ずして、而も不思議に実際界のまじめな論題とならず、よしなつても言を左右に託して葬り去られて来たではないか。いづれにしても比例代表制度は少くとも現在の政友会の最もよろこばざる筈の制度である、寧ろ政友会の大を挫《くじ》くためなどに用ひらるべき最良の武器と謂つてもいゝのである。それを政友会が進んで採用しようといふのだから不思議だ。

併しながら之も新聞の伝ふるところに従へば当今政友会辺で問題として居るのは名簿式の比例代表制だといふことだ。名簿式は政党本位の選挙形式だから大政党に取つて都合がいい、のみならず大きな選挙区の沢山の自党候補者を一団として競争せしめるのだから選挙費用が非常に助かる。同じ比例代表制でも個人本位の単記移譲式などでは格別選挙費用の倹約にはならぬ。名簿式だと例へば従来の一人分で全候補者のための有効な運動も可能だといへるのである。そこで私は推測するのだ、名簿式比例代表制を採用しようと云ふのも畢竟《ひつきよう》金が掛つて困るからではあるまいかと。名簿式は比例代表諸制度中の最良のものとは思はない。先きにも述べた通りそは大政党の勢力維持のためには比較的、都合のいゝものであるらしい。それでも矢張り群小政党の興起を促しその代表の選出を助くるの効果あるは疑ない。仮令《たとい》一面に熱心な時勢の要求があるとはいひ〔へ〕、何を苦んで政友会がいま頃比例代表制などを騒ぎまわるのであらう。脊に腹はかへられず多少の犠牲は忍んでも選挙時の金策を緩和せんとの苦肉の計ではないだらうか。要するに名簿式比例代表制は溺れんとするものに取つての一片の藁《わら》である。この藁屑がいつまで気息奄々《えんえん》たる政党の救世主たり得るだらうか。

郷誠之助男は文芸春秋の座談会で「政党などは選挙の争ひの時に財閥が金を出すといふのを当りまへのやうに思つてるんです、金を出したからどうかしようと云ふのでなく、君たちは金を出すのは当りまへだといふ風に考へてゐる、だから誰だつて喜んで金を出す者は一人もない」と述べて居られる。政党と財閥との関係は一般にそんな単純なものではないと思ふけれども、この頃のやうに世間の眼が鋭く政党自体の影が薄くては、漸次選挙費調達に困難を感ずべきは明白である。金が乏しくなつても選挙には勝たねばならぬ、斯くして次に来るものは権力の濫用であらう。政変毎に地方官殊に警察当局の大規模に更迭さるるの現象についても述べたい事が多いが、世間に相当知られて居ることでもあるから略する。

今日の選挙界で一番つよく物言ふものは金力と権力とである。選挙は人民の意向を訊《たず》ねるのだといふ。理想としては彼等の自由な判断を求めたいのである。人民大多数の支持が期せずして集つたといふところに、冒《おか》しがたい強味もあれば斥《しりぞ》けがたい正しさもあるのだ。それを金と権とでふみにじるのだから堪らない。併しこれは政治的に言へばふみにじる者が悪いのではない、ふみにじられる者が悪いのだ、何となれば金で誘はれ権で圧《おさ》へられても選挙民はこれに聴くの必要なく、聴かなくても格別の迷惑を蒙ることはない筈であり、否これを聴かないのが国家奉公の義務であり又結局自ら安んずる所以《ゆえん》でもあるからである。選挙民さへ確《し》つかりして居れば、幾ら金を使はうが幾ら権力で推して来ようが、選挙の結果に穢《けが》れはない。政界百弊の根源は金にありといふのは、選挙民が軽々しく金に動き、その効果を期待して候補者が金を使ふといふ事実を前提してのみ承認し得る。一言にしていへば罪は選挙民にある、問題の根本的解決は選挙民の道徳的覚醒を措いて外にない。これを高閣に束《つか》ねた改革諸案は畢竟砂上の楼閣に過ぎぬ。どんなに工夫を凝らしても駄目らしいといふので、気短かなものは議会否認だの政党排撃だのと騒ぐのである。

　金力と権力とが選挙の結果を左右するといふ国情の下に於て、政党政治は本来必然に一党専制の形態をとらなければならぬ。何となれば一たび天下を取つた者には革命によるの外敗北といふことは絶対にあり得ないからである。それにも拘《かかわ》らず昨今の我国の政界が二大政党更立の形情にあるのは、政党政治に対する牽制機能たる貴族院・枢密院・軍閥等の諸勢力が、その法制上に占むるところの権限以外に、歴史上さらに特別異常の発達を遂げたからに外ならない。現に三百余名の代議士を擁し、数の上では空前の優勢を誇る政友会が、近き将来に於ける政変を憂慮し、政界一部の陰謀を前にして戦々兢々《きょうきょう》たる有様だといふではないか。政友会内閣を倒せば、次の内閣は、単に政権を握つたといふだけで、総選挙戦で優に政友会を凌駕《りょうが》することが出来る。野党の民政党に人気がないから、噂の如く平沼内閣などいふものが出現するかも知れない。尤も流石に今日は明治大正の時代とは違つて、まるで政党に基礎を有《も》たなくては立つて行けまいと思ふ。一時憲法を停止してはといふ説もあるそうだが、畏《かしこ》くも明治大帝が「不磨ノ大典」と宣して発布したまふた憲法である、仮令極めて短期間といへども、これを停止するは容易な事ではない。従つて私は一時異常の場合として超然内閣が現はれたとしても、たとへば往年清浦内閣成立のみぎり政友会が分裂したやうに、——既成政党に若干の分解作用を起して国粋新党の出現を見るのではあるまいかと考へて居る。往年政友本党を率ゐた床次氏に今日同じ役目を求めるのは無理、鈴木喜三郎氏と平沼男との関係の方が寧ろ著しく目立つやうであり、森恪氏の如きは同じ様な型の人であるが故横田千之助とは違つた方向に走るのであらう。斯んな夢のやうな事に空望をかけて無産党も先般来大々的の分解作用を起して居るが、既成政党はさすがにそれ程大きな動揺までには行かないやうだ。而して同じく国粋主義的傾向に立つ既成政党系と無産系とが如何に結んで超然内閣の走狗となり羽翼となるかは、またいろ〳〵の意味に於て甚だ面白い観ものである。

〔『中央公論』一九三二年六月〕

政界の回顧と展望

この一年間の政界に於て、最も著しい出来事は中心点が無くなつたといふことである。五月十五日首相犬養毅の殺されるまでは、ともかくも議会下院に多数を擁するの故を以て彼れの率ゐる政友会は、押しも押されもせぬ政界の中心勢力であつた。犬養兇死の結果としてその内閣が総辞職をすると、政友会の多数たるに変るところなくして、政権は遂にこの党に来らず、しかも人多くこれを怪しみもせぬ。これを議会の多数党が政界の中心王座を占むべしとするの原則の敗滅とみるべきか、そんな原則は実は我国に於てまだ確立して居なかつたのだと〔み〕るべきか、又は確立しては居たのだが一時非常の場合に際して暫《しばら》くその適用を停止したに過ぎずとみるべきか、人に依つてその解釈にいろ〳〵あらうが、いづれにしても今日、政党は単に下院に多数を得たといふ事だけでは政界の中心に坐するを許されずといふ新形勢を展開しつゝあることは争ふべくもない。

然らば政党に代つてこゝに何等か新しい中心勢力が出現したのかと云ふに、さうでもない。政党は駄目だ、彼等に国家の大事をまかされぬと唱ふるものは沢山ある、その主張を突つ張つて遂に政党内閣主義の伸びかけた芽を無理にもぎ取つた勢力も少なくない。政界の運行を現実に左右した点に於て、これ等を急に乗り出して来た新興政団とみるも妨げないが、併し彼等にはまだ独自の力を以て政界を自在に料理しようといふ積極的の準備がないらしく又その気魄にも乏しいやうだ。中には発言権は飽くまで要求する責任は負ひたくないとて、たゞ抜目なく遠巻きに自己の意に反するものを斥《しりぞ》くるに有効な手段を取らうとするものもある。表面にあらはれないから正体が判らない。下院に多数を擁するといふ事は依然として政界に相当の優勢を占むる所以《ゆえん》ではあるが、所謂《いわゆる》多数党も思ひがけぬ重大障礙《しょうがい》に遇つて一たび王座から蹴《け》落されてから今にこれを排除してその地位を回復し得ず、さればと云つて勇敢に取つてこれに代るものもなく、中心勢力の王座は宙に迷つて今や政界は混沌を極めて居ると謂《い》はなければならぬ。

斎藤内閣はこの混沌たる形勢のうちに確乎たる継承人の現はれるまで目前の急務を託された臨時の留守番に過ぎぬ。外に何とも始末の仕様がないといふので無理に押し立てられたといへば、一面に於て一般の支持があつたわけではあるが、積極的にこの内閣でなくてはならぬと云ふのでないから、政局の安定と共に何時雲散霧消するかわからない。その運命たるや風前の灯にもたとへつべきものではあるが、政界現状の容易に安定すべくも見えぬ実情からいへば、この不安定といふ基礎を踏まえてまた一種の強味を有《も》つと云ふことも出来る。

目下の政局の不安定は、既存の中心勢力をたゝき壊してその跡に誰も出て来ないといふ事から来る。斎藤内閣のやうな御座《おざ》なり政府をつくつて一時を糊塗して居るものの、蔭にうごく諸勢力の固よりこれに満足せざるは云ふまでもない。満足せないなら自分で乗り出したらいゝ、斎藤内閣の如き倒さうと思へばいつでも訳なく倒せるのだ、それが倒せないで却つて大事にもり立てて居るのは、要するに自分に乗り出すの準備が十分でないからではないか。この点で最も焦慮して居るのは云ふまでもなく政友会であらう。政友会の出鼻を挫《くじ》いた一部の勢力は政党界の他の一角と呼応して近き将来に一新興政団をつくらんと策動して居るとやら。そして孰《いず》れの方面でも機運はまだ熟してゐないと観られて居るやうだ。それだけまた暗中飛躍も相当に烈しいわけである。思ひ切つた突進がないので決着の期があてもなく延ばされて居る形であるが、彼等自身の好むと好まざるとに拘《かかわ》らず、偶然の事実がいや応なしに政変をよびおこし遅滞なく決着をせまるの日が到らば、彼等は一体どうするつもりなのだらう。

斎藤内閣が何かにつまづいて総辞職したらどうなる？　これはありそうな事だ。さうなつた時の面倒を思つて出来るだけ潰れぬやうにと各方面で苦慮して居るのであるが、固より各勢力関係の誠実なる積極的協力の上に立つ内閣でないから、破綻の因子はつねに山ほどある。それに時局頗《すこぶ》る多難と来て居る。周囲の人達の切望にかゝわらず斎藤内閣の遂に自滅せねばならぬだらうことは、今日むしろ多くの消息通の予期するところかも分らない。いづれにしても早晩政変が来るとしたらどうなる。政界はまだ安定を見せてゐぬ、政局の趨勢も見据えはつかぬ、政権は結局どこに落ちつくであらうか。

第一に問題になるのは政友会であるが、併しいま政友会が再び政権を獲得するのでは、五・一五政変の意義が没却する。五・一五事件は一個特異の殺人犯罪としてそれ自身一種の社会的意義を有するは勿論だが、これを機会に多数党たる政友会に政権が阻まれるといふ意外の現象があらはれた。これ犬養の暗殺が先きの原、浜口の遭難の場合とは異れる全然新しい特殊の政治的意義を有する所以である。この新しい政治的意義と犬養首相の暗殺と直接何の実質的関係にあるかは姑《しばら》く別問題として、兎に角犬養が殺されると、突然どこからともなく多数党でも政友会には天下をやらぬぞといふ力強い叫びが黒幕の中から聞えて来たのである。その正体のまだはツきりせぬことは先きにも述べたが、政友会は正にその声に怖れて旗を巻いて退いたのは事実だ。無理に争へば自らも多くの犠牲を払ひ国家にも多大の迷惑をかけると懸念したからであらう。而してこの懸念は今日もはや全く取り去られたと観るべきか如何。

政友会の鼻先がへし折られたとき、折角の憲政常道の再び歪《ゆが》められたことを残念だとする考が政界一部の玄人筋の間にはあつた。けれども国民の多数は何といふことなしに政友会の没落を痛快に感じたやうである。それは正体の判らぬ対抗勢力の行動に同情した結果と観ることは出来ない、矢張政友会の多年にわたる専恣横暴の反映であらう。して見れば政友会としては、有力なる対抗勢力を向ふに廻して今後の政戦に確実なる勝利を占めんとせば、何を措いてもあらためて天下の人心を収め直すことに骨折らなければならない。而して今日までのところ政友会はこの意味の名誉恢復のため何一つまじめに計劃実行せるところ無いではないか。

幸か不幸か日本の政界は概して因循である。政党は政権の争奪に目が眩《くら》んでゐるからいけないなどと云ふけれども、時に目の眩むほど政界の馳駆に積極的の熱心が他方に乏しいから独り政党者流に乗ぜられるのではないか。事に依つたら政党界の策士は、今こそ力強く或種勢力の我々を窮追すれ、間もなく飽きて自ら政治圏外に退くに相違ない、暫く隠忍すれば天下は労せずして我々の掌裡に廻つて来るなどとほくそ笑んで居るかも知れない。私もこの楽天説には多少の同感を覚へる。大勢の推移としては斯んな見地から判断しても大過あるまいとも思ふ。併し差当りの問題としては、所謂或種勢力の政界進出の興味は凡《およ》そいつ頃薄らぎはじめるだらうかが綿密に考察されなければならぬのであらう。

もと〳〵或種勢力の政界に進出したのは、貴族富豪などに往々見るやうに、消閑の道楽にやり出したのではない。そこには一定の目的がある、満洲問題の解決などもその中の重要な一つであらう。これ等の事の詳細は別の機会にゆづるとして、現にいま幾多複雑の問題を擁して居ることは事実だ。而してこれ等の問題は手をつけて見ると案外処理がむつかしく予期の如くすら〳〵と運ばず、一通りの解決までに今後何年かゝるか見据えがつかぬ。たゞ一段は一段と事が順当に進展して多難ながらも多大の希望を以て前途の行程を楽ましむるものはある。斯く観ると、或種勢力の政界進出の事実は今後相当に永くつゞくべく、又その興味も決して年と共に減退するやうのことはなからうと思はれる。彼れの立場が斯の如くである以上、政界の現状は従つてまた近く著しき異変あるべしとも思はれない。政友会が自ら屈して敵の軍門に降を容《い》るるにあらざる限り、彼れに政権参与の機会ありやは一寸《ちよつと》想像することが出来ない。況《いわ》んや彼れ独占の内閣組織をや。

さうすれば第二に問題となるのは超然内閣の出現である。どう云ふ種類の超然内閣かは読者諸君に取つては略《ほ》ぼ明白であらう。その中心勢力たるべきものは始めから決まつて居るからである。何人を首班にいたゞくかに付てはいろ〳〵問題もあらう、誰かがロボツトとして祭りあげらるることもあらうし又実際の力を有する人がその地位にすわることもあらう、その何れにしても遂行せんとする政策の大綱に変りはあるまい。たゞ彼れがその政策の実行の問題を政治的に如何に取扱ふかの点になると、談必ずしも容易でない。憲法がある、議会がある、議会には政党が控へて居る、これ等との見解の疏通をうまく付けないと如何なる名案も立憲的には行はれない。茲に彼れの政治的手腕が要求せられる。これを面倒臭いと感じ自信のある国家最良の政策を強行するに何の憚《はばか》る所ぞと云つてしまへば憲法停止になる、少くとも例のフアツシヨになる。フアツシヨになるの可否得失はまた別の観点から論ぜらるべきだが、若《も》しこれを避けるとすれば、超然内閣とても所謂立憲的に行動するために多少の技術が必要となる。この点から考へると、今後の超然内閣には従前のそれに比してより多くの難関があるやうだ。

超然内閣の出現は我国の政界に於て最近まであつた。その中の代表的なものとして私はこゝに寺内内閣を例に取らう。寺内伯爵は表面は生粋の大権内閣主義である。内閣総理大臣は如何なる意味に於ても議会の多数の支持を受くるの故を以てその任に在るのではない一に陛下の御信任によるものである、とは天下周知の伯の持論である。彼れは屢々《しばしば》議会に於て不信任の決議をされても内閣は辞職するの必要を見ないと放言した。若し伯が大戦直前独逸《ドイツ》の大宰相ビートマン＝ホルウェッツへがしたやうに、不信任の決議を通過させて平然としてその任に留まつて居られたら、これに依つて我が日本の憲政にも一つの新らしい習律が出来たかも知れぬが、不幸にして我が寺内伯は、政府反対党の提出せる不信任案が将《まさ》に可決せられんとするや、先例に倣《なら》つて議会解散の詔命を奏請した。これ暗に不信任案可決の政治的効果をおそれたものではないか。不信任の決議が政治的に当然総辞職を伴ふといふ原則の成立をこれに依つて断ずるのは尚早だとしても、不信任案あるに拘らず内閣は留任してもいゝと云ふ習律の存在を否定する材料にはなる。いづれにしても議会多数党の政治的優勢は事実に於てさすがの寺内伯といへども認めざるを得なかつたのだ。他の数々の超然内閣も固よりこの点は同様である。

事実の上に議会多数の政治的優勢を認めた寺内内閣は、全然政党の力を借ることなくしては憲政運用の任を完うし難きを観念し、忽《たちま》ち政党と妥協した、議会に多数の支持を得ざれば政界の立憲的疏通は不可能だからである。さうすれば内閣は現に多数を擁する政党と提携すべきであるが、さうなつてゐない所に我国政界の特色がある。尤も現に議会に多数を擁する政党は普通の場合に超然主義者の申込に応ずる必要を見ないのでもある。そこで超然主義者は多数党の圧迫に苦んで居る少数党と結托し、多数党の思はぬ失態に乗じ或は種々の陰謀に現政府を救ひ難き窮地に陥れて、先づ以て天下を自家の掌中に握るのである。内閣を作つた時はまだ敵党が議会に多数を擁して居る、そこで不信任決議案の提出となり、議会解散となる。やがて来る総選挙は政党界の分野を一新して政府に多数支持の形式的根拠を提供することになる。多数の支持に押出されて政権を取ると云ふ立憲本来の原則とは真実の意義に於て縁の遠いものだが、仮令《たとい》干渉・買収・請託等に依つて無理に作つた多数でも、とにかく多数の支持があるんだと云ふ空虚な形態に安心することが出来るのだから仕方がない。立憲本来の原則の方では人を馬鹿にして居ると怒つて居るかも知れないが、寺内内閣の方では、せめて形だけでもこの原則に遵拠《じゆんきよ》した風を装ひ得ることに満足したのである。この点を近く出現すべく予期さるる超然内閣はどう始末するだらうか。

寺内内閣のやり方には大隈内閣に先例がある。大隈内閣は多分に政党内閣の臭味を有つものであるが、少数であつた立憲同志会を擁し所謂大隈老侯の人気を看板にして政友会の大を挫いた点に特色がある。要するにとにかく先づ天下を取りさへすれば現在の多数を打破して自分の多数を作ることが出来ると云ふ事実を証するものである。こゝにあの時代超然内閣の容易に出現を見た理由がある。政党首領を直に内閣の首班に奏請し難い事情があるとする、誰でも然るべき人を奏請して内閣を組織せしめ、其人がどれかの政党と結托すれば当然政界の疏通はつくとされたのである。若しその見込が外づれたらどうする。総選挙に於て不幸多数をかち得なかつた、折角の人物ながら政界の疏通がつかぬ、即ち已むなくその辞職となれば政局は再び政変当時の昔に逆転する。斯うなるを恐れては、迂闊《うかつ》に政界無根拠の人を奏請するわけに行かぬといふことになる。故に超然内閣の出現は、天下さへ取れば必らず議会に多数を集め得た時代にのみ見らるべき現象なのである。

超然内閣が政党と結托するの例を開いて以来、先づ天下を取つた者が容易に多数を作り得るといふ実例に間違ひがなかつた。政党を離れた超然主義者ひとりで多数を作れぬは勿論であるが、多年培養の結果漸く深い根柢を民間に築いた政党でも、猶ほ長い間政府の直接間接の援助なくしては多数を作るを必し得なかつたのである。併し年と共に政党の政治的地盤は民間に広く且つ深くなつて行く、これに反して単純なる官僚の政治的影響はだん〳〵民間に薄らいで行く、時勢の趨《おもむ》くところ斯くなるを致方なしとせねばならぬのであらう。斯くして総選挙を中心として観る限り、超然内閣主義の民間に於ける政治的威力は最近著しく衰退した。それの最も著明な例は大正十三年の清浦内閣の悲惨な没落であらう。清浦内閣は政友・憲政・革新の三派を敵に廻し、僅に政友会の過半数が分離独立して作つた政友本党を味方に立て、大隈寺内両内閣等のやつた先蹤《せんしよう》を踏襲し、必勝を予期して華々しく総選挙を争つた。従来の例から云へばとにかく勝利だけは得た筈だと思はれたのに、結果は案外の惨敗に終つた。政府を乗取つても必ず勝つと限らぬといふ新しい例が茲にはじめて儼乎《げんこ》として現はれたのである。天下を取りさへすれば多数を得られるといふ実例は、現に最近の政友民政の更代に於けるが如く今に見られては居る。併し少数党が或種の勢力と結んで超然内閣を組織し以て総選挙に臨んで昔のやうに必勝を期し得るやは、今日非常に望み薄となつた。そこで超然内閣の出現は昔とは違ひ最近はなか〳〵むづかしくなつたと云はれるのである。

斎藤内閣に代つてまた一種の超然内閣が出来たとする、斎藤内閣出現の際とは事情も違ふので各党各派の支持する挙国一致内閣の形態を装ふことは出来まいから、その内閣は思い切つてフアツシヨで行くの暴勇なき限り、一応議会の多数党に一般的援助を求めるだらう。原敬時代の政友会なら群議を排しても応じただらうが、今日の政友会は寧《むし》ろその反対に出ようとする空気が濃厚だと観ねばなるまい。民政党は申込みを容れぬと限らぬがこれだけでは心元ない、そこで国民同盟だとか中立議員等にまでわたりをつけて相等〔当〕の支持者をつくり上げることに骨折るだらう。やがて議会解散となり総選挙となる。以前でもこの間には随分と識者を顰蹙《ひんしゆく》せしめるやうな干渉等が行はれたのであつたが、今度は選挙民も思ふやうに操縦が出来ず選挙の結果にも多大の不安があるといふことであるから、その間に行はるる干渉は剛柔両面にわたりて無類に辛辣なものでないかと思はれる。殊に選挙に於ける直接の干渉もさることながら、選挙戦前後に於ける議員の争奪が猛烈に行はれはせまいかと懸念される。強て多数を作らんとして戦後に於て醜悪なる議員の争奪のあつたことに付ては田中政友会内閣の時が格別著しい。

戦前の争奪は一つの新しい戦術として今後に期待されるのであるが、これはつまり政党分野の撹乱に外ならない。現政党を排して新勢力を民間に割り込ましむるは労多くして効が挙らない、既成政党の分野をみだして出来上つた一半を奪取するのが遥かに安全だ。斯う云ふ意味の現象は考方に依つては既にボツ〳〵起りかけて居るとも観られるが、いよ〳〵盛に行はれるやうになつたら随分政界の徳義が蹂躙されることであらう。

それまで努力しても超然内閣が結局負けたらどうなる？　いよ〳〵フアツシヨで行くか又はあきらめて政党内閣主義の復帰を許すか。これは一つには政界に発言権を有する諸勢力の意気にもよることだが、一つにはまた国民意向の動きにもよる。国民の意向などいふものは極めて漠然としたもののやうで、また案外に見へざる大きな牽制力でもある。いづれにしても近き政変を機として我が日本は東に行くか西に行くかの岐《わか》れ目に立たされると思はれるのである。

〔『経済往来』一九三二年一二月〕

議会から見た政局の波瀾

議会があけたら政界にどう云ふ変動があるだらうか。暮から一月の末まではどの道休みだから何事もないとして、開会後の政界の無事平穏が期待されぬ以上、一月も半ばを越したらそろ〱政機は動きはじめるのではないかと想はれる。

現内閣の施設に対する痛烈なる批判は上下両院を通じてまぬがれまい。不急の事業に莫大の浪費をして居るといふ非難はないとしても、是非為さねばならぬ急要事の更にかへり見られぬものが頗《すこぶ》る多く、次年度の歳計予算をみても現内閣施設のぼろくそなことはわかる。これが議会で問題とならぬ道理はない。議会が真に……〔民衆の意思〕……を代表するものなら政府糺弾の声はどんなに強くても構はない、場合に依つては斯んな内閣は……〔辞めて〕……貰つてもいゝのである。そこに近き将来に於ける政界波瀾の素因がはらまれて居るのであるが議会そのものに果してその元気があるかはまた疑なきを得ぬ。

たとへば時局匡救《きようきゆう》費を三年に振当てたのは我党の警告を無視したものだなどと、面目論を楯に取つて政府に喰つてかゝることはあらうが、同じやうな熱心を以て軍事費等に思切つた斧鉞《ふえつ》を加へて、負担軽減をはかれとの国民的要求を代弁して呉れるかどうかは疑はしい。今日の政党は単に政権争奪の選手として政府若《も》くは他党と敵対の関係に立つも、有産有閑階級の族類として一般……〔不明〕……点に至つては彼も此も同一だ。彼等は戦闘の武器として又は……〔不明〕……としてよく国民的利害を云々する、その……〔不明〕……して政府の施設を攻撃することもあらう、而もその攻撃を徹底せしめて現実に………〔国民の利福〕の擁護伸張をはかつた例は曾《かつ》て従来の歴史にない。今度だつてさうだらう。あんなぼろくその予算案をでツちあげ、自ら××〔無能〕を天下に表白した政府だが、その××〔無能〕の故を以て辞職せねばならぬ破目に陥るやうなことは絶対になからう。議会に於ける論難攻撃には成る程辛辣をきはむるものもあらうが、併しそは概して政党の面目擁護の為のものであり、又は政権争奪の陰謀にあやつられるものに過ぎず、真に政策の是非得失の討論に依つて政府の立場の致命傷をうける気遣ひは先づないやうに思はれる。

国際聯盟に於ける雲行は可なり険悪のやうである、併し最悪の状況の場合に処する我国の態度は始めからきまつて居るといふ。その結果として将来に現はれる日本の立場の変化は案外重大の問題だと私共は心配して居るけれども、我国政界の大勢は割合にこれを意に介して居ないやうだ。故に仮令《たとい》我国が国際聯盟を脱するやうな事になつても、そこから政府の重大な政治的責任問題の起るが如き憂は先づないとみていゝ。支那の問題にしても同様だ。されば外交上の関係から云つても現内閣の運命は今のところ安泰である。

強力内閣たるべく期待された現内閣は、その期待を裏切つた点に於て上層階級の間に評判がよくない、放漫なる財政計画の上に一般庶民階級の……………〔不明〕点に於て、国民的には一層評判がわるい。それにも拘《かかわ》らず存立の基礎は比較的安全だといふから不思議だ。たゞ茲に一つその存立を脅かす所の見遁《みの》がすべからざる勢力がある、いふまでもなく政友会だ。政友会の向背は蓋《けだ》し今後の政界に於て最も注意を要するものであらう。

政友会は議会に三百の同志を有《も》つて居る、数に於てまことに空前の多数党である。然るにも拘はらず、去年五月の犬養兇変に際し政権はするくと彼れの手から脱け去つた。一時は呆然としたであらうが、だんく時の経つに従つて自ら心中不快の情をたかむるは当然である。元来政党者流は数を最後の勝利とするの信条を奉じて苦労に苦労をかさねて来たのである。その間に頗る非難すべき罪業もあつたが、多数党になりさへすればいゝと一意専心これを唯一の目標として努力奮闘して来たのである。多数党になりさへすれば天下は取れる、天下を取れば我儘も出来る。少しく度を逸して我儘をしたのが禍のもとだとはいへ、これを理由に突然政権握守を阻止さるべしとは曾て夢にも思はなかつたらう。それが今軍部あたりの故障で多数票〔党〕たる政友会の政権確持は許されないことになつた。これを押し切る元気と能力とは不幸にして持合せてゐないやうだが、議会に於ける三百の勢容には併しながら依然として変るところはない。三百の味方をうまく使へば政治季節に於て相当の波瀾を捲き起すことも出来る。所謂《いわゆる》強力内閣が……〔ファッショの独裁的〕……内閣にでも変らぬ限り、議会に絶対過半数を占むる政友会は矢張り政界の一主動勢力たるを失はないのである。彼れが長くこのまゝ雌伏するものに非るべきはまた誰れしも予見するところであつた。

犬養兇変後××〔政権〕を政党の手からすべり落ちしめた原動力は××〔軍部〕のうちに潜在して居る。これだけは間違ない。たゞその正体の明確ならざるを遺憾とするも、その対策処理は軍部の正式の一代表者たる荒木陸相にまかすの外はない。世間には荒木陸相を以てこれ等の……〔潜在勢力〕……と一脈相通ずるものもあるかに言ひなすものもあるが、それは恐らく誣妄《ふもう》の評であらう。徹底的にその掃蕩をはからんとして平地に無用の波瀾を起すよりも、差当り妥協の途に出で、彼等の言ひ分の一半を容れて政党側にも自重反省を求め、徐《おもむ》ろに各方面の融和をはかるといふも一策であらう。その企図の適切なりや否やは別問題として、荒木陸相の政治的解決といふことを想像してみればそこに肯《うなず》かれぬ節もないことはない。してみれば政友会の政権阻止も畢竟《ひっきょう》は時期の問題であらう。軍部でもいつまでも政党の政権近接を邪魔するものではあるまい。

政友会の多数が国民信望の帰するところ自然に集つたものではなく人為的に作つた多数であることは従来屢々《しばしば》述べた。さういふ性質の多数だから、何時までも政権から遠ざかつて居ると漸次党勢不振を馴致《じゅんち》するに至るの恐れがある。三百も味方を擁して而も天下を掌握するの見込は立たないとは、あまりに意気地のない話でもある。そこで幹部の善後処置としては義理にも時々多数党の威力を誇示する必要に迫られるのである。是れ政友会が斎藤内閣の成立以来、民政党と少しく色彩を異にし、時に反噬《はんぜい》の態度を露示せし所以《ゆえん》である。高橋蔵相の高踏的なるは山本内相よりも甚しく固より政友会を代表するといふに応《ふさ》はしくない、三土鉄相鳩山文相に至つては打算上政府にとゞまるに過ぎずして、常に心して片足を政党の埒《らち》内に置く点に民政党出身大臣と区別せらるべき異色がある。彼等が今までに内閣を飛び出すぞと脅かしたことは一再に止まらぬと聞いて居る。年の暮には所謂少壮強硬派なるもの屢々会合して政府絶縁の気勢をあげて居た。これは幹部の意に反してやつたものだとしても、世間の空気が政党内閣主義の再興に好調なりや否やを偵察するの役には立たう。明らさまに云へば、世間は政党内閣主義の再興による所謂憲政常道の復帰を欣《よろこ》び迎へんとして居るらしい、たゞその役をつとむる登場者の政友会なるにがつかりして、今急に現在の変態的政情に引き退がつて貰はうとも熱中しないのである、つまりどうでもい丶のである。併し現状に満足してゐるのでもないから政友会が出て来てもさうひどく顰蹙《ひんしゅく》もせまい。そこを唯一の手掛りとして政友会は今後も時々独立の威力を示すに骨折るだらう。殊に今度の議会に於ては、大政党の面目としても相当強い態度に出ぬわけには往かぬだらうと思はれる。

三百の味方を擁して居るのだから議会は政友会の意の儘である。それにしても幹部には恐らく政府と最後の決戦をするの考はないだらう、政府を倒しても政権は直に我に来ると限らないからである。併し騎虎の勢といふこともある、重大な問題で政府と立場を異にし、複雑な統制の樹立と巧妙な妥協的掛引とに失敗して遂《つい》に意外にして而も当然の結末に帰着せぬとも限らない。斯うした危険は今度の議会には大にある。その場合政界はまたどう変つて行くだらうか。

政友会が騎虎の勢ひ制し切れず政府不信任の行動に出でたとする。政府はこれに処して如何なる態度に出でるだらうか。

対策は二つあり得る。一つは不信任決議成立に先ち議会を解散することである、他は先づ停会を命じ闕下《けつか》に伏奏して骸骨を乞ふことである。尤《もつと》も総辞職と大体の肚《はら》を事前にきめれば、政友会出身大臣の連袂《れんぺい》辞職を機とし議会の形勢に直接の関係なく早くこれを決行するかも分らない。政友出身大臣の連袂辞職も要するに不信任決議案提出の前提であるから、内閣の辞職は何れの時期に行はるるにしても結局議会に於ける両者正面衝突に基くことに違ひはない。

斎藤内閣が早く政権を投げ出したと仮定する、次の内閣の組織者として何人が奏薦されるであらうか。不幸にして大命が政友会総裁に降下せまいことだけは疑を容れない。去年五月政権をして政友会の門前を素通りすべく余儀なからしめた客観的状勢は、半年あまりを過ぎた今日著しく緩和せられたとも思はれぬからである。最も可能性に富むのは斎藤子の再奏薦であらう。今日のやうな変態の局面を処理するには、今のところ斎藤子ほどの適材は他に見出し難いからである。併しその場合斎藤子の新しい立場は前とは比較にならぬ程困難なものであらう。前にはともかくも挙国一致といふ声に呼ばれて身を起したのだ、今度は政界の過半を掩領《えんりよう》する政友会が正面の敵として現はれて居る。政党政治に偏せぬを標榜せる手前、政友会を相手取つた以上新に民政党を与党として従来以上の関係を続けるわけにも往くまい。新内閣は恐らく貴族院の人を入れて閣僚の欠を補充し、下院に対しては已むなく是々非々主義を表看板とすることにならう。それだけ基礎の極めて薄弱なものとなるが、同時にまた政界の掛引に於て軍部の直接間接の援助に頼るの度を増すことも疑ない。何れにしても議会の形勢を顧慮しつゝ超然内閣を張り通さうといふのだから、寿命の到底永きを得ざるべきはまた想像に難くない。

第二次斎藤内閣が倒れたらその後はどうなる。遠い将来の事でもないやうだが、斯ういふ変転時代の事だからその時の状勢の変化が予想されがたく頓《とん》と見当がつかない。外交軍事の方面に相当の安定を見せぬ以上政党内閣主義への復帰はまだ望まれぬかも分らない。さうすれば矢張り超然内閣だが、斎藤内閣に比しもう些《すこ》し軍部的色彩のつよいものとなりはせまいか。併しさう云ふ内閣の成立は斎藤子が二度目の大命降下を拝辞したと仮定する場合にも想像し得る。いづれにしても政友会が挑戦して現内閣を倒した結果として生ずるものは、政党内閣でなくて軍部的色彩をつよめた超然内閣たるべきことに間違ひはないやうだ。

斯くして生れた新内閣は一応は政友会に妥協を申込むだらう。けれども譲歩的条件などを持出すべき筈もないから、政友会のこれに応ぜざるべきは火を睹《み》るよりも明かである。政友会が何の理由を掲げて斎藤現内閣にぶつかつたにしろ、今更一層反動的な新しい内閣と妥協する訳には行くまい。政友会は元来夫れほど反動的政治を嫌ふのではない、反動的素質の濃厚なる点に於ては彼此甲乙がないのだけれども、この際優勢なる敵を向ふに廻して政戦に勝を占めんには、どうしても民衆の後援を背景とせなくてはならない。民衆はまだ遺憾ながらた易《やす》く政党者流の欺瞞的煽動に乗り易い。この機微を捉《とら》へて戦線を布《し》かねばならぬとすれば、反動的傾向の顕著なる超然内閣と妥協するが如き危道は十中八九採るまいと考へる。

そこで次は議会解散総選挙の幕となる。この段階に於て第一に念頭に浮ぶのは、昔のやうな憲政擁護運動や又は護憲運動の如きが今度も起るだらうかの問題である。私のみる所では、これを起すには今日の政党間に融和が足りず、就中《なかんずく》軍用金が涸渇してゐる。憚《はばか》る方面が多くて財界も資金を出し渋るらしい。それに大衆の頭も変つた、憲政常道もとより結構だが、今日の大衆はそれの再興確立から直接には何物をも獲られぬことを知つて居る。もつと手近の痛切の問題でなければ、今日の大衆は断じて跳《おど》るまいと思はれる。それでも仮りに政党者流だけで政府反対の野外運動を起したとする。大衆の盲動的支持を欠くだけ、それは自ら手段に於て深刻矯激にならざるを得ない。さうすると反動右傾諸団体の一層……《〔深刻矯激〕》なる××《〔運動〕》を挑発するの恐れがある。或る意味に於て此方こそ××《〔資金〕》が豊富らしいと観るべき理由もある。既に××××《〔政党打倒〕》を名とする広汎なる運動をはじめてゐるものもあるではないか。これ等が総選挙に於て……《〔政府の干渉〕》の手先に転換するは一挙手一投足の労だ。かくして私は考へる、政党の煽動に因る民衆運動は起らないだらうが、処によりて或は明治二十五年の総選挙の時のやうな不祥事が全然ないと限るまいと。

総選挙がどんな風に戦はれるかは一つには新超然内閣が議会政治の形式にどれだけの値打を認めるかに依つて定まると思ふ。政党の空論などに一々耳傾けて居れぬ、非常時に対する最良の策としては機を見て純然たるファツシヨ的行動に出るに限るとの決意ならば、総選挙を政友民政等の相争ふにまかせて政府は極めて冷然たる態度を執つて居られる。併しそこまでの大決心がないとすれば、矢張り議会政治の形式に乗り何とかして多数の支持を見出さんことに骨折るだらう。政友会は敵に廻つたけれども、外に売らん哉《かな》の政党は数々ある。政党と名づくるに適しないかも知れないが斯うした変態期の要求に応じて総選挙のためのみの諸々の団体も出来るだらう。そして選挙戦線は可なり混乱するに違ひない。その中でも国民同盟とか国家社会党の如きがそこから如何なる躍進振りを示すかはまた別の意味に於て我々の興味をひく。

それでも私の予想では、政府で露骨な且つ強力な大干渉を敢てせざる限り、大多数の投票はやはり政友民政の既成政党に持つて行かれるのではないかと思はれる。国民大衆は決して既成政党を積極的に支持せんとするものではないけれども、全体として歯痒《はがゆ》い程政治に冷淡で、従来の例でも明かなるが如く常にブローカーに左右されて居る有様だ。今度だつてこの形勢に大した変りはあるまい。既成政党以外の新成群小団体も固より大衆をひきつける結構な政策をもつて居るのでなく、第一に長い経験に基く選挙戦の組織を欠くのだから、どんなに官憲の直接間接の保護があつたとて到底纏《まとま》つた勢力となり得る見込はないやうだ。

いづれにしても総選挙の結果は超然内閣の勝利に導かずして既成政党の勝利に帰するは略《ほ》ぼ明かだ。たゞ政友会が一党を以て依然過半数を占めるやは大いに疑はしい。

猶ほ以上述べた所は、現内閣が政友会の不信任決議案の提出に際して逸早く解散を命じた場合にも略ぼあてはまる。

さて総選挙の結果が右の如しとせば、その後の政界はどう発展するか。超然内閣主義と政党内閣主義とは最早到底両立し得ない。普通には前者が敢然として××〔憲法〕の一時的停止の挙に出づるか又は後者に道をゆづつて政党政治を復活せしむるかの二途しかあり得ないわけだが、併し不思議にも我が国にはもう一つの途が残されて居る。そは二者の互譲妥協による一時的苟安《こうあん》である。

政友会もあれ程面目をつぶされた今日だ。軍部も主義として……〔政党政治〕を真向から排撃した手前、いま更両者妥協など問題になるまいと考へられるので、私は前段までは妥協を不可能とみて議論をたてた。併し段々従来の経験に鑑《かんが》みつゝ考へ直すと、必ずしもそは不可能とのみ言ひ切れぬやうにも思はれる。妥協不可能の前提の下に行末を考へれば、フアツシヨに行くか政党政治の復興になるか、どちらかに旗幟《きし》を鮮明ならしめねばならぬことになる。斯うなつた方が結局国のためにい、のだけれども、由来我国の政治家には双方に怪我を出すまいとして、せつぱ詰ると不得要領に妥協してしまふ通癖がある。だが、私が妥協を有りそうだと断ずるのは、斯うした観点からだけの結論ではない、外にも斯く考へる重大な二三の理由があるのである。

第一は軍部と政友会との間に本質的な利害の乖離《かいり》がないといふことだ。政友会は軍部に強く楯突くほど庶民的利害の考察に親〔深〕切ならず、また軍部が政党に反感を有つたのは、本分を忘れ私利にはしるといふ過誤に憤慨したからに他ならない。有産有閑階級を背景とする点に……〔保守的傾向〕を有し、殊に政友会は保守的傾向の……〔強固なる保有者〕……たる点に於て最も……〔軍部と同性質〕のものなのである。

第二に軍部はあれ程つよく……〔政党政治の排撃〕を声明した手前今更何の面目あつて政党と妥協するかと云ひたい位だが、最近までの軍部態度の変遷から推して、私は必ずしもその不可能に非るを考ふるに至つた。といふ意味は、軍部は当初政党政治一般の排撃を叫んだ。政党政治を排斥する以上当今の政界に於ては彼れに代るべき一切の経綸を有つて居なくてはならぬ。軍部は現に教育にも手を出して居る、財政経済についても深い研究をして居るといふから、政治の全面に亙《わた》つて発言権を取らんとするものかと思つた。さうなれば到底いままでのやうな不しだらな政党とは絶対に両立のしやうがない。けれども段々時の進むに連れて軍部の態度は緩和した。現に斎藤内閣に於ては政党出身閣僚と席を同うもしてゐるし、近来は×××〔満洲問題〕に関する限りに於ての外交と軍事事項とに絶対発言権の領分を限らんとする風さへ見える。その他の事項は専門の方々にまかせるといふのは、或る意味に於て批判の権利の拋棄であり、斯くしてその限内に於て政党と妥協することは苦にならぬわけになる。現に問題となつて居る軍事予算の民間に於ける不評判については可なり頭をなやまして居ると聞くが、更に自分と責任を連帯して既定の計画を将来に続けてくれる相棒があるなら、恐らく軍部は……〔多少の不満は残ても妥協〕の用意をきめて居るだらうと思ふ。茲に政友軍部妥協の必然的行程が横はつて居ると私には思はれる。

第三には政友会の歴史が妥協以外に活くる途を示して居ぬことを挙げたい。どんな屈辱を忍んでも権力にありついて党勢を張るといふのが自由党以来の基本信条だ。星亨は藩閥倒壊の素望を達するの目的を以て、無節操を笑はれながら藩閥の一角に寄寓を許されて秘かに党勢の拡張をはかつた余りに、藩閥の横暴が過ぎると提携を絶ち、新しくふとつた勢力で一層手づよく政府をおびやかす。その圧迫に堪へずして政府が再び操縦の手を差し伸べると、星は翻然としてまた直にこれに応ずる。斯くして自由党は加速度的にその勢容を増大し得たのであつた。政友会となつては、星の衣鉢をついだと云つてい丶かどうか知らぬが、原敬はまたこの方面に於ては一個の天才であつた。政友会はやがて元老の庇護により桂と交代ではあるが独立して天下を取るの力を備ふるに至つた。併しながら彼等が斯の優勝を占め得たのは、一として権力と結托した結果でないものはない。永く野に在つて臥薪嘗胆の苦になやんだなどいふは彼等の曾て経験せざるところである。第一次山本権兵衛内閣のときは世上の非難を冷視し党内の分裂を意に介せずして政府の誘に応じて提携した。大隈内閣のときは余儀なく始めて野党の苦杯をなめたが、その次ぎの寺内内閣とは矢張り提携したのである。最近の事は姑《しばら》く略する。要するに政友会は節操面目に拘泥せず妥協提携に依り権力に近接して以て大を成すに慣れた政党である。政友会の歴史がさうであり又成り立ちがさうであり、而して現鈴木総裁はこの点に於て原敬と著しく違ふとも見えないから、××〔軍部〕とのイザと云ふ間際の妥協提携は決して稀有の現象ではないと考へる。況《いわ》んや鈴木総裁の抱持する思想傾向は安達国同盟首のそれと共に最も××〔軍部〕と相近きものなるに於てをや。

政友会と軍部と妥協すれば政界は一時の混乱から救はれる。殊に政友会のためには漸次政党内閣主義の途がひらかれるかも知れない。が、それに依りて……〔政局の安定と国民利福の向上〕……が期せられるかどうかは別問題だ。ことに軍部政友会の方面からもう少しまじめで具体的な政策経綸が示されぬ以上、政局の形式的安定が国民利福の上に何をもたらすかの見当も皆目つきかねると思ふのである。

〔『中央公論』一九三三年一月〕

初出及び再録一覧 〔標題の下の数字は本巻収録ページ〕

思想家と実際家との協戮を提唱す　3
『中央公論』一九二二年二月「巻頭言」
のち吉野作造著『斯く信じ斯く語る（主張と閑談第三輯）』（文化生活研究会、一九二四年）に「思想家と実際家との協力を提唱す」と改題して収録。

議会政治の刷新　6
『中央公論』一九二二年三月「巻頭言」
のち『斯く信じ斯く語る』（前掲）に収録。

高橋内閣瓦解のあと　9
『中央公論』一九二二年四月（小特集「高橋内閣の後を継ぐ者・継ぐべき者」中の一つ）

〔後藤東京市長提案の否決〕　15
『中央公論』一九二二年四月「時論」欄
「小題小言四則」のうち（無題）。

政界革新論　17
『中央公論』一九二二年五月「時論」欄

現代政局内面観　22
『中央公論』一九二二年六月「時論」欄
のち吉野作造著『現代政治講話』（文化生活研究会、一九二六年）、『吉野作造博士民主主義論集 第三巻 日本政治の民主的改革』（新紀元社、一九四七年）に「現代政界内面観」と改題して収録。

加藤内閣存立の根拠　33
『中央公論』一九二二年七月「巻頭言」

最近政変批判　36
『中央公論』一九二二年七月「時論」欄
のち『吉野作造評論集』（岡義武編、岩波文庫、一九七五年）に収録。

国家思想に関する近時の論調について　42
『中央公論』一九二二年七月「時論」欄
本巻収録に際し、以下の文末注記は省略した。「本誌の拙文を縁に一二度和蘭語の示教にあづか〔つ〕たことのある大村君の住所を失念した。重ねて御音信を賜らんことを切望する。」
のち『斯く信じ斯く語る』（前掲）に収録。

主観的真理の強説か客観的真理の尊重か　48

『中央公論』一九二二年九月「時論」欄

のち『斯く信じ斯く語る』(前掲)に収録。

新政党に対する吾人の態度 52

『中央公論』一九二二年九月「時論」欄

憲政常道論と山本内閣の使命 58

『中央公論』一九二三年一〇月(小特集「政変毎に暴露さる、我政界の変態」中の一つ)

自警団暴行の心理 63

『中央公論』一九二三年一一月「巻頭言」

山本内閣と普選断行 66

『中央公論』一九二三年一一月「時論」欄

甘粕事件の論点 70

『改造』一九二三年一一月

山本内閣の倒壊から清浦内閣の出現まで 78

『中央公論』一九二四年二月「時論」欄(署名「古川学人」)

新内閣に対する期待 83

『中央公論』一九二四年七月「巻頭言」

なお、文中に部落差別にかかわる語が比喩的に使われている箇所があるが、本選集の文献的性格から原文のまま収録した。

のち『現代政治講話』(前掲)、『家庭科学大系 政治講話』(同刊行会、一九三〇年)に収録。

貴族院改正問題 86

『中央公論』一九二四年九月(小特集「貴院改革と農村振興」中の一つ)

のち『現代政治講話』(前掲)、『家庭科学大系 政治講話』(前掲)に「貴族院改革問題概観」と改題して収録。

昨今の世相 96

『中央公論』一九二四年一〇月「巻頭言」

末尾の「此春頃堺利彦君を……」以下を削除のうえ、『現代政治講話』(前掲)、『家庭科学大系 政治講話』(前掲)に「選挙法の改正」および「満鉄機密費の仄聞」の標題で収録。

第二次加藤内閣の出現 99

『中央公論』一九二五年九月「巻頭言」(署名「千虎俚人」)

のち『現代政治講話』(前掲)、『家庭科学大系 政治講話』(前掲)に収録。

普選と政治教育 102

『中央公論』一九二五年九月「時論」欄(署名「野古川生」)

のち『現代政治講話』(前掲)、『家庭科学大系 政治講話』(前掲)に収録。このとき文末に「追記」として「小学生級長選挙問題」(一九二五年一月『文化の基礎』)を付す。

貴族院政党化の可否 113

『中央公論』一九二五年一〇月「時論」欄(署名「野古川

生」)

のち『現代政治講話』(前掲)、『家庭科学大系 政治講話』(前掲)に収録。

枢密院に対する期待と希望 117

『中央公論』一九二五年一一月「巻頭言」

のち『現代政治講話』(前掲)、『家庭科学大系 政治講話』(前掲)に収録。

地方長官公選論 120

『中央公論』一九二五年一二月「時論」欄(署名「野古川生」)

のち『現代政治講話』(前掲)、『家庭科学大系 政治講話』(前掲)に収録。

所謂地方分権論に就て 123

『中央公論』一九二五年一二月「時論」欄(署名「野古川生」)

のち『現代政治講話』(前掲)、『家庭科学大系 政治講話』(前掲)に収録。

近衛公の貴族院論を読む 126

『中央公論』一九二六年一月「時評」欄

のち吉野作造著『古い政治の新しい観方』(文化生活研究会、一九二七年)に収録。

田中政友会総裁の地方分権論 133

『中央公論』一九二六年二月「時評」欄

のち『古い政治の新しい観方』(前掲)に収録。

軍縮に因る損失の補償 137

『中央公論』一九二六年二月「時評」欄「小題雑感数則」のうち。

のち『古い政治の新しい観方』(前掲)に収録。このとき文末に以下の「追記」が付された。

追記 右述ぶる所に関し、大正十五年三月中の東京諸新聞から二三の記事を抜萃して参考に供しておかう。

一、補償金額と補償を受くる会社

造船所補償案によつて補償せられる会社及びその金額について、政府は厳秘に付してゐたが、十九日の委員会に於て、政府は之を委員に内示してその諒解を求めた。即ちこの内示案には、会社及び職工側の補償額をも詳記してゐるが、各会社の補償額を示せば左の通りである。

川崎造船所	二、九三八、八〇〇
三菱造船所	二、九七三、五〇〇
浦賀ドック	五四五、四〇〇
石川島造船所	一八八、八〇〇
横浜ドック	四五三、六〇〇
藤永田造船所	二六九、四〇〇
浅野造船所	六三九、三〇〇

日本製鋼所	一〇、一二七、六〇〇
住友伸銅所	五〇一、六〇〇
大阪製鎖所	五一、五〇〇
大倉鉱業	二、〇一〇、四〇〇
神戸製鋼所	四二六、二〇〇
帝国火薬	九二六、四〇〇
計十三社	二二、〇五二、五〇〇(単位円)

右表は、会社の準備資本及び利益見積額を合せたものの千分の二十五を会社側に賠償し、労働者解雇手当一人平均を百五十円と計上したものである。

二、委員会に於ける質問応答

衆議院の造船所補償案委員会は十九日午前十時半開会、財部海相から提案の理由の説明あり。

内田信也君　海軍では民間造船所にどの程度に注文を指示したのか、又室蘭製鋼所や帝国火薬などは造船所と趣きを異にするではないか、又審査委員には如何なる人を任命するか。

財部海相　どの会社には戦艦何隻、巡洋艦何隻、又時日も何年から何年までと、可なり精密に指示した。大倉鉱業帝国火薬の両社は、欧洲大戦の影響で銑鉄及び火薬を得られなかつたので、海軍から大倉喜八郎氏、三浦逸平氏を招ぎ会社設立を希望した結果出来上つたのであるが、目下両会社とも経営困難で事業を中止してゐる始末である。又室蘭製鋼所で設備した十六インチ砲製作工場は、目下廃物の様な有様だが、一朝有事の際は国防上必要であるから、或る補償額を出して政府に譲渡する様な形式にしたので、他の造船所とは趣きを異にする。補償審査委員には民間の人は入れないで、海軍・大蔵・商工省等の官吏を任命するつもりである。

内田信也君　補償額を総額二千二百万円とした根拠を示されたい。又川崎造船所の如き、注文取消のため一人の職工をも解雇してゐないとは松方社長の常に誇つてゐるところである。然るに職工解雇のため三千五百人分五十二万五千円を計上してゐるのはどういふわけか。

永安経理局長　準備費及び利益見積高を合せて一割と見なし、その四分の三は尚他に転用出来るものとして、差引き総額の千分の二十五を補償額と定めた。又職工の解雇費については、さきに海軍にて軍縮のため職工を解雇した当時の手当の内、転職賜金として給したものを造船所職工にも給することにした。

三、補償案に対する批評

造船所補償法案に就ては、海軍の補償率採算の方法に関して、二三委員から委員会に於ても不都合を責める所があつたが、海軍が調査困難に名を藉《か》りて、採算の根拠を特設施設の損害に置かず、予想利益の喪失額に置いたのは、実は前者の方法に依れば、三菱川崎の如き特設施設の必要なく(両社とも三万噸《トン》の戦艦を造るとしても特に新設備を要せぬ)、従つて解約によつて何等の損害なきものであるから補償の必要なしとなるので、それ等の関係を顧慮して海軍が殊更理由薄弱なる予想利益の喪失額に根拠を求め、三菱川崎等に均霑《きんてん》せしめたるものである。且又同法の解雇労働者一人当り百五十円の補償をなすが如きは、各工場の自然淘汰による減少を考慮せざる頗《すこぶ》る不合理なる案で(三菱は三千七百人川崎は三千五百人を補償されることになる)、要するに本案の海軍の算定方法は世の疑惑を買ふに充分なるものであることが明かである。右の意味に於て、政友会は勿論、本党側に於ても、か丶る疑はしい法案を通過することは面白くないとの意見に傾いてきたから、本案の通過は非常に困難なものとして観られるに至つた。

加藤没後の政界 139

『中央公論』一九二六年三月「時評」欄
のち『古い政治の新しい観方』(前掲)に収録。

政党運動と政治教育運動 144

『中央公論』一九二六年三月「時評」欄
「小題雑感数則」のうち。
のち吉野作造著『日本無産政党論』(一元社、一九二九年)に、同書所収の「無産政党の辿るべき道」の「追記」のひとつとして収録。

軍事機密費に関する醜聞 146

『中央公論』一九二六年四月「時評」欄
のち『古い政治の新しい観方』(前掲)に以下の「追記」を付して収録。一、臨時軍事費及び機密費の総額、二、衆議院査問会に於ける問答、三、某消息通の談話、四、尾崎行雄氏の演説(大正十五年三月二十四日衆議院本会議に於て)。

後藤子爵の新運動 155

『中央公論』一九二六年五月「時評」欄
のち吉野作造著『現代憲政の運用』(一元社、一九三〇年)に「昭和初頭の政界の現勢」の一項目「後藤子爵の問題」の「下」として初出の標題で収録。

軍部大臣文官任用論の根拠 158

『中央公論』一九二六年五月「時評」欄
「小題雑感」のうち。
のち『古い政治の新しい観方』(前掲)に収録。

新自由主義の提唱 160

『中央公論』一九二六年六月「巻頭言」
のち『古い政治の新しい観方』(前掲)に収録。

自由主義提唱の弁 163

『中央公論』一九二六年八月「時評」欄
「小題雑感数則」のうち。
のち『古い政治の新しい観方』(前掲)に収録。

新設さるべき思想課の使命 168
『中央公論』一九二六年九月「時評」欄
のち吉野作造著『問題と解決(主張と閑談第五)』(文化生活研究会、一九二六年)、『吉野作造博士民主主義論集 第三巻 日本政治の民主的改革』(前掲)に収録。

西園寺公の元老無用論 174
『中央公論』一九二六年九月「時評」欄
のち『古い政治の新しい観方』(前掲)に収録。

神社宗教論 182
『中央公論』一九二六年一〇月「時評」欄
「小題雑感」のうち。
のち『現代憲政の運用』(前掲)に収録。

基督教徒の宗教法案反対運動 184
『中央公論』一九二七年二月「時評」欄
のち『現代憲政の運用』(前掲)に「宗教法案に就て」の「上」として初出の標題で収録。

教授と政党員との両立不両立 187
『中央公論』一九二七年三月「時評」欄
のち『現代憲政の運用』(前掲)に「大学教授と政党員との両立不両立」と改題して収録。

枢密院と内閣 198
『中央公論』一九二七年六月「社会時評」欄
のち『現代憲政の運用』(前掲)に収録。

政党首領の今昔 218
『中央公論』一九二七年九月「社会時評」欄
のち『現代憲政の運用』(前掲)に収録。

府県会議員選挙の跡を見て 230
『中央公論』一九二七年一一月「社会時評」欄
のち『現代憲政の運用』(前掲)に「府県会議員の選挙」の一節として初出の標題で収録。

天皇中心主義と議会中心主義 243
『中央公論』一九二八年七月「社会時評」欄
のち『現代憲政の運用』(前掲)に収録。

現代政局の展望 247
『中央公論』一九二九年二月
のち吉野作造著『現代政局の展望』(日本評論社、一九三〇年)に収録。

浜口内閣の前途 300
『経済往来』一九二九年九月
のち『現代政局の展望』(前掲)に収録。

憲法と憲政の矛盾 315

『中央公論』一九二九年一二月
のち『現代政局の展望』(前掲)に収録。

統帥権の独立と帷幄上奏　336
『中央公論』一九三〇年七月

選挙と金と政党　353
『中央公論』一九三二年六月
のち『吉野作造評論集』(前掲)に収録。

政界の回顧と展望　361
『経済往来』一九三二年一二月
のち『吉野作造評論集』(前掲)に収録。

議会から見た政局の波瀾　370
『中央公論』一九三三年一月
のち『近代日本思想大系17　吉野作造集』(松尾尊兊編、筑摩書房、一九七六年)に収録。なお、本篇伏字部分への注記にあたり、同書を参照した。

〈解説〉政治と道徳との一致を求めて

三谷太一郎

吉野作造の晩年の一一年間(一九二二—一九三三年)は、政党内閣の原則が既に事実上公認されており、その間二年間の変則期を含みながら、日本は八年以上にわたって政党内閣下にあった。そして政党政治は好むと好まざるとにかかわらず、長い将来に及ぶ日本の政治の様式として確定されたかに見えた。しかるに吉野はその生涯の最後に政党内閣の終焉を見ることとなったが、吉野自身が書いているように「事実の上に超然内閣の再現を見べしとは誰しも予期せざるところであった」(「国民主義運動の近況」『国家学会雑誌』一九三二年七月)。

政党内閣の確立と崩壊という文字どおり日本政治史を画する二つの歴史的事実を含む、この一一年間の吉野の国内政治論の基本的なテーマは、大別して二つあった。一つは、政友会及び政友会内閣を主要な標的とする、現実の政党政治に対する批判であり、もう一つは、民主的統制に服さない政治的治外法権区域を成す軍部に対する批判であった。そしてこれら二つの批判に共通する理念的なテーマは、政党から独立した選挙民の自由な判断と選択によって支えられた政党政治の建設であり、そこにおいて実現されるべき政治と道徳との一致であった。

まず政友会政治に対する批判について見ると、星亨によって原型が与えられ、原敬によって大成された政友会の政治的伝統そのものに対する批判があった。吉野は一方では、星や原が衆議院の多数を武器として、政党の政治的実権の拡大に果たした歴史的役割を相当に評価する。両者に対しては、議会多数党による政権担当の原則を事実において確立した「殊勲者」の位置が与えられる。この点においては、伊藤博文、西園寺公望、大隈重信、加藤高明らは「傍系の功労者」である。また吉野によれば、議会の多数は選挙の結果であるべきであり、事後の政治工作によって作り出されるべきものではないという原則を明確にしたのも原である。「政友会総裁原敬が、敢然としてあの驚くべき「多数」を専ら選挙に由て作出するの勇断に出でたのは、是亦或る意味での一功績と謂はねばならぬ」(「現代政局の展望」本巻所収)と吉野は書いている。

しかし同時に他方で、星や原によって導かれた政友会勢力の拡大の過程がその支持者層のみならず、選挙民一般、すなわち政党政治そのものの基盤を道徳的に腐蝕していった事実、いいかえれば政治と道徳との深刻な断絶を生み出していった事実を吉野は厳しく批判する。議会における多数の獲得を戦略目的とし、選挙民に対する直接あるいは間接の利益散布による支持培養を戦略手段とする政友会の「積極政策」による党勢拡張(その意味の利益政治)は、吉野によれば、星と原との共通の政治上の師である陸奥宗光が創始した買収による議会操縦戦術にその原点を求めうるのであり、陸奥—星—原を経て段階的に形成された政友会の利益政治の伝統こそ、政治と道徳との一致を前提とする政党政治の理念に背反するものであった(「現代政局の史的背景」『時局問題批判』一九二四年三月二五日刊)。このような一貫した反利益政治の立場から、吉野はこの時期の国内政治上のさまざまの問題について、以下のような態度・見解を表明していく。

一　変則期の政治

一九二二年から吉野が没した一九三三年三月にいたる期間の国内政治を、それに対する吉野の態度・見解に即して時期区分すれば、それは次のように三分される。第一は、一九二一年一一月から続いていた高橋政友会内閣期から清浦内閣期までの時期(一九二二―一九二四年六月)であり、高橋内閣後は「憲政の常道」が行なわれなかった変則期である。第二は、護憲三派内閣成立から五・一五事件による犬養政友会内閣瓦解にいたる時期であり、「憲政の常道」が完全に行なわれた政党内閣期である。第三は、政党内閣後の斎藤内閣期であり、吉野はその一〇ヵ月を生きたにすぎなかった。

まず第一期の変則期の政治的現実に対しては、吉野はそれなりの意味を認め、「憲政の常道」論を機械的に適用することに強い懐疑を示した。もちろん吉野は本来「憲政常道論の熱心な信者」をもって自認する。しかし吉野によれば、この時期の日本には未だ憲政常道論が正常に機能する実質的条件が整えられていない。それは、「民衆の力が未だ政界の最高権威たるべく組織立てられて居ない」ことに由来している。いいかえれば、「近代立憲政治の道徳的根柢」を成す「職業的政客に対する民衆的監督」が行なわれていないからであり、「民衆の良心の自由無碍の発露」が妨げられているからである(「最近政変批判」本巻所収)。そのことは、吉野によれば、何よりも「選挙が常に公正に行はれず、政党の勢力が断じて民意の表現にあらず、却つて不正の手段により民意を蹂躙することによつて強てもぎとつた勢力たる点」(「憲政常道論と山本内閣の使命」本巻所収)に現われている。したがって吉野の眼には、現下の日本には民衆の監督の下にあって、「民衆の良心を反映する政客の集団」(「最近政変批判」前掲)としての本来の政党は存在しない。このような認識から、吉野は「多年主張し来れるが如く、理想としては今尚政党内閣論者であるが、現今の政党にはこの常道に由る権力の附托を受くるの資格がないと信ずる」(「憲政常道論と山本内閣の使命」前掲)と結論する。

吉野のいうように、憲政常道論の適用を受ける資格要件を有する政党が存在しないとすると、政権を担当し得る主体の範囲は広がり、少なくとも議会の両院のいずれかに拠点をもつ何らかの勢力を代表し得るものは選択の対象と見做されることとなる。高橋政友会内閣の後継内閣について、吉野は「民衆的良心と連絡なきの点に於て、今日の政党は貴族院の諸分派と其の性質を異にするものではない。……若し政友会の失脚後、政界の一勢力として相当の分野を占むるものに内閣組織の社会的権利ありとせば、此点に於て憲政会は貴族院諸派と同列に在るものだ」(「加藤内閣存立の根拠」本巻所収)と書いている。

もちろん後継内閣として憲政会内閣の可能性が排除されたわけではない。事実として吉野は「当時ひそかに憲政会をして後継内閣組織の任に当らせたい」との希望をもっていた。しかしその理由は憲政常道論に基づくものではなく、「已むを得ず一時の権宜として所謂以毒制毒の手段に出づるの外はない」(「最近政変批判」前掲)と説明されている。その際吉野が排除したのは、議会外勢力を基盤とする「絶対的超然内閣」であり、実際に高橋政友会内閣の後継内閣となった加藤友三郎内閣に対しては、貴族院の多数勢力である研究会を基盤とし、衆議院の多数勢力である政友会の支持をも期待できるものとして、吉野はこれを排除しなかった。「加藤内閣は、現今の政情の下に於ては……其の存立の合理的根拠を有するものと謂ふことが出来る。……人は曰ふ。加藤内閣は変態内閣だと。焉んぞ知らん。変態なのは内閣に非ずして政界そのものたることを」(同上)というのが加藤前海相を首班とする貴族院内閣に対する吉野の見解であった。同内閣が成立した一九二二年六月一二日付の日記の中でも、吉野は、「日本の今の政界では之が無難であり、政党に即せざる此種の内閣の成立する理由もあり。さるにても醜きは政友会の輩也」と書いている。

以上のように加藤友三郎内閣にその「合理的根拠」を認める見解は、そのまま同内閣の後継内閣となった第二次山本権兵衛内閣についても踏襲される。加藤友三郎と同じく、海軍の長老であり、しかも薩摩閥の中心でもあった山本を首班とする内閣は、加藤内閣以上に議会勢力との関係が薄く、「超然」性の強い内閣であったが、吉野はそれを否認しなかった。逆に吉野が否認したのは「政党内閣」であり、否認すべき「政党内閣」として吉野の念頭にあったのは、三年前の原内閣の下での総選挙において獲得した絶対多数を依然として保持していた政友会の内閣であったと思われる。政友会の絶対多数の道徳的根拠に強い不信感をもっていた吉野は、「かういふ変態的症状を前提とする時、……此所に中間的超然内閣存在の余地を遺憾ながら認めない訳には行かない」(「憲政常道論と山本内閣の使命」前掲)という態度を表明するのである。そして山本内閣の使命を「常道復旧の完成」とし、具体的に「選挙の結果をして完全に民意の忠実なる表現たらしむること」、その上で「多数を得たるもの若しくはその聯合に内閣を開け渡すこと」(同上)を要請するのである。

一無政府主義者による摂政宮襲撃事件に遭遇した山本内閣が短命に終った後、多年元老山県有朋の政治的幕僚として貴族院多数派を操縦し、山県の没後枢密院議長の任にあった清浦奎吾が加藤友三郎と同様に貴族院研究会を基盤とする内閣を組織したのに対して、これに反対する政友会・憲政会・革新倶楽部の衆議院三派が協調していわゆる憲政擁護運動を展開したが、吉野は決してこれに同調しなかった。吉野は、衆議院の多数によって支持される政権の実現を主張する憲政擁護運動を次のように批判する。「内閣は下院に基礎を有せなくてはならぬ。この点に於て清浦内閣が憲政の常道に反するは明だ。併し乍らこの常道の採るべきは、総選挙が理想的に行はれ、政界の最後の監督権が完全に民衆に握られている場合に限る。……私は総選挙の理想的施行を阻止する者が今日の護憲運動家にも頗る多きを認むるが故に、一方には彼等に憲政擁護を論ずるの資格なきを責め、他方には彼等の主張に聴くも何の実質的に得る所なきを国民に警戒するを必要と思惟するものである」(「護憲運動批判」『時局問題批判』前掲)。

吉野が清浦内閣に求めたものは、一つは山本内閣に求めたのと同じく、選挙管理内閣として「来るべき総選挙を公平に行ふ」ことであった。しかも吉野はそれ以上を清浦内閣に求めた。それは、清浦内閣が議会において、政権の維持のために衆議院第一党政友会と妥協することなく、これに対決し、その結果として解散総選挙を行なうことによって政友会の絶対多数を打破することであった。この点を吉野は次のように強調する。「政友会に対して断乎たる挑戦を決行せずして今日如何にして政界の綱紀をたゞすことが出来ると思ふか。而して議会を無事に切り抜けよと求むる。無事に切り抜けるとは政友会と妥協せよといふことではないか……こゝに此の内閣の難関がある。事なきを好む側の要求を充せば、忌むべき政弊は依然として絶へず……又政界刷新の方向に一歩でも進めん乎、政友会との戦闘は到底免るべからざるを以てである。併し僕は清浦内閣に前者をすてゝ後者の態度に出でんことを望んでやまない」(「山本内閣の倒壊から清浦内閣の出現まで」本巻所収)。

しかるに吉野によれば、清浦は組閣に当って自ら主動者とならず、政友会との妥協を模索して、原内閣以来政友会と提携してきた研究会に多くを依存した。「研究会に組閣を一任せるの結果世論の反感を無用に挑発せるの愚」を清浦は冒した。もし清浦が組閣において、独自の立場を貫いていたならば、「清浦内閣は或る意味に於て山本内閣の延長であり、而して不本意ながら山本内閣を許した世論は同じ立場で清浦内閣をも許したであらう」(同上)というのが吉野の見解であった。吉野によれば、清浦の過誤は政友会と対立したことではなく、逆に対立を回避し、妥協を求めたところにあったのである。政党内閣論者たる吉野にとって第一の主要な標的は、残喘を保っているかつての藩閥官僚の寵児ではなく、今や政党の名において藩閥を継承しようとしている絶対多数党であったのである。

以上のように、一九二二年から一九二四年にかけて吉野があえて憲政常道論の公式的適用に反対し、変則期のさまざまの「中間的超然内閣」の成立を容認した理由として、既に指摘したように、憲政常道論を適用するための条件、すなわち政党間競争が公平かつ有効に行なわれる条件が欠けているという認識があった。その条件とは、何よりも政党間競争の最終的判定者である自由で独立した選挙民の不在であった。いいかえれば、それは現実の選挙民の批判能力(吉野のいう「国民の良心」)が希薄であることを意味する。そしてそのような事態を惹起したのは政党、とくに政友会の利益政治であった。この点について、吉野は次のように指摘する。「政党は利権の提供に依り地方の良民を駆つて続々自党に加入せしめて居るではないか。之を称して彼等が我党の地盤と云ふ。地盤とは即ち、地方良民に対する政党の横暴なる奴隷的駆使の別名に外ならぬではないか。地盤なるが故に、中央幹部の意の儘に動く。所謂公認候補の制に依て、選挙投票の自由は地方民より奪はるゝ。政党の誇る所謂「多数」は斯くして人為的に作らるゝ。果して然らば何処に民意の自由なる発動があるか。何処に民衆の道義的判断の発動はあるか」(「新政党に対する吾人の態度」本巻所収)。

そして吉野は政党政治を正常に機能させるために不可欠の主体としての市民の政治に対する態度を次のように説く。「吾人市民は、自ら進んで専門的政治家たらんとせざる限り、飽くまで彼等の監督者としての地位を固守せなければならぬ。監督するとは、……公平なる第三者として、……常に国家的見地より観てより善き立場を取る者に味方することである。……絶対に自由なる超然的態度を持することである。斯くする事に由てのみ、吾人は市民的義務を十分に完了することが出来る」(同上)。

このような職業政治家の「監督者」としての市民を形成するためには、吉野によれば、特定の政党の「地盤」となった選挙民をその「地盤」から解放しなければならない。選挙民を脱政党化しなければならない。それによって固定した政治的力関係の現状は変るであろう。政友会のような大政党は一旦解体され、小党分立もありうるが、それが政党勢力全体の非政党勢力に対する比重を低下させることがあってもやむをえない。

そのような現状打破をもたらす最も有効な方策は、吉野によれば、普通選挙制度の導入であった。吉野は山本内閣が後藤新平内相の下で普通選挙法案の準備を進めていたことを評価し、「我国に於て普選の実行は、実際問題としては、現状打破を利益とする政府に望むの外はなかつた」(「山本内閣と普選断行」本巻所収)と述べている。吉野が加藤友三郎内閣や山本内閣のような非政党内閣を排除せず、むしろ好意的でさえあった理由の一半は、それらが政党の「地盤」の維持・培養に利益を有せず、政権の安定のために積極的に普通選挙の導入を選択したことにあった。吉野は原敬によって完成された政友会の一党優位の現状を打破するために、普選を掲げる非政党内閣の存在理由を認め、憲政常道論の凍結を主張したのである。

二　政党内閣期の政治

清浦内閣の下で行なわれた総選挙において、政府に対立する護憲三派が多数を獲得し、多年にわたって野党の位置にあった憲政会が第一党となった結果、憲政会総裁加藤高明を首班とする連合政権が成立したことは、与党に対して野党を選んだ民意に基づく政権の実現として、吉野はこれを無条件に歓迎した。しかも清浦内閣に対する態度決定をめぐって政友会が分裂し、結果として吉野が批判の最大の標的とした政友会の一党優位が崩れたことは、吉野にとって最も望ましい事態の出現であった。このような状況の変化は、これまで吉野が否定してきた憲政常道論の適用を可能にする現実がもたらされたことを意味するものであった。

吉野は護憲三派を勝利させた選挙を利益誘導によらない「民衆の独立の判断」によるものと認識し、その結果に基づいて成立した加藤高明内閣を「民衆的信頼」を根拠とする政権として意味付けた。この事例は選挙の結果が政権交代と結びついた最初の事例であり、しかも選挙において野党が与党に勝利し、政権を獲得した点に最大の政治史的意義があった。吉野はとくにこの点を強調し、清浦内閣支持派（とくに政友会から分離した一派が結成した政友本党）の敗北について、「政府を乗取つても必ず勝つと限らぬといふ新しい例が茲にはじめて儼乎として現はれたのである」（「政界の回顧と展望」本巻所収）と評価している。

以上のような加藤内閣観によって、吉野は同内閣を、選挙前の「枢府軍閥上下両院の多数派」から成る「壟断的旧勢力」と対決する「民衆的新勢力」を基盤とすべき内閣と規定し、その立場から「政界勢力の統一」を実行することが同内閣の使命であると指摘した。そして吉野は加藤内閣の長期安定の必要を主張し、「吾人はこの使命を達せしむる為に一日も長く加藤内閣を廟堂に立たしめて置きたいと思ふ。……旧勢力に阿附妥協する惰容を示さゞる限り、吾人は極度の忍耐を以て加藤内閣の存続を許さうではないか」（「新内閣に対する期待」本巻所収）と説いた。

第一次加藤内閣以後、吉野はほぼ一貫して憲政会―民政党系政権を支持した。第一次加藤内閣が在任一年二ヵ月を経て、連立与党である憲政会と政友会との対立に起因する閣内不一致によって総辞職し、それに代って憲政会単独内閣として第二次加藤内閣が発足すると、吉野はこれに対して最大限の評価を与え、「輿論の大勢は頗る之を歓迎するかに見える。……これ以上の内閣は当分誰人に頼ても作られさうにない。……吾々は加藤内閣を有つことを先づ国民の為に幸福と云てい丶」（「第二次加藤内閣の出現」本巻所収）との温言を惜しまなかった。そして第二次加藤内閣が政権の維持のために貴族院研究会との提携工作を行なったことについてもこれを是認し、「苟くも台閣に起つ以上、何等かの方法に於て這般の対策を講ずるは当然である。故に貴院操縦その事を以て加藤内閣を難ずるは間違つて居ると思ふ」（同上）と述べた。当時吉野が貴族院の政党化の可否を論じ、「理論としては政党化を以て当然の帰結となし寧ろ之を歓迎するに躊躇せざるものである」（「貴族院政党化の可否」本巻所収）としているのは、加藤内閣の貴族院対策に対する掩護射撃として見るべきであろう。逆に政友本党との提携によって次期政権の獲得を策した政友会に対しては厳しい態度を示し、「政界進歩の徴証は専ら政争の道義化に在る。……此の意味に於て今回政友会に加へられた鉄鎚は、……之を重要な憲政運用上の一先例として深く国民常識裡に印し置きたいと思ふ」(「第二次加藤内閣の出現」前掲)と冷語している。

憲政会の研究会への接近を支持した吉野は、これに呼応する研究会側の動きにも注目し、それを積極的に評価した。吉野はそのような動きが大きくなり、第一次加藤内閣前の政友会の両院縦断の基軸であった政友会と研究会との提携関係を切断し、政友会支配の復活を阻止することを期待したのである。吉野がとくに注目したのは、当時既に頭角を現わしつつあった研究会の若き幹部近衛文麿の貴族院論であり、吉野は近衛の「貴族院はその時の多数党及びこれを基礎とする政府をしてその志を遂げしめること」を「常道」とすべきであるとの説に共鳴し、「研究会の重要幹部の地位にある一人として斯うした言葉は容易に吐けるものではない。……従来の研究会は……政界特殊の勢力の傀儡となり其の頤使に甘んじて悔ゐなかつたのである」(「近衛公の貴族院論を読む」本巻所収)と述べた。吉野は近衛の貴族院論を、政友会に対する研究会の自立の意向の表明として受け取り、これを激励したのである。

このように吉野は一方で研究会の非政友会化とそれを促進する憲政会の研究会への接近を歓迎するとともに、他方で貴族院の批判機能とそれを保障する個々の議員の政治行動の自由の確保の必要を強調した。吉野によれば、衆議院は政党内閣の基盤として多数を確保するために政党による議員への統制を必要とするが、貴族院の使命は自由な批判にあるのであり、政友会と提携したかつての研究会はまさにそれを封じたのであった。「研究会在来の態度は、表に是々非々を標榜して、その実全く政党的統制にまねて所属議員の自由を甚しく拘束してゐたではないか。……多数者の決議を以て少数者に服従を迫るのは、根本的に貴族院本来の使命に矛盾するものである」(「内閣改造に伴ふ研究会の内訌」『中央公論』一九二六年七月)というのが吉野の政友会批判の延長としての研究会批判であった。

吉野の憲政会への支持は、加藤高明没後後継総裁となった若槻礼次郎を首班とする第一次若槻内閣期においても変らなかった。吉野は、「国民の現憲政会内閣に期待する所は、必しも一加藤総裁にとくに恃む所あるが為めではない、……現に加藤総裁逝いても国民の多数は若槻新内閣に格別失望して居ないではないか」(「加藤没後の政界」本巻所収)と述べ、発足当初の若槻内閣を激励した。そして野党となった旧政友会系勢力(政友会と政友本党合同の反撃を予想しながら、「大きな問題で無難で居れば、仮令政友会の数が遥に憲政会を凌駕したとしても、直に之に天下を譲らなければならぬ理窟はない」(同上)とさえ強弁した。若槻内閣末期に憲政会が策した政友本党との提携による多数派工作も、旧政友会系勢力の再合同との比較において肯定された。

加藤から若槻への総裁交代に関連して、吉野は憲政会と政友会とに共通する従来の党首観を変え、政党内閣期にふさわしい新しい党首観を確立する必要を強調した。吉野によれば、従来の党首像の原形は初代政友会総裁伊藤博文によって提示されたものであり、いわゆる「総裁専制」と結びついていた。伊藤に体現された党首像は変化を伴いながらも、「総裁専制」とともに政友会においては西園寺公望、原敬、憲政会においても加藤高明にそれぞれ継承された。「総裁専制」は政党党首が首相候補者として、首相推薦者である元老の信任を得るために必要であったのであり、政党党首は元老(あるいは元老の代理人)との自由な取引を行なうために、自党の党議に拘束されない態度決定を行なうことができたのである(「政党首領の今昔」本巻所収)。すなわち「総裁専制」は前政党内閣期の元老制に見合った政党党首のための制度であったのである。事実として政友会発足後の前政党内閣期の政党党首にして首相経験者は、例外なく政治的系譜において元老とつながっており、元老にして同時に政党党首となった伊藤はもちろん、伊藤の後継者として政党党首を経て元老となった西園寺、西園寺によって西園寺自身とともに伊藤の「正系」と認められ、元老となった西園寺によって首相に推薦された原は、いずれもその例であった。加藤もまた「総裁専制」の党首であったが、同時代の原と比較して、元老から政治的に疎外されており、政党内閣期前には首相に推薦されることはなかった。加藤が首相に推薦されたのは、選挙における護憲三派の勝利と自党が第一党になったことの結果であったのであり、第一次加藤内閣の成立が政党内閣期を画した所以はそこにあった。吉野は、第一次加藤内閣とともに始まった政党内閣期において、加藤の死と若槻の登場を機会として、党首としての加藤を蔽っていた伊藤の影を払拭し、党内統制の基礎を「総裁専制」ではなく、「党員の自由意思の組織的総合」に置くとともに、加藤(そして同じく原)の「総裁専制」を裏付けていた資金調達能力を党首の資格要件から除くことを提言している(同上)。

同時に吉野は政党内閣期の到来によって、元老制の機能にも変化が生じ、そのことを元老自身(唯一の元老となった西園寺自身)が認識していることを洞察していた。新聞が伝えた将来の後継首班推薦の慣行についての西園寺意見(政党内閣の原則の確立に伴って、後継首班の推薦を形式化し、推薦者を元老から内大臣に移すという意見)に吉野は注目し、それについて「必ずや今後は内閣組織の事をば或特定の慣行又は原則に拠らしめよう、実質的に或る個人の責任にしないといふ趣意だと解さねばならぬ。……政界には政党内閣主義といふ原則並に慣行がある。……強て之を排斥せんとするとき則ち政界は紛擾するを常とする。そこで寧ろ之を認むるに若かずと西園寺公は認められたのであらう」と理解している。そのような理解をもって、吉野は政党内閣期にふさわしい元老としての西園寺の役割を高く評価し、「斯くて公は、現在政界の批判に於て又近き将来に於ける其発達傾向の観測に於て、まがう方なき政党内閣論者なることは明白である」(「西園寺公の元老無用論」本巻所収)と述べている。

以上に述べたように、吉野は政党内閣期に入ると、一方で公然と憲政会を支持し、憲政会が民政党へ発展解消した後も、政友会(とくに田中義一を党首とする政友会)に対しては批判の矢を放ち続けながら、民政党を極力擁護したが、他方で同時に従来からの立場を貫いて、政治におけるプロフェッショナルに対するアマチュアーの主体性を確立するためにさまざまの次元で選挙民の非政党化を提唱し続けた。一九二六年六月に行なわれた東京市会議員選挙においては憲政会が大勝したが、吉野は、市政における「政党勢力の排斥」こそ「有識市民の輿論」であるとして、憲政会の市政への進出を「理想選挙運動の失敗」の結果と見た。吉野によれば、市政の政党化は、いかなる形にせよ、市政だけでなく、国政においても市民の監督者的役割を奪うのであり、政党政治そのものの道徳的基礎を危うくするものであった。そこで吉野は市民の政党からの独立を確保するために、市民自身の生活に即した自己組織化(「労働組合の自治的訓練」「プチ・ブルジョアジーの自治連合」等)を進めることを説いた(「大都市に於ける選挙——東京市会議員選挙の跡を顧みて」『中央公論』一九二六年八月)。

つとに吉野は一九二二年後藤新平東京市長当時、市政改革を意図する市長自身が政党組織に属する市会議員を越えて、直接に市民に政策を訴え、市民を啓発するとともに、市民をして政党の利益を優先する市会議員を牽制させるように導くことの必要を主張した(「小題小言四則(後藤東京市長提案の否決)」本巻所収)。かつて吉野はニューヨーク市長ジョン・P・ミッチェルがタマニーホールの組織と対決して、直接に市民に支持を求めることによって市政改革を行なった事例を挙げ、市政において政党から独立した市民自身の主体性の開発(主として「道義的開発」)がいかに重要であるかを強調したが(「民衆的示威運動を論ず」『中央公論』一九一四年四月、本選集第三巻所収)、後藤に対して勧告した東京市政改革の方式も、ニューヨークの先例を念頭に置いたものであろう。吉野によれば、ニューヨーク市政改革の方式を東京に適用することを可能にするためにも、市政の非政党化が必要であったのである。

その後も吉野は、既成政党の圏外の勢力を組織化しようとする後藤の政治運動に好意的であった。これは後藤(そして吉野自身)と同じ東北出身の原に対する態度と対照的であった。後藤の運動は一方では既成政党に対抗する新しい政治勢力を結集しようとする新党運動であると同時に、他方で新党運動を通して、選挙民を既成政党の地盤から解放しようとする政治教育運動でもあったが、吉野はとくに後者の側面に共鳴し、「斯の如きは、当初に於てこそ実際政客の侮蔑を得んも、数年の後遂に必ずや最後の勝利を得て、政界は始めて真に革新され、国民亦心から子爵の忍耐と誠意とに感謝するに至るだらう」(「後藤子爵の新運動」本巻所収)と評価している。

市政を非政党化しようとする吉野の志向は、府県政についても同様であった。その立場から、吉野は当時一部で唱えられ始めた府県知事公選論に必ずしも同調しなかった。それは理論的理由からではなく、現状に即した実際的理由からであり、「地方行政に就いて民衆は、国政に於けると同じく、施政監督の実を握て居ぬ。彼等は依然府県会議員等の操縦に甘んじて居る。故に所謂府県知事の公選は、民意を重からしむる結果とはならずして其実府県会議員の専恣横暴を甚しからしむるに止まるだらう」(「地方長官公選論」本巻所収)という見解を示している。吉野にとって、市政、府県政、及び国政を通して最も重要なのは、選挙民の主体性(とくに道義的主体性)であり、それを確保することが選挙民の非政党化の意味であった。

以上のような吉野の主張は、「民の声は神の声なり」という民主主義の公理に事実による裏付けを与え、政党内閣期に入った日本の政治の公理として定着させようという意図によって貫かれていた。それは、経済学者上田貞次郎の「新自由主義」論への支持という形で表明された、資本の政府からの自立の必要を強調する吉野の主張にも見られた。吉野は資本と政府との関係について、「資本主義が政界を左右するなどいふは、我国には全く当らない。我国の産業は完全に政権の奴隷たることを見誤つてはいけない」(「自由主義提唱の弁」本巻所収)との直截な見解を提示するとともに、上田に従って、そのような現実をもたらした主要な原因を長年にわたる政府の産業保護政策に求めた。そして「今日は……保護政策の余弊を一掃すべき学説を要求する時代となつた」(「新自由主義の提唱」本巻所収)という上田の認識とそれに沿った「新自由主義」の提唱に賛意を表した吉野は、「新自由主義の提唱は、実に一部有産階級の政界に於ける良心の自由を解放せしむるものなのである。真に自由なる判断に立脚せしめ厭ふべき常習的政府党たる陋態より彼等を救ふ点に於て、是亦我国当面の一緊要事項たるを失はぬと信ずるのである」(「自由主義提唱の弁」前掲)と述べている。これは「常習的政府党」としての日本の資本を政府から自立させるという意味の「資本の非政党化」の主張であり、政党政治を正常に機能させるために不可欠の選挙民の主体性を政府への依存度の大きい資本に対しても求める趣意であったのである。

吉野は「新自由主義」を政府に対する資本の政治的自由の回復の必要を強調する主張と理解しただけでなく、当時漸く台頭しつつあった社会主義の主張の基本前提となるべきものと考えた。吉野は上田論文について、「日本独特の国状を背景として社会主義的改造観がその実際政策の綱目中に先づ以て何を顧慮すべきかを暗示せる論文」(「新自由主義の提唱」前掲)と意味付けている。吉野は既成政党のみならず、社会主義を目指す政党(いわゆる無産政党)もまた、「新自由主義」が資本と政府との関係について示唆したような政党に対する選挙民の主体性の確立とそのための選挙民の自己組織化、すなわち「民衆運動」を必要とすると考えた。

吉野の「民衆運動」は、神話化された万能の「民衆」を出発点とするものではない。吉野は、若干の諦念をもって「近く寄つて見ると、民衆ほどぼんやりして居るものはない」と観察していたし、「民衆と云ふものは案外にてきぱきせぬものだ」と慨嘆していた。「斯う云ふ民衆を頼りに仕事をするのだから骨が折れるのである」というのが、さまざまの「民衆運動」の経験をもつ吉野の実感であった。しかし同時に吉野は「斯く云ふ私も実は此種の民衆の一代表者なのだ」という自覚をもち、「民衆」の立場に立って、すなわち「特権階級に対立するものとしての階級的立場を明白に意識し、又その立場の主張に相当の熱意を有つて」、「民衆運動」を推進することを決意していた(「現代政局の展望」前掲)。

吉野の考える「民衆運動」は、「民衆の政治に対する立場が常に受働的であり消極的であり精々監督者としての立場以上に出で得ないと云ふ事実に鑑み、……民衆にはその当然為し得る地歩に立つて十分に其機能を発揮さ せようとするもの」(同上)であった。したがって「民衆」は当然政党外にあるべきものであり、「民衆」が直接に党員となるいわゆる「大衆政党」はあってはならないものであった。「大衆政党」に組み込まれた「民衆」は、政党間競争において適者を決定する「監督者」の役割を果たすことができないからである。そして「民衆」の固有の役割は、必ずしも個々の具体的な問題について積極的主動的な立場をとることではなく、各政党をして善を競わせ、受動的にその結果を判断することにあるからである。こうして政党運動と区別された「民衆運動」を通して、「民衆」を受動的消極的な監督者の立場に立たせることによって、はじめて「民の声」は「神の声」となりうると吉野は考えたのである。

このように現実の「民衆」の受動性消極性を前提として、「民衆」の主体性を確立しようとする「民衆運動」の立場を、吉野は「民主主義の立場」あるいは「自由主義の立場」と呼んだが、吉野がこれに対立するものとして位置付けたのが同じような民衆観から出発した共産主義の立場に立つ「民衆運動」であった。吉野は、共産主義的「民衆運動」を、「民衆は到底全体としては纏め難いものであり、従て又其の全体としての積極的支持などいふことの恃み難いと云ふ事実を見越し、全体の名義を仮り少数の力を以て急いで事功を挙げんとする者である」(同上)と見る。すなわち吉野は、それは「民衆」の主体性の確立を求めず、「少数専制」の確立とその維持を求めるものと見る。吉野によれば、「共産党の治政の下に在ては、夫の変態的専制独裁は彼等の云ふが如く決して一時的のものではなく、必然的に何時までも之に附き纏ふものなのである」(同上)。政党から独立し、政党を監督する「民衆」の主体性を認めるか否かに吉野は自己の立場と共産主義の立場との根本的な対立を見たのである。

以上に述べたように、政党内閣期において、吉野は憲政会—民政党系を支持するとともに、選挙民の非政党化を推進すべきことを説いたが、政友会(とくに田中政友会)に対してはその一党支配の復活を警戒し、批判的態度を変えなかった。第一は、田中政友会内閣下の利益政治批判である。最初の男子普通選挙を翌年に控えて、その前哨戦として一九二七年一〇月に行われた府県会議員選挙に際して、吉野は政友会の政治戦略戦術を強く批判し、政友会候補者へ投票しないことを公表した。そのような反政友会の態度表明の理由として、吉野は「政権の維持拡張の為には何物をも顧みぬといふ在来の特色を発揮して居るからである」と述べ、具体的に「彼等は政権を握るや否や(一)直に地方官の更迭、満鉄首脳部の入替等各方面の人事に不当の干渉を恣にし……(二)……公金を有力筋に振り蒔いて暗に選挙の時の後援を約せしめ、(三)……之と交換に自党に多額の寄付を提供せしめて居る」という情報を挙げている。そして併せて、「私の懸念に堪へざるは、党内……を制御する力が……田中総裁に欠けて居ることである」(「府県会議員選挙に際して」『中央公論』一九二七年一〇月)と述べている。吉野が最も警戒したのが政友会の利益政治の先兵である「積極政策」であり、田中内閣によってこれが駆使されるならば、「国民の良心は再び麻痺して復もや政治道徳の水準を大に低下することになるだらう」(同上)と吉野は予想した。吉野は、田中内閣が提出を予定していた「自作農地創設案」さえ、本来小作争議に際して地主層が負うべき損失額を国家に負担させるものであり、政友会の党勢拡張に奉仕するものであると批判した。かつて普通選挙制が利益政治によって培われた政友会の地盤を破壊することを期待した吉野は、政友会政権の下で行なわれる最初の普通選挙において逆に政友会が大勝することを恐れており、「来るべき総選挙に単に政府党たるの故を以て政友会が多数を占むることあらん乎、それこそ日本はおしまひだ」(「自作農地創設案と内閣の運命」『中央公論』一九二七年一二月)という突き詰めた認識をもっていたのである。なお護憲三派の一角を成した革新倶楽部の指導者犬養毅が革新倶楽部を解消して政友会に入党したことは、多年犬養を支持してきた吉野に強い衝撃を与えたのであり、「実は私は先生が一党を率ゐて政友会に入つたと聞いたとき暫くは我が耳を疑つたのであつた」(「犬養先生健在なりや」『中央公論』一九二七年一二月)と書いている。

吉野の政友会批判の第二は、田中政友会において顕在化した反議会主義的なイデオロギーに対する批判である。それはとくに一九二八年二月に実施された男子普通選挙制による最初の衆議院総選挙に際して発せられた田中内閣内相鈴木喜三郎の声明の内容に向けられた。鈴木の声明は、民政党の政綱にうたわれている「議会中心政治を徹底せしめんことを要望す」を非難し、「議会中心政治」に対して「皇室中心政治」を強調したものであった。これに対して、吉野は「天皇中心主義」(「皇室中心政治」)は、日本の国体を説明する概念であって、憲法を運用する原則である「議会中心主義」をこれに対立させるのは誤りであると主張し、「議会中心主義」に対立するのは「官僚主義」であると指摘した(「憲法と憲政の矛盾」本巻所収)。そして一八八一年に福地源一郎が書いた「国憲意見」の一節、「輿論ノ在ル所ハ敢テ叡慮ノマニ〳〵任セ奉ラザルコト其要務ナリトス」を引いて、「所謂天皇中心の政治主義は、明治の初年から真面目な政治家からは排斥されて居つたものである」(「天皇中心主義と議会中心主義」本巻所収)と断じ、鈴木声明に反映している政友会イデオロギーを痛撃した。

なお吉野の「天皇中心主義」批判の背景として注目しなければならないのは、一九二四年に起きた吉野のいわゆる筆禍事件である。この年二月に東京帝国大学教授を辞職し、朝日新聞社に入社した吉野は、入社早々「現代政局の史的背景」(『時局問題批判』前掲所収)と題する講演を行ない、さらに同年三月末から四月にかけて、大阪朝日ついで東京朝日の両紙に「枢府と内閣」という論文を連載したが、これらの朝日新聞記者として行なった吉野の言論活動が当時の司法当局の問題とするところとなり、結局吉野は司法当局の圧力を受けた朝日の経営陣の要請によって、同年六月に退社を余儀なくされた。司法当局が取り上げた吉野の講演及び論文の内容上の問題は、前者は、吉野がたまたま言及した五箇条の御誓文について行なった歴史的説明、すなわち発足当初の不安定な明治政府が求心力を増大させるための政策的手段(「人心収攬策」)として打ち出したという趣旨の説明が、五箇条の御誓文とそれを発した天皇の尊厳を害したという点であり、後者は、天皇の親政を前提として、その「輔翼機関」として作られた枢密院が、事実として天皇の親政が否定され、議会が政治の中心となるにしたがって、枢密院は「政府監督機関」となったという枢密院の機能の歴史的変化についての説明が天皇主権と両立しないという点であった。後に吉野は当時司法当局が問題とした点について、「私が所謂天皇中心主義と相容れざる立場を主張したと云ふに帰するのである」(「天皇中心主義と議会中心主義」前掲)と説明している(この筆禍事件の経緯については、本選集第一四巻『日記二(大正4—14)』解説 松尾尊兊「民本主義鼓吹時代の日常生活」四一〇—四一四頁参照)。

ところが一九二四年当時「天皇中心主義」の立場から吉野の言論の法的責任を問い、吉野を筆禍事件に追い込んだ司法当局者こそ、一九二八年に「議会中心主義」を攻撃し、吉野のいわゆる「天皇中心主義」を謳う声明を発した鈴木喜三郎内相であり、また鈴木声明を準備した山岡万之助内務省警保局長であった。鈴木は清浦内閣法相であり、山岡は司法省刑事局長であった。吉野はいう、「この両君が天皇中心主義を以て議会中心主義に挑戦したのも蓋し一朝一夕の事ではない」(「天皇中心主義と議会中心主義」前掲)と。吉野が鈴木や山岡とは逆に、「議会中心主義」をもって「天皇中心主義」に挑戦したのも、まさに「一朝一夕の事ではない」。吉野にとって政友会イデオロギーとしての「天皇中心主義」は、自らの深刻な経験に顧みて、単なる特定の政治的敵対者のイデオロギーではなく、政治的敵対者そのものの存在を許さない絶対的不寛容の超イデオロギーであり、いいかえれば政党政治そのものに対する政治的敵対者のイデオロギーであったのである。そのような「天皇中心主義」の政治的意味は、吉野の没後鈴木が政友会総裁として推進者の一人となった一九三五年の天皇機関説反対運動において明らかとなるのである。その意味では一九二四年の吉野の筆禍事件は、一一年後の美濃部達吉を巻き込んだ天皇機関説事件の嵐を予告する遠雷であったといえるかもしれない。

吉野の政友会批判の第三は、議会外の特権的諸勢力との相互依存関係である。吉野によれば、特権的諸勢力はかつての専制的藩閥が政権を担う積極的地位を喪失したことに伴って分散した結果生じたものであり、これら諸勢力と政友会との相互依存関係を生じさせた原因について、吉野は「一は政友会がもと〳〵彼等に迎合することに依て其の大をなした政団たることであり、二は……早くから屢々政権の衝に当り多年慣用の迎合的政策に依て既に十二分に彼等を安心さして居ることである」(「現代政局の展望」前掲)と説明している。そして田中内閣下においては、「軍閥財閥までが彼を謳歌するに至るの事実も看逃すことが出来ぬ」(同上)と指摘している。

このような特権的諸勢力と政友会との相互依存関係の現実を、吉野は「今日の政治は表面だけに就て見れば政友会全盛の治政であり、更に裏面に立ち入つて観察すれば少数特殊権力団の治政である」(同上)と表現した。いいかえれば田中内閣下の政治は本来の政党政治とはいえないのであり、その最大の問題は、吉野がしばしば批判した政友会の有する「多数」の内容(道義的主体性に基づく民意の度合)にあると同時に、それ以上に(あるいはそれ故に)「多数」が政治の最終的決定力として働いていないことにあったのである。田中内閣の支持勢力の大きな部分を占めながら、同時に政友会への影響力によって政友会の有する「多数」の発言力を制限している特権的諸勢力について、吉野はそれらが政友会固有の勢力(「多数」)と相殺関係にあることを指摘し、「之等の集団は政党独自の実勢力が強くならない限り何時までもその発言を停止するものでないことを知らねばならぬ」(同上)と述べている。

以上に述べたような政友会の特権的諸勢力に対する依存体質は、とくに枢密院に対する関係において最も明らかとなった。そもそも田中内閣が成立したのは、若槻内閣が枢密院に提出した財政上の緊急勅令案が否決され、総辞職したことの結果であった。これは政府と枢密院との衝突によって政府が退陣した最初の事例であり、背景には枢密院の一部の顧問官の若槻内閣に対する敵対的態度があった。吉野は、少なくとも政友会の一部と枢密院の一部との間に若槻内閣を退陣させるために意思の疎通があったのではないかという疑惑があることを問題とし、その疑惑がほとんど事実に合致することを推定しながら、「果して然らば今日の田中内閣は、単に下院に優勢を占むるの事実に拠つて天下を取つて居るものと云ふことは出来ない。即ち彼の拠る所の陣地は、大正の始めに世上一般の公認を得た処より遥に後へ引き退つて居る」(同上)と政友会を批判した。

吉野は、今や政府監督機関と化した枢密院は、それが存在する限り諮詢された事案については、いかなる意見を答申することも許されると考えた。すなわち枢密院の答申がたとえ政府批判に及んでも、それは枢密院の権限とは抵触せず、むしろそれを怠らないことが職責を全うする所以であるというのが吉野の所見であった。しかし枢密院の政府に対する異議は、それ自体が政府の進退を決定してはならないと吉野は考えた。吉野は、枢密院と政府との意見の対立が生じた場合には、政府は最終的決定をみるまで取り敢えず政府自身の意見を優先し、枢密院の異議にもかかわらず政府の意見に対する天皇の裁可を要請し、その上で次期議会にこれを諮り、議会の判定を待つべきであると主張したのである(「枢密院と内閣」本巻所収)。

ところで枢密院と並んで、あるいははるかにそれを超えて、強大な特権的勢力を成していたのが軍部であった。軍部は軍事を他の国務から峻別し、天皇に直属する軍部の専権事項と見做しており、議会はもとより、政府を構成する文官の参入をも許さなかった。軍部は「議会中心主義」の支配を拒否する最後にして最強の国家機関であり、まさに「天皇中心主義」をそのままに体現していた。吉野は、政党政治の確立を妨げる内側の障害と見た政友会を厳しく批判するとともに、政党政治の外側の最大の障害である軍部を一貫して批判し続けたのである。

三 軍部批判

吉野の軍部批判の標的は、軍事を全面的あるいは部分的に国務大臣(国務各大臣の合議体としての内閣)の輔弼の範囲から除外し、内閣外の天皇に直属する軍部(参謀本部及び海軍軍令部を中核とする「帷幄」の機関)の専権事項とする、いわゆる「帷幄上奏」の制度に向けられた。吉野によれば、国務が国務大臣の輔弼を要する領域と要しない領域とに二分され、国権が二途に出るという状態は、たとえ民意に基づく政党内閣が成立したとしても、それは国務全般について責任をもち得ず(したがって民意は国務全般に反映せず)、軍事については少なくともその重要部分について、全く民意に基づかない「帷幄」機関が国民から遮蔽された「帷幄」の中で一切を決定し、執行する「二重政府」の状態ともいうべきものであった。吉野は、このような「二重政府」の状態を解消し、すべての国務を国務大臣の輔弼を要するものに統一することが、日本に政党政治を確立する前提条件であると考えた。

吉野が一九二二年二月ワシントン海軍軍縮会議が終った直後、大阪朝日新聞に「所謂帷幄上奏に就て」と題する論文を連載した当時、軍事のどの部分が「帷幄上奏」の範囲に入るかをめぐって各方面の見解は分かれており、一方の極には上杉慎吉のように憲法第一一条の規定する軍隊の統帥についてはもちろん、第一二条の規定する軍隊の編制及び常備兵額の決定についても「帷幄上奏」の範囲に入るという見解があり、中間に美濃部達吉のように軍隊の統帥(「軍令権」)は「帷幄上奏」の範囲であるが、軍隊の編制及び常備兵額の決定(「軍政権」)は国務大臣の輔弼を要するという見解もあった。吉野は上杉説はもちろん、美濃部説にも不満であり、他方の極に立って、「統帥権の親裁(天皇の直接の意思決定)事項たるは立法権司法権と異る所はない。其間に根本的の区別あるかの如くに観じ独り統帥権に限り……国務大臣の輔弼の外に置くは大なる誤解であると思ふ。……此種の誤解は最も自由主義に富むと認めらるる美濃部博士でも抱かれて居る様だ」(「所謂帷幄上奏に就て」『大阪朝日新聞』一九二二年二月二一日)と批判している。

このように吉野は、「君主の意思決定に至るまでには、統帥権に限らず、凡ての国務に亙つて必ず大臣の輔弼あるべきは憲法の要求である。……軍の統帥に付てのみ特に例外を為すべき必要と理由とは絶対にないのである」(『二重政府と帷幄上奏』一九二二年九月一日刊)という見解をもって「帷幄上奏」を支えるいくつかの重要な制度の改革を提言する。第一は、「帷幄上奏」の端を開いている内閣官制第七条の規定の改廃であり、すなわち軍機軍令に係わる事項は閣議を経ることを必要とせず、天皇自ら内閣に下付するものを除いては軍部大臣単独の専決に委ねられ、軍部大臣はこれを内閣総理大臣に報告すれば足りるという規定の改廃である。第二は、軍部大臣武官専任制の改廃である。吉野は、軍部大臣武官専任制によって内閣総理大臣の閣僚選択の自由が制限され、内閣の連帯責任による国務の統一的運用が妨げられている現実を問題とする。吉野によれば、山本内閣や清浦内閣のような軍部と密接な関係をもつ首班の内閣でさえ、その組閣に際して山本や清浦は軍部大臣の選択の自由を事実上封じられ、「帷幄」の機関の推薦に従わざるをえなかった。吉野は、かつてそれぞれ海軍や山県系勢力の中心であった山本や清浦が軍部大臣を自らの意思によって選択する努力を怠ったことを批判し、「斯うして出て来た大臣に我々は如何にして内閣大臣としての連帯責任を要求し得やうか」(「山本内閣の倒壊から清浦内閣の出現まで」前掲)と述べている。

吉野は最終的にはイギリスをモデルとして軍部大臣文官任用制を実現すべきであると考えた。「俗人たる長官と専門技術官たる属僚との協同関係は、英国政治組織の全面にわたる特色である。俗人たる長官の任務は何ぞ。施政をして社会の通念と一致せしむることである」(「軍部大臣文官任用論の根拠」本巻所収)というのが、軍部大臣に文官を起用することの吉野の積極的な理由付けであった。関東大震災に際して甘粕憲兵大尉らによって行なわれた大杉栄一家殺害事件やそれを処理するための軍法会議について、軍部の閉鎖性と独善性を激しく批判していた吉野は、文官軍部大臣が社会に対して軍部を開放する端緒になることを期待したのである。

さらに吉野は、軍事全般を内閣総理大臣をはじめとする政府の監督の下に置く制度改正を提言した。それは、シヴィリアン・コントロールの制度化のための提言といってもよいであろう。まず従来「帷幄」機関として天皇に直属していた軍事官僚独占の統帥事項についての輔翼機関を政府の下に移し、同時に軍事官僚に対しては、司法官の場合のようにとくに身分上の保障を与えることが考慮された。それは、「帷幄」機関に属する軍事官僚の政治的特権を剝奪する代償として、その軍事専門家としてのプロフェッショナリズムを政府が公認することを意味するものであった。また軍隊の編制に関しては、内閣総理大臣の監督の下に、かつて一九一四年六月に第二次大隈内閣によって設置された防務会議のような特別諮問機関を復活することが提言された。それは、内閣総理大臣の他、外務、大蔵、陸軍、海軍の四大臣に参謀総長、海軍軍令部長を加えて組織されるものであり、場合によってはこれに貴衆両院議長を参加させることが考慮された。

第三は、陸海軍大臣のみの副署によって公布される軍事に関する勅令、すなわち軍令の改廃である。一般に勅令は法制局の審査を経ることを必要とし、重要勅令については枢密院の審議に付されることが要件になっており、内閣総理大臣の副署によって公布されるが、その例外が一九〇七年以来発布されてきた軍令であった。軍令によって本来の国務がいかに侵蝕されたかについて、吉野は「軍令の形式に於て発布せられたる諸法規を点検して私のいつも驚くのは、其中に所謂国務に関渉するものの頗る多いことである。……事実に於て政府の管掌区域は軍令の発布毎にそれだけ縮少されるわけになる」(「統帥権の独立と帷幄上奏」本巻所収)と書いている。吉野が軍令の廃止、もしくは軍令審査権の政府への回収を訴えた所以であった。

以上に示したような国務を二分する「帷幄上奏」の範囲をできる限り縮小しようとする吉野の改革案は、ワシントン海軍軍縮条約が成立した直後の時期には緒に就くかに見えた。この時期に政府は条約上の義務を履行するための軍縮の実施によって、憲法第一二条の軍隊の編制権の一部を回収したし、軍部自身が軍部大臣文官任用制の近い将来における実現を予期するにいたった。しかし一九三〇年のロンドン海軍軍縮条約の成立を分水嶺として、軍縮の時代が終り、戦争の時代に移行していくに伴って、「帷幄上奏」の範囲は固定化し、さらに拡張された。吉野が日本における政党政治の確立を妨げる障害として批判し続けた政友会政治は遂に消滅したが、逆にもう一つの障害と見做した軍部は繁栄した。しかも絶対多数を基盤とする政友会政治を一撃によって打倒したのは、吉野が期待したような最終的決定者たるべき一般選挙民ではなく、政友会総裁たる首相を標的とするテロリズムとその政治的効果として発言力を圧倒的に拡大した軍部であった。

四　政党内閣後

五・一五事件後の斎藤内閣の出現について、吉野は「事実の上に超然内閣の再現を見べしとは誰しも予期せざる所であつた」との感想を吐露し、斎藤内閣を「頗る顕著なる一変態」ととらえている。つまりそれは日本において一度は認知され、将来にわたる自明の前提となったかに思われた政党内閣の原則の逆転を意味する事態であった。そしてそのような事態を惹起した主因は、軍部の意思の政界への浸透であった。吉野によれば、斎藤内閣に見られる政界における「満場一致の形式」としての「挙国一致内閣」は、国民の中から一切の異論を排除しようとする「言論の自由」の抑圧と対応していた(「国民主義運動の近況」前掲)。

しかるにそのことは政界において政党に代って軍部がその中心となったことを意味するものではなかった。吉野は、一九三二年一二月一日付のある雑誌に掲載した論文の中で「この一年間の政界に於て、最も著しい出来事は中心点が無くなつたといふことである」(「政界の回顧と展望」前掲)と書いている。吉野によれば、政党はかつての政友会のように衆議院の多数によって政界の中心に位置するということは許されなくなったが、それに代って政界の中心を占める新しい勢力が出現したわけではなかった。この論文において吉野は「軍部」あるいは「軍閥」といった具体的な名辞を避けて、「或種勢力」とか「正体の判らぬ対抗勢力」といった表現を用いているが(そこに五・一五事件後の「言論の自由」の抑圧を感知できるが)、「或種勢力」は政治的発言力の拡大は求めるものの、政治的責任を引き受ける積極的な政治勢力ではなく、単に「自己の意に反するものを斥くるに有効な手段を取らうとするもの」にすぎなかった。そこで日本は外見上は「ファッショ」か「政党内閣主義の復帰」か、いずれかを選択すべき岐路に立っているが、日本は結局いずれの道をも取らず、第三の道、すなわち政党（とくに政友会）と軍部との「妥協提携」路線を取る可能性が高いことを吉野は予測した。その理由として、吉野は、軍部が単独で権力を掌握しうる政治勢力ではないことの他に、政友会と軍部との間に本質的な利害の対立がないこと、政友会が歴史の中で形成した妥協提携への志向が強い体質をもっていることを挙げ、「茲に政友軍部妥協の必然的行程が横はつて居ると私には思はれる」（「議会から見た政局の波瀾」本巻所収）と洞察した。このような吉野の予測と洞察は、吉野の没後の一九三五年の天皇機関説事件や一九四〇年の「新体制」の現実に照らして正確であったといってよいであろう。

以上に見たように、吉野の晩年において日本の政治の現実は大きく変転した。政党内閣の時代から反政党内閣の時代への逆転は、吉野自身が認めているようにほとんど誰も予期しないことであった。それは政治と道徳との一致を求めて、政党政治の道徳的基礎の確立のために努力してきた吉野にとって余りにも厳しい現実の挑戦であった。それは吉野を変り行く時代から孤立させた。かつては時代の中心にいた吉野は、今や時代の僻隅に追いやられたように見えた。

しかし吉野はかねて「社会は先覚者を殺しつゝ、畢竟其蹤を追うて進むものなのである」（「思想家と実際家との協戮を提唱す」本巻所収）という確信をもっていたし、「仮りに自らは十二分の効を見る能はずとするも、最後の勝利は常に正義に帰す」（「後藤子爵の新運動」前掲）という信念をもっていた。そのような吉野の確信と信念は、激しい現実の変転にもかかわらず、その死にいたるまで変らなかったと思われる。

■岩波オンデマンドブックス■

吉野作造選集 4　大戦後の国内政治

1996年7月29日　第1刷発行
2016年6月10日　オンデマンド版発行

著　者　吉野《よしの》作造《さくぞう》

発行者　岡本　厚

発行所　株式会社 岩波書店
〒101-8002 東京都千代田区一ツ橋2-5-5
電話案内 03-5210-4000
http://www.iwanami.co.jp/

印刷／製本・法令印刷

ISBN 978-4-00-730422-4　Printed in Japan